U0743353

《东南亚研究》第二辑

毕世鸿 等 编著

柬埔寨经济社会地理

JIANPUZHAI JINGJI SHEHUI DILI

中国出版集团

世界图书出版公司

图书在版编目（CIP）数据

柬埔寨经济社会地理/毕世鸿等编著. —广州：世界图书
出版广东有限公司，2014.12
ISBN 978-7-5100-9105-6

Ⅰ. ①柬… Ⅱ. ①毕… Ⅲ. ①经济地理—柬埔
寨 Ⅳ.①F133.599

中国版本图书馆CIP数据核字（2014）第283404号

柬埔寨经济社会地理

项目策划：陈 岩
项目负责：卢家彬 刘正武
责任编辑：程 静 李嘉荟
出版发行：世界图书出版广东有限公司
　　　　　（广州市新港西路大江冲25号 邮编：510300）
电　　话：020-84459579 84453623
　　　　　http://www.gdst.com.cn E-mail：pub@gdst.com.cn
经　　销：各地新华书店
印　　刷：广东虎彩云印刷有限公司
版　　次：2014年12月第1版
印　　次：2020年9月第3次印刷
开　　本：787mm×1092mm 1/16
字　　数：338千字
印　　张：19.75
ISBN 978-7-5100-9105-6/K·0269
定　　价：68.00元

总　序

东南亚（Southeast Asia）位于亚洲的东南部，分为中南半岛和马来群岛两大部分，包括位于中南半岛的越南、老挝、柬埔寨、泰国、缅甸和位于马来群岛的菲律宾、马来西亚、文莱、新加坡、印度尼西亚、东帝汶共11个国家。东南亚地处亚洲与大洋洲、太平洋与印度洋的"十字路口"。东南亚各国拥有丰富的自然资源和人力资源，为经济发展提供了良好的条件，形成了以季风水田农业和热带种植园为主的农业地域类型，但经济结构比较单一。20世纪60年代以来，东南亚各国大力发展外向型市场经济与国家宏观调控相结合的经济发展模式，一是大力发展制造业，二是扩大农矿产品的生产和出口，三是深化各个层面的区域经济合作，这使得东南亚成为当今世界经济发展最有活力和潜力的地区之一。

东南亚是中国的南邻，自古以来就是中国通向世界的必经之地。在历史上，绝大多数东南亚国家就与中国有友好往来，在政治，经济，文化上关系密切，中国人民和东南亚各国人民结下了深厚的友情。在未来的历史进程中，随着中国和东南亚国家经济建设的飞速发展和社会的进步，以中国—东盟自由贸易区为代表的双边和多边的友好合作关系也将进入一个不断发展，更加密切的历史时期。

作为一个地理范围广袤、地缘位置重要、人口众多、多样性突出的地区，东南亚各国的经济和社会发展也各具特色。在未来新的世界政治、经济格局中，东南亚在政治、经济上的作用和战略地位也将更加重要。而加强对东南亚国别和地区研究，特别是加强对东南亚经济社会的研究与交流，可以帮助中国人民加深对东南亚的理解。为此，云南大学东南亚研究所在相关高校和研究机构同仁的大力支持之下，与世界图书出版广东有限公司成功组织并申报了2014年国家出版基金项目——《东南亚研究》第二辑，本丛书即该项目的最终成果。

本丛书试图从经济地理学的角度，结合社会经济因素、自然因素和技术因素三要素，来研究东南亚国家经济活动在一定地区范围内的时空分布、形成和发展规律。具体而言，就是研究东南亚国家及其境内各地区的农业、工业、交通运输业、旅游业、贸易、投资等的布局规律。本丛书认为，在一定生产力条件下，人类总是把争取以最小的劳动消耗，取得最佳的经济效益，作为发展生产的基本目标。为实现这个目标，除了劳动者和劳动手段的有机结合以外，还必须进行经济布局，即把经济活动的场所选择在生产条件最好的地区或地点进行。但是，经济布局不是凭主观意志来确定的，而是社会经济发展的需要与客观条件相结合的产物。东南亚国家的地理环境及其与周围地区或国家的关系，对该国经济的发展起着不可忽视的作用。优越的地理环境，良好的区位优势能为其经济发展提供便利条件，反之则会制约其经济的发展。

参加本丛书编写的作者主要为云南大学东南亚研究所的专家学者，解放军外国语学院、广西大学、广西社会科学院、华南农业大学的专家学者也参与了本丛书的编写工作。本丛书参编人员长期从事东南亚经济和社会研究，精通英语和东南亚语言，有赴东南亚留学、工作或访学的经验，并与东南亚各国相关专家长期保持交流与合作关系，也掌握了大量资料和数据，这为完成本丛书的编写奠定了坚实的基础。我们希望本丛书的出版有助于国人加深对东南亚经济和社会发展的认识，有助于深化中国—东盟自由贸易区、21世纪海上丝绸之路以及南方丝绸之路的建设，从而为夯实"亲诚惠容"周边外交新理念、打造周边命运共同体添砖加瓦。

由于丛书涉及面广，和资料收集、学术水平诸多因素的限制，书中的分析与论述难免存在疏漏与不足，恳请各位专家和广大读者批评指正。

《东南亚经济社会地理》丛书编辑委员会

2014年11月 于昆明

目　录

引　言

　　柬埔寨王国（The Kingdom of Cambodia）是东南亚一个具有悠久历史的文明古国，也是一个年轻而美丽的国度，它位于中南半岛东南部，国土面积18.1万平方千米，在东南亚11个国家中面积居第8位。柬埔寨东部、东南部和越南接壤，西南部濒临泰国湾，西部、北部与泰国相邻，东北部与老挝交界。2012年，柬埔寨总人口为1 495.2万人。柬埔寨从1953年11月正式独立至今，经济建设虽然取得了一定的成就，但始终没有摆脱贫穷和落后的总体状况，目前仍是典型的落后农业国，经济发展水平位于世界上最不发达国家的行列。据统计，2012年，柬埔寨的国内生产总值（GDP）约140.38亿美元，同比增长7.3%，人均GDP达到987美元，其中，农业同比增长4.3%（种植业和水产业分别增长4.9%和6.7%），工业增长9.2%（制衣业增长6.9%），服务业增长8.1%（酒店和餐饮业增长12.5%）；外汇储备为37亿美元，通货膨胀率为2.9%。

　　物质资料生产是人类社会存在和发展的基础。在一定生产力条件下，人们总是把争取以最小的劳动消耗，取得最佳的经济效益，作为发展生产的基本目标。为实现这个目标，除了劳动者和劳动手段的有机结合以外，还必须把经济活动的场所选择在生产条件最好的地区或地点，这就是经济布局。但是，经济布局不是凭主观意志来确定的，而是社会经济发展的需要与客观条件相结合的产物。[①]一个国家的地理环境及其与周围国家或地区的关系，对该国经济的发展起着不可忽视的作用。优越的地理环境，良好的区位优势能为其经济发展提供便利条件，反之则会制约其经济的发展。本书试图从经济地理学的角度，结合社会经济因素、自然因素和技术因素三要素，来研究柬埔寨经济活动在一定地区范围内的时空分布形成和发展规律。具体而言，就是研究柬埔寨及其各地区的农业、工业、交通运输业、旅游业、贸易、投资等的布局规律。

---

① 王洁、杨武：《新编中国经济地理》，北京：中央民族大学出版社，2010年版，第1页。

由于长期受战乱的影响，柬埔寨在独立之初人口稀少，在东南半岛的五国中，柬埔寨人口总数仅多于老挝。柬埔寨虽然人口基数小，但保持了较高的增长率，柬埔寨劳动力竞争力逐渐增强，并获得了国际社会的重视。近年来，发达国家将劳动力密集型产业逐步向东南亚转移，期盼利用东南亚较为廉价和丰富的劳动力来加快经济发展。但无论外界环境如何改变，柬埔寨人仍旧保留着独特的民族和宗教习俗，这是投资和发展中不可忽视的因素。另外，随着外资企业在柬埔寨的发展，原有的农业结构正在发生转变，原有的农业人口在自然资源丰富的土地上从事农业劳动，而剩余劳动力则进入大中城市从事制造业、建筑业和服务业等方面的工作。

农业在柬埔寨的经济发展中有着举足轻重的作用，为了提高粮食产量、降低农村地区的贫困率，柬埔寨一直致力于农业的发展，始终把农业发展作为国家经济发展战略计划的重中之重。经过不懈的努力，曾经因战乱而遭受重创的柬埔寨农业有了长足的进步。在21世纪初期，柬埔寨不仅大米产量有了大幅度的提高，由一个粮食进口国变成了一个粮食出口国，其他粮食作物、经济作物的种植和产量也有了显著的提高。除了种植业，林业、畜牧业和渔业在政府的有力监管和大力扶持下也得到了极大的发展，对推动国家经济建设，使国民经济朝着健康有序的方向发展起到了积极的作用。

柬埔寨是东南亚国家中工业发展最为落后的国家之一，其工业基础薄弱、门类单一、规模小、技术落后、基础设施不健全、对国际市场依赖较强，仅成衣制造业和建筑业发展较为突出，而机械制造业、电子信息产品工业等技术密集型产业还处于起步阶段。工业在柬埔寨国民经济中的地位次于农业和服务业，占GDP比重最小。

第三产业作为柬埔寨经济发展的一个重要部分，和其他国家一样，在柬埔寨经济的恢复和发展中起到了重要作用。经过努力，旅游和餐饮成为柬埔寨最重要也是发展较好的第三产业，交通运输业也随着柬埔寨经济发展的需要不断得到提高和改善，相较而言，教育、医疗卫生和金融等行业发展落后。而由于其丰富的自然资源和廉价的劳动力等有利因素，对外贸易、投资、官方发展援助成为柬埔寨重要的经济发展源泉和支柱。同时，柬埔寨积极参与大湄公河次区域（GMS）合作，在"南部经济走廊"建设、柬埔寨—老挝—越南"发展三角"建设上表现积极，也从中获益。

第一章　自然地理及行政和经济区划

一个国家的地理环境及其与周围地区或国家的关系，对该国经济的发展起着不可忽视的作用。优越的地理环境、良好的区位优势能为其经济发展提供便利条件，反之则会制约其经济的发展。柬埔寨的地理环境对其经济发展的作用同样不可低估。

第一节　地理条件

柬埔寨王国（The Kingdom of Cambodia），旧称高棉，是东南亚一个具有悠久历史的文明古国，于公元1世纪下半叶建国。公元9世纪至14世纪吴哥王朝为鼎盛时期，国力强盛、文化发达，创造了举世闻名的吴哥文明。1863年起，柬埔寨先后被法国和日本占领，1953年11月9日独立。20世纪70年代开始，柬埔寨经历了长期的战乱。1993年在国际社会的斡旋和监督下，柬埔寨举行大选，恢复了君主立宪制。此后，随着柬埔寨国家权力机构相继成立和民族和解的实现，柬埔寨进入和平与发展的新时期。

一、区位与国土

柬埔寨位于中南半岛南部，国土面积18.1万平方千米，在东南亚11个国家中面积居第8位，大致与中国湖北省的面积相当。其疆域在北纬10°20′～14°32′、东经102°18′～107°37′之间[①]，南北最长处约440千米，东西最宽处约650千米。柬埔寨王国东部、东南部和越南接壤，柬越边界线长约930千米；西南部濒临泰国湾（暹罗湾），海岸线长约460千米；西部、北部与泰国相邻，柬泰边界线长约720千米；东北部与老挝交界，柬老边界线长约400千米。柬埔寨首都金边属于东7时区，比北京时间晚1小时。

---

① 该数据采用《中国国家地理》杂志社与国家基础地理信息中心联合制作的系列地图No.016-1，地图审核批准号：（2004）211号。

　　東埔寨是一个连接内陆，濒临海洋的国家，处于中国和印度两大文明板块之间，其地理区位优势十分明显。向北，可以穿越東泰、東老之间的众多山口，经由泰国或老挝进入中国，进而深入亚洲大陆腹地；向东，可以沿湄公河顺流而下，进入南海，进而通达东北亚诸国乃至太平洋彼岸的美洲各国；向南，可以从西哈努克港等海港出发，经由泰国湾远涉南亚、西亚乃至非洲和欧洲；向西，则可以穿越泰国、缅甸，尔后进入孟加拉国和印度等南亚国家。由于这种特殊的地理位置，東埔寨从历史的黎明时期就成为东西方交通的要冲。①

　　自冷战结束以来，東埔寨的地理区位优势再次凸显。随着中南半岛地区和平与稳定局面的形成，发展经济成为湄公河流域各国的基本国策，湄公河流域的综合开发利用以及经济合作再次引起流域各国、东盟、区域外大国以及国际组织的高度重视。围绕湄公河流域的开发与合作，在不同层面和不同领域形成了诸多区域合作机制或组织。特别是随着20世纪90年代以来全球化和区域化的迅速发展，湄公河流域"由战场变为市场"，流域各国获得了一个能够实现快速发展的战略机遇期。②東埔寨作为湄公河流域的重要国家，在湄公河流域开发合作中占有举足轻重的地位。无论是亚洲开发银行主导的大湄公河次区域（GMS）经济合作机制③，还是湄公河委员会（MRC）④制订的开发计划，亦或是东盟主导中的东盟—湄公河流域开发合作（AMBDC）⑤机制，甚至是美国或日本等区域外大国主导的合作机制⑥，東埔寨均在其中扮演重要的角色；无论是公路或铁路建设、水电开发，

① 王士录：《当代東埔寨经济》，昆明：云南大学出版社，1999年版，第4页。

② 贺圣达：《大湄公河次区域合作：复杂的合作机制和中国的参与》，载《南洋问题研究》，2005年第1期，第7页。

③ 自1992年亚洲开发银行在马尼拉举行大湄公河次区域六国首部长级会议，正式启动大湄公河次区域经济合作（Greater Mekong Sub-region, GMS）以来，由中国（云南省和广西壮族自治区）、東埔寨、老挝、缅甸、泰国、越南六国共同参与的次区域合作已走过了20多年的风雨历程。20多年来，大湄公河次区域合作引起了国际社会的广泛关注，相关国家和国际组织开展了广泛合作，取得了不少有益的成果，有力地推动了该地区经济社会的发展，并成为亚洲区域经济合作机制和南南合作的一个成功范例。

④ 湄公河委员会（Mekong River Commission，简称MRC）是在1957年成立的湄公河下游调查协调委员会的基础上产生的。1995年4月，湄公河下游泰国、老挝、東埔寨和越南四国在泰国清莱签署了《湄公河流域可持续发展合作协定》，承认"湄公河流域和相关的自然资源及环境，是沿岸所有国家争取经济和社会富足以及提高本国人民生活水平的具有巨大价值的自然资产"。四个国家决定在湄公河流域开发和管理的一切领域，包括河流资源、河上航运、洪水控制、渔业、农业、发电及环境保护等所有可能产生跨越国界影响的领域进行合作。

⑤ 东盟—湄公河流域开发合作（ASEAN-Mekong Basin Development Cooperation，简称AMBDC）源于1995年12月。在第五次东盟首脑会议上，马来西亚、新加坡提出了开展东盟—湄公河流域开发合作的设想，得到了中国等九个国家和东盟秘书处的积极响应。该合作机制每年召开一次部长会，研究讨论促进次区域开发合作的具体问题。目前，合作机制已建立了泛亚铁路和财经两个工作组，分别由马来西亚和泰国牵头开展相关工作。

⑥ 关于区域外大国参与的合作机制，详情请参见毕世鸿、尹君：《区域外大国参与湄公河地区合作的进展及影响》，载刘稚主编：《大湄公河次区域合作发展报告（2011—2012）》，北京：社会科学文献出版社，2012年版，第58～75页。

还是航运开发，乃至"南部经济走廊"建设，也都离不开柬埔寨。

二、地形地貌

柬埔寨地形的特点非常鲜明，整体上就像一个大盆，北、东、西三面环山，中央是一个大平原，占全国面积3/4以上。西南面向泰国湾是出海口，也有学者将其形容为一口"带缺口的大锅"。[①]柬埔寨境内有湄公河和东南亚最大的淡水湖——洞里萨湖（Tonle Sap Lake，也称金边湖）。高原、山地和平原分别占柬埔寨国土面积的29%、25%、46%。依据柬埔寨地势的起伏，由高到低可以分为西南、西北、东北、中部四大地理区域，此外还包括海岸和岛屿部分。

西南地区指洞里萨湖与泰国湾之间的区域，大体上包括菩萨省、戈公省、贡布省、磅士卑省和磅清扬省，面积约2.6万平方千米。主要由豆蔻山脉和象山山脉两大山系组成，它们像一道横亘在柬埔寨内地与泰国湾之间的天然屏障，挡住了台风对内地的侵袭。山脉西南麓一带分布着一系列港湾和滨海平原，其余大部分地区则是层峦叠嶂。豆蔻山因盛产柬埔寨民间常用的药用植物豆蔻而得名，从马德望省的珠山向东延绵数百千米，一直延伸到磅士卑省，平均海拔在1 000米以上，其中占他武里山和班塔山构成了柬埔寨与泰国的天然分界线。位于菩萨省与磅士卑省之间克佐山脉的奥拉山（海拔1 813米），是柬埔寨境内的最高峰。海拔1 744米的第二高峰克莫奈峰坐落在豆蔻山中段。此外还有很多海拔超过1 000米的高山，如东坡山（1 563米）、普农潘山（1 450米）、克莫山（1 425米）、邦山（1 400米）、莫山（1 337米）、库普山（1 258米）等。象山山脉则是豆蔻山脉沿海岸向东南和南延伸至卜哥的部分，海拔大多在1 000米以下。

西北地区包括马德望省、班迭棉吉省、奥多棉吉省及柏威夏省，面积约1.8万平方千米。位于柬埔寨北部由西向东延伸300多千米的扁担山脉构成了柬埔寨与泰国之间的天然边界。扁担山脉因其山形狭长、山顶平缓、形似扁担而得名，平均海拔500米，最高处是朴诺姆丹烈克山，海拔761米，扁担山脉南麓是由砂岩构成的悬崖峭壁，将它与中部平原隔开。

东北地区包括上丁省、腊塔纳基里省、桔井省、蒙多基里省和磅湛省的一部分地区，面积约5.2万平方千米。这一地区分布有东部高原、上川龙高原和磅湛

---

① 王士录：《当代柬埔寨》，成都：四川人民出版社，1994年版，第3页。

高原。这些高原地势平缓，海拔在100～500米之间，其中，延绵于老挝、越南边境的长山山脉西侧长约1 000千米、宽约50～300千米缓斜的山坡称作多乐高原（又称东部高原）。多乐高原中部地形稍低，向北和向南逐渐升高。多乐高原分布着大面积的火山熔岩，经过长时间的风化后形成了肥沃的红土，是柬埔寨重要的旱地农业区。南部的上川龙高原海拔在400～1 000米之间，最高处是海拔1 103米的南里阿山。

中部地区以洞里萨湖和湄公河为核心，包括金边市、干丹省、茶胶省、波萝勉省、柴桢省的全部以及磅士卑、磅清扬、磅同、暹粒、磅湛、上丁、桔井、菩萨、马德望等省的部分地区，面积约8万平方千米。洞里萨盆地和湄公河下游构成了柬埔寨最大的地理单元。柬埔寨中部地区在远古时期是一个大海湾，由于湄公河从上游带来大量泥沙淤积，遂使河口不断向外延伸，形成了今日的大平原。洞里萨湖周围地势平坦，海拔低于110米，河流湖泊众多、土地肥沃、人口稠密、交通发达、物产丰富，是柬埔寨著名的鱼米之乡；而湄公河及其支流周围地区，地势低洼，最高海拔只有32米，最低处海拔仅为3米。金边以南的平原是湄公河三角洲的组成部分，约占整个三角洲总面积的1/5。

此外，柬埔寨西南部濒临泰国湾，海岸曲折，大部分地段陡峭，主要由豆蔻山和象山的余脉构成，多岬角、海湾。其中最大的磅逊湾，宽30多千米，伸入内陆60多千米，湾口排列着一串规模不等的岛屿，构成天然屏障，具备修建港口的良好条件。湾内建有柬埔寨目前最大的海港——西哈努克港。位于磅逊湾入口处东北海峡附近的云壤港，是一个历史悠久的港口，已被辟作军港。贡布港是柬埔寨古代的贸易港，曾繁荣一时，现因泥沙淤塞，已基本废弃。靠近越南河仙省白马石的一个海上要塞，可停泊小型军用舰艇、商船和渔船。

柬埔寨沿海岛屿众多，主要的有43个，其中最大的是西北端的戈公岛，面积达105平方千米。戈公岛邻近泰国，是渔船和往来柬泰沿海的商船避风和补充给养的地方。其他面积较大的岛屿还有隆岛、富都岛、隆三龙岛、湾岛、沙密岛等。①

总体来讲，柬埔寨境内有高山、平原，背靠山川、面向海洋；内地既有湖泊，也有河流，水网密布、土地肥沃，是发展种植业得天独厚的条件。但另一方面，

---

① 王士录：《当代柬埔寨》，成都：四川人民出版社，1994年版，第8页。

柬埔寨农业也经常遭受季节性洪涝灾害的影响，这在一定程度上影响着柬埔寨农业经济的发展。

三、气候条件

柬埔寨地处北回归线以南，属热带季风气候，雨量充沛、空气湿润，气温很高，终年如夏。年平均气温在29℃～30℃之间，年平均温差只有6℃。每年的12月、1月气温最低，月平均气温为24℃；每年4月气温最高，月平均气温为35℃，个别地区甚至超过40℃。柬埔寨气温虽然全国温差不大，但气温日温差较大，白天最高温度与夜晚最低温度相比，温差在7℃～10℃之间，大于新加坡等热带雨林气候特征明显的国家。日温差大，有利于农作物生长发育。夜晚温度较低，作物叶子呼吸强度低一些，碳水化合物的消耗量也相应减少，这使得作物生长旺盛，衰老迟缓，产量高。

每年定期从海洋和内陆吹来的季风，将柬埔寨分为雨季和旱季两个明显的季节，天气为典型的热带季风气候。一般来说，每年5～10月为雨季，柬埔寨全国年均降水量为2 000毫米，其中90%的降水集中在雨季，雨季月平均降水都在200毫米以上。降水量最多的是9、10两个月。在洞里萨盆地和湄公河低地，4～9月的6个月中，年均降水量在1 300～1 900毫米之间。进入雨季时，一般每天午后下雨，多为雷阵雨，但有时也阴雨连绵或多日暴雨。受地形和季风影响，各地降水量差异较大，降水的分布很不均衡。西南部地区因迎着西南季风，降水量比国内其余地区要多，西南沿海的豆蔻山、象山临泰国湾一侧年均降水量高达4 000毫米以上，降水量最高的卜哥山年降水量达5 473毫米；中部平原地区年降水量为1 000～1 500毫米；东部高原地区年降水量为2 000毫米左右。每年11月至次年4月为旱季，由于干燥的东北季风从亚洲内陆吹来，使得雨水稀少，整天阳光直射，气温很高。全年降水量最少的是1月份，该月马德望等个别地区降水量仅2毫米。充足的阳光辐射使柬埔寨特别适合水稻种植，也有利于在洞里萨湖周围的季节性水淹区、沼泽地区以及湄公河和洞里萨河沿岸的洪泛区种植浮稻。

柬埔寨的气候在不同地域有着不同的特点，据此可根据气候的不同将柬埔寨分为北部、中部和西南三个区域。地处内陆的北部地区包括奥多棉吉、暹粒、柏威夏、上丁等省，该地区与泰国交界，扁担山成为天然分界线，由于受海洋季风影响较小，降水量相对少，气温变化较大，属于典型的高原气候。

地处柬埔寨盆地中央的中部地区包括洞里萨盆地和湄公河低地，由于地势低，气候比较干热，雨量偏少。该地区气候干热，主要原因是受焚风①的影响。作为粮食主产区的中部平原地区虽然降水量较少，但巨大的淡水湖——洞里萨湖和常年奔流不息的湄公河又给该地区带来了充足的水源，弥补了因降水量较少对农业经济造成的不利影响，使整个洞里萨盆地和湄公河低地成为柬埔寨乃至东南亚地区的著名粮仓。

西南地区主要指豆蔻山和象山山脉的沿海地区，该地区受海洋季风影响很大，年气温变化较小，降水量充沛，年降水量均在2 500～5 000毫米之间。丰沛的降水量弥补了人工灌溉困难的缺陷，有利于野生动植物的生长，使这些地区成为柬埔寨的森林资源宝库。

总体而言，柬埔寨的气候条件有利于经济特别是农业经济的发展。在这种优越的自然条件下，柬埔寨人民很容易就能获得生活资料，"温"本来就不成问题，要"饱"也不难。世代生活在这种优越的自然环境中的柬埔寨人民，同绝大多数热带地区的民族一样，容易满足。当然，气温对人们的社会经济活动也有不可忽视的影响。柬埔寨地处热带，气温较高。常年在高温下生活，会使人产生惰性。例如，在气温较高的整个旱季，柬埔寨人在田间劳作的时间比较短，午休时间长。闷热的气温常常使人昏昏欲睡，打不起精神，更无法从事田间劳动或其他体力劳动。②

第二节　自然资源

柬埔寨盛产柚木、铁木、紫檀、黑檀、白卯等高级木材，并有多种竹类。全国木材储量约11亿多立方米。全国森林覆盖率61.4%，主要分布在东、北和西部山区。矿藏主要有金、磷酸盐、宝石和石油，还有少量铁、煤。水资源丰富，洞里萨湖为东南亚最大的天然淡水湖，素有"鱼湖"之称，西南沿海多产鱼虾。

一、水资源及其利用情况

在各种自然因素中，水资源对柬埔寨农业生产的布局，特别是对农作物种类

---

① 焚风是一种自高处吹向低处，气温升高、湿度降低的风。这种风强烈时可使植物枯黄，像焚烧过一样，故被称为"焚风"，对农作物的生长有较大的破坏力。

② 王士录：《当代柬埔寨经济》，昆明：云南大学出版社，1999年版，第20页。

和品种的分布、复种指数和产量的高低有着极大的影响。柬埔寨的水资源主要来自降水以及主要由洞里萨湖和湄公河水系构成的河流湖泊网络。由于柬埔寨境内水系发达，大小河流犹如蛛网，纵横交错，加上湖泊众多，构成了丰富的水资源，造就了肥沃的土壤，为柬埔寨经济特别是农业经济的发展奠定了重要基础。

（一）河流

柬埔寨境内的河流众多，大体上可以分为三大水系，其一是湄公河及其支流，其二是洞里萨河及其支流，其三是流入泰国湾的河流。柬埔寨的河流水系有一个比较明显的特点，即分布不均。以湄公河和洞里萨湖为基本水系，集中分布于柬埔寨中部和东南部地区，而作为粮食主产区之一的西北部的暹粒、马德望省和西部的菩萨省则无大的天然河流，因而这些地区农业用水较为缺乏。[①]

1. 湄公河

湄公河是东南亚著名的国际河流，也是柬埔寨最大、最长的河流。湄公河发源于中国青藏高原海拔5 000米的唐古拉山东北坡，其上游部分在中国被称作澜沧江。澜沧江经中国云南省西双版纳出境，流入老挝后称湄公河。湄公河流经缅甸、老挝、泰国、柬埔寨、越南五国，最后从越南注入南海。澜沧江—湄公河全长4 668千米，流域面积达79.5万平方千米，其中，在柬埔寨境内河段长约500千米，流经上丁、桔井、磅湛、干丹、波萝勉省和首都金边市，流域面积15万平方千米。湄公河流到金边后，在王宫前的四臂湾与洞里萨河汇合在一起，然后分作两支，向东南的一支是湄公河的干流，有人称它为下湄公河，该河经干丹、波萝勉省流入越南后称前江，这是金边经越南的一条主要出海通道，丰水期可以通航5 000吨的海轮；向南的一支在柬埔寨境内称为巴萨河（又称白色河），是湄公河的支流，经干丹省流入越南，在越南境内称为后江。

柬埔寨人民把湄公河称作"洞里同"，意思是"大河"。湄公河在柬埔寨的内河航运中占有非常重要的地位，沿河的重要港口有金边港、磅湛港。湄公河全年平均流量为1.1万立方米/秒，水位受季节影响很大，每年9～10月间水位最高，整个雨季的平均流量为3.9万立方米/秒。湄公河在柬埔寨的绝大部分支流均发源于植被茂密、雨量充沛的山地。它们给湄公河带来充足的水源，为湄公河沿岸和洞里萨平原提供了优良的灌溉条件。湄公河是柬埔寨人民生活和农业灌溉用水的

---

① 王士录:《当代柬埔寨经济》，昆明：云南大学出版社，1999年版，第18页。

基本来源。它常年川流不息，给柬埔寨带来丰沛、充足的水源，滋润着柬埔寨大地万事万物茁壮成长。湄公河河水含沙量很大，给下游带来了肥沃的土壤，形成了柬埔寨富饶的中部平原，把她称作柬埔寨的母亲河，应是非常恰如其分的。

但是，湄公河每年雨季有规律的洪水泛滥也常常给农业生产带来有害影响。例如，湄公河在9月出现最高水位时，磅湛以下泛滥面积达400万公顷（包括越南南部的湄公河三角洲），泛滥地区各地洪水深度从9米到0.7米不等。河汊的迁移及洪水泛滥，对地表起着天然施肥作用，有利于水稻生产。但洪水较深的地区，只能种植浮稻，河流汛期过早或洪峰过大对水稻生产都有很大危害，经常大片淹没和冲毁农田。

2. 洞里萨河

洞里萨河是柬埔寨第二大河流，全长155千米，该河是洞里萨湖的出口，由西北向东南延伸，在金边与湄公河汇合。洞里萨河将湄公河与洞里萨湖联系起来，当湄公河水位上涨时，洞里萨河河水从金边流向西北方，把水注入洞里萨湖；当湄公河水位下降时，洞里萨河河水则由洞里萨湖流向东南方，把湖水引入湄公河；就像是湄公河与洞里萨湖之间的活塞一样，起着调节水位的作用。洞里萨河的主要支流有森河、芝尼河和奇里奥河。

3. 其他河流

公河，是湄公河在柬埔寨北部上丁省境内的一条支流，发源于越南顺化省西部，经老挝从北方流入柬埔寨，在上丁市附近汇入湄公河，全长236千米，在柬埔寨境内仅有36千米。

桑河，是湄公河在柬埔寨境内的一条重要支流，发源于越南嘉莱省西部，从东北方流入柬埔寨，流经腊塔纳基里省，在斯雷戈附近先与斯雷博河合流，然后在上丁市附近再与公河汇合，最后3条支流共同汇入湄公河。

斯雷博河，属于湄公河在柬埔寨北部的3条重要支流之一，发源于越南的多乐省和嘉莱省，从东方流入柬埔寨，流经蒙多基里省、腊塔纳基里省，与桑河、公河一道汇入湄公河。

此外，湄公河的其他支流还有洞里夺河、普雷克里恩河、德尔河、川龙河、普雷特纳河等。洞里夺河发源于磅湛省，普雷克里恩河、德尔河、川龙河发源于蒙多基里省上川龙高原，普雷特纳河发源于磅清扬省的奥拉山。

洞里萨河的支流很多，比较重要的有发源于泰国庄他武里府东部的蒙哥比里河；发源于奥多棉吉省扁担山脉的土灵河、盛河、圣塔纳河；发源于菩萨省的当特里河、三勇河；发源于暹粒省的奇克伦河、暹粒河；发源于磅同省的士尊河，此外还有城佳河、实冻河、加兰河等一些小支流。

　　流入泰国湾的多为水道较短、水流很急的小河流，主要有阿伦河、磅逊河、贡布河、金船河、禾戴河、湄奕河等。由于豆蔻山脉呈自西北向东南走向，绵延数百千米，成为一道天然屏障，将柬埔寨内地与暹罗湾隔开，因而柬埔寨的河流注入暹罗湾的都比较小，且流程短。它们对柬埔寨经济的发展基本没有什么影响。

（二）湖泊

　　湖泊是决定一个地区经济发展的重要因素之一。淡水湖泊不但能为经济发展特别是农业的发展提供充足的水源和生活用水，而且还能调节气候，有利于农作物生长和人类正常生活。

　　洞里萨湖，又称大湖、金边湖，在柬埔寨语中是"淡水海"的意思，既是柬埔寨最大的湖泊，也是东南亚地区最大的天然淡水湖，因盛产鱼类，被柬埔寨人誉为"鱼湖"。洞里萨湖就像一块巨大的碧玉镶嵌在柬埔寨西北部的大地上，湖面面积受季节影响很大，每年12月至次年6月的枯水期，水位仅有1～3米，面积约2 500平方千米。每年7～11月的雨季，水位可达10～14米，面积约为1万多平方千米，水位最高年份湖面面积曾达到2.5万平方千米。

　　洞里萨湖在柬埔寨经济社会生活中有着重要的地位，有人将它的作用比之于尼罗河对于埃及的作用。[①]洞里萨湖通过洞里萨河与湄公河相连，成为湄公河的天然蓄水库，在雨季能够大大减少湄公河下游的洪水威胁，起到分洪的作用；在旱季能够使湄公河保持足够的水量，保证下游的灌溉和航行。洞里萨湖是世界上最富饶的淡水鱼产地之一，还为成千上万的良田提供了灌溉条件，使中部平原成为柬埔寨著名的鱼米之乡。此外，洞里萨湖对调节柬埔寨炎热的气候也起到一定的作用。但令人担忧的是，由于热带植物在滨湖地区迅速生长加速了洪水带来的大量泥沙和其他杂质的沉积，洞里萨湖正迅速淤浅为一个沼泽状湖泊。

　　除了洞里萨湖，在首都金边市附近还分布着一些面积不大的湖泊，这些湖泊大多与湄公河相连。

[①]　许肇琳、张天枢：《柬埔寨》，南宁：广西人民出版社，1995年版，第8页。

(三)柬埔寨水资源的开发及其存在的主要问题

柬埔寨境内河流众多,蕴藏着丰富的水力资源,尤其是湄公河及其支流的水力资源,据湄公河委员会的初步勘测和估算,占湄公河中下游总量的33%。湄公河在柬埔寨境内长约500千米,其中从柬老边境至金边一段长360千米,水流湍急、落差甚大,是澜沧江—湄公河各河段中流量最大的,洪水期最高流量达6万立方米/秒。此外,湄公河的主要支流也蕴藏着丰富的水力资源。例如,公河集纳了罗芬高原和昆嵩高原的许多条支流,总集水面积为1.75万平方千米,落差达1 100米,水量大且有不少瀑布、峡谷和隘口,适宜修建大中型梯级电站。桑河的集水面积为1.47万平方千米,其上游河床镶嵌在层层叠叠的高原上,有较大的落差,可以利用的潜在水能很多。

柬埔寨的河流水系有一个比较明显的特点,就是分布不均。以湄公河和洞里萨湖为基本水系,集中分布于柬埔寨中部和东南部地区,而作为粮食主产区之一的西北部的暹粒省、马德望省和西北部的菩萨省则无大的天然河流或湖泊,因而这些地区农业用水较为短缺。由于水资源分布不均,因而对农业生产的发展也有影响。特别是在北部、西部和南部地区,也有一个引水灌溉任务繁重的问题。为此,早在20世纪50年代至60年代,湄公河委员会的前身——湄公河下游调查协调委员会就曾对柬埔寨境内的湄公河水系进行了长期勘察和研究,先后提出了一系列极富远见的水资源开发利用规划,拟于1971—2000年期间在柬埔寨实施15项水电综合开发项目。一旦这些项目全部完成,柬埔寨的总有效库容将达136亿立方米,总装机容量可达92万千瓦,年发电量约为45亿度,总灌溉面积为58万公顷。项目的建设经费高达8.5亿美元。但由于柬埔寨其后长期陷于战乱,上述规划项目绝大多数并未上马。

其次,柬埔寨的水资源开发还存在以下主要问题和不足。其一,政策和法规不健全,水资源管理法、国家水资源政策、供水条例等有待审批和实施;其二,水资源的规划、管理和执法能力需进一步加强,提供水文气象的信息和数据能力需进一步增强;其三,水利灌溉设施的维修、运作和保养面临重大压力,水利灌溉设施年久失修,14%的水利设施已完全破坏,目前正常运作的灌排设施只有20%,全国70%的农田得不到灌溉(2001年获得灌溉的农田只有19.5%);其四,城市和农村供水设施严重短缺,饮水解困和饮水安全形势严峻,因用水引起的腹泻、痢疾、伤寒等疾病日益增加,除金边和马德望外,各地几乎没有污水处理系统，全国供水和污水处理系统急需建设，建设资金也严重不足；其五，需要进一步加强水旱等自然灾害的防治，减少灾害带来的经济损失，因为目前77%的农田靠雨水种植，旱季许多农田因得不到灌溉而减产；其六，需要保护水资源并防止水污染和水环境恶化；同时，需进一步加强海洋资源的保护，禁止非法和过度捕捞（约100万人从事渔业），保护湄公河和洞里萨湖等生态环境，加强GMS合作，促进生态旅游的发展；其七，水利项目投资风险大，需要长期的资金支持和有效的管理，目前迫切需要加大水利开发方面的投入，并鼓励私人投资开发水利项目，以健全水利管理及其信息体系，确保提供标准的服务；其八，随着人口的不断增长和经济的快速发展，水资源供需矛盾日益突出；而柬埔寨水资源的时空分布不均、水资源利用效率低、水污染、圈占资源、无序开发、破坏环境等又会加剧水资源短缺。[①]

（四）柬埔寨加强水资源开发的主要举措

为发展经济、减少贫困、保障粮食安全和保护生态环境，近年来，柬埔寨政府采取三大措施加大了水资源管理、开发和利用的力度。[②]

1. 设立专门水资源管理机构并制定国家水资源政策

1998年，柬埔寨政府专门成立水利气象部。2004年，柬埔寨出台《水资源管理法》。柬埔寨水资源的方针政策就是要有效地保护、管理和可持续利用水资源，正确引导水资源的管理、开发、利用、节约、配置和保护，以改善百姓生活、减少贫困、促进经济社会的可持续发展。柬埔寨政府强调水资源管理必须遵循以下四项基本原则：第一，水资源管理是柬埔寨政府的重要义务；第二，根据有关信息和数据实施水资源项目，根据国家水资源规划、经济发展规划、本国和地区环保规划确保目前和将来均衡用水；第三，每人都有权用水，有权饮水、用水洗东西、洗澡等，用水饲养动物、养鱼和灌溉，个人和家庭的用水需求得到满足；第四，水资源开发和利用必须有效、可持续和不危害环境。

2005年，柬埔寨政府确定了今后5年的水资源开发规划。2005—2008年水资源开发需要资金2.32亿美元（政府投入0.66亿美元、外援1.66亿美元）。未来5年水资源开发将致力于合理、有效、可持续地开发利用水资源，保护生态环境，减

---

① 《柬埔寨水资源开发现状、存在的问题及对策建议》，中华人民共和国商务部网站，2006年3月7日。http://www.mofcom.gov.cn/aarticle/difang/hunan/200 603/20060301647 215.html。

② 《柬埔寨水资源开发现状、存在的问题及对策建议》，中华人民共和国商务部网站，2006年3月7日。http://www.mofcom.gov.cn/aarticle/difang/hunan/200 603/20060301647 215.html。

少水旱等自然灾害，减轻自然灾害对生活和财产的危害，努力实现水资源开发四大目标：一是为每个人提供卫生、安全、价格合理的生活用水；二是为农业、工业和其他经济活动提供充足用水；三是最大限度地减少和解决由水引起的、对生命和日常生活的危害；四是加强无污染水资源管理。

2. 大力兴修水利，促进经济建设

首先，1996—2000年第一个经济社会发展五年计划期间，柬埔寨水利建设取得重大进展，为柬埔寨减少贫困、确保水资源可持续利用和粮食安全、促进工业、农业和旅游业的发展做出了重要贡献。5年间，实际完成考察研究44个水利项目，修建453个水坝、总长516 667米，修挖水渠456条、总长602 076米，修筑田埂603 446米，修建水闸82个、排水沟64条、蓄水站16个和排水站20个，利用抽水站和抽水机等灌溉757 359公顷水稻；同时，还修复了43个水文站，安装了48个水位测量工具，修建了73个降水监测站和11个气象观测站，打饮用水井4 826个、灌溉水井3 206个，维修水井434个，修建蓄水池260个，修建19条小路、长62 322米。

其次，2001—2005年第二个经济社会发展五年计划期间，柬埔寨水利建设实现了四大目标：一是水利建设为经济持续增长创造了广泛的基础和条件，积极引导私人投资水利，鼓励发展私营水利取得积极成效；二是教育贫民注意使用卫生的饮用水，并为水利建设提供足够的水资源、所需的贷款、市场、技术和信息等，有效地促进了文化和社会发展；三是确保了自然资源和生态环境的可持续利用和管理；四是通过执行政府的施政纲领，进一步改善了良政，促进了经济社会发展"四角战略"①和减贫两大目标的实现。其中，2004年修建水坝130个、长29 856米，修挖水渠348条、长46 1967米，修建水闸40个、排水沟50条、蓄水站8个和排水站5个，挽救和保护旱季稻和雨季稻186 936公顷，维修水泵49台。2005年上半年，柬埔寨投入195.3亿瑞尔（约476万美元）修建了23个水利设施，灌溉雨季稻29 456公顷、旱季稻6 302公顷，防止洪水淹田125 794公顷，防止海水淹

---

① 2003年7月27日柬埔寨大选后，第三届政府将把柬埔寨社会建设成为具有和平稳定、拥有良好社会秩序，并充分享有民主与人权的社会，使人民在国家的可持续发展中，均能提高文化知识水平，并在社会大家庭中充分分享受着美好的生活，提出了"增长、就业、平等、效率"的"四角战略"。"四角战略"的核心是优化管理，涉及四方改革，即：反腐败；推行法律与司法体系改革；落实公共行政改革，包括地方权力分配和地方权限；进行军队改革，尤其是落实裁军计划。实施全盘战略所包含的四个要素，即：维护和平、政治安定及良好的社会秩序；加强与私人领域、援助组织、社会民间团体的合作；优化宏观经济和金融形势；发挥柬埔寨在区域和全球的优势。"四角战略"将促进柬埔寨如下领域的经济增长，提高农业生产；发展私人经济和增加就业；恢复与重建基础设施；培训人才与发展人力资源。

田12 800公顷；修复水坝145个、长21 937米，修建挖水渠108个、长215 017米，修建水闸24个、排水沟25条、蓄水站12个和排水站6个。

3. 着力防治水旱灾害，减少经济社会损失

近年来，自然灾害对柬埔寨经济社会发展造成严重影响。干旱导致农村缺水、农业减产、农民收入下降。社会上滥砍乱伐、非法开发水利、建筑乱占地等不良行为，导致水灾、泥石流、河床淤泥、水质下降、河流变道。水旱灾害不但损害了农作物，还导致大量的人员伤亡、财产损失和基础设施毁坏。2000年特大水灾曾给柬埔寨造成7 000万美元的经济损失。

为防治水旱灾害，减轻经济社会损失，柬埔寨主要开展了以下六项工作：第一，加强气象和水文体系，广泛收集和宣传气象和水文信息数据；第二，完善气象站、水文站、降水监测站和水位记录杆，就短期、中期和长期旱灾、水灾和台风向公众和有关部门预报并发布警报；第三，建立水文观测系统，确保提供预报用的水位高度和水文数据，为修建水利项目、加强水资源管理和利用提供参考数据；第四，建立气象观测系统，提供天气预报所需数据，向公众发布天气预报、介绍天气及其变化情况；第五，建立水利体系和及其监督体系，建立河流水源地和数据基地，编制国家洪水灾区地图；第六，完善地下水的信息和数据基地。[①]

二、土地资源及其利用情况

柬埔寨土地总面积共1 765.2万公顷，其中可耕地380万公顷，多年生作物地14.6万公顷，长期牧场63万公顷，森林和林地1 287.6万公顷，其他土地65.4万公顷。其中森林和林地仍有相当部分可开垦为耕地。[②]

由于长期战乱的影响，柬埔寨的土地资源利用率相当低。1969年高峰时期的耕地面积已扩大为250万公顷，但1970年以后耕地面积锐减，到20世纪70年代末期，全国耕地面积已不足100万公顷。1979年金边政权成立后，采取了一些措施来促进农业发展，耕地面积开始回升。1980—2001年，柬埔寨的耕种面积从144.1万公顷增至231.8万公顷，约占农业种植面积的90%。尽管如此，柬埔寨扩大耕地面积的潜力仍然很大。按380万公顷的可耕地数，尚有近150万公顷土地处于抛荒

---

① 《柬埔寨水资源开发现状、存在的问题及对策建议》，中华人民共和国商务部网站，2006年3月7日。http：//www. mofcom.gov.cn/aarticle/difang/hunan/200 603/20060301647 215.html.

② Grant Curtis, *Cambodia: A Country Profile*, Stockholm: Swedish International Development Authority, 1990, pp.50～52.

状态。其中，有相当部分土地是过去曾经多年耕种，但后来由于各种原因而荒废的。例如，柬埔寨西北部的马德望省、暹粒省以及北部的磅同省，都曾是柬埔寨的粮食主产区，但由于长期处于战争前沿，大片耕地成为遍布地雷的雷场，人畜均无法涉足。时至今日，马德望省的耕地面积仍有一半以上处于荒芜状态。

耕地面积减少，除了战争、国内政局动荡时大批农村人口外流这一主因以外，耕畜大幅度减少也是原因之一。此外，在土地的管理和使用方面，即土地所有制问题，也是柬埔寨农村的主要问题之一。柬埔寨的土地所有制曾经先后经历了私有制、国有化和目前的农村自由化经济等阶段。

目前，60%的稻田仍以传统方式耕种，每公顷的收成只有1.3～2吨，比越南和泰国的3～4吨低得多。根据柬埔寨财经部的数字，现在柬埔寨每年新增可耕种土地面积为3万公顷，但由于旱季时缺乏灌溉系统，许多农产品不能进行二季播种。据世界银行2000—2001年世界发展报告统计，柬埔寨在1979—1981年期间人均可耕地面积为0.29公顷，1995—1997年为0.34公顷，同期水浇地分别占农田的5.8%和7.1%，永久性作物用地占土地面积的0.4%和0.6%。

综合而言，柬埔寨土地资源存在着以下主要问题。

一是土地资源的占有不平衡。1989年柬埔寨国会颁布法令，规定每户家庭可以拥有5公顷土地用以耕作，但实际上由于土地被占用以及实际情况限制等多方面原因，土地的占有很不平衡。人口高密度地区所分得土地总量不如西北部人口稀少地区，如戈公省约有50%的人口没有土地，以从事渔业、边境贸易和伐木业等为生。

二是土地兼并问题。过去20年来的变化显示，土地逐渐在向某些人口集中，同时另一些人口不得不出卖自己的土地。人口增长和土地供应机制贫乏，加剧了这一趋势。虽然没有具体的数字显示土地集中程度，但从国家统计局的统计还是可以看出，在拥有土地最多的人口中，其中20%～30%的人，兼并主要是由部分政府官员及富商所为，而其他占用农业土地的现象也屡见不鲜，使得多年来柬埔寨土地资源日益减少的趋势难以扭转。土地兼并及流失的问题未能解决，严重制约着柬埔寨农业的发展。近年来，柬埔寨政府已经就这个问题采取了一些措施，制定了关于土地清册委员会的组织和功能的法令、建立土地登记系统的法令，以及通过国际金融机构资助向农民进行土地登记等。[①]占有全国近70%的土地，在贫

---

① 孙广勇、于景浩：《柬埔寨土地问题复杂多样，中国企业如何避免陷入纠纷》，人民网，2012年9月29日。http://world.people.com.cn/n/2 012/0 929/c1 002-19156 682.html。

困的人口中，40%的人口只占有全国土地的10%。

三是农村土地纠纷多。据估计，柬埔寨迄今只有约10%的农民获得了土地所有权证，而且大部分是临时性质。拥有土地的农民经常是在没有土地证的土地上进行耕作，这使得极易发生土地纠纷，同时也降低了农民对土地进行长期投资的意愿，因为他们的使用期限是不稳定的。

针对上述问题，2001年，柬埔寨对1992年颁布的《土地法》进行了修订，意在明确不动产所有权体制，以保障不动产所有权及相关权益，旨在建立现代化土地注册体系，以保障人民拥有土地的权利。在所有权规定方面，严禁外籍自然人和法人拥有土地，外籍人士若伪造身份证以在柬埔寨拥有土地的，应受到惩罚。除为公共利益外，不得剥夺土地所有权。需剥夺所有权的，应按法律法规规定的形式和程序进行，并应提前予以公平、公正的补偿。

关于土地特许，《土地法》将土地特许分为三类，即社会特许、经济特许和适用开发或开采特许。社会特许受益人可在国有土地上修建住宅或开垦国有土地谋生。经济特许受益人可整理土地进行工业或农业开发。适用开发或开采特许包括矿产开采特许、港口特许、机场特许、工业开发特许、渔业特许等。土地特许在特许合同规定的时间内设定权利，土地特许面积不超过1万公顷，特许期限不超过99年。2012年5月，柬埔寨政府出台了《提高经济特许地管理效率》的政府令，宣布暂停批准新的经济特许地。要求各部门认真执行政府有关提供经济特许地的合同规定，不影响社区和当地居民的生活环境；对于已经获得经济特许地，但未按法律精神和合同规定进行开发的，或者利用特许地经营权开拓更大土地、转售空闲土地、违背合同、侵犯社区人民土地的企业，政府将收回其经济特许地；对于之前已获政府批准的经济特许地，政府将继续依据法律原则和合同执行。[①]

关于土地租赁，《土地法》将土地租赁分为两种，即无限期租赁和固定期限租赁。固定期限租赁包括短期可续租租赁和15年或以上长期租赁。长期租赁构成对不动产的诉权，该权利可用于等值回报或继承转让。关于抵押，不动产所有人可以其不动产作为抵押品，通过抵押或质押方式保证支付债务。

《土地法》虽然禁止任何外国人（包括自然人和法人）拥有柬埔寨土地，但合

---

① 商务部国际贸易经济合作研究院、商务部投资促进事务局、中国驻柬埔寨大使馆经济商务参赞处：《对外投资合作国别（地区）指南——柬埔寨（2012年版）》，2012年11月，第47页。

资企业可以拥有土地，其中外方合计持股比例最高不得超过49%。2010年12月，柬埔寨政府又通过法律草案，允许外国人购买柬埔寨业主房屋一楼以上的房产。

三、生物资源及其利用情况

柬埔寨是个农业国，农业资源丰富，农业在国民经济中占主要地位。农业人口占总人口的84.3%，占劳动总人口的78%。此外，林业、渔业、畜牧业和野生动植物资源也很丰富。

（一）农业资源

柬埔寨三面环山，东南开口，中央是平原，东南亚最大的内陆湖泊——洞里萨湖像明珠一般镶嵌在中央平原上，湄公河如玉带似的穿越东部、南部多个省份。从自然条件来说，柬埔寨具有发展农业的优越地理条件——湖泊河流众多、水源充足、气候湿暖、土地肥沃，适合大多数农作物的生长，特别是为稻谷种植提供了得天独厚的条件，使得柬埔寨成为世界上重要的稻谷产地之一。

主要农产品有稻谷、玉米、薯类、花生、豆类，此外还有经济作物如橡胶、胡椒、棉花、烟草、棕糖、甘蔗、咖啡、芝麻、蓖麻、黄麻等。

1. 稻谷

稻谷是柬埔寨的主要农产品，曾长期是其主要出口产品和外汇的主要来源。其品种包括水稻、旱稻、浮稻，种植面积占全部耕地面积的80%以上，稻谷占全年农产品产量的90%，稻米年产量约400万吨。湄公河流域和洞里萨湖沿岸为著名产米区。其中水稻分布在平原地区。浮稻又称深水稻，在洞里萨湖和湄公河沿岸洪泛区种植，是柬埔寨农民与自然界搏斗中创造出来的特殊品种。浮稻有红、白两种，每年5月间在雨季来临前下种，随着降雨的增加，受淹土地水位不断上升，稻杆也逐渐向上生长，可长到6～7米。次年1～3月洪水退出时，稻谷成熟收割。浮稻虽产量不高，但稻米质量很好。旱稻主要分布在暹粒省附近和洞里萨湖至金边之间。近年来，柬埔寨大米产量已逐渐提高，已经从一个稻米净进口国成为一个稻米净出口国。2011年，柬埔寨水稻种植面积321.9万公顷，稻谷产量841.7万吨，折合大米约247.9万吨。柬埔寨政府高度重视稻谷生产和大米出口，并提出2015年大米出口百万吨的计划。①

---

① 商务部国际贸易经济合作研究院、商务部投资促进事务局、中国驻柬埔寨大使馆经济商务参赞处：《对外投资合作国别（地区）指南——柬埔寨（2012年版）》，2012年11月，第14页。

2. 玉米

主要分布在东部高原和金边附近，多种植于干丹省和磅湛省。是柬埔寨第二位粮食作物。历年来占出口物资的第三位。玉米分红、白两种品种，红玉米种植面积大，供出口作饲料用，因品质好，在国际饲料市场上很受欢迎；白玉米则供当地人食用。

3. 橡胶

橡胶占柬埔寨出口物资的第二位，橡胶种植大都在红土区域。主要分布在磅湛省、磅同省、桔井省和腊塔纳基里省等地，其中磅湛省占90%。橡胶的种植开发潜力大，且生产方法先进，如提早割胶时间、在胶树上提高割胶高度、合理密植、使用生长激素、提高胶树质量等。现今法国资本在橡胶生产中仍占重要地位，橡胶产品大部分以原料的方式向国外输出。2011年，柬埔寨天然橡胶种植面积18.1万公顷，产量约4.9万吨。

4. 胡椒

主要分布在贡布省、茶胶省沿海湿润多雨的地区。

5. 棉花

主要分布在磅湛省及马德望省。1961年起又在马德望省的安德合地区另开了种植棉花区，该区为黑色土壤。棉花品质优良，纤维长度在28毫米以上，可以纺织高级纺织品。柬埔寨还产木棉，可作填充材料，用于枕垫、沙发等。过去多为出口。

6. 棕糖

棕糖为柬埔寨的特产，柬埔寨华人称它为"树糖"。从棕树上割取花序中所含的糖汁，熬制成膏状或块状的红糖，也可加工制成白糖。棕糖树是一种棕榈科植物，广泛分布于中部平原。棕糖树全身是宝，树干作屋梁，树叶可盖屋顶，树皮制绳索，花序中的液体过去多用于酿酒，后来使用科学的栽培方法，使花序出现的时间一致，成为很好的制糖原料。

其他的农作物还有咖啡、椰子、豆蔻、花生、大豆、芝麻、蓖麻、黄麻、烟草等。此外柬埔寨还盛产各种热带水果，如香蕉、柑桔、芒果、菠萝、木瓜、榴莲、红毛丹、山竹等。

现阶段，柬埔寨农业发展面临以下主要问题。一是农业基础设施落后，难以摆脱"靠天吃饭"的窘况。这是历史和现实所决定的，在短期内难以改变，因而柬埔寨农业短期内难以有很大的突破。二是资金匮乏、技术落后，短期内难以解决。目前柬埔寨政府正采取积极争取外商投资及私有化等措施来尽量弥补。三是土地问题日渐突出。柬埔寨新政府实行土地私有化以来，柬埔寨权贵占地、军队圈地现象十分严重，无地农民1994年只占全国农民总人数的3%，到2001年已达14.4%，社会矛盾因此日趋尖锐。洪森首相曾指出，如不采取有效措施，土地矛盾有可能演变为"农民革命"。①

　　农业从来都是柬埔寨国民经济的命脉，历届政府对于农业工作都很重视。虽然柬埔寨有着发展农业的优越条件，但由于历史的原因，农业工作的成效不大。1993年柬埔寨新政府成立后，提出柬埔寨首先需要解决的问题就是广大农民的吃饭问题，争取用5～6年时间改变农村贫穷落后的面貌。在这种思想的指导下，新政府将恢复和发展农业生产作为经济建设工作重点，提出了一系列促进农业生产的措施，主要内容包括：

　　一是推行经济自由化政策，改变农村所有制结构。取消农业集体合作组织，将所有耕地分给农民耕种，率先在农村实施开展私有化工作，同时提高农产品的官方收购价格。这些措施提高了农民的生产积极性，全国的耕地面积和农业产量得到了较大程度的增加和提高。

　　二是建立和健全农村、农业工作组织机构，加强管理和指导。对农业部进行重点调整和充实，下设16个局，包括农艺、畜牧兽医、水利与水文气象、渔业、农村经济、计划与组织、财政与管理、国际合作、运输与材料等局以及国立农学院的农业科学研究所。新成立农村发展部，主要负责农村的经济、社会、环境、卫生和医疗保健等工作。

　　三是加强农业基础设施建设。虽然柬埔寨有着良好的自然条件，但由于雨量分布的地域、季节不均，水利设施落后及年久失修，洪涝和干旱时有发生，成为柬埔寨农业发展的最大障碍。柬埔寨的灌溉系统从13世纪后几乎没有进行修缮，直到20世纪30年代才开始新建了一些灌溉系统，一直沿用至今。为改变长期以来农业"靠天吃饭"的状况，柬埔寨政府制定了包括增加基础设施建设投入、积极寻求国际援助、改善水利设施和加强灾害事故处理等措施。鉴于柬埔寨农业基础的薄弱及投入的不足，改善农业基础设施将是柬埔寨政府一项任重道远的工作。

---

① 翟崑：《柬埔寨组阁僵局及其政策走向》，载《现代国际关系》，2003年第10期，第36页。

2000年柬埔寨还发生了70年不遇的特大水灾，21个省市受淹，大量公共设施遭到严重破坏，100多万公顷农作物被淹，365人死于水灾，造成经济损失1亿多美元。

四是开展发展经济作物种植、科学种田、发展畜牧养殖等工作。1996—2000年第一个五年计划期间，柬埔寨的农业平均增长率达到8%，稻谷产量从1998年的350万吨增加到2000年的404万吨，基本解决了粮食自给问题，这是柬埔寨农业发展的一大成绩。2001年，柬埔寨政府提出了第二个五年计划（2001—2005年）的农业发展计划，明确提出要达到每年出口大米50万~60万吨的目标。为此，政府制定了一些具体措施，其中主要包括：继续贯彻执行农业水利政策，确保农民耕地安全，制止用暴力侵占农业土地，鼓励私人发展和投资农业，鼓励和吸引外国投资者投资农业和养殖业，严格自然资源的开发管理，加快橡胶园私有化步伐，严格森林管理，严禁非法捕捞，加强司法和行政监督及奖惩制度等。2005年底，柬埔寨政府制定了第三个五年计划（2006—2010年），提出了农业发展目标：2010年农业耕种面积为350万公顷，每公顷产量2.4吨，渔业产量为45万吨，森林覆盖率为60%。

五是发放小额农业贷款。柬埔寨政府将农民摆脱贫困问题继续作为工作重点，实施农村低息贷款计划。2000年，柬埔寨农村发展银行公布了执行小额贷款的实施办法。根据柬埔寨媒体报道，柬埔寨农村发展银行把贷款分配给小额贷款机构、专业银行和非政府组织等，由它们向申请贷款者直接发放贷款。这种贷款分资本、行政开支和其他风险3种类别，贷款利率各有差别。柬埔寨农村发展银行的规定是，美元贷款的年利率为11%~12%，资本贷款年利率为6%~7%，这个利率是柬埔寨政府和亚洲开发银行认可的普通资本资源利率。行政开支和其他风险的年利率为2%，是根据柬埔寨政府和亚洲开发银行的有关协议所规定的。这次发放的贷款总额为22.06万美元和41.66亿瑞尔（Riel），据统计，柬埔寨全国有9万多个家庭可获得贷款。2000年亚洲开发银行已经向柬埔寨提供了2 000万美元的农业贷款，全部投向农村。2001年第一季度，政府发放了低息贷款500万美元。各商业和专业银行也积极配合政府实施微型贷款服务政策（服务农村地区小型贷款），截至2008年12月，已发放贷款达11 090亿瑞尔（约合2.7亿美元），受惠客户达79.8万。[①]

---

① 《柬埔寨2008年宏观经济形式回顾及2009年展望》，中华人民共和国驻柬埔寨王国大使馆经济商务参赞处网站，2009年4月1日。http：//cb.mofcom.gov.cn/article/zwrenkou/200 904/20090406141 859.shtml。

（二）林业资源

柬埔寨林业资源十分丰富，据20世纪60年代的考察发现，柬埔寨当时的森林覆盖率高达75%，森林总面积达1 300多万公顷。到20世纪90年代，其森林面积减少为890万公顷，总积蓄量约为11.36亿立方米。柬埔寨森林主要分布在东部、北部和西部山区。盛产珍贵的热带林木和竹类，还出产多种药材。柬埔寨的森林类型主要有干旱林（包括常绿林、针叶林、落叶林、混交林和次生林）和湿地林（包括水淹林、水淹次生林和红树林）。

柬埔寨各省的森林分布有很大差异。在西部和西北部的山地，主要是阔叶常绿林，树身高大、挺拔，一般高达30米以上，夹杂着蔓藤、棕榈树、竹子、灌木和各类木本和草本植物。东北部主要是落叶林和草地。南部和中部很少有森林覆盖。在多雨的临海的斜坡上，覆盖着原始森林，高度一般在45米左右。在沿泰国湾海岸的狭长地带，生长着常绿林和红树林。

柬埔寨林业的发展将面临许多困难，主要是：几十年的国内战争带来的危害；缺乏森林资源相关的资料和信息；缺乏既有技术又有实践经验的管理人员；管理机构不健全；资金缺乏，法制不健全，基础设施不完备；由于邻国对林产品的大量需求，造成国内木材的非法采伐和林产品的非法出口；群众缺乏自然资源保护意识；林地的侵占和林产品需求的增大，加剧了森林资源的破坏。

林业的发展亟待解决的问题主要如下，一是坚决禁止非法采伐木材和非法出口林产品；二是严格检查采伐许可证的颁发、执行及其义务的履行；三是加强林业部门机构建设；四是继续争取国际组织和援助机构的支持，实施森林可持续发展；五是加强和鼓励群众参与森林的开发和保护。

同时，柬埔寨政府也相继出台了一些林业政策，并加强了林业立法工作。1994年1月，柬埔寨政府颁布法令只允许木材加工品出口，1994年3月31日起禁止原木出口。同年，建立了一个委员会来调查和监测1994年3月31日以前的原木蓄积量。1995年初，政府又颁布了一个禁令，禁止所有种类的木材出口。

1996年，在联合国粮农组织的支持下，柬埔寨成立一个由各部门联合组成的国家委员会。该委员会由一个专门的秘书处来管理，负责农业部、林业部、狩猎部和渔业部的事务。林业和野生动物保护部门的领导被委任为执行秘书。该委员会负责制定、监督和评估林业政策；协调政府和国际援助的代理人和赞助者之间的对话；负责技术支持；为部门设计投资项目，为国家政府和赞助者提供工作报告，同时，也为必要的措施和行动计划提出意见。

1997年，柬埔寨发展委员会对有关林业和森林方面的问题，制定了更为明确的政策。一是自1996年11月31日以后，绝对禁止原木和锯材出口；二是由政府决定成立一个林业政策改革筹划指导委员会，来制定、执行和评价国家林业政策，以便更有效地经营国家森林资源，保证其生态和经济效益；三是邀请世界银行、联合国粮农组织、联合国开发计划署等国际组织对其林业政策进行评估，确定了今后林业的发展目标和战略，其中包括：限制每年的木材采伐量，估计每年在30万~35万立方米，完善国家与木材相关的税收，加强对木材非法采伐和非法出口的管理，加强生态环境和生物多样性保护的管理等；四是由农业部、林业部和渔业部决定重新评估所有的森林砍伐合同。每一个签约人都有义务提供一份森林调查清单、管理计划和环境影响评估报告。[①]

尽管做出了诸多努力，但在目前，柬埔寨的林业处于持续的、无节制的破坏和可持续经营的改革关键时刻。一方面，每年的原木采伐基本上是非法的，根本没有考虑到对环境的影响。和其他许多发展中国家一样，木材需求导致了森林资源的持续消耗，加上农业扩张和轮垦，森林面积不断减少。另一方面，农业和林业以外的相关政策和政府投资，如基础设施建设和能源政策很少，一些投资项目，如筑坝和高速公路建设将会对林业产生严重影响。与其他国家相比，柬埔寨早期的工业化采伐，包括合法的和非法的采伐，都对林业造成了很大威胁。因此，柬埔寨林业部门制定和实施林业政策比其他国家更为迫切。

(三)渔业资源

柬埔寨江河湖泊很多，渔业资源丰富。洞里萨湖是世界上著名的天然淡水渔场，也是东南亚最大的渔场。全国年产淡水鱼约13万吨，洞里萨湖约占50%。洞里萨湖由此成为东南亚最大的天然淡水渔场，素有"鱼湖"之称。柬埔寨西南沿海有戈公、磅斯马、云壤等重要沿海渔场，盛产鱼虾，年产量约4万吨。近年来柬埔寨的渔业得到了快速的发展，但是国内渔业生产资料短缺和基础设施落后的状况尚未得到根本性的转变。在海洋捕捞和养殖方面，湄公河水系和近海虽然拥有丰富的渔业资源，但内陆部分洞里萨湖附近森林开发可能会影响环境，而且缺少可供渔船停泊和补给的渔港及应该配备的冷冻设备等基础设施，柬埔寨的

---

① 《柬埔寨林业》，中国林业网，2010年5月15日。http://www.forestry.gov.cn/portal/main/map/sjly/sjly44.html.

渔业产量增长因此受到较大的限制。加之近年来由于生态环境失衡和过度捕捞，柬埔寨渔业资源日益减少。

关于柬埔寨的渔业管理，在中央和地方政府之间有不同的区分。在中央一级，农业、林业和渔业部的渔业局负责渔业及水产养殖开发研究并起草法律和政策，以及被授予检查权；在地方一级，渔业由省、市渔业局管理，具有必要权力以保证其辖区遵守法律。

柬埔寨政府将其境内的河流和湖泊资源视为国家生存的重要资源，特别注重水域资源的保护，保护水产资源的可持续发展，并制定了严格的法律法规。在政府的重视和扶持下，柬埔寨近年来的渔业生产得到了有效的保护和发展，水产业的发展孕育着巨大的发展潜力。

2001年，柬埔寨出台了《渔业法草案》，该法涉及水产养殖，对内陆水产养殖和海水养殖的批准，水质和污水排放，活鱼或新鲜鱼进出口、运输以及加工的鱼类产品等相关领域。该法要求建立内陆水产养殖厂、海水养殖设施且观赏鱼养殖活动要获得渔业行政管理部门发放的许可证。该法考虑了特别的水生动物（例如鳄鱼、蟒蛇、龟、淡水鱼和无毒蛇、青蛙或鳗鱼以及海龟）监测区域的规模或网箱或发放许可证需要的样本数量。其次，该法就活鱼或新鲜鱼及加工鱼产品的进出口和运输作出规定，并禁止进口、出口、交易、运输和加工濒危物种。进口非本土物种需要得到渔业管理人员发放的《物种许可证》。运输活鱼或新鲜鱼和加工的鱼产品必须在渔业行政管理实验室的监督下进行。

另据1988年出台的《渔业产品运输分法》，柬埔寨对活鱼或新鲜鱼以及加工的鱼产品的运输确立了许可证制度。要求对运输下列数量的鱼进行许可：一是超过200千克海鲜鱼类；二是在渔季超过200千克淡水鱼（渔季外为60千克）；三是在渔季超过60千克的加工鱼产品（渔季外为20千克）；四是准备出口2千克以上的海洋鱼类、淡水鱼类或加工的鱼产品。根据来源和产品的目的地，申请人应向分区渔业局、省、市渔业局申请许可；活鱼或鲜鱼和加工鱼产品出口的许可证由商务部发放。[1]

此外，鉴于海洋开放入渔政策是造成资源衰退的主要因素之一，柬埔寨政府

① *Sub-Law No.66 OR.NOR.KROR.on transportation of fishery product*（1988）.Separate publication, pp.1-4.

把注意力集中在渔业养殖上。从目前的情况来看，柬埔寨渔业保持可持续发展的理想情况是淡水鱼的年产量维持在40万吨左右。同时湄公河上水坝造成的供水问题、农业生产的化肥农药造成的污染问题以及地价上涨和土地大量被占用等问题，都给柬埔寨淡水渔业的发展带来了重重困难。柬埔寨水产养殖和渔业的发展还有很长的一段路要走。

（四）畜牧业资源

柬埔寨曾是东南亚地区少数几个有活畜和畜禽产品出口的国家之一，也是东南亚诸国中按人口平均拥有牲畜头数最多的国家。主要畜产品有牛、羊、马、猪、鸡、鸭、鹅等。肉牛是其主要出口畜产品，曾经每年出口达几万头，此外还出口相当数量的皮革。畜牧产品的出口曾为柬埔寨经济的发展带来不少外汇，但遗憾的是，畜牧业至今仍然只是作为农业的一种副业，发展受到极大的限制。

（五）野生动植物资源

1. 植物资源

柬埔寨大部分地区气候炎热潮湿，土地肥沃，适宜于各种热带植物生长，其木本、藤本和草本植物品种多达上千种。柬埔寨全境的树种有200多种，其中以柚木、铁树、紫檀、黑檀、白卵、观丹木最为名贵。泰国湾沿海滩涂上生长着的红树林，树身高大，生长迅速，一般高约30～40米，既可作建筑材料，又是当地居民主要的燃料来源。野生药用植物资源也相当丰富，主要包括豆蔻、胖大海、马钱子、沉香、桂皮、藤黄、樟脑等。此外，还有种类繁多的水果资源，例如，香蕉、柑橘、芒果、椰子、菠萝、红毛丹、榴莲、木菠萝、番木瓜等。

2. 动物资源

柬埔寨山区分布很广，野生动物资源很多，主要有兽类、鸟类、蛇类和鱼类等，既有大象、野牛、老虎、黑豹、熊等大型野兽，又有各种各样的小型野兽，还有鹤、苍鹭、松鸡、雉鸡、鸬、孔雀、白鹭、野鸭等鸟类以及多种蛇类，例如眼镜蛇、眼镜王蛇、克雷特蛇、蝰蛇等。野牛是柬埔寨国家级保护动物，柬埔寨野牛在全世界估计只有300头（1985年调查），其中200头在柬埔寨。鱼类品种主要有黑斑鱼、黑鲤鱼、鳗鱼、鲑鱼、红目鱼等。有些动物与柬埔寨人民的生活关系密切，大象就是最突出的代表。柬埔寨人自古以来就有驯养大象的传统，大象被用来驮运货物，充当交通工具。

四、矿产资源及其利用情况

柬埔寨人民很早就开始开采本国的矿藏。据我国《梁书》记载，柬埔寨"出金、银、铜、锡"。在殖民统治时期，柬埔寨全部矿产资源情况的资料被法国夺走。独立后，柬埔寨政府曾于1958—1960年邀请中国专家前往该国帮助进行资源勘探，在中国专家帮助下，先后在磅同省、柏威夏省、上丁省等地发现了多处柬埔寨经济建设急需的且有较大商业开发价值的铁矿、锰矿、煤矿、金矿资源。后来由于陷入长期战乱，柬埔寨未能对其矿产资源进行全面勘察。在国家重建过程中，为满足国民经济发展的需求，柬埔寨政府对矿产资源开始不断重视，对具有经济价值的已知矿产地进行了详细研究与评估，吸引境外资金和技术以共同勘查与开发部分矿产资源。

(一)矿产资源分布概况

从目前已掌握的资料看，柬埔寨已探明储量的矿藏有20余种，主要的金属矿产有铁、金、银、钨、铜、锌、锡、锰、铅等，非金属矿藏有磷酸盐、石灰石、大理石、白云石、石英砂、粘土、煤、宝石和石油，其中铁、磷、金、宝石、硅砂、粘土、石灰岩已具有一定规模。

铁矿分布于马德望省、磅同省、贡布省、柏威夏省、暹粒省和上丁省等地，有16个储有赤铁矿和磁铁矿的区域，此外，南部贡布省也有少量产出。磅同省发现了一个铁矿床，储量约为520万吨。西方的资料显示，柬埔寨北部可能有高等级的铁矿石，储量在250万～480万吨之间。柏威夏省罗文县的铁矿，估计蕴藏量为620万吨，适宜露天开采。另外在上丁等省也发现了储量不等的铁矿。由中国武钢、宝钢、鞍钢、首钢四大钢厂联合出资组建的北京钢企联矿产资源投资有限公司在柬埔寨投资成立了柬埔寨钢铁矿业集团，对柬埔寨罗文铁矿区进行勘查，并取得了很好的效果。[1]铁矿类型以矽卡岩型为主，其次为沉积型与风化淋滤型。矽卡岩铁矿多产在中生代花岗岩类接触带上，接触围岩以三叠纪或二叠纪灰岩居多，少数为粉砂岩、泥灰岩和凝灰岩等。通过含铁岩石表生富集形成高品位磁铁矿和赤铁矿矿石，铁品位60%～68%，但整个矿床品位要低一些，约为51%～56%。其中以磅同省与柏威夏省交界处的德克山规模较大，德克山矿床产于直径约30千米巨大的中生代花岗闪长岩株与三叠纪砂岩和泥灰岩接触带的矽卡岩

---

[1] 邓明翔、刘春学：《GMS经济合作机制下的柬埔寨矿业投资环境分析》，载《东南亚纵横》，2011年第12期，第37页。

中，矿体呈透镜状、似层状，矿石矿物以磁铁矿和赤铁矿为主。在柏威夏省的罗文真和马德望省的普雷斯克有矽卡岩型铁矿床，沉积型铁矿主要产于泥盆纪与石炭纪片岩、砂岩和石英岩组成的地层中，呈透镜状、囊状和似层状，矿体长约数十米，矿石矿物以赤铁矿为主，其次为镜铁矿和褐铁矿。此类矿床分布较广，但工作程度很低，其中比较有远景的有暹粒省珀斯和上丁省的安洛奇铁矿。风化淋滤型铁矿分布很广，尤其在南部贡布省，为含铁的岩石经表生作用而形成的铁红土、褐铁矿团块、铁质红土壳等，属于暂不具工业意义的矿化点。[①]

柬埔寨锰矿资源是20世纪50年代末期在中国专家帮助下发现的，共有2个矿床，都在磅同省的戚普县。锰矿床由硬锰矿和软锰矿的红土组成，红土厚18米，锰矿储量估计为12万吨，含锰15%～39%，有较高的开采价值。煤主要分布在磅同、桔井、上丁、贡布、柏威夏等省，蕴藏量不多，在上丁的他拉区，储量约700万吨，商业开采价值不是很大。在马德望省和贡布省已发现储量约71万吨的磷矿。贡布省的磷酸盐每年可开采出数千吨，马德望省在二战前已建起一家小型磷酸盐开采和加工厂。[②]

柬埔寨锡矿产主要是原生锡石矿和冲积砂锡矿，主要分布在西南部豆蔻山脉东侧磅士卑省的克朗阿伊，该矿床靠近泰国东南部的马泰锡矿成矿带，且附近类似的岩体甚多，因此，锡矿成矿潜力较大。原生锡矿产于网脉状石英脉及微晶花岗岩、细晶岩等岩墙中。含矿脉体横切黑云母花岗岩体边缘带及其三叠纪和泥盆纪——石炭纪弱接触变质围岩。矿石矿物以锡石为主，其粒径为0.12～0.5毫米，此外有少量方铅矿、闪锌矿、黄铜矿、萤石、重晶石和稀少的白钨矿和黑钨矿。云英岩亦具锡矿化，其含锡一般在0.02%。冲积砂锡矿在原生矿附近，分布范围有限，粒度极细，其中粒径小于0.5毫米的占95%，小于0.12毫米的占62%。

铜矿资源已发现6个铜矿点，主要分布在东北部的磅同、桔井和上丁等省，大都属于脉状铜矿。而铅锌矿资源已发现的矿点散布于磅士卑、桔井和上丁等省，储量不明。钼矿主要在金边南部与北部，为热液型，于花岗岩及其节理裂隙中，呈细脉浸染状分布，常伴有黄铁矿、黄铜矿和萤石。

柬埔寨宝石生产具有悠久历史，颇负盛名。宝石种类主要有蓝宝石、红宝石、

---

① 吴良士：《民主柬埔寨矿产资源及其地质特征》，载《周边国家矿产资源简介》，2009年第4期，第510页。
② 王志刚：《柬埔寨王国的矿产资源与投资政策》，载《西部资源》，2006年第1期，第50页。

锆石、尖晶石等，并广泛分布在北部马德望省、戈公省、柏威夏省、暹粒省和腊塔纳基里省，但是各处产出宝石种类有所不同，西部地区红宝石较多，而东部地区仅见锆石。宝石的主要产地是马德望省珠山和拉达那、基里省的博胶，其中以马德望省拜林镇最具规模。"拜林"在柬埔寨语中意为"宝石"，早在19世纪就因盛产红宝石、蓝宝石而驰名世界。在柬北中部的罗文地区，也有两个宝石产地，以锆石为主，也有少量蓝宝石。大莫美山脉中的占农普地区的宝石矿，也是由玄武岩风化形成的蓝宝石和锆石冲积矿床。柬埔寨所产宝石以红宝石与蓝宝石最具价值，品质良好，现已经发现储量可观的红宝石、蓝宝石和钻石。此外，柬埔寨还有锆石、玛瑙、黑玉等宝石资源。自20世纪80年代末期以来，开采宝石出售给外国人甚至成为红色高棉时期柬埔寨最主要的经济来源。

金矿是柬埔寨相对优势矿产之一，主要是前苏联和越南地质勘探队于20世纪80年代期间发现的，分布很广，其金矿资源分布于马德望省、磅湛省、磅同省、贡布省、蒙多基里省、柏威夏省、腊塔纳基里省、暹粒省和上丁省。目前已有的金矿有云晒、博坎、罗代、隆山、德克斯山等矿点。正在进行的金矿勘探项目有10个，主要是来自澳大利亚、加拿大和马拉西亚的公司。澳大利亚OZ矿产开采公司在柬埔寨东北部的蒙多基里省发现了储量达810万吨的金矿。南方黄金公司（Southern Glod Limited）2006年与柬埔寨工矿能源部签订谅解备忘录，在腊塔纳基里省的956平方千米的矿区内进行勘探，2007年勘探面积就扩大到1 413平方千米。金矿以石英脉型和砂矿型为主，含金石英脉多产于中生代花岗岩体及其附近接触围岩，部分于二叠纪灰岩或前中生代沉积变质岩的构造裂隙中，特别是压扭性断裂中，呈细脉状或网脉状，个别呈大脉状产出，长数米至百米。金矿与石英脉中砷黄铁矿和黄铁矿关系密切，品位较高，有的可达几十克/吨。石英脉型矿床以奥多棉吉省巴苏普特鲁普金矿床较为典型。网脉状含金石英脉伴随微晶花岗岩脉侵入于泥盆系——石炭系的页岩与灰岩中，脉宽30厘米～4米，矿石中偶见黄铁矿、闪锌矿、方铅矿、黄铜矿等，矿石品位变化大，最高含金可达94.42克/吨，平均为4.14克/吨。还有一些金矿床规模较小、分布较广，但勘查程度甚低。砂矿型金矿产出有两种情况：一是在上述石英脉型金矿附近，如巴苏普特鲁普金矿床外围有面积约20平方千米的冲积砂金矿，品位为0.9克/吨；另一是在河流冲积层中。近来在南方磅湛省发现红土壤金矿，红土层厚3～4米，含粗颗粒砂金，平均品位为2.77克/吨。

铝土矿有沉积型和风化淋滤型两种类型,而在柬西部马德望地区产有在二叠系灰岩中的薄层硅质铝土矿,主要成分为一水铝石、赤铁矿和高岭石,氧化铝含量约43%～63%,氧化铁含量约7%～26%,二氧化硅含量约3%～14%。由于硅和铁含量过高,这些铝土矿矿床不具经济意义。风化淋滤型主要分布在东部蒙多基里省,铝土矿为上新世—早更新世玄武岩经风化作用而成,产出受地貌条件控制,因而多见于玄武岩高山部位,分布零散、规模有限,特别是氧化铝和氧化铁含量较高且不稳定,含量约为18%～50%和14%～30%,这给开发利用带来极大困难。澳大利亚的BHP公司和一家日本公司在蒙多基里省内进行铝土矿勘探。

柬埔寨磷矿资源比较丰富,主要为残积型,其次为冲积型。原生磷矿产于中—上二叠统含纺锤虫的灰岩中,属于海相沉积生成的,但含磷较低,无法利用。只有在地貌、断裂与岩溶三者联合控制下使其发生溶蚀、崩塌,进而在原地或半原地以不同迁移、堆积方式再次富集后方可利用,因此磷矿床产出形式多样,有洞穴堆积成矿、断裂带充填成矿、风化面残积成矿以及短距离冲等,而矿石构造则有皮壳状、土状、角砾状、葡萄状以及碎屑状等。在西部的马德望省和南部的贡布省均有磷块岩矿床,矿床是二叠系灰岩中的表生交代和裂隙充填物,矿石含五氧化二磷约11%～26%。磷矿资源共有3个矿点,其中一个在柬埔寨西北部马德望省的百囊格勒薄(鳄鱼山),另一个在该省的百囊三波(船山),还有一个在南部的贡布省境内,总储量约80万吨。

石灰石分布较广,西北部的马德望,南部的贡布,以及东北部的磅同、桔井、上丁等省均有石灰矿。其中,贡布省波德邦的石灰石储量最大,约达1 000万吨;磅同省威普县的石灰石储量达300万吨。石灰岩可供工业利用的层位较多,目前大量开发的是二叠纪石灰岩,并且主要在西部马德望、菩萨、磅士卑和贡布等省,其次为北部上丁省。其中以贡布省东北部的博斯达姆邦石灰岩矿规模较大,长125米,估计储量达9 000万吨,属于生产水泥用的石灰岩,现已开发并作贡布水泥厂原料基地。

粘土矿几乎分布全国,有风化型和沉积型两种。前者为中生代流纹岩或花岗岩风化淋滤后形成的,是当前开发利用的主要类型,而沉积型是第四纪冲洪积作用形成的,分布在中部地区的洞里萨平原和湄公河平原阶地上。粘土大多为高岭石粘土,在工业应用上多属于陶瓷粘土,次为水泥粘土,而耐火粘土则较少。陶瓷粘土以磅清扬省安达斯勒粘土矿和特拉奥克山粘土矿规模较大,并且均为侏罗纪富钾长石黑云母花岗岩风化淋滤作用形成的高岭石粘土，质量好，开发利用历史悠久。水泥粘土以贡布省萨尔山沉积型粘土矿规模较大，于贡布冲积三角洲平原上，粘土矿分布面积达数十公顷，厚度约10米，其储量可达550万吨，现供贡布水泥厂生产使用。

此外，柬埔寨本地的南方矿业公司（Southern Mining）在菩萨省的勘探矿区已发现近600吨的氪、锡、铜矿。中国企业也参与了在柬埔寨矿产勘探活动。例如，中国重庆的柬埔寨国际矿产资源开发集团有限公司在腊塔纳基里省探明两铁矿储量10亿吨，探明一处金矿储量符合工业开采价值。在其他地区发现的矿产还有银、铜、铝、锌、锡、钨、石灰石、大理石、粘土、白云岩、石英砂等（见表1-1）。

关于油气资源，在20世纪80年代，苏联和越南地质学家在暹罗湾沿岸和洞里萨湖区域首次发现石油和天然气田，给柬埔寨带来了希望。近几年来的勘探和研究工作进一步表明，柬埔寨3个大的地下盆地即东部盆地、中央盆地和高棉盆地都蕴藏着石油和天然气，其中较看好的是高棉盆地。过去柬埔寨从未生产过石油，国内所需的燃油完全依赖进口。这种状况终于在2004年得以彻底改变。2004年12月，柬埔寨官方证实，通过勘探在西哈努克市以南140多海里的西南海域发现3处油井，蕴藏有丰富的石油和天然气资源，石油蕴藏量约4亿桶。政府将全国含油海区和陆上含油盆地划分成若干区块，进行招标勘查。海区含油区块均已经被各国矿业公司获得。目前各国公司都已着手进行油气采集的初步研究和钻井取样。进展最快的是A区块，2005年，雪佛龙公司打的5口海上油井中的3口出了油，一口井出了气。该公司宣布A区块的探明石油储量为5亿桶。同期，陆上石油的勘探也在逐步进行，越南石油天然气勘探公司计划在洞里萨湖地区X、V区块进行勘探。日本油气和金属国家公司（JOGMEC）与柬埔寨政府签署了一份为期2年的石油研究协议，对柬埔寨洞里萨湖地区第17号区块石油生产的可行性进行研究。[①]日本公司的上述投资行为表明外国公司对投资开发柬埔寨油气资源充满信心。此外，美国石油巨头雪佛龙也不甘落后，2012年1月，雪佛龙柬埔寨分公司与柬埔寨国家石油局进行了会谈，称已经投资了1.6亿美元钻了18口井。另外，一些来自泰国、新加坡、印度尼西亚、科威特以及中国的石油公司也正在对柬埔寨海域的5个区块进行油气勘探作业。

---

① 邢和平：《柬埔寨海上石油引发国际投资热潮》，载《东南亚纵横》，2007年第11期，第2～5页。

随着勘探工作的进一步展开，柬埔寨油气资源的情况将更加明朗，有可能甩掉"贫油国"的帽子。柬埔寨首相洪森表示，希望利用本国的石油和天然气加快国家的发展步伐，欢迎外国公司参与开发。但国际货币基金组织提醒说，柬埔寨政府在正式开采海底石油之前应该做好包括有关法律在内的准备工作，而不要操之过急。世界银行估测在柬埔寨西南部3万多平方千米的海域内，石油储量高达20亿桶，可为柬埔寨带来20亿美元的年收入。

表1-1　柬埔寨主要矿产探明储量

矿产	单位	探明储量
煤	百万吨	≥7.0
锰矿石	万吨	12.0
铁矿石	百万吨	6.2
金	吨	≥20
磷块岩	万吨	≥60
石灰岩	百万吨	50.0

资料来源：施俊法等：《世界矿情——亚洲卷》，北京：地质出版社，2006年版，第166页。

（二）矿业生产和矿产品贸易

自19世纪后半期，法国和中国的地质学家进行地质研究和矿产调查的结果，预示着柬埔寨丰富的矿产资源潜力，包括蓝宝石、红宝石、黄金、锡石、石英砂、铝矾土、锰、高岭土、煤、泥炭、托帕石、石灰石、磷矿、建筑材料及其他矿物。20世纪60—70年代，中国援柬地质队也曾对柬埔寨的地质、矿产资源开展过系统的勘查工作，但自20世纪80年代中后期以来，柬埔寨由于战争和政治动乱，矿业开发停滞不前。

受战争和内乱的影响，柬埔寨基本上没有真正的矿业。目前只有小规模的水泥、粘土、岩盐、磷块岩和宝石生产。近几年柬埔寨矿业投资的优惠环境吸引了中国、越南等大批矿业集团和公司的介入，使得柬埔寨矿业进入一个新的时期，发现了金、铜、铅、锌、铁等许多矿床和有进一步工作价值的矿产地。柬埔寨罗文铁矿是现今柬埔寨的主要矿产。从矿藏资源来看，无论是金属矿藏，还是非金属矿藏，柬埔寨并不具备非常大的优势。

柬埔寨目前所产矿产品全部供应国内消费和国外深加工项目。该国每年所需的几百万吨石油精炼产品、几百万吨水泥、粘土、钢铁和日用品等，均从其他国家进口。近几年随着柬埔寨矿业秩序的正常化，许多国外公司特别是中国和越南等国家民营矿业公司的介入，使得柬埔寨矿业开发进入一个新的时期。目前操作的主要矿业项目只有小规模的水泥、粘土、岩盐、磷酸盐、宝石、金矿和铁矿等。[1]详见表1-2。

表1-2　柬埔寨矿产品产量（单位：吨）

矿产品	2006年	2007年	2008年	2009年	2010年
水泥	——	86 990	772 029	933 900	789 025
砂砾	45 625	36 250	37 500	41 875	82 500
红土		312 718	454 750	631 000	1 612 500
盐	59 000	76 651	78 000	——	——
沙、建材	2 043 500	329 028	6 581 500	14 035 775	38 367 500
石材、粗建材	676 832	2 433 086	3 039 336	3 819 804	7 331 000

资料来源：Cambodia's ministry of industry, Mines and Energy, General Department of Mineral Resources；U.S.Geological Survey：*Minerals Questionnaires for Cambodia 2006—2010.*

（三）矿业相关法律和政策

柬埔寨于2001年颁布出台了新的《矿业法》，后又几次进行修订。《矿业法》规定，在柬埔寨进行矿业活动必须得到政府发放的许可证。勘查许可证的最大申请面积为200平方千米，有效期为2年，可延期2次，每次2年。每次延期要求交回30%面积的土地；采矿许可证则没有最大面积限制，有效期限为30年。

柬埔寨的石油开发和管理依据是1991年颁布的石油法规，该法规规定，在柬埔寨进行石油勘探可以通过投标获得勘探权，勘探有效期是4年，经批准可以延长2年。进行石油开发应当与政府签订产品分成合同，合同中涉及产品的分成比例、成本返回速度和所得税率等详细条款。每个区块需要一份独立的合同，开采区最长期限30年，可以延长。

柬埔寨矿产资源的主管部门是工业矿山和能源部。工业矿山和能源部负责

---

[1]　孟瑞、冯希：《柬埔寨地质矿产资源概况及矿业政策》，载《国土资源情报》，2011年第7期，第51页。

油气方面竞争性招标区块的划定工作，评估报告及建议交给国家石油委员会，工业矿山和能源部汇总委员会的各项建议转交政府批准，石油合同由工业矿山和能源部代表政府签署。工业矿山和能源部下属的矿山地质局负责非能源矿产的开发管理。

为了吸引更多的国内外矿业公司对矿业进行开发投资，柬埔寨政府于2001年颁布了《矿业管理和开采法》，国家工业部、矿产部及能源部主管该法令及国家其他相关矿业法的实施。国家矿产部下属的能源司主管国家矿产资源的开发，对私人矿业提供相关的帮助，并负责矿业法律法规的监管工作。同时，柬埔寨政府通过各种渠道大力宣传本国矿产资源潜力，对外公布矿产储量、矿床位置等信息。

《柬埔寨投资法》（以下简称《投资法》）规定，投资于柬埔寨的企业可以自由转移利润，需要时可以自由雇佣外国技术工人，土地使用权有效期长达70年。最初的《投资法》将开采矿物、金属、煤炭、石油和天然气列为鼓励的投资项目，但是在1999年对《投资法》的修订中，删除了此条目，并在不鼓励投资项目中增加了开发自然资源（勘探石油和天然气除外）。2003年再次修订的《投资法》将天然气、石油勘探及全部矿产开采项目及其供应基地定为可享受免缴关税，但不享受免缴利润税的特定投资活动。除了免关税，投资于矿业的公司具有如下特权：享有独家勘查和开采合同区内发现矿产的权利；机器与设备进口免税；除《矿业法》和《税法》有规定的以外，不需要向政府缴纳其他税费。近年来，柬埔寨政府为鼓励外资投资于矿业，修改了产品分成合同条款，采用国际惯例。此外，根据《投资法》还有一些税收优惠。

2004年，根据柬埔寨国家统计局数字，矿业经济只占该国GDP的很小一部分，仅为0.27%。截至目前，柬埔寨引进的国外和本国矿业投资公司据统计已经超过50家，拥有矿权超过300个。不管柬埔寨的资源潜力如何，都无法阻挡其他国家希望与其合作的意向。2012年2月，韩国能源和矿产部部长申哉炫对柬埔寨进行访问。申哉炫透露，此次访柬的目的是表明韩国希望参与柬埔寨矿产资源、石油和天然气的开发。韩方已在柏威夏省、茶胶省、实居省进行矿藏考察。柬埔寨首相洪森则表示，欢迎柬韩在矿产和能源领域加强合作，支持韩国公司投资开发柬埔寨的石油和天然气及其他能源，同时还建议韩国同柬埔寨石油机构进行更详细的讨论，以深化双方的合作关系。[1]

---

① 王林：《柬埔寨：下一块油气资源宝地？》，见《中国能源报》，2012年2月13日。

五、旅游资源及其利用情况

　　柬埔寨拥有迷人的热带风光，奇异的白色沙滩，风光旖旎的海边美景，其十分丰富的旅游资源，每年都吸引成千上万的国内外游客前来观光旅游。柬埔寨首都金边的塔仔山、王宫和湄公岛、巴地湖风景区、"小吴哥"等名胜古迹相距不远。北部暹粒省的世界七大奇观之一的吴哥窟和吴哥王朝遗址群，以其众多的古迹和细致仿真的雕刻艺术，让每一位前来参观的游客叹为观止、流连忘返。西南部的西哈努克港，拥有银白的沙滩和碧蓝的大海，以其热带自然风光和天然良港而闻名于世，也是最著名的休闲胜地。[①]荔枝山瀑布是柬埔寨国内著名的风景区，也是一个深受国内外游客喜爱的旅游胜地，它的起源要追溯到吴哥王朝以前。它位于柬埔寨西北部柬泰边境的扁担山，海拔只有756米，由砂岩组成。有的地方峭壁陡崖，山势雄伟；有些地方丘陵起伏。北坡生长热带雨林，南坡多落叶林，森林茂密，林密涧深，有很多野生动物，是旅游探险、科学考察的最佳去处。同时这一带就是昔日红色高棉发源地，高棉族是一个有着独特生活方式、文化传统和风俗习惯的民族，神秘的红色高棉历史更是给这一地区披上了一层令人神往的面纱。

　　柬埔寨有许多美丽的传说，那些美丽的传说和留下的建筑，更加吸引了外国旅客的兴趣，迫切渴望感受那份神秘。柬埔寨是个充满宗教色彩的国家。佛教是其国教，柬埔寨境内有很多大小不同、形式各异的佛教建筑，从古至今寺院不但是宗教活动中心，也是地方教育和藏书中心，宗教在社会生活中起着重要作用。这使得广大游客在参观时不仅有顿入佛境的感觉，还为其提供了一个考察研习的圣地。此外，柬埔寨也是一个多民族的国家，各种文化习俗也可以满足游客的猎奇心理。例如，吴哥是柬埔寨的古都和游览胜地，位于洞里萨湖北面，距暹粒市6千米，公元9—15世纪为高棉王国都城，最早始建于8世纪，13世纪建成，占地15平方千米。吴哥古迹主要包括大、小吴哥两地的通王城和吴哥窟，各种建筑约600座。其中有5座宏伟的宝塔和精美的浮雕，是闻名于世的高棉文化古迹，也是世界著名的佛教建筑。[②]

（一）吴哥古迹（Angkor）

　　吴哥古迹位于暹粒市附近，距首都金边约314千米。吴哥古迹由大小600多

---

① 《柬埔寨旅游业现状及发展前景浅析》，中华人民共和国驻柬埔寨王国大使馆经济商务参赞处网站，2003年6月18日。http://cb.mofcom.gov.cn/aarticle/zwrenkou/200306/20030600100848.html.
② 李秋月：《柬埔寨旅游业发展现状及分析》，载《中国商贸》，2011年第3期，第148页。

座精美石刻浮雕和雄伟石塔构成，错落有致地散布在热带森林里。吴哥古迹是柬埔寨古代文明的珍贵遗产，人们将吴哥古迹与中国的万里长城、埃及的金字塔、印度尼西亚的婆罗浮屠并称古代东方四大奇迹。

公元9世纪至15世纪时，吴哥曾是柬埔寨吴哥王朝的王都。吴哥始建于公元802年，完成于1201年，前后历时400年，由吴哥王朝历代国王陆续兴建而成。1431年暹罗军队入侵后，吴哥遭到严重破坏，王朝被迫迁都金边。此后，吴哥被遗弃，逐渐湮没在丛林之中，直到19世纪60年代被法国博物学家亨利·穆奥发现而蜚声海内外。1992年，联合国教科文组织世界遗产委员会把整个吴哥古迹列为世界文化遗产，成为了人类共同的历史文化瑰宝。

吴哥古迹是一个包括吴哥城、吴哥窟、巴戎寺、空中宫殿、巴肯寺、女王宫、圣牛寺、东池、西池、北池等数百座建筑物的石砌建筑群，其中有许多精美的佛塔、众多的石刻浮雕。佛塔全部用巨大的石块垒砌而成，刻有各种形态的佛像，有的高达数米，生动逼真。整个吴哥古迹现存古迹600余处，分布于方圆近400平方千米范围内，规模宏大，蔚为壮观。

吴哥城（Angkor Thom），又称大吴哥，是吴哥王朝耶跋摩七世（1181—1215年）时期修建的吴哥王城，呈正方形，周长12.2千米，用巨大的赤色石块砌成的城墙高达7米，厚3.8米。吴哥城共有5座城门，城门之上建有高塔，城门两侧有三象头形石刻；城外是100米宽的护城河，用石桥相连；吴哥城内庙宇、宝塔、王宫等建筑鳞次栉比，尽显雄伟庄严之气。

吴哥窟（Angkor Wat），又称小吴哥。建于1113—1150年，是苏利耶跋摩二世的骨灰埋葬地，是一座宏大的庙宇。吴哥窟坐东朝西，主体建筑为三层方形基坛、回廊和宝塔，占地5万平方米。主体建筑为4层基台，中央有5座莲花宝塔，正中一座宝塔高约70米，全部用巨大的砂岩砌成，有些石块重达8吨以上，却不使用灰浆或其他粘合剂，实在令人称奇。第一层基坛回廊上刻有长达800米的浮雕，故事题材取自于佛教传说，是世界艺术的宝藏；第二层基坛四周各有一座宝塔，但塔顶已脱落；第三层基坛四周也各有一座宝塔，中央矗立一座65米高的宝塔，五座宝塔排列和谐、结构紧凑、保存完好，正看为三塔，侧看为五塔，庄严美丽、气势宏伟。吴哥窟四周建有长3 600米的城墙，城外是190米宽的护城河。

巴戎寺（Bayon）是王城中央的主体建筑，杰耶跋摩七世在位时建造。建于三层方形台阶上，由50多座宝塔构成，主塔高45米，每座宝塔皆雕有四面佛像，周围有16座高10多米的配塔环绕，塔的壁面上雕满了各种佛教图案，显得华丽而神秘。巴戎寺被视为吴哥城的象征。

周萨神殿（Chau Say Tevoda）位于吴哥城凯旋门外约1千米处，是苏利耶跋摩二世在位时建造的婆罗门教寺庙。神殿用砂岩和火山岩建造，由中央圣殿和两侧的藏经阁及四周围墙构成。1993年10月，中国政府在"东京援柬国际会议"上宣布参加维修吴哥古迹的行动。中国国家文物局多次派专家到吴哥考察，选定修复周萨神殿。1999年10月7日，中柬两国政府签署了关于中方向柬方提供1 000万元人民币无偿援助修复周萨神殿的换文。修复工程于2000年3月正式开工，2007年7月已完成。

达波龙寺（Ta Prohm）相传为吴哥王朝中兴君主杰耶跋摩七世（1181—1220年在位）于1186年为其母所建。寺内建筑顶端、基底和夹缝中生长着许多数百年的参天古树，建筑塔群苍劲宏伟，林木枝丫丛生，树根盘根错节，包围和抱持着建筑，体现了人与自然相互较量和相互依存的奇特关系，是吴哥建筑群中较具特色的景点，与吴哥窟和巴戎寺鼎足而立，成为吴哥古迹中最引人入胜的景观之一。一般认为，由于吴哥王朝的衰落和首都南迁，都城内外森林日益繁茂，林中飞鸟遗下的鸟粪中含有某些不能消化的树种，落在达波龙寺建筑的细缝中并萌芽成树，天长日久，相生相替，演变成今天的奇观。

女王宫（Banteay Srei）距吴哥城东北25千米处，长200米，宽300米，是一座婆罗门教寺庙，由拉真达拉跋摩国王和阇耶跋摩五世国王于10世纪后半叶所建。其建筑规模虽不大，但宫内雕有许多十分精美的妇女雕像，且保存完好，故而得名。其建筑精巧别致，雕刻细腻优美，相传是由妇女所建，且寺内有许多女性雕像，故名"女王宫"。女王宫的浮雕艺术造诣在整个吴哥文明中首屈一指，被誉为吴哥建筑群中不可多得的艺术珍品。宫中央三塔上雕刻着男女神像和丝状浮雕，尤其令人赞叹。[①]

（二）金边古迹群

金边是柬埔寨的历史文化名城，始建于1372年，1434年开始作为柬埔寨首都，迄今已有500多年历史，从1867年成为柬埔寨固定首都至今也有140多年的历史。王宫（The Royal Palace）和塔山（Wat Phnom）是金边的两大名胜。

---

① 《柬埔寨主要旅游城市和名胜古迹》，中华人民共和国驻柬埔寨王国大使馆网站，2008年2月14日。http://kh.china-embassy.org/chn/ljjpz/jpzly/t407 222.htm.

王宫坐落在金边著名的四臂湾（因位于上湄公河、洞里萨河、下湄公河和巴萨河四条河的交汇处而得名），系诺罗敦国王于1866—1870年建造。王宫为长方形，长435米、宽402米，外有城墙。这是一组色彩斑斓、具有高棉传统的斗拱飞檐式建筑，由20余座大小宫殿组成，宫殿均有尖塔，代表繁荣，殿身涂以黄、白两色，黄色代表佛教，白色代表婆罗门教。王宫最初为木结构，后改建为水泥结构，但保持了原来风貌。王宫内主要建筑有金銮殿和银殿等。金銮殿（The Throne Hall）建于1917年至1919年西索瓦国王时期，长60米、宽30米、高59米，是国王加冕、会见国宾、举行宗教仪式和接受外国使节递交国书的场所。陈列的黄金御用饰品重量超过1 000公斤，极显富丽堂皇。参议院、国会和政府成员也在此举行就职宣誓仪式。银殿又称玉佛寺（Wat Preah Keo Morokat），是国王家族拜佛之所，地面用5 329块镂花银砖砌成（每块重1.125公斤），故也称作银殿。大殿内供奉的玉佛，高约60厘米，由整块晶莹剔透的翡翠雕刻而成，被视为柬埔寨的国宝。

位于金边市中心诺罗敦大街北端的塔山是金边的象征，也是金边的发祥地。山高近百米，是市内的最高点。相传1373年当地一名叫"奔"的女子在湄公河水中捡到一尊佛像，遂在此修庙，供奉佛像。香火日渐旺盛，发展成为繁华城镇，被命名为"百囊奔"，意为"奔夫人之山"，当地华人称为"金边"。1434年，索里约波国王迁都至此，在山上修建了一座佛寺，人们称它为"塔山寺"。此后，金边就以塔仔山为核心向周围逐步发展起来，塔山也就成了金边的奠基之地。登上山顶，金边全景一览无遗。山顶有一座高30米的圆锥形尖塔，旁边拱立着4座小塔，塔旁是奔寺，寺内饰有各种精美的石雕，塔顶供有奔夫人头像，终日香火不断。塔山下绿草如茵，林木葱郁，被辟为塔山公园。

位于洞里萨河畔的独立广场，作为柬埔寨1953年从法国殖民统治下获得独立这一伟大历史事件的纪念地，有着重要的历史意义。独立广场上树有独立纪念碑（Independence Monument），此碑为纪念1953年11月9日柬埔寨摆脱法国殖民统治获得完全独立而建造，1958年3月落成。碑高37米，共7层，四周雕有小乘佛教文化象征七头龙（NAKA）100条，颇具高棉民族特色。每年独立节时，柬埔寨国王都在此举行隆重庆典。来访的外国领导人也多到这里献花圈。此外，由中国援建的柬埔寨国家体育馆、柬埔寨国宾馆、中华医院等建筑，作为柬中两国人民传统友谊的历史见证，都为这座古城增添了新的光彩。

（三）其他旅游胜地

白马市是柬埔寨著名的风景区和避暑、旅游胜地，位于贡布省最南端象山山脉的尽头，市郊的白马山山清水秀、气候宜人，远眺海景，令人心旷神怡。尤其是白马海边美丽、宽阔的海滨浴场，沙滩细软、海水清澈，素有柬埔寨"南海之珠"的美称。

西哈努克市是柬埔寨唯一的国际海港，是柬埔寨著名的度假胜地。该市气候湿润、依山傍海、绿树白沙、海阔天空、令人向往。

波哥市是一座山城，波哥山海拔1 075米，山岭巍峨、松涛阵阵、瀑布飞泻、气候凉爽、怪石嶙峋、繁花似锦、景色迷人，每年都吸引了国内外的大量游客。

基里隆市位于磅士卑省西部，浓荫蔽日、飞流千尺、景色秀丽，也是著名的避暑胜地。详见表1-3。

表1-3　柬埔寨各省市自然资源分布简表

省（直辖市）	耕地面积（公顷）	水产量（吨）	禽畜数量（头/只）	发电量（千瓦）	森林面积（公顷）	矿产资源	主要景区
金边市	10 110	19 200	232 782	117 000	——	——	王宫、塔仔山
西哈努克市	17 174	20 138	381 654	800	161 000	白沙	椰树园、海滩
白马市	6 343	790	47 851	250	5 600	——	白马山、白马海滩
拜林市	26 745	——	6 167	880	60 000	金、宝石、钼、金、	乌大奥瀑布
柏威夏	28 601	200	641 668	1 190	650 000	宝石、铁、煤、锰、铅锌	柏威夏古寺
上丁	27 550	1 500	160 058	1 500	332 500	铁、锰、煤	罗姆湖
腊塔纳基里	512 310	1 300	179 769	1 000	582 500	铅锌、宝石	雅隆湖
蒙多基里	363 160		67 653	840	595 000	金、铝、锡	莫若隆姆
桔井	582 010	2 720	560 632	2 290	75 000	金、锡、煤	布列山
磅湛	425 338	16 490	2 384 130	——	——	金、黏土矿	小吴哥、女山、男山
柴桢	174 044	2 000	1 884 336	1 250	——		

续表

省(直辖市)	耕地面积 (公顷)	水产量 (吨)	禽畜数量 (头/只)	发电量 (千瓦)	森林面积 (公顷)	矿产资源	主要景区
波萝勉	309 215	9 733	2 245 407	1 000	——	——	诺哥卜农
干丹	138 252	20 932	1 351 894		——	锢	乌郎山
茶胶	252 489	11 182	544 285	2 844		铝、大理石	达山古刹
贡布	141 845	7 643	1 347 904	1 200	143 000	金、铁、磷	波哥山
戈公	10 412	18 650	31 333	2 000	766 450	白沙	哥姆沙滩
菩萨	416 890	18 890	10 2|6	2 345	903 800	锑、磷、铬、 金、铁	北大山埃克 寺
马德望	419 281	10 520	58 983	1 950	572 500	铝、宝石、 磷、石灰石	巴锡古刹、船 山、响水
班迭棉吉	294 007	945	675 775	1 250	259 950	磷、石灰石	班迭古迹
奥多棉吉	38 804	——	198 882	7 000	——	银、金、铁	波罗格尔
暹粒	215 450	24 410	197 054	10 500	1 009 550	花岗岩	吴哥古迹
磅同	147 893	9 000	940 194	3 500	316 250	金、黏土矿	松独山
磅清扬	117 918	20 040	8 254	2 000	569 950	黏土矿、花岗 石	钓鱼山、磅布 列兹
磅士卑	121 295	——	806 190	——	428 750	银、铅、锌、 锡	猴子山、基里 隆山

资料来源：Council for the Development of Cambodia, *Investor's Information*.http：//www.cambodiainvestment.gov.kh.

第三节　行政和经济区划

一、行政区划

(一)行政区划的演变

自1953年11月9日获得独立以来，柬埔寨的行政区划经常处于不断调整变化之中，这既是柬埔寨国内政权频繁更迭的结果，也从一个侧面反映出柬埔寨局势在相当长一段时期内处于不稳定状况。

柬埔寨独立前全国分为15个省、1个特别市（金边市）。1957年新增设腊塔纳基里省。1964年新设柏威夏省。1965年柬埔寨对行政区划做了一次大的调整，将全国划分为19个省、5个直辖市。19个省是马德望省、贡布省、干丹省、磅湛省、磅清扬省、磅士卑省、磅同省、桔井省、波萝勉省、暹粒省、上丁省、茶胶省、柴桢省、蒙多基里省、柏威夏省、戈公省、奥多棉吉省、菩萨省及腊塔纳基里省。5个直辖市分别是金边市、白马市、波哥市、西哈努克市和基里隆市。1970年朗诺政变上台后对行政区划再作调整，新增了特莫博省、拜林省、磅实拉省、基里翁省、乌东棉吉省、磅达叻省和普侬德省，将基里隆市改为基里隆省。这样，柬埔寨全国共划分为27个省。1975年民主柬埔寨政权对行政区划进行大的合并，根据地域将全国划分为6个大区、2个直辖市。6个大区包括：中部大区、西南大区、西北大区、北部大区、东北大区及东部大区；2个直辖市是金边市和磅逊市；大区之下设地区、专区和村3级。1979年金边政权上台后基本上又恢复了1965年的行政区划，只是将暹粒省和奥多棉吉省东部合并为暹粒—奥多棉吉省，新设立班迭棉吉省。经调整后的行政区划包括19个省、2个直辖市，省以下设县、乡，乡以下设村组，2个直辖市是金边市、西哈努克市。

（二）行政区划现状

根据1993年9月柬埔寨制宪议会通过的新宪法，柬埔寨王国的行政区划分为省（Khet）/直辖市（Krong）、县（Srok）/区（Sangkat）、乡（Khum）、村（Phum）4级，全国划分为19个省、2个直辖市（金边市和西哈努克市），金边市、暹粒市和西哈努克市被列为对外开放城市，同时新辟白马市、波哥市和基里隆市为旅游区。1993年柬埔寨新政府成立后，对行政区划作了调整，恢复班迭棉吉省建制，并将白马市、拜林市辟为直辖市。截至2004年12月，柬埔寨全国共设有20个省、4个直辖市、185个县（区）、1 622个乡、13 866个村。参看图1-1。

柬埔寨的4个直辖市分别是：金边市、西哈努克市、白马市和拜林市。20个省分别是：马德望省、贡布省、干丹省、磅湛省、磅清扬省、磅士卑省、磅同省、桔井省、波萝勉省、班迭棉吉省、暹粒省、上丁省、茶胶省、柴桢省、蒙多基里省、柏威夏省、戈公省、奥多棉吉省、菩萨省和腊塔纳基里省。2008年12月，西哈莫尼国王签署令宣布将西哈努克市、白马市和拜林市升级为省级单位。详见表1-4。

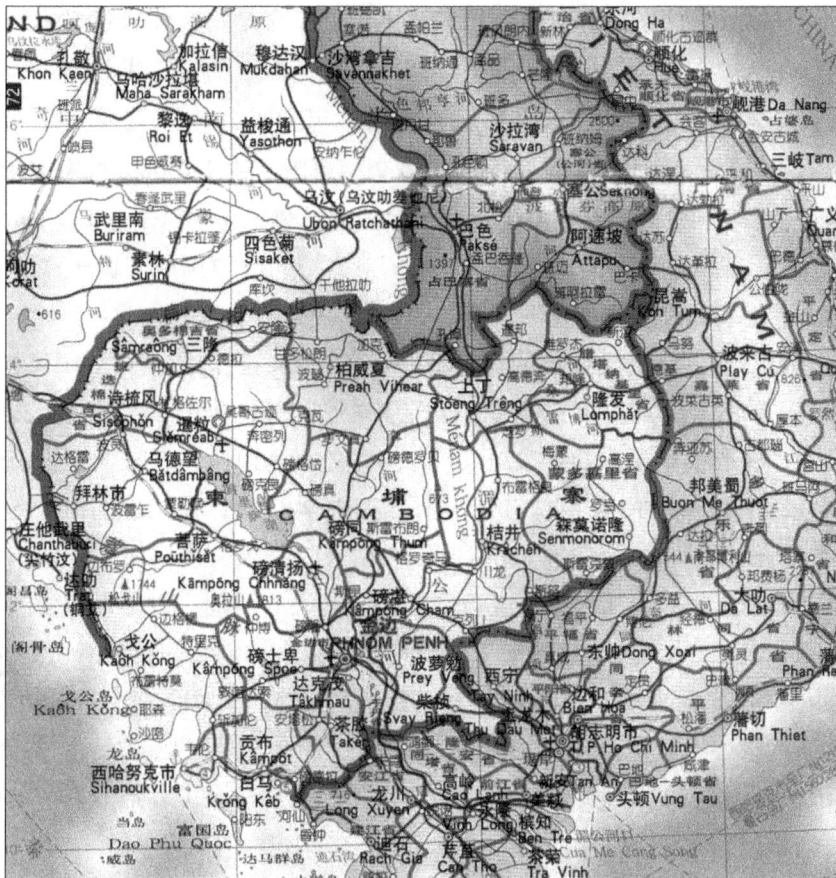

图1-1　柬埔寨行政区图

1. 金边市（Phnom Penh）

金边①是柬埔寨首都，始建于1372年，1433年开始作国都，1867年以后成为柬埔寨的固定首都。金边位于柬埔寨东南部的平原地带，洞里萨河与湄公河的交汇处，面积290平方千米，其中耕地面积10 110公顷，果园705公顷。人口为1 327 615人（2008年人口普查统计）②，人口密度高达4 578人/平方千米，是全国平均人口密度的54倍。金边地处平原地带，气候宜人，年最低气温为23.8℃，最高气温为32.4℃。

金边作为全国最大的城市，既是柬埔寨的政治中心，又是经济、文化、教育

---

① 地名英语根据柬埔寨旅游部（Ministry of Tourism）2002年12月得到土地管理、城市规划与建设部批准出版的地图标注。

② National Institute of Statistics, Ministry of Planning of Cambodia, *General Population Census of Cambodia 2008—Provisional Population Totals*, Phnom Penh, August, 2008, p.8.

中心，还是世界著名的旅游胜地。柬埔寨王国的王宫是一座金碧辉煌的吴哥式建筑，坐落在金边东侧由湄公河、洞里萨河、巴萨克河、前江汇成的"四臂湾"畔，包括曾查雅殿、金殿、银宫、舞乐殿、宝物殿等大小20余座宫殿。整个王宫雕梁画栋，琉璃瓦的屋顶与金光四溢的宝塔交相辉映。由4 700多块银砖铺砌而成的银宫尤显华贵，殿内供奉的由整块翡翠雕成的玉佛，其被称作是柬埔寨的国宝。金边市现有128家星级酒店、141家旅馆，客房总数为8 716间。由于旅游业的迅速发展，旅游基础设施成为外商投资的热点之一。

金边集中了柬埔寨最重要的工商业和金融机构；国家图书馆、国家博物馆，以及全国几乎所有的高等院校、大型医院、电影院等也集中在这里。金边市现有38所大学，在校大学生人数7 723人，其中公立大学10所，在校大学生5 571人；私立大学28所，在校大学生2 152人。有公立中学30所，在校学生91 896人，此外还有50所语言学校。金边有7家国家级大型医院，床位达66 703个。

金边是柬埔寨的交通枢纽。金边港是国内最大的河港，也是柬埔寨的国际港口，水深4.2～5.2米，有1.58万平方米的集装箱码头，年装卸货物能力14.4万吨。波成东国际机场是2C级机场，能够起降B767、B757、A300、A320等大型客机，机场设计年旅客吞吐量达150万人，是东南亚重要的国际机场之一。在全国的7条国道中，有6条（1～6号国道）是以金边市为起点通往全国各地的，市内国道通车里程62.26千米。

2. 西哈努克市（Sihanoukville）

西哈努克市原名磅逊市，是西哈努克省省会，位于磅逊湾东南岸，北与戈公省为邻，东与贡布省、白马市相连，西、南两面临泰国湾。由市区和磅逊港两部分组成，全市面积868平方千米，其中市区面积69平方千米，人口221 396人（2008年），人口密度255人/平方千米。年最低气温为23℃，最高气温为32.8℃。有耕地面积17 174公顷，其中果园1 053公顷。

西哈努克港是1960年由法国援建的新海港，是柬埔寨目前最大的国际海港和对外贸易枢纽，水深9.5米，350米长的码头上可以停泊各种万吨级远洋船只，能够同时停泊9艘轮船，货仓面积7 500平方米，集装箱场地6万平方米。西哈努克市不仅是一座在柬埔寨对外贸易中占有重要地位的海港城市，也是一座新兴的工业城市，城市规划得体、布局合理，拥有年炼油能力50万吨的炼油厂和一批中小型工业企业。

西哈努克市是柬埔寨的对外开放窗口之一，拥有较好的基础设施条件，交通十分方便，除了有国际港口可以直通中国、日本、德国、法国等国家和地区，还有国家级机场——西哈努克机场。它是3C级机场，能够起降ATR72、AN24、Y7、Y12等型号的客机，设计年吞吐旅客30万人。西哈努克市还有通往金边市的铁路和3号、4号国道，41号公路，通车里程100.53千米。西哈努克市有3所私立大学，在校大学生750人；有9所公立中学，在校学生8 147人。省级医院1所，床位70个。波哥山、云壤是国家级园林公园，还有国波斯、克巴才等自然景点和椰树园海滩等著名海滩。现有43家酒店和90家旅馆，客房数为2 398间。

3. 白马省（Krong Kep）

白马市是白马省省会，位于贡布省南部象山山脉东南端的尽头，距金边市175千米，从海上到越南河仙市很近。白马市北与贡布省相邻，东与茶胶省相连，南临泰国湾，西与西哈努克市交界。面积336平方千米，人口为35 753人（2008年），人口密度106人/平方千米。

白马市在高棉语里称作Kep，意为"马鞍"。"白马市"为当地华人的称呼，因市郊的白马山而得名。白马市原属贡布省，1993年2月，白马市改为直辖市，2008年改为白马省。这里依山傍水、景色秀丽、气候宜人，年最高气温30℃，最低气温23℃，是柬埔寨的避暑胜地，有马岛、菩岛、白兔岛等自然景点，白马海滩、安哥尔海滩每年会吸引很多海内外游客。现有11家宾馆酒店，客房97间。有3所公立学校，在校学生1 434人。有1家省附属医院，54个床位。海陆交通都很方便。

4. 拜林省（Krong Pailin）

拜林市是拜林省省会，位于马德望省西南部豆蔻山脉的北麓，是柬埔寨的边境重镇，战略地位十分重要。拜林市东、南、北三面与马德望省交界，西与泰国接壤。面积803平方千米，人口70 486人（2008年），人口密度88人/平方千米。

拜林原以盛产红宝石、蓝宝石以及贵重热带木材而闻名，但拜林真正引人注目却是因为它自20世纪70年代以来一直处于战争的前沿阵地，硝烟不断。20世纪80年代中期以后，红色高棉武装把拜林作为军事总指挥部，依靠境内的高山密林和豆蔻山易守难攻的地形，长期与柬埔寨政府军对抗。直到20世纪90年代末，随着红色高棉武装的彻底覆没，拜林才恢复了平静。拜林市地处高原，气候凉爽，年最高气温为29℃，最低气温为27℃，有雅得山、乌大奥瀑布等景点。现有11家宾馆酒店，247间客房。有3所公立学校，在校学生达2 152人。有1家省附属医院，55个床位。

5. 上丁省（Stung Treng）

上丁省位于柬埔寨北部东北高原边缘，其北与老挝为邻。面积11 092平方千米，在全国排名第七位，人口111 671人（2008年），人口密度仅为10人/平方千米。省会为上丁市。

上丁省地处丘陵山地，气温变化较大，年最高气温为32.6℃，最低气温为23.0℃。该省有丰富的自然资源，森林覆盖率达77.23%，盛产柚木、檀木、色佬木等名贵木材和药材，还有种类繁多的珍稀动物资源。有耕地面积26 350公顷，其中果园1 200公顷，农业以玉米、白薯、大豆等山地作物为主。矿产资源比较丰富，主要有煤、铁、锰、粘土矿、白云石矿，格翁还出产宝石。该省河流密布，蕴藏着丰富的水利资源。交通比较便利，省内公路通车里程276.7千米，省会上丁市是柬埔寨北部的重要交通枢纽，还是重要的木材出口转运基地。该省现有8所公立学校，在校学生3 038人。有1家省附属医院，107个床位。该省有许多历史古迹，比较著名的有柏哥古刹、柏铁山古刹、九排古刹等，还有大、小罗姆湖等自然景点。现有7家宾馆酒店，100间客房。

6. 腊塔纳基里省（Ratanak Kiri）

腊塔纳基里省位于柬埔寨东北部，其北与老挝相邻、东与越南接壤。面积10 782平方千米，人口150 466人（2008年），人口密度为14人/平方千米。省会是隆发市。

腊塔纳基里省地处山区，温差较大，年最高气温为32.3℃，最低气温为22.7℃。有耕地面积32 975公顷，其中果园882公顷，农作物主要是玉米、甘薯和旱稻；畜牧业比较发达，有黄牛43 399头、生猪28 157头、各种家禽108 213只。交通闭塞，省内公路通车里程274.3千米。地势由西向东逐渐升高，形成多乐高原（又称东部高原），适宜种植橡胶。林木资源丰富，是柬埔寨主要的宝石产地之一，出产蓝宝石、红宝石和黑宝石等。此外还有金矿和铅锌矿、铜矿资源。现有1所私立大学，在校学生124人；3所公立中学，在校学生1 565人。有1家省附属医院，126个床位。该省自然景点较多，例如雅隆湖、干仙湖、伦谷湖、卡乍瀑布、卡典瀑布等。现有9家宾馆酒店，136间客房。

7. 蒙多基里省（Mondul Kiri）

蒙多基里省位于柬埔寨东部，其东面和南面与越南接壤。面积14 288平方千米，人口61 107人（2008年），人口密度为4人/平方千米，是柬埔寨面积最大的省份，同时又是人口密度最低的省份。省会是森莫诺隆。

蒙多基里省地处柬埔寨东部红土高原，温差较小，年最高气温为30℃，最低气温为28℃。有耕地面积15 541公顷，其中果园775公顷，农作物主要是玉米、甘薯和旱稻；畜牧业比较发达，有黄牛28 407头、生猪8 143头、各种家禽31 103只。交通相当闭塞，省内公路通车里程179.6千米。森林资源比较丰富，有野生动物栖息林59.5万公顷。矿产资源有金、铝、铜、锌、锡和花岗岩等。现有5所公立学校，在校学生719人。有1家省附属医院，55个床位。该省有为数较多的自然景点，例如布尔沙瀑布、达克丹姆瀑布等。有14家旅馆，152间客房。

8. 桔井省（Kratie）

桔井省位于柬埔寨东部，其南与越南接壤。面积10 094平方千米，人口319 217人（2008年），人口密度为29人/平方千米。省会是桔井市。

桔井省地处丘陵地区，温差较大，年最高气温为35.6℃，最低气温为18℃。有耕地面积47 414公顷，其中果园1 021公顷，主要农作物有玉米、甘薯、豆类、芝麻和稻谷；畜牧业相当发达，有黄牛113 065头、生猪88 385头、各种家禽359 182只。桔井省是柬埔寨重要的橡胶生产基地之一，橡胶种植面积2 934公顷。湄公河纵贯全省，水利资源丰富。桔井市是柬埔寨东部地区的交通枢纽，也是木材、粮食和水果的集散地。该省的矿产资源主要有金、煤、锌、铜和花岗岩。现有28所中学，在校学生11 876人。有2家省附属医院，226个床位。该省有较多的文化古迹和自然景观，例如百柱庙、威夏老庙、罗嘎干达庙、索波嘎累山、不列山等。有17家宾馆酒店，326间客房。

9. 磅湛省（Kampong Cham）

磅湛省位于柬埔寨东部，其东与越南接壤。面积9 799平方千米，人口1 679 992人（2008年），人口密度为172人/平方千米，是柬埔寨人口最多的省份，也是人口密度比较高的省份之一。省会是磅湛市。

"磅湛"在柬埔寨语中是指"占人居住的村庄"，这一带因占人集聚而得名。该省地处柬埔寨东部高原与湄公河三角洲平原的过渡带，气候条件优越，年最高气温为34℃，最低气温为28.2℃。该省交通方便，坐落在湄公河下游的磅湛市是水陆交通枢纽，不仅有公路、水路直通首都，还有公路通往相邻省份，省内各种公路多达11条，通车里程439.7千米。该省可耕地面积大，耕地总数达392 477公顷，其中水稻面积就达207 157公顷，此外还有果园面积36 108公顷，该省集中了柬埔寨90%的橡胶林，橡胶种植面积达62 861公顷，也是全国最重要的水稻、玉米和棉花产地之一，还大量出产花生、大豆、甘蔗、芝麻、腰果、绿豆和烟草。矿产资源相当丰富，有金矿和粘土矿。现有 1 所公立大学、17 所私立大学，在校大学生 815 人；还有 70 所公立中学，在校学生 66 284 人。有 10 家省附属医院，1 000 个床位。该省有小吴哥、拍列西里（又称女山）、奔囊不老（又称男山）等名胜古迹。有 40 家宾馆酒店，480 间客房。

10. 柴桢省（Svay Rieng）

柴桢省位于柬埔寨东南部，其东、南面与越南接壤。面积 2 966 平方千米，人口 482 788 人（2008 年），人口密度 163 人/平方千米。省会是柴桢市。

柴桢省大部分地区是平原，气候条件良好，年最高气温为 32.4℃，最低气温为 23.8℃。有耕地面积 171 808 公顷，其中果园 2 236 公顷，大小牲畜达 131 万余头（只）。交通方便，柴桢市是柬埔寨重要的大米集散地，也是通往越南南部的陆上门户，从边境到越南胡志明市的直线距离不到 50 千米。现有 31 所公立中学，在校学生 24 320 人。有 3 家省附属医院，298 个床位。有 11 家宾馆酒店，176 间客房。

11. 波萝勉省（Prey Veng）

波萝勉省位于柬埔寨东南部，其南与越南接壤。面积 4 883 平方千米，人口 947 372 人（2005 年），人口密度 194 人/平方千米。省会是波萝勉市。

波萝勉省地处湄公河三角洲西北，交通便利，气候条件好，年最高气温 34.7℃，最低气温 24.7℃。湄公河由西北向南贯穿该省西部边缘，最后流入越南。土地十分肥沃，耕地面积 305 193 公顷，其中适合水稻种植的有 295 311 公顷，是柬埔寨的主要产粮区之一。畜牧业较发达，饲养黄牛 337 357 头、生猪 213 232 头、家禽 1 694 818 只。现有 1 所公立大学，在校大学生 140 人；72 所公立中学，在校学生 44 193 人。有 7 家省附属医院，444 张病床。有 9 家宾馆酒店，98 间客房。

12. 干丹省（Kandal）

干丹省位于柬埔寨东南部平原地区湄公河左岸，地形狭长，其南与越南接壤。面积 3 568 平方千米，人口 1 265 280 人（2008 年），人口密度达 355 人/平方千米，是柬埔寨人口密度最大的省份。省会是达克茂市。

"干丹"在柬埔寨语中是"中央"的意思，过去干丹省正好是柬埔寨的中心地带。该省地处四臂湾平原，自然地理条件相当优越，土地肥沃，水陆交通都很方便，省内有 12 条公路，通车里程 322 千米，省会达克茂市距离首都金边市仅 11 千米。有耕地面积 106 939 公顷，其中果园 13 515 公顷，农业和畜牧业都比较发达，是柬埔寨最主要的稻谷和玉米产区之一，盛产花生、甘蔗、芝麻和绿豆等经济作物;饲养黄牛158 721头、生猪158 855头、家禽1 034 273只。现有61所公立中学,在校学生53 359人。有5家省附属医院,530个床位。省内有瓦特安哥杰庙、乌廊山、卜农姆士安山等景点。有26家旅馆,144间客房。

13. 茶胶省(Takeo)

茶胶省位于柬埔寨南部湄公河三角洲地区,南与越南安江省接壤。面积3 563平方千米,人口844 906人(2008年),人口密度237人/平方千米,是除金边和干丹省之外人口密度最高的省份。省会是茶胶市。

茶胶省地处柬埔寨东南部平原与南部高原—山区的结合部,年最高气温为32.6℃,最低气温为23.8℃。有耕地面积245 608公顷,其中果园6 381公顷,是柬埔寨最大的耕作区之一,盛产稻谷和多种农副产品,尤其是该省东部的巴萨河沿岸,土地肥沃、水源充足、灌溉便利,适合种植水稻,经济作物以胡椒为主。此外,茶胶省的畜牧业很发达,饲养黄牛305 176头、生猪175 609头、家禽63 500只。该省手工业也很发达,生产的丝绸、纱笼、披巾及其他手工艺品都很出名。该省已发现具有商业开采价值的钼、花岗岩、大理石等矿产资源。现有66所公立中学,在校学生59 916人。有5家省附属医院,395个床位。由于该省有巴的湖、达山古刹、巴戎哥古刹、基梳山古刹等众多的古迹寺塔和自然景观,加上交通便利,近年来旅游业也成为该省新兴的产业。

14. 贡布省(Kampot)

贡布省位于柬埔寨南部象山山脉东南段,其东南与越南接壤,南临泰国湾,与富国岛隔海相望,西与戈公省交界。面积4 873平方千米,人口585 850人(2008年),人口密度120人/平方千米。省会是贡布市。

贡布省境内既有山区也有平原,省内最高峰是海拔912米的卡马谢峰。气候湿热,年最高气温为33.3℃,最低气温为23.6℃,雨量充沛,森林资源丰富。有耕地面积130 754公顷,经济作物主要有花生、甘蔗、绿豆。该省还是柬埔寨重要的胡椒和咖啡产地之一。此外,果园面积达11 091公顷,盛产榴莲、橙子、槟榔、红毛丹等热带水果。畜牧业也比较发达,饲养黄牛221 823头、生猪182 096头、家禽1143 985只。该省蕴藏着丰富的矿产资源,有金、铁、石墨、石灰石和磷,尤其是磷矿资源储量可观,有很好的开发前景。此外,还盛产海盐供应全国市场。现有2所私立大学,在校大学生354人;44所公立中学,在校学生33 366人。有4家省附属医院,335个床位。贡布省拥有得天独厚的旅游资源,境内有许多著名的旅游风景区，如著名的白马海滩、波哥山等避暑胜地，省会贡布市是柬埔寨南部的重要城市。

15. 戈公省（Koh Kong）

戈公省位于柬埔寨西南部豆蔻山东南段，南临磅逊湾，西临泰国湾。面积11 160平方千米，人口117 481人（2008年），人口密度10人/平方千米。省会是克拉马普明市。

戈公省设立于1947年，得名于泰国湾中的戈公岛。该省是一个山高坡陡、地广人稀的山区省份。年最高气温为32.3℃，最低气温为24℃，年降水量达3 500毫米。该省森林资源十分丰富，森林面积达595 200公顷。交通不便，省内只有2条公路，通车里程212千米。林业和渔业是居民的主要经济来源。戈公省沿海有43个岛屿，最大的戈公岛面积为105平方千米，该岛邻近泰国，是著名的渔港。现有11所公立中学，在校学生3 989人。有2家省附属医院，37个床位。该省有比较丰富的旅游资源，如哥巴才国波瀑布、上下塔台瀑布、江扬沙滩、哥姆沙滩等。有18家旅馆酒店，300间客房。

16. 菩萨省（Pursat）

菩萨省位于柬埔寨西部的豆蔻山脉中段，其西与泰国交界。面积12 692平方千米，人口397 161人（2008年），人口密度31人/平方千米。省会是菩萨市。

"菩萨"意指制作雕刻佛像，该省居民以善于雕刻而著称，其雕刻艺术闻名全国。菩萨省年最高气温为34℃，最低气温为22℃。地区资源分布和发展极不平衡：东北部是洞里萨湖滨地区，有大片良田，土地肥沃，适宜种植水稻，人口稠密，水陆交通均十分方便，是柬埔寨的鱼米之乡，水稻种植面积85 000公顷，年产淡水鱼18 890吨，饲养黄牛144 090头、生猪112 994头、家禽753 132只；该省西部则是山区，人烟稀少，交通不便。省内只有3条公路，通车里程仅114.8千米。森林资源非常丰富，出产柚木、铁木、紫檀等名贵热带木材，以及豆蔻等药材。该省有磷、黏土、锑和寿山石等矿产。现有1所私立大学，在校大学生275人；23所公立中学，在校学生15 555人。有2家省附属医院，267个床位。有7家旅馆，134间客房。

17. 马德望省（Battambang）

马德望省位于柬埔寨西部边陲，其西与泰国交界。面积11 702平方千米，人口1025 174人（2008年），人口密度88人/平方千米。省会是马德望市。

"马德望"在柬埔寨语中意为"失落的棍子"。相传过去曾有一个王子在此地狩猎，看到一只美丽异常的孔雀，就把手中一根有神力的棍子掷向孔雀，谁知非但没有击中孔雀，反而将神棍丢失，因此这个地方就被称作"马德望"。马德望省一度被泰国占领，1946年12月9日由柬埔寨收回。

马德望省除了西南部有少部分山区，其余地区均地处富饶的洞里萨湖平原区和高地。年最高气温为39℃，最低气温为15℃。省内河网密布、沟渠纵横、雨量充沛，土地利用率很高，是柬埔寨的主要水稻产区之一，水稻种植面积达315 100公顷，被誉为柬埔寨的"粮仓"；经济作物有花生、大豆、芝麻、绿豆、橡胶、棉花等。该省森林资源相当丰富，盛产柚木等名贵木材。矿产资源有金、铁、磷、铝、煤、石灰石等，该省的拜林地区以盛产红宝石、蓝宝石、锆石和玛瑙而著名。现有1所私立大学，51所公立中学，在校学生达34 871人。有4家省附属医院，590个床位。有埃克寺、巴锡古刹、巴隆古刹、东实登古刹、船山、响水等名胜古迹。有14家旅馆，474间客房。省会马德望市是历史悠久的边陲重镇，自古以来就是柬埔寨通往泰国的交通要道，也是柬埔寨第二大城市。

18. 班迭棉吉省（Banteay Meanchey）

班迭棉吉省位于柬埔寨西北部，其北和西均与泰国相邻。面积6 679平方千米，人口677 872（2008年），人口密度102人/平方千米。省会诗梳风市。

该省地势较为平坦，耕地面积291 059公顷，主要种植水稻、玉米，经济作物有大豆、绿豆；饲养黄牛145 132头、生猪178 521头、家禽352 122只。该省交通便利，有公路、铁路与首都相连，省内有4条公路，通车里程206千米。该省主要出产磷矿，还有石灰石等。现有3所私立大学，在校大学生628人；35所公立中学，在校学生28 110人。有4家省附属医院，453个床位。该省有班迭次马古刹、卜迭多波古刹等名胜，"班迭古迹"相传是12世纪末柬埔寨国王耶跋摩七世所建。有36家旅馆，622间客房。

19. 奥多棉吉省（Oddar Meanchey）

奥多棉吉省位于柬埔寨西北部扁担山脉南坡，其北与泰国相邻。面积6 158平方千米，人口185 819人（2008年），人口密度30人/平方千米。省会是三隆市。

"奥多棉吉"在柬埔寨语中是"北方的胜利"之意。该省是1965年从暹粒省分出来新成立的省份。1979年金边政权上台后一度将暹粒省和奥多棉吉省东部合并为暹粒—奥多棉吉省，1988年又恢复了奥多棉吉省的建制，分别从马德望省划5

个县、暹粒省划3个县组成新的奥多棉吉省。该省地处柬埔寨北部高原，分布着全国1/3的森林资源，出产槟榔、竹、藤和木材。农业以稻谷为主，水稻种植面积35 910公顷。现已发现金、银、铁等有商业开采价值的矿物资源。该省有6所公立中学，在校学生2 713人。有1家省附属医院，109个床位。现有11家旅馆，85间客房。

20. 柏威夏省（Preah Vihear）

柏威夏省位于柬埔寨正北端柬泰边界扁担山脉东段南麓，因境内的柏威夏古寺而得名。始建于公元9世纪的柏威夏古寺据说是由耶苏跋摩一世创建。1953年泰国派重兵占领了该寺，刚获独立的柬埔寨为此与泰国进行了7年的交涉，并于1959年10月6日将此诉诸海牙国际法庭，1962年6月15日海牙国际法庭通过判决，要求泰国将柏威夏古寺归还柬埔寨。为了纪念这次胜利，1964年柬埔寨从原来的磅同省划出部分地方新建了柏威夏省。

柏威夏省北面与泰国、老挝相邻。面积13 788平方千米，是柬埔寨按面积排名第三的省份，人口171 139人（2008年），人口密度为12人/平方千米。省会设在特崩棉则市。

柏威夏省地广人稀、群山起伏、交通不便，但有丰富的森林资源，矿产资源种类也较多，主要有铁矿、金矿、铅锌矿、钼矿、锰矿、大理石和煤矿，柏威夏省的新山、次侬山还出产宝石。该省耕地面积28 215公顷，农作物以玉米、旱稻、大豆、芝麻等山地作物为主，其中果园386公顷。柏威夏省地处高原山区，气温变化较大，年最高气温为34.7℃，最低气温为24.7℃。该省有8所公立学校，在校学生3 469人。有1家省附属医院，135个床位。该省有许多历史古迹，除了著名的柏威夏古寺之外，还有国佳古刹、宝剑古刹、涅武古刹、巴干古刹、古宾初古刹和莫卢波礼古迹等名胜。现有10家旅馆，95间客房。

21. 暹粒省（Siemreap）

暹粒省位于柬埔寨西北高原。面积10 299平方千米，人口896 443人（2008年），人口密度87人/平方千米。省会是暹粒市。

"暹粒"名称的来历还有一段历史故事，1416年暹罗王巴隆拉渣率兵入侵柬埔寨，占领了吴哥，并将柬埔寨两位王子掳往暹罗。柬埔寨副王蓬也雅挺身而出，大量招兵买马，力战暹罗兵，终于在此地打败了暹罗军队，杀死了暹罗王子恩德拉渣，实现了复国目标。后来人们就把这个地方称作"暹粒"，在柬埔寨语中意指"制伏暹人的地方"，以纪念历史上的那次胜利。

暹粒省处于洞里萨平原与西北高原的过渡地带，年最高气温为32.7℃，最低气温为23.7℃。森林资源较为丰富。农业以稻谷种植为主，水稻面积193 000公顷。南部靠近洞里萨湖的地区渔业较发达，年产淡水鱼达24 410吨。该省有4所私立大学，20所公立中学，在校学生28 354人。有4家省附属医院，410个床位。暹粒市是柬埔寨西北重镇，离市区仅6千米处就坐落着被誉为"东方四大古迹之一"的吴哥古迹。9—15世纪，吴哥一直是柬埔寨吴哥王朝的都城，1434年迁都金边之后，逐渐被丛林淹没。1860年，法国博物学家亨利·穆奥在密林中探险时发现了吴哥古迹。此后，吴哥一直是世界闻名的旅游胜地。暹粒市建有柬埔寨国内第二大机场，能起降B737、A320等中型客机，主要是方便来自世界各地的旅游者参观吴哥古迹。从中国昆明也有定期航班直接飞往暹粒。该市有216家旅馆，客房数达5 840间。

22. 磅同省（Kampong Thom）

磅同省位于柬埔寨中央平原。面积13 814平方千米，全国排名第二位，人口631 409人（2008年），人口密度46人/平方千米。省会是磅同市。

磅同省地处柬埔寨中部，年最高气温为34℃，最低气温为21.3℃。该省东部是红土高原，适合种植橡胶，是柬埔寨著名的橡胶主产区之一。农业以水稻为主，水稻种植面积128 413公顷，经济作物有大豆、芝麻、腰果、绿豆等。渔业和畜牧业较为发达，年产淡水鱼9 000吨，饲养黄牛252 281头、生猪83 105头、家禽604 808只。有金、粘土、锰、石灰石、铜、煤炭等矿产资源。磅同省现有2所私立大学，50所公立中学，在校学生35 547人。有3家省附属医院，320个床位。该省有国诺哥古刹、罗卡古刹、瓦特巴刹古刹、普巴刹古刹、松独山、派湖等旅游景点。有12家旅馆，264间客房。

23. 磅清扬省（Kampong Chhnang）

磅清扬省位于柬埔寨中部洞里萨湖东南部。面积5 521平方千米，人口472 341人（2008年），人口密度86人/平方千米。省会是磅清扬市。

"磅清扬"在柬埔寨语中意为"锅的港口"，因该省以盛产瓦锅、铜锅闻名全国，如今仍是各种锅的产地，至少有数千人从事陶瓷制造业。该省除西南地区有部分高地之外，大部分是平原，自然条件相当优越，交通十分便利，特别是洞里萨湖、洞里萨河为粮食生产提供了肥沃的土地和丰富的水源。该省是柬埔寨的粮食主要产区之一，水稻种植面积110 219公顷，其他经济作物有玉米、花生、绿豆和水果。年产淡水鱼30 040吨，其中出口5 903吨。饲养黄牛224 825头、生猪131 911头、家禽631 478只。该省的矿产资源主要有黏土、花岗岩和煤炭。现有30所公立中学，在校学生22 261人。有2家省附属医院，215个床位。钓鱼山、洛波巴德山、磅布烈兹古刹、波尔列雅古刹等是旅游景点。有10家旅馆，125间客房。

24. 磅士卑省（Kampong Speu）

磅士卑省位于柬埔寨中部偏南。面积7 017平方千米，人口716 944人（2008年），人口密度102人/平方千米。省会是磅士卑市。

磅士卑省地处象山山脉东北坡，是中部平原与西南高原的过渡地带，年最高气温为32℃，最低气温为24℃。该省农业经济发达，有耕地面积117 650公顷，其中水稻种植面积为110 000公顷，是柬埔寨的粮食主产区之一，也是"树糖"的主要产地，被称作柬埔寨的"树糖仓库"。境内河网密布，水力资源和森林资源都相当丰富，且交通四通八达，除了有通往首都的公路外，省内还有6条公路，通车里程为260千米。该省已经发现的主要矿产资源包括铅、锌、锡、银、钨、锰铁矿和石灰石等。现有38所公立中学，在校学生29 284人。有3家省附属医院，314个床位。位于该省西部的基里隆市风景优美，是柬埔寨的旅游胜地，装机容量为11 200千瓦的基里隆水电站是柬埔寨独立后兴建的第一座水电站。

表1-4　柬埔寨行政区划

省（直辖市）	省会	所辖县（区）数（个）	所辖乡（分区）数（个）	所辖村数（个）	面积（平方千米）	人口（人）（2008年）
金边市	——	7	76	685	375	1 327 615
西哈努克省	西哈努克市	3	22	94	868	221 396
白马省	白马市	2	5	16	335.8	35 753
拜林省	拜林市	2	8	79	803	70 486
上丁	上丁	5	34	128	11 092	111 671
腊塔纳基里	隆发	9	50	240	10 782	150 466
蒙多基里	森莫诺隆	5	21	91	14 288	61 107
桔井	桔井	5	46	250	10 094	319 217

续表

省（直辖市）	省会	所辖县（区）数（个）	所辖乡（分区）数（个）	所辖村数（个）	面积（平方千米）	人口（人）（2008年）
磅湛	磅湛	16	173	1 767	9 799	1 679 992
柴桢	柴桢	7	80	690	2 966	482 788
波萝勉	波萝勉	12	116	1 139	4 883	947 372
干丹	达克茂	11	147	1 088	3 568	1 265 280
茶胶	茶胶	10	100	1 117	3 563	844 906
贡布	贡布	8	92	483	4 873.2	585 850
戈公	克马拉普明	8	33	133	11 160	117 481
菩萨	菩萨	6	49	501	12 692	397 161
马德望	马德望	13	96	741	11 702	1 025 174
班迭棉吉	诗梳风	8	64	634	6 679	677 872
奥多棉吉	三隆	5	24	227	6 158	185 819
柏威夏	特崩棉则	7	49	208	13 788	171 139
暹粒	暹粒	12	100	907	10 299	896 443
磅同	磅同	8	81	736	13 814	631 409
磅清扬	磅清扬	8	69	561	5 521	472 341
磅士卑	磅士卑	8	87	1 351	7 017	716 944
合计		185	1 622	13 866	177 120	13 395 682

资料来源：National Institute of Statistics, Ministry of Planning of Cambodia, *General Population Census of Cambodia 2008—Provisional Population Totals*, Phnom Penh, August, 2008; National Institute of Statistics, Ministry of Planning, Kingdom of Cambodia, *Cambodia General Population Census 2008*.http://celade.cepal.org/khmnis/census/khm2008/.

二、经济区划

1.农业经济区的划分

受其地理、气候条件以及传统耕作方式的影响，柬埔寨是一个典型的以稻作文化为基本特征的东方型农业国。根据不同的地理、气候、土壤、植被、生态等特点，柬埔寨明显地可以划分为5个主要的生态经济区域。

一是从豆蔻山常绿林地带到占该国落叶林大部分地区的森林和山林地区以及从南部沿海地区的红树林地带到洞里萨湖周围水淹林地带的广大地区。这一地区是野生植物资源的富集区，森林覆盖率达70%以上。除丰富的木材资源外，该地区还蕴藏着藤条等各种林产品资源，且盛产橡胶、棉花、咖啡、水果等经济作物，能种植旱稻等粮食作物。

二是湄公河沿岸地区。该地区适宜种植各种蔬菜，以及玉米、芝麻、豆类和各种水果。该地区涵盖金边等大中城市，城镇密集、人口稠密、交通发达、工商业集中，因而经济发展程度较高，是柬埔寨经济的中心地带。

三是中央平原地区及东南部平原地区，如马德望、暹粒、磅同以及金边周围的一些省份，是柬埔寨最为重要的水稻产区。

四是洞里萨湖及其周围的沼泽地区和水淹林地区，是柬埔寨的重要淡水养殖区，盛产各种淡水鱼，其沼泽地区适宜种植漂稻和深水稻。

五是低洼的洪泛区，面积较小，适宜种植漂稻，但极易受灾。[①]

如果单纯从农业经济区域的角度来划分，可以把柬埔寨全国划分为4个农业区。一是以洞里萨河与湄公河汇合处为核心的中部平原地区，主要包括干丹、茶胶和磅士卑三省，主产稻谷和农畜产品；二是包括磅湛、波萝勉、柴桢等省在内的东南部柬越边界地区，主产稻谷和玉米；三是包括马德望、暹粒、菩萨、磅清扬等省在内的西部地区，这一地区位于洞里萨湖滨地区，是稻谷的另一主产地；四是以磅湛省为中心的北部及东部地区，这里是柬埔寨著名的红壤区，是橡胶的主产地。

2. 国内工商业的布局

自1993年柬埔寨新政府成立后，国内政局明显好转，为商业的继续繁荣奠定了基本条件。加之柬埔寨政府大力推行市场经济体制，在各经济部门推行自由化经济政策，更有力地刺激了商业的发展。目前，柬埔寨已基本形成了以金边为中心，向全国各省会城市辐射，各省会城市又向广大基层城镇和乡村辐射的多层次的商品批发和交易网络。金边成为全国最大的商业中心和物资集散地，恢复了昔日那种"东方巴黎"的风采。在各省会城市中，又以马德望市、西哈努克市、暹粒市、磅湛市、达克茂市人口较多，商业较为发达。[①]

　　柬埔寨工业基础薄弱，主要是食品加工业和轻工业。2005年，柬埔寨政府推出了第三个经济社会发展五年计划，在工业发展上旨在着重发展制衣业，继续扩大就业；加强电力和清洁水供应基础设施建设，改善社会硬件环境；积极开发矿产和油气资源，增加政府财政收入。目前，柬埔寨已经初步形成了独立自主、门类较为齐全的加工制造业体系。但就加工制造业企业的地理分布而言，由于各地经济和社会发展程度不一，加之电力、原材料、交通运输等方面的原因，绝大多数工业企业也分布在前述人口较多的大中城市。在交通相对偏僻的农村地区，除了一些矿业、林业和农业初级小型加工企业以外，尚未形成规模性的加工制造业体系。而这一加工制造业的布局，其实早在20世纪60年代就已形成，直到今日，这一布局仍然没有太大的变化。可以说，柬埔寨工商业布局不合理的现象比较突出。

　　交通运输业方面，柬埔寨的交通运输网络（包括公路、铁路和内河航运）有一个鲜明的特点，即基本上是东南至西北走向，从东南部的柬越边境地区向西北部的柬泰边境地区延伸。中部平原地区是交通网络最为密集的地区，位于东南部的首都金边市是柬埔寨公路、铁路和内河航运的枢纽。这一特征是由柬埔寨的地理特征和人口分布所决定的。在柬埔寨北部、东北部、南部和西南部都是山区，人口密度低，这导致这些地区的交通基础设施建设落后，交通运输业发展也相对滞后。[②]

---

① 王士录：《当代柬埔寨经济》，昆明：云南大学出版社，1999年版，第337页。
② 王士录：《当代柬埔寨经济》，昆明：云南大学出版社，1999年版，第293页。

第二章　人口地理

柬埔寨具有悠久的历史和灿烂的文化，早在史前时期，这片文明古老的土地就有人类生存、繁衍。但由于长期受战乱的影响，柬埔寨在独立之初却人口稀少，在东南半岛的五国中，柬埔寨人口总数仅多于老挝。柬埔寨虽然人口基数小，但是却保持较高的增长率，柬埔寨劳动力竞争力逐渐增强，并获得了国际社会的重视。近年来，发达国家将劳动力密集型产业逐步向东南亚转移，期盼利用东南亚较为廉价和丰富的劳动力来加快经济发展速度，与缅甸和老挝相比，较为稳定的柬埔寨成为最重要的市场之一。

在经济全球化和地区一体化的影响下，柬埔寨社会也发生着巨大的变化。但无论外界环境如何改变，柬埔寨人仍旧保留着独特的民族和宗教习俗，这是投资和发展中不可忽视的因素。另外，随着外资企业在柬埔寨的发展，原有的农业结构正在发生转变，原有的农业人口在自然资源丰富的土地上从事农业劳动，剩余劳动力则进入大城市从事制造业、建筑业和服务业等方面的工作。如今的柬埔寨人在传统与现代中生活、劳动和发展。

第一节　人口发展

柬埔寨人口基数小，但是在过去的几十年里增长率一直保持较高的水平。较低的人均期望寿命、较高的婴儿出生率以及较高的妇女生育率使得柬埔寨国内人口以青壮年为主，表现出明显的低龄化趋势。

一、总人口变化

柬埔寨在东南亚地区是人口较为稀少的国家，目前人口总数仅高于老挝，是东南亚地区人口总量排名倒数第二的国家，如表2-1所示。1953年，柬埔寨在经历漫长的分裂和战争后取得独立，全国人口仅为400万人。1962年，柬埔寨政府进行了第一次的全国人口普查，当时人口总数为570万人。1971年达到696万人，1985年为738万人，1990年为840万人，1993年约为870万人，1994年为950万人。

1998年，柬埔寨政府再次举行大规模的人口普查，当时人口总量达到1 143.7万人。[1]1999年，全国人口为1 173.5万人；2000年为1 204万人；2001年为1 234万人；2002年为1 258万人；2003年为1 282.4万人；2008年，柬埔寨再次进行人口普查，对柬埔寨人口做出精确的统计，当时人口总数达到1 338.8万；[2]2011年，柬埔寨总人口达到1 401.7万人；2012年6月时为1 495.2万人。根据柬埔寨政府的预期，柬埔寨人口在2020年期望达到1 900万人。

由于落后的医疗卫生条件，柬埔寨居民卫生条件较差，居民容易感染各类热带常见传染病；出生婴儿和成人的死亡率较高，人口出生预期寿命较短。但是自独立以来，柬埔寨政府推行鼓励生育的政策，全国人口保持着较高的增长率，柬埔寨是东南亚地区人口增长较快的国家。

表2-1　柬埔寨总人口（单位：万人）

年份	1953	1962	1971	1985	1990	1993	1998	2003	2008	2012
人口	400	570	696	738	840	870	1 143.7	1 282.4	1 338.8	1 495.2

资料来源：柬埔寨计划部国家统计院历年统计资料。

随着柬埔寨国内经济的迅速发展，柬埔寨居民的居住条件也在不断改善，如表2-2所示。对比1998年与2008年人口普查结果，10年间柬埔寨家庭住户数量发生明显的改变。1998年时，柬埔寨总住户数量为2 188 663户，2008年增长为2 841 897户。[3]其中，普通住户由1998年的2 162 086户增长到2 817 637户；公共居所住户由15 187户增加到21 588户。无固定居所的家庭由3 741户减少到658户。

表2-2　柬埔寨家庭住户（单位：户）

	普通住户	公共居所	无固定居所	住船居民	临时住户
1998	2 162 086	15 187	3 741	4 360	3 289
2008	2 817 637	21 588	658	594	1 420

数据来源：National Institute of Statistics, Ministry of Planning, Kingdom of Cambodia: *Cambodia General Population Census 1998 and 2008*.http://www.nis.gov.kh/.

[1] National Institute of Statistics, Ministry of Planning, Kingdom of Cambodia: *Cambodia General Population Census 1998*. http://celade.cepal.org/khmnis/census/khm1998/.

[2] National Institute of Statistics, Ministry of Planning, Kingdom of Cambodia: *Release of the 2008 General Population Census Final Results*.http://www.nis.gov.kh/index.php/pop-demog-stat/censuses/census 2008/provisional-population-totals.

[3] National Institute of Statistics, Ministry of Planning, Kingdom of Cambodia: *Cambodia General Population Census 1998 and 2008*.http://www.nis.gov.kh/.

二、出生率与死亡率

1962—1998年间，柬埔寨人口年增长率平均达2.7%，1995—2000年平均婴儿出生率为9.5%；1998—2002年人口增长率为4.7%、2.6%、2.6%、2.5%、2.0%。2008年，柬埔寨人口净增长率为1.54%，相较1998年第一次人口普查时的2.49%的增长率有所下降。[1]根据柬埔寨中央情报局的统计，2011年的人口出生率为2.54%，死亡率为0.807%，净增长率为1.698%。2012年中期统计数据，柬埔寨人口增长率为1.687%，婴儿出生率为2.517%，成人死亡率为0.797%。[2]根据目前最新的柬埔寨人口调查结果（表2-3），2008年间造成死亡的最主要原因为发热。当年柬埔寨死亡人口总数为44 734人，因发热而死亡的人数达到8 900人。登革热造成的死亡人数为4 141人，是第二大致死原因。

表2-3 2008年柬埔寨死亡人口统计（单位：人）

致死原因	男性	女性	总计
发热	5 011	3 889	8 900
腹泻	1 189	899	2 088
肺结核	1 584	1 205	2 789
心脏病	1 963	1 535	3 498
登革热	2 201	1 940	4 141
疟疾	1 895	1 054	2 949
破伤风	1 887	1 334	3 221
艾滋病	349	241	590
妊娠并发症	——	139	139
分娩并发症	——	321	321
其他疾病	4 561	3 830	8 391
地雷	514	114	628

[1] National Institute of Statistics, Ministry of Planning, Kingdom of Cambodia: *Release of the 2008 General Population Census Final Results.*http://www.nis.gov.kh/nis/census 2008/PressReleaseEng.pdf.

[2] U.S Central Intelligence Agency (CIA): *The World Factbook-Cambodia*, February 20, 2013.https://www.cia.gov/library/publications/the-world-factbook/geos/cb.html.

续表

致死原因	男性	女性	总计
道路意外	1 083	289	1 372
溺亡	827	460	1 287
其他意外	1 495	746	2 241
未知原因	1 334	845	2 179
总计	25 893	18 841	44 734

数据来源：National Institute of Statistics, Ministry of Planning, Kingdom of Cambodia: *Cambodia General Population Census 2008*.http://celade.cepal.org/khmnis/census/khm2008/.

除人口的死亡与出生率之外，人口健康程度也是柬埔寨人口组成的重要因素。根据2008年人口普查结果（表2-4），柬埔寨居民中身体有残疾的总人数为61 151人，只占总人口的0.4%，其中视力与语言障碍占较多。这个比例显示柬埔寨居民只有极少的部分因为身体原因无法从事劳动，基本上所有的人口都能成为劳动力资源。

表2-4 柬埔寨残疾人口（单位：人）

分类	男性	女性	总计
健全	6 484 775	6 849 756	13 334 531
视力障碍	11 857	12 959	24 816
语言障碍	5 833	5 161	10 994
听力障碍	2 976	2 981	5 957
行动障碍	6 902	5 310	12 212
精神障碍	3 711	3 461	7 172
总计	6 516 054	6 879 628	13 395 682

数据来源：National Institute of Statistics, Ministry of Planning, Kingdom of Cambodia: *Cambodia General Population Census 2008*.http://celade.cepal.org/khmnis/census/khm2008/.

第二节 人口结构

柬埔寨在独立后一直保持较高的人口增长率,但是由于疾病和医疗条件的影响,人口平均寿命不高,而新生婴儿数量较大。柬埔寨人口在快速增长的同时,呈现出明显的低龄化现象。长期以来柬埔寨近一半的人口为15岁以下青少年,国民中青少年占有非常大的比例。随着柬埔寨政府优生优育以及提倡生育政策的推行,柬埔寨居民的文化程度正在逐步提高,但是由于历史原因和固有的经济观念,整体受教育程度并不高。另外,柬埔寨的历史决定了国内多民族共存的现实,以及不同宗教信仰并行的现状。

一、年龄结构

少年儿童是柬埔寨人口的重要组成部分。根据人口普查的结果,柬埔寨国民中15岁以下儿童所占人口比例在1959年为45%,1962年为46%,1987年为44.9%,1991年为47%。根据最近两次柬埔寨国家进行的全面人口普查(表2-5),1998年和2008年15岁以下人口数量分别为4 897 808人和4 513 792人,分别占总人口的42.8%和33.7%。从1998年到2008年的10年中,柬埔寨的青少年人口出现下降的趋势,主要因为柬埔寨国内近年的生育观念与独立之初有所不同。妇女开始参与工作,并不是只从事家务劳动。家庭对生育的观念也从多生向优生慢慢转变,因此,每户生育孩子的数量呈现减少的趋势。1998年人口普查时,柬埔寨每个妇女平均生育3.13个孩子,2008年时该数字减少到2.39,2012年增加为2.78。

表2-5 柬埔寨15岁以下人口数量(单位:人)

年份	男性	女性	总计	占总人口比例
1998	2 502 407	2 395 401	4 897 808	42.8%
2008	2 314 806	2 198 986	4 513 792	33.7%

数据来源:National Institute of Statistics, Ministry of Planning, Kingdom of Cambodia: *Cambodia General Population Census 1998 and 2008*.http://www.nis.gov.kh/.

人口老龄化是困扰众多亚洲国家的问题,在柬埔寨60岁以上人口1998年时为600 422人,2008年时达到848 911人,在总人口中所占比例分别为5.2%和

6.3%，比例有所增加（表2-6）。老龄人口比例的增长，主要原因为卫生医疗条件和居民生活条件的改善。但是柬埔寨的老龄人口并没有造成巨大的压力，也不是社会人口的主要问题，柬埔寨国内青壮年依旧是主体。2012年，柬埔寨上半年人口预期寿命为63.04岁，年龄中位数为23.3岁。

表2-6 柬埔寨60岁以上老龄人口数量（单位：人）

年份	男性	女性	总计	占总人口比例
1998年	250 952	349 470	600 422	5.2%
2008年	346 923	501 988	848 911	6.3%

数据来源：National Institute of Statistics, Ministry of Planning, Kingdom of Cambodia：*Cambodia General Population Census 1998 and 2008*.http：//www.nis.gov.kh/.

根据柬埔寨劳动法的规定，15周岁以上的居民可以从事劳动工作，15～29周岁的居民是柬埔寨最主要的劳动力来源。根据统计（表2-7），15周岁以上29周岁以下的青年人数1998年为2 978 485人，2008年为4 221 853人。其中，15～19周岁的人口是该群体中最重要的组成部分。

表2-7 柬埔寨青年人口数量（单位：人）

年份	15～19周岁	20～24周岁	25～29周岁	总计
1998年	1 344 258	745 687	888 540	2 978 485
2008年	1 619 290	1 369 202	1 233 361	4 221 853

数据来源：National Institute of Statistics, Ministry of Planning, Kingdom of Cambodia：*Cambodia General Population Census 1998 and 2008*.http：//www.nis.gov.kh/.

二、性别结构

柬埔寨居民中男女比例大致保持1∶1。根据1998年人口普查，总人口男女比例为0.93；2008年人口普查中男女比例为0.95；2011年为0.94，如表2-8所示。根据2008年人口普查数据，柬埔寨各省人口比例基本保持平衡，其中蒙多基里省和拜林市的人口比例为较高，达1.06；金边以0.89的比例成为柬埔寨人口比例最低的城市。这也意味着柬埔寨首都聚集大量的女性，女性数量远远多于男性。根据社会学专家的分析，柬埔寨目前正面临着性别比例失调的危险。随着人们择偶观念的改变以及社会经济的发展，柬埔寨城市中越来越多的大龄女性选择单身生活，而适婚年龄的女性更倾向于嫁给经济条件相对稳定和优异的年长外国男性，却不愿意嫁给柬埔寨本国的花心男人。这将会使男女比例进一步降低，柬埔寨男性将面临无法婚配的问题。柬埔寨婚配人口的分布情况如表2-9所示。

表2-8　2008年柬埔寨各地男女比例（男：女）

省份	人口比例	省份	人口比例	省份	人口比例
班迭棉吉	0.96	戈公	1.02	腊塔纳基里	1.02
马德望	0.98	桔井	0.99	暹粒	0.96
磅湛	0.95	蒙多基里	1.06	上丁	0.99
磅士卑	0.95	菩萨	0.94	奥多棉吉	1.02
磅同	0.95	柏威夏	0.99	柴桢	0.92
贡布	0.94	波萝勉	0.92	茶胶	0.95
干丹	0.94	磅清扬	0.89	金边	0.93
白马	0.98	拜林	1.06	西哈努克	1.00

数据来源：National Institute of Statistics, Ministry of Planning, Kingdom of Cambodia: *Cambodia General Population Census 2008.*http://celade.cepal.org/khmnis/census/khm2008/.

表2-9　柬埔寨居民婚配人口分布（单位：人，%）

1998年			2008年		
	人口	百分比		人口	百分比
未婚	6 821 392	59.64	未婚	7 414 871	55.35
已婚	4 009 327	35.05	已婚	5 346 767	39.91
寡妇	428 647	3.75	寡妇	444 249	3.32
离异	154 397	1.35	离异	179 299	1.34
分居	23 893	0.21	分居	10 496	0.08
总计	11 437 656	100	总计	13 395 682	100

数据来源：National Institute of Statistics, Ministry of Planning, Kingdom of Cambodia: *Cambodia General Population Census 1998 and 2008.*http://www.nis.gov.kh/.

三、民族结构

柬埔寨是一个多民族国家，全国共有20多个民族和部族，除高棉族之外，还有占族、普农族、佬族、泰族、华族、京族、缅族、马来族、斯丁族等少数民族和土著部落。这些民族和部族多因早年的移民而来到柬埔寨，经过漫长时间的居住与发展，逐渐成为柬埔寨国内的各种民族。

（一）主要民族

1. 高棉族（Khmers）

高棉族是柬埔寨的主体民族，1 277万人（2011年数据），占总人口的86.3%。高棉族主要分为平原高棉人和山地高棉人，平原高棉人主要分布在湄公河沿岸、洞里萨湖周边和过渡性平原以及金边和沿海地带；山地高棉人又被称为柬埔寨原住民，主要居住在腊塔纳基里和蒙多基里省。[①]高棉人普遍身材矮小，但体格强壮，肌肉发达，皮肤浅棕色，鼻子扁平，黑眼珠，厚唇，头发卷曲，经常嚼食槟榔，牙齿漆黑发亮。高棉族有自己的语言和文字，高棉语是柬埔寨全国通用语言。

关于高棉族的起源有两种观点，一种观点认为高棉族是从印度迁来的，与印度人同族，但人类学家对高棉人与印度人的体质进行比较后，否定了高棉人来自印度的看法。柬埔寨学者认为高棉族是东南亚的土著民族，可能是美拉尼西亚人与印度尼西亚人混合而产生的一个民族。中国有些学者提出高棉人即中国史书上记载的吉蔑人或昆仑人。他们从亚洲西北高原一路南下到了中国云南，于公元前6—前5世纪（也有公元前2—前1世纪的说法）[②]向南迁徙到达柬埔寨。尽管观点各异，但今日的高棉族是由多种民族混合而成，却是公认的事实。

高棉人的住房以人字形干栏式建筑的高脚屋为主，其特点是既防洪水、猛兽又可避湿气。平原高棉人主要从事农业，种植稻谷、棉花，兼营渔业和手工业；山地高棉人则靠种植山地作物、采集林产品为生。

高棉人笃信上座部佛教，男性大多当过和尚，度过寺院生活。高棉人喜好清洁，待人有礼貌，乐善好施。社会上有慈善、敬老、和睦、忍耐、团结互助的良好习俗。这些都与高棉人普遍拥有的佛教观念分不开。高棉族的家庭以核心家庭为主，典型的高棉族核心家庭通常是5口之家，即一对夫妇和他们的3个未婚子

---

① 刘盈、卢光盛：《柬埔寨民族问题与民族政策》，载李晨阳主编：《GMS研究2009》，昆明：云南大学出版社，2009年版，第2页。

② Russell R. Ross, *Cambodia*: *A Country Study*, The US Government Published Press, Third Edition, 1990, p.6.

女，子女结婚后一般都要离开父母，自立门户。高棉人的家庭实行家长制，丈夫是一家之长，但妻子掌握着家庭经济方面的权力，他们的合法子女可以平等地继承家庭财产。

高棉族创造了灿烂的文化，吴哥古迹、柏威夏古寺都是高棉人引以自豪的文化遗产。高棉族在文学、诗歌、雕刻、民间音乐、舞蹈诸多方面均取得丰硕的成就。

2. 印度尼西亚族（Cham）

印度尼西亚族又称为占族，也叫马来族，目前正式名称为穆斯林高棉人。根据2011年的数据，占族人口为22.2万人，占柬埔寨总人口比例为1.5%。占族几乎全部信仰伊斯兰教。占族属于马来—波利尼西亚人种，身材普遍较小，棕色皮肤，黑色或褐色头发，脸毛和体毛较长，侧面脸型与欧洲人有点相似。占族人有自己的语言和拼音文字，文字的写法与高棉族、老族、泰族的文字类似，从印度的梵文演化而来。现今只有柬埔寨年长者懂得这种文字。

占族的历史悠久，公元2世纪占族在中南半岛（今越南中部地区）建立了占婆国。我国史书称之为"林邑"，唐代史籍称之为"环王"，五代以后则称"占城"，该国的碑文自称"占婆"。占婆国曾经强盛一时，12世纪以后开始衰落；越南人不断对占婆国发动兼并战争，1471年占婆国大部分领土被越南后黎王朝吞并；17世纪以后占婆国完全被越南所灭，一部分占族被越南人所同化，另一部分占族被迫迁往其他地方。今日柬埔寨的占族就是占婆国的遗民。因此，占族绝大部分分布在柬埔寨和越南两国。此外，在马来西亚和印度尼西亚也有少量占族人。[①]柬埔寨占族学者波·达尔马根据宗教信仰将占族分为正宗占族（Orthodox Cham）和传统占族（Traditional Cham）两大族群。

柬埔寨境内的占族主要分布在干丹省西北部乌栋至磅湛省的湄公河沿岸以及干丹省至贡布省的沿海地区，在其余高原山地省份也有一些占族人的小村落。磅湛省是占族人聚居的地方。占婆国被越南人并灭后，大批占族人移居此地，因此被柬埔寨人称作"磅湛"意即"占族人的村庄"。由于宗教信仰的原因，占族人通常有自己的社区，不与高棉人混居、通婚，而是自成村落，住房多为直接建在地上的平房，人们习惯于把建在湖边、河岸的占族人村子称为江边村落，而建在内

---

① Jan Ovesen and Ing-Britt Trankell: "Foreigners and Honorary Khmers, Ethnic Minorities in Cambodia", in Christopher R.Duncan ed., *Civilizing the Margins: Southeast Asia Government Policies for the Development of Minorities*, Cornell University Press, 2004, pp.260~261.

陆高地上的称为高地村落。占族人重要的聚居地一般都建有清真寺。占族人与高棉人及其他民族一般能保持比较友好的关系。

居住在湖边、河岸的占族人主要从事捕鱼、种植水稻和蔬菜，用捕获的鱼与高棉人交换大米，妇女从事手工编织与纺织。居住在内陆的占族人主要种植水稻、饲养牲畜、从事渔猎等。占族人善于经商，如贩卖、屠宰牲畜，生产金属制品，从事运输业，织纱笼、编草席等。占族人家庭手工编织的丝织纱笼是柬埔寨著名的特产。

占族人原来信奉婆罗门教，后来他们与从马来半岛和印度尼西亚迁来的穆斯林混居，逐渐改信伊斯兰教。占族人十分勇敢，内部非常团结，民族观念浓厚。占族人有自己的传统服装，男女都穿纱笼，在腰部打结，妇女上身穿无领长袖紧身上衣，男子上身着开襟白色衬衣，头上包穆斯林头巾或围巾。

3. 华族（Chinese）

柬埔寨华人有69.5万人，其中有14万左右的被称为华族，占柬埔寨总人口的1%。目前，柬埔寨境内的华族根据所说语言不同分为五个分支，这五种语言为潮州话、粤语、闽南语、客家话和海南话。华侨华人侨居柬埔寨的历史非常悠久，在宋代就有华人在柬埔寨定居，清代以后移民更多。早期华人为寻找贸易和商业契机而移民前往柬埔寨。1890年，柬埔寨的华侨华人已达13万人。1963年，柬埔寨华族人口达到43万人，占柬埔寨全国总人口的7.4%。首都金边市的华族最多，达13.5万人。20世纪60年代末期，柬埔寨一度出现大规模的排华浪潮，所有的华文报刊被查封，华人在经济领域受到严重限制。20世纪70年代以后柬埔寨长期处于战乱之中，大批华人被迫逃离柬埔寨，沦为难民，流落异国他乡，还有成千上万的华人死于战争、饥荒和迫害，柬埔寨的华族减少了10多万人。20世纪90年代初，柬埔寨国内政局稳定之后，华族人数逐渐有所回升。

柬埔寨的华族分布在全国各地，主要居住在金边、马德望、干丹、贡布、暹粒及其周边地区，分为五大方言集团即潮州帮、广肇帮、海南帮、客家帮和福建帮，最大的是潮州帮。①20世纪60年代的统计资料表明，大约41%的华族居住在农村。华族多从事商业，尤其是在零售业、批发业中占有较大的比例，也有相当一部分从事种植业和手工业。华族与柬埔寨各族人民的关系比较友好，华族与当

---

① 刘稚：《走进柬埔寨》，昆明：云南美术出版社，2004年版，第38页。

地人通婚的比例较高。

长期以来，华族对柬埔寨社会、经济、文化的发展做出了巨大的贡献，赢得了前柬埔寨国王诺罗敦·西哈努克的高度赞扬。华族给柬埔寨带来了先进的文化和生产技术，促进了柬埔寨现代工农业的形成与发展，以吃苦耐劳的精神为柬埔寨开垦农田、建设市镇，促进了柬埔寨的商品流通，加速了其国内外市场的形成，促进了中华传统文化与柬埔寨高棉文化的交流，加深了两国人民之间的传统友谊。

4. 越族（Vietnamese）

越族也称为京族，与越南的京族同属于一个民族。根据2011年的统计，柬埔寨境内越族人口为74万人，占总人口的5.0%。越南人从17世纪末开始移居柬埔寨。19世纪后期法国殖民者招聘了许多越南人到柬埔寨的橡胶园、胡椒园充当劳工。1950年柬埔寨的越南人有29万余人。1979年越南入侵柬埔寨，大量越南人移居柬埔寨，使得其人数一度超过70万人。柬埔寨的越南人大都保持着自己的文化，很少与高棉人接近。目前越族主要分为三大支系，主要分布在上丁、马德望以及柬越边境的波萝勉各省，另外洞里萨湖畔、洞里萨河及湄公河沿岸也有少量分布。他们多为小商贩、手艺人，有些则从事捕鱼、种植水稻等。

5. 佬族与泰族（Tai and Lao）

侗台语族包括柬埔寨境内的佬族与泰族。佬族与老挝的佬族同属一个民族，柬埔寨的佬族人口约2.5万人，主要分布在柬埔寨东北部湄公河谷地上丁省、柏威夏省与老挝接壤的山区地带，佬族主要从事农业、畜牧业、渔业。柬埔寨的泰族人口约2万人，与泰国的泰族是同一民族。大部分聚居在柬埔寨西部柬泰边境地区，主要分布于马德望省、奥多棉吉省、班迭棉吉省、暹粒省、戈公省。泰族人多从事农业、畜牧业和渔业，也采集林产品，还善于狩猎。

6. 普农族（Pnong）

柬埔寨的普农族人口约10万人。主要分布在柬埔寨东北部的腊塔纳基里省、蒙多基里省、上丁省人烟稀少的山区。他们是柬埔寨的土著民族，讲高棉语方言，既信佛教，又敬鬼神，由普农、莫侬、库伊、布劳、斯丁、比耶、比尔、嘉莱、瑞德等诸多部落组成。普农族主要种植旱稻，善于狩猎、捕鱼。

（二）柬埔寨的民族问题

与其他东南亚国家相比，柬埔寨的民族问题主要体现在以下几个方面。

1. 不同地区的同一民族之间和不同民族之间发展不平衡

一是原住民族发展程度低。目前，柬埔寨的少数民族中，原住民族山地高棉人的发展程度是最低的。从居住条件上来看，原住民族大部分居住在偏远山区，自然条件制约了自身的发展。从经济上来看，柬埔寨是一个传统的农业国家，尤其水稻种植是柬埔寨的农业根基。但是，原住民居住的广大地区不适宜水稻栽培，柬埔寨独立之后，他们的农业还处于刀耕火种的水平。农业发展条件的限制直接制约了原住民族山地高棉人的发展。从政治上看，柬埔寨各个阶段的民族政策都有一定的倾斜，忽视原住民族山地高棉人与平原高棉人的共同发展，导致原住民族山地高棉人政治参与不积极、经济发展缓慢、社会生活水平低等。由于经济落后，原住民族的教育问题也备受关注。大部分的原住民族缺乏受教育的机会。根据1998年柬埔寨人口普查资料，腊塔纳基里省和蒙多基里省的原住民识字率分别为23.5%和32.8%，远远低于整个国家的平均识字率62.8%。[1]这主要是由以下因素造成的：腊塔纳基里省和蒙多基里省由于缺乏老师，好多地方都没有开办学校；学校一般都开办在省会城市或者离省会城市比较近的地方，这给学生上学带来了无法克服的困难；此外，大部分的学生缺乏学习材料，很多家庭担负不起校服的费用，只得退学；语言障碍也是原住民族识字率低的原因，原住民在家里一般都不说高棉语，而只说本民族的"土话"，进入以高棉语为教学语言的学校时，他们面临巨大的困难。由于距离城市遥远，原住民族的健康问题也得不到保障。原住民族居住的地区医生、护士都非常有限。特别是远离省城、交通条件不好，使他们得不到正规的医疗服务。[2]

二是华族、越族生活相对优越。然而，在柬埔寨，不是所有的少数民族都有发展优势。华族和越族主要从事商业活动，他们在柬埔寨的生活大多比其他民族优越。20世纪60年代，柬埔寨大约有90万华族从事商业，华族占全国从事商业人数的92%。在商业部门中，95%的商人是华族。[3]与此形成鲜明对照，在占全国人口86%的农民渔民中，却没有一个华族。近年来，华族的商业活动仍然在柬埔寨处于领先位置。

在经济上，柬埔寨的少数民族处于两个极端，有的少数民族经济发展落后，与主体民族的经济水平差距悬殊，而像华族这样的少数民族，在经济上却远远超

[1]　Environment and Social Safeguard Division Regional and Sustainable Development Department Asian Development Bank, *Indigenous Peoples/Ethnic Minorities And Poverty Reduction Cambodia*, Manila, Philippines June 2002, p.29.

[2]　刘盈、卢光盛：《柬埔寨的民族问题与民族政策》，载李晨阳主编：《GMS研究2009》，昆明：云南大学出版社，2009年版，第4～5页。

[3]　周中坚：《柬埔寨的华人》，载《东南亚研究杂志》，新加坡：新加坡大学出版社出版，1981年第3期。

过主体民族高棉族。

2. 外来民族与原住民族之间的矛盾

越族和华族作为外来民族，与高棉族之间的矛盾是民族问题中表现比较突出的另一个方面。

越族长期以来就是柬埔寨内部摩擦的一个根源。由于历史原因，越族人一直就被认为是"柬埔寨国土上的偷猎者"。[①]柬埔寨最早的越族人可以追溯到17世纪末，当时的越南帝国占领了柬埔寨的大片土地。后来，柬埔寨屡次遭受越南的大举侵略，导致大量国土被占领。柬埔寨对越南人根深蒂固的"仇恨"导致了柬埔寨独立后进行了数次对越族人的迫害。如下文对柬埔寨独立以来民族政策的分析，除了1979—1989年柬埔寨人民共和国时期越族人没有受到打压和迫害之外，越族人在其他任何政权之下都受到了不同程度的打击和迫害。尤其是在红色高棉统治时期，越族人在柬埔寨受到了大清洗，死亡率为100%。[②]尽管很多学者认为，红色高棉当时的屠杀只是政治屠杀，不是种族清洗，原因是当时大约80%～85%的受害者是高棉族。而高棉族的总人口占全国总人口的绝大多数。[③]

除越族外，华族在柬埔寨的历史也十分久远，高棉族对华族的态度非常矛盾。一方面，华族由于经济才干和个人财富而受到钦佩和羡慕；另一方面，高棉人也十分怨恨华族人，因为华族人的才干让他们意识到自己在经济上软弱无能。[④]从20世纪50年代起，柬埔寨开始用政府法令形式对华族进行一系列的限制、排挤和打击。首先从经济领域着手。1956年12月1日，柬埔寨政府颁布禁止外侨从事18种职业的法令[⑤]，剥夺华族从事世代经营的正当谋生职业的权利，其中不但有工商行业和机关职业，而且理发师、码头工、汽车司机等劳工职业也在禁止从事之列，导致大批华族被迫停业，大量华族面临失业。随之而来，1958年5月1日，柬埔寨政府下令取消华人会馆。1967年9月13日下令关闭华文报刊。1970年3月18日下令封闭全部华文学校，随后禁止商店悬挂华文招牌。红色高棉上台后，继续打

① D. J·斯坦伯格著，朱晓慧译：《柬埔寨的民族集团》，载《世界民族》，1989年第2期，第55页。
② 程映虹：《以革命的名义——红色高棉大屠杀研究》，载（中国香港）《二十一世纪》，1999年第53期，第93页。转引自陈衍德：《多民族共存与民族歧视——当代东南亚族际关系的两个侧面》，载《南洋问题研究》，2004年第1期，第37页。
③ Jan Ovesen, Ing-Britt Trankell, "Foreigners and Honorary Khmers, Ethnic Minorities in Cambodia", in Christopher R. Duncan ed., *Civilizing the Margins: Southeast Asia Government Policies for the Development of Minorities*, Cornell University Press, 2004, p.248.
④ D. J·斯坦伯格著、朱晓慧译：《柬埔寨的民族集团》，载《世界民族》，1989年第2期，第57页。
⑤ 金边《媚江日报》编：《柬埔寨商业贸易年鉴》(1963)。转引自周中坚：《战后五十年柬埔寨华人的曲折历程》，载《南洋问题研究》，1996年第1期，第26页。

压和屠杀华族，将近20万华族人在屠杀中去世。1993年之后，随着柬埔寨的和平进程，过去对华族人的各种禁令逐渐被取消，华族人的境况继续改善，华族人经济逐渐恢复和发展。

（三）柬埔寨的民族政策

柬埔寨的民族问题总的来说是历史上一些错误的民族政策导致的，历届政府都谋求国家的高棉化，对少数民族采取同化、打压的政策，对少数民族的发展问题不够重视。此外，柬埔寨各民族之间发展的不平衡，尤其是处于边缘化的原住山地民族，经济发展落后。因此，这些经济水平落后的民族最为关注的是基本的民生问题而不是政治问题，从而导致政治参与的程度不高。从整个国家层面来说，各个民族之间发展不平衡也会影响柬埔寨的民主化进程。

1993年，柬埔寨颁布了新宪法。新宪法没有提及柬埔寨境内的少数民族，似乎拒绝承认少数民族的存在。[①]正因为如此，有学者认为柬埔寨王国新宪法不顾国内非高棉族的基本人权。此外，在对国民的称呼上，柬埔寨官方也称"高棉公民"，而不是"柬埔寨公民"，这在宪法的一个条款里有所反映"在法律面前，每个高棉公民人人平等，不管民族、肤色、性别、语言、宗教信仰、政治倾向、出身、社会地位等的差异，每一个高棉公民都具有平等的权力、同样的自由、履行同样的义务"。[②]

近年来，随着国内政治局势的稳定发展，柬埔寨开始重视少数民族的平等发展。非常值得关注的是对占族穆斯林和山地原住民的政策。从总体上看，柬埔寨政府近年来对占族穆斯林的政策比较宽松，并根据实际需要采取一些针对占族穆斯林的特殊政策。鉴于大部分占族穆斯林以捕鱼为生，柬埔寨政府不征收家庭式捕鱼工具的税，收回许多捕鱼区的营业权并交给社区村民进行捕鱼活动，允许渔民使用小型汽船进行捕鱼等。[③]

柬埔寨政府也开始重视山地原住民的发展问题。近年来，柬埔寨充分考虑国内不同民族的利益和需要下放国家权力和加快地方治理民主化进程。同时，柬埔寨也加紧与国际组织合作，加快少数民族的"脱贫"进程。1999年以来，亚洲开发银行推行了一个旨在推进山地原住民发展的项目，柬埔寨政府表现出了巨大的

① Jan Ovesen, Ing-Britt Trankell: "Foreigners and Honorary Khmers, Ethnic Minorities in Cambodia", in Christopher R. Duncan ed., *Civilizing the Margins: Southeast Asia Government Policies for the Development of Minorities*, Cornell University Press, 2004, p.252.

② Jennar Raoul: *The Cambodia Constitution (1953—1993)*, Bangkok: White Lotus, 1995, p.12.

③ 《柬埔寨华商日报》，2006年8月8日。转引自许利平等著：《当代东南亚伊斯兰：发展与挑战》，北京：时事出版社，2008年版，第99页。

兴趣，也给予了密切的配合。[①]

总体而言，由于多民族并存的现状，柬埔寨国内不可避免地存在各民族间的矛盾，但是这种矛盾并不激烈，没有像泰国、菲律宾、缅甸等国家那样发展成为暴力冲突。民族问题主要由历届政府谋求国家高棉化的政策导致。长期以来柬埔寨政府对少数民族采取同化和打压的政策，对少数民族发展问题不够重视。另外，由于少数民族多居住在边缘化的山区地带，经济发展缓慢。与高棉人和华人较为优越的生活条件相比，少数民族生活更为艰苦。政治方面，少数民族因民生问题困扰对政治不甚关心，参与政治活动的程度并不高。但是随着柬埔寨政府政治发展的推进，少数民族将会得到更多的重视，他们的生存状态也有望改善。同时在国际组织的协调和帮助下，柬埔寨民族问题应该会得到妥善的解决。

四、文化程度构成

国民整体受教育程度低是柬埔寨不可忽视的现状。但柬埔寨政府正在努力提高国民的整体素质。近年来，柬埔寨政府逐步增强对教育的投入，根据数据统计，2009年柬埔寨对教育的投入增加到GDP的2.1%。如表2-10所示，从1998年第一次人口普查到2008年，柬埔寨国民识字率有明显提高。1998年7岁以上国民识字率为62.8%（578万人），15岁以上识字率为69.7%；2008年7岁以上国民识字率为78.35%（896万人），15岁以上识字率为79.6%；1998年时男性识字率远高于女性，2008年两者差距逐步减少。[②]

表2-10　柬埔寨1998年与2008年识字率对比（单位：%）

	1998年		2008年	
	7岁以上	15～64岁	7岁以上	15～64岁
总计	62.8	69.7	78.4	79.6
男性	71.0	80.7	84.0	85.7
女性	55.4	60.2	73.1	74.0

数据来源：National Institute of Statistics, Ministry of Planning, Kingdom of Cambodia: *Labor and Social Trends in Cambodia 2010*, September, 2010, p.9.

[①] Environment and Social Safeguard Division Regional and Sustainable Development Department Asian Development Bank, *Indigenous Peoples/Ethnic, Minorities, and Poverty Reduction Cambodia*, Manila, June, 2002.

[②] National Institute of Statistics, Ministry of Planning, Kingdom of Cambodia: *Labor and Social Trends in Cambodia 2010*, September, 2010.

　　针对7周岁以上国民，柬埔寨政府在人口普查时进行了详尽的教育程度调查。根据结果，柬埔寨国民文盲率有显著下降，国民受教育程度整体有所提高，其具体调查结果如表2-11和2-12所示。总体上，柬埔寨国民进入初中未结业以及完成初中教育的人口占大多数，国民受教育程度整体偏低。但是国民中接受高等教育的比例也在逐步提高，1998年高中毕业后继续受教育的比例为0.5%，2008年提高到1.5%。值得提出的是，柬埔寨女性受教育比例依旧远远落后于男性受教育比例。这与柬埔寨长久以来女性地位低下的状况密不可分，也与女性多从事家务劳动或者是手工制造业的工作有关。1998年，柬埔寨整体文盲率为37.4%，男性中文盲比例为29.2%，女性中文盲所占比例却高达44.8%。2008年，全国整体文盲率下降到21.7%，男性中16%人口不识字，而女性不识字的比例仍高达26.9%。虽然女性识字率明显提高，但是与男性相比，女性受教育的比例仍然偏低，受教育程度也较低。受教育方面的性别差异在柬埔寨依旧明显。

表2-11　1998年柬埔寨国民教育程度（单位：%）

年龄性别	人数（人）	文盲	未完成课程	小学肄业	小学毕业	初中毕业	高中毕业	高于高中	其他	未统计
总计										
	9 225 621	37.4	1.8	63.3	22.4	9.2	2.7	0.5	0.1	0.1
7～14岁	2 685 773	48.3	2.2	88.3	8.8	0.7	——	——	0.0	0.0
15～24岁	2 089 945	24.0	0.8	53.7	30.2	12.2	2.7	0.4	0.0	0.0
25岁以上	4 449 903	37.0	2.1	56.5	24.6	11.7	4.0	0.8	0.1	0.1
男性										
	4 384 569	29.2	1.7	58.0	24.9	10.9	3.5	0.7	0.1	0.1
7～14岁	1 375 568	47.6	2.3	88.3	8.7	0.7	——	——	0.0	0.0
15～24岁	1 018 284	18.5	0.7	48.8	32.2	14.3	3.3	0.6	0.1	0.1
25岁以上	1 990 717	22.0	2.0	48.8	28.6	13.8	5.3	1.1	0.2	0.1
女性										
	4 841 052	44.8	1.8	69.5	19.4	7.3	1.7	0.2	0.0	0.1
7～14岁	1 310 205	49.2	2.2	88.2	8.9	0.7	——	——	0.0	0.0

续表

年龄 性别	人数 （人）	文盲	未完成 课程	小学 肄业	小学 毕业	初中 毕业	高中 毕业	高于 高中	其他	未统计
15～24岁	1 071 661	29.1	0.8	59.0	28.0	9.9	2.0	0.2	0.0	0.0
25岁以上	2 459 186	49.3	2.2	66.0	19.7	9.2	2.4	0.4	0.1	0.1

资料来源：National Institute of Statistics, Ministry of Planning, Kingdom of Cambodia：*Labor and Social Trends in Cambodia 2010*, September, 2010, pp.9～10.

表2-12　2008年柬埔寨国民教育程度（单位：%）

年龄 性别	人数 （人）	文盲	未完成 课程	小学 肄业	小学 毕业	初中 毕业	高中 毕业	高于 高中	其他	未统计
总计										
	11 435 116	21.7	2.4	48.9	28.6	17.0	1.6	1.5	0.1	0.0
7～14岁	255 322	19.0	1.7	76.5	21.0	0.9	——	——	0.0	0.0
15～24岁	2 988 492	12.5	1.6	29.8	37.6	27.0	1.9	2.0	0.0	0.0
25岁以上	5 893 398	27.4	3.2	47.2	26.7	18.7	2.2	1.8	0.1	0.0
男性										
	5 512 476	16.0	2.0	45.0	29.3	19.6	2.0	1.9	0.1	0.0
7～14岁	1 311 228	19.5	1.8	77.6	19.8	0.8	——	——	0.0	0.0
15～24岁	1 503 759	10.6	1.5	27.9	36.9	29.3	2.1	2.3	0.0	0.0
25岁以上	2 697 489	17.3	2.4	39.9	29.4	22.6	2.9	2.6	0.1	0.0
女性										
	5 922 640	26.9	2.7	53.0	27.8	14.2	1.2	1.0	0.0	0.0
7～14岁	1 241 998	18.4	1.5	75.3	22.2	1.0	——	——	0.0	0.0
15～24岁	1 484 733	14.5	1.6	31.9	38.4	24.5	1.8	1.8	0.0	0.0
25岁以上	3 195 909	36.0	4.1	55.1	23.9	14.5	1.4	1.0	0.1	0.0

资料来源：National Institute of Statistics, Ministry of Planning, Kingdom of Cambodia：*Labor and Social Trends in Cambodia 2010*, September, 2010.

五、宗教信仰构成

柬埔寨是一个有多种宗教信仰的国家。宗教在柬埔寨人民的政治、社会和日常生活中占有十分重要的地位，并且广泛地影响着柬埔寨社会的发展。柬埔寨《宪法》第43条规定，"男女公民均享有充分的信仰自由，国家保护信仰和宗教自由"，但又非常明确地将佛教确定为柬埔寨的国教。目前柬埔寨境内还存在其他有一定影响力的宗教，包括伊斯兰教、天主教、原始宗教和婆罗门教等。

（一）主要宗教

1. 上座部佛教（Buddhism）

上座部佛教，又称南传上座部佛教，是柬埔寨的国教。柬埔寨全国有超过96.9%的国民信仰佛教，总人口达到1 298万。佛教产生于公元前6世纪的印度，公元2世纪分裂为大乘与上座部两大派。上座部佛教的教义并不把佛看作是神，而是一位指点迷津的教师，他要信徒超尘脱俗，过简朴平等的生活。上座部佛教崇尚简朴，宣传"生死轮回"、"自我解脱"，容易为柬埔寨普通民众所接受。上座部佛教所用语文是巴利文，佛经用巴利文抄写。公元1世纪左右，佛教与婆罗门教同时从印度传入柬埔寨，在相当长的历史时期内，婆罗门教占据着柬埔寨的主要宗教地位。公元5—6世纪，在婆罗门教盛行的同时，大乘佛教也很兴盛。公元9—12世纪的吴哥王朝时期，佛教进一步发展，耶苏跋摩一世在位时，全国建有婆罗门教及佛教寺院100余所。吴哥王朝的阇耶跋摩七世在位时，大乘佛教进入全盛时期，阇耶跋摩七世和他的两位妻子都是虔诚的佛教徒，他们大力推崇大乘佛教，甚至将自己和家人提高到佛的地位。阇耶跋摩七世在位时，大兴土木，动用大量人力物力修建了吴哥王城。公元13世纪，上座部佛教由暹罗传入柬埔寨。14世纪以后，随着泰国不断入侵，吴哥王朝走向衰亡，吴哥寺等建筑被摧毁，柬埔寨民众备受战火和劳役的摧残。上座部佛教崇尚简朴，宣扬"生死轮回"和"自我解脱"，使当时的民众获得极大的共鸣。随着暹罗与吴哥王朝战事的蔓延，上座部佛教在柬埔寨境内传播开来。之后，大乘佛教与婆罗门教一并衰落，上座部佛教最终取得了在柬埔寨的主导地位。

近代以来，柬埔寨的上座部佛教分为两大派别，即摩诃尼伽派（Mohanikay）与达摩育特派（Thamayut）。"摩诃"在巴利文中是"大"的意思，"尼伽"意指"群"，"摩诃尼伽"意指"大群"，因此，摩诃尼伽派又称"大群派"，是传统高棉佛教，历史悠久，在普通平民中流传甚广、势力很强、影响颇大。其僧侣人数占柬埔寨僧侣总数的90%，寺院数占总数的94%，总部设在金边的乌那隆寺。

"达摩"在巴利文中指"正法"，"育特"是"追随"之意，"达摩育特"就是"追随正法者"，达摩育特派又称"追随正法派"。1864年泰国曼谷王朝的拉玛四世蒙固王创立达摩育特派，由柏索坤长老从暹罗传入柬埔寨。该派严格奉守上座部佛教正统教派的规矩，戒律森严，主要在柬埔寨王室、贵族和高级官员中流传。尽管僧侣人数只占全国僧侣总数的10%，由于得到王室和高官显贵的支持，其势力不小，且地位重要。达摩育特派分布于柬埔寨国内的13个地区，尤以金边的势力最大，总部就设在金边市宝东华德寺。①

上座部佛教两大教派对佛教教义的理解基本一致，地位平等，互不干扰，关系融洽，各派都有自己的僧职系统和寺院，僧侣通常过着诵经参禅的宗教生活，僧王（Samdech the Chiefs of the Orders of the Mohanikay and Thamayut）均由国王任命。国王每年召集两大教派的僧王开一次会。两派的不同体现在持戒、诵经和执钵等方面。相对而言，达摩育特派更强调持戒的严格性，比较重视传统；摩诃尼伽派不过多地强调传统。达摩育特派化缘时用手捧着僧钵，诵经时用地道的巴利语，而摩诃尼伽派则是背着僧钵去化缘，用高棉语诵经。

柬埔寨上座部佛教的两大派别都有自己的全国佛教会和分支机构，还有许多全国性的宗教组织。国王是两派佛教会的最高领袖，国王从两派有威望的高级僧侣中挑选任命僧王。僧王是僧侣的最高领袖，两派僧王彼此独立，分管各自派别属下的僧众。僧侣按照资历分成11个等级，最上面的4个等级是高级僧侣，通称"罗加那"（Rajagna），他们都是出家20年以上的僧侣，过着优裕的生活。高僧下面的7个等级是初级僧侣和普通比丘，通称"塔纳努克兰"，他们主要依靠信徒的布施维持生计。两大教派在每个省都设一个教区，由一个方丈主持；每个县设一个小教区，由一个副方丈主持；每个寺院有一个主持长老和两个副主持助理。1952年两大教派联合成立了"柬埔寨佛教共和会"，这是国家最高级的佛教徒组织。1954年7月1日，柬埔寨国王谕令成立了"柬埔寨王家佛教大学"，即西哈努克拉查佛教大学，这是柬埔寨佛学的高等学府。1970年又成立了"柬埔寨宗教学生共和会"。1971年成立了"柬埔寨佛教青年会"。这些宗教组织在协调教派关系、

---

① 李晨阳、瞿建文、卢光盛：《列国志·柬埔寨》，北京：社会科学文献出版社，2005年版，第43～44页。

促进佛教徒的团结合作等方面发挥了重要作用。

柬埔寨国内几乎每一个村庄都有一座寺庙。寺庙不仅是宗教活动中心，也是当地的主要社会活动场所，还承担着地方教育的职责。每个寺庙常住着若干和尚，拥有一定数量的藏书。寺庙里的和尚分为两级，7~20岁的小和尚称"沙弥"，年龄在20岁以上、已经当过沙弥且经过另一次剃度的和尚称"比丘"。每座寺庙由一名上级僧长任命的长老全权负责各种事务，还有一些居士和临时工。僧侣除了诵经拜佛，也负责教儿童识字学文化、宣传卫生常识、给村民们送医送药。每逢教日，佛教徒都云集寺庙，聆听僧侣诵经说教。平时佛教徒也会到寺庙举行节日庆典活动和聚会。据统计，1951年柬埔寨全国有寺院2 253座；1953年全国共有僧侣3.7万人[1]；1961年寺院为2 800座，僧侣达53 460人；到1967年寺院发展到3 120座。但在20世纪70年代，宗教活动一度被禁止，许多寺庙和佛塔被摧毁，直到20世纪80年代中期以后宗教活动才逐步得到恢复。1981年柬埔寨全国只有寺院740座，僧侣4 930人；1982年寺院增加到1 821座，僧侣7 000人。

在柬埔寨，不论地位高低，男性佛教徒一生中必须有出家当和尚的经历，时间可长可短，短则几天，长可终身为僧。很多家长都鼓励子孙削发为僧，一个家庭里有人出家当和尚是非常荣耀的，亲朋好友、街坊邻居都会敲锣打鼓结队相送，因为僧侣在柬埔寨的社会生活中拥有特殊的地位，受到各阶层群众的普遍尊敬。僧侣被视为最有学问的人，也是最有道德修养的人。僧侣在普通民众的社会生活中扮演着相当重要的角色。他们传播宗教思想、普及教育、为民众治病。群众遇到困难通常会向他们求教，他们会帮助出谋划策、替民众排忧解难。在柬埔寨，只要穿上袈裟就被视为不可侵犯的人，他们不受拘捕、不服兵役，也不纳税。经过剃度当过和尚的人，还俗后在就业、婚姻等诸多方面有优越性，即使僧侣违法犯罪，也必须先由宗教组织令其还俗，才能受到起诉并被追究法律责任。

但是，僧侣的生活也是非常简朴而清苦的。他们必须严格遵守教规戒律，不仅要独身，而且要剃发、剃眉、剃须。僧侣通常身披黄色袈裟，左肩袒露，下身穿黄色纱笼；出门时撑黄伞，赤脚而行；每天清晨起床沐浴后，便二人一组走村串户去化缘，接受布施回到寺庙之后就开始念经。僧侣每天只吃两餐，除了早餐和午餐，从下午到次日早餐前是不能进食的。上座部佛教禁止僧侣饮酒，但允许

① 金哲：《现代柬埔寨的佛教》，中国民族宗教网，2012年2月25日。http://www.mzb.com.cn/html/report/279 474-2.htm.

吃荤，只要不是自己宰杀的即可。

2. 伊斯兰教（Islam）

伊斯兰教是柬埔寨的第二大宗教，教徒超过25.7万人（2008年），占总人口的1.92%，其中绝大部分是占族人和马来人。柬埔寨的伊斯兰教属于逊尼派。柬埔寨的穆斯林有自己的清真寺，目前全国大约有100多座清真寺。金边附近的克罗昌格瓦清真寺最为著名。每年都有一些占族人专程到马来西亚去学习《古兰经》，但柬埔寨穆斯林更向往能亲自到麦加朝圣。只有那些到过麦加的穆斯林，才能戴圆筒形的穆斯林帽子，围穆斯林头巾，这在占族人中是非常荣耀的。

伊斯兰教是东南亚海岛国家北传至柬埔寨的。19世纪末在穆普特等4位伊斯兰教领袖的领导下，柬埔寨的穆斯林才得到统一。20世纪50年代，独立后的柬埔寨政府成立了一个五人委员会，以加强对伊斯兰教的控制。在红色高棉统治的1975—1979年间，红色高棉政府不允许穆斯林前往清真寺拜祭，还摧毁了绝大部分的清真寺，直到20世纪80年代以后，伊斯兰教才逐渐获得复苏，清真寺的数量恢复到1975年以前的水平。

直至如今，伊斯兰高棉人仍旧保留着他们自己的特色和独特的风俗习惯。妇女穿彩色"纱笼"，外面套长袍，她们虽然不戴面纱，但是经常披着头巾；男人穿"纱笼"，戴白色无檐帽或者黑色土耳其帽。目前在柬埔寨生活的穆斯林居民生活都比较艰苦，虽然许多国际救援组织在进行援助，但是现状仍不乐观。学校设施简陋、破旧，有些穆斯林甚至居住在棚屋中。过于贫困的物质生活，让穆斯林居民坚持和巩固自己的宗教信仰更加艰难。现今穆斯林居民的努力方向是为下一代创造更好的生存环境，通过改善生存环境来实现巩固和发展宗教信仰的目标。

3. 天主教（Christianity）

天主教是17世纪由欧洲传教士传入柬埔寨的。1660年，一个由400名葡萄牙传教士后裔和其他外侨组成的天主教传教使团来到柬埔寨。由于高棉人笃信上座部佛教，而且当时的高棉人生活习惯和风俗与西方人相差很大，这些西方传教士的传教活动进展非常有限。但在19世纪中叶以后法国殖民统治时期，殖民当局对天主教采取保护政策，由法国的"外方传教会"、"法国耶稣会"等组织从事天主教的传教活动，成立了各种教友会，在柬埔寨的越南侨民中发展了许多天主教徒。有关资料表明，柬埔寨独立前的1953年，全国的天主教会会员共有12万人，教徒总数超过了伊斯兰教教徒数，一度成为柬埔寨的第二大宗教。到1970年遭返越南侨民时，大约有5万名是天主教徒的越南侨民被遣回国。1972年柬埔寨约有2万名天主教徒，他们多是留在柬埔寨的法国人。根据2008年人口普查的结果，天主教徒在柬埔寨国内为5万人，占人口总数的0.37%。

4. 原始宗教

柬埔寨东部和北部山区的少数民族部落都有自己独特的宗教信仰。他们相信万物有灵，把鬼神和自然界的许多事物联系在一起，石头、大树、水、火、土壤甚至稻谷、道路都可以成为他们崇拜的神。如果遇到灾难或者有人生病，他们就认为是触怒了这些精灵，必须宰杀家禽家畜，举行各种献祭仪式，才能消除灾难。有的部落还有专门为病人驱鬼治病的巫师神汉。

5. 婆罗门教（Brahmanism）

婆罗门教是公元1世纪从印度传入柬埔寨的外来宗教。它信奉三大神：梵天、毗湿奴和湿婆，曾经在很长时期内是柬埔寨的主要宗教。公元9世纪，吴哥王朝创始人阇耶跋摩二世宣称自己是湿婆的化身，把对湿婆的信仰与帝王崇拜结合在一起，在柬埔寨大力推崇婆罗门教，婆罗门教进入全盛时期，并对古代柬埔寨的政治体制、意识形态、语言文字、建筑艺术、社会风俗等方方面面都产生了重大影响。14世纪以后婆罗门教逐渐走向衰落以至几乎灭亡，其地位被上座部佛教所取代。但是婆罗门教的影响仍存在于柬埔寨人民的生活中，特别是王室的重大庆典活动，例如国王登基、王子剃度、王室成员结婚或丧葬、大臣向国王宣誓效忠等，都要由婆罗门教的祭司来主持庆典仪式。柬埔寨国王被称为婆罗门教教主，国王尊婆罗门教祭司为国师。国王的王冕、金履、掌扇、罗伞、宝剑是传国之宝，这些重要物品也由国师保管。婆罗门教主神湿婆仍受到人们的崇拜。

（二）宗教对柬埔寨经济社会的影响

1. 佛教对国内政治的影响

柬埔寨不论平民百姓还是国王显贵，都信奉上座部佛教，因此柬埔寨的政治不可避免地会受到上座部佛教的强大影响。柬埔寨太皇西哈努克曾经在谈到佛教与国家的关系时说："柬埔寨好比一辆马车，由两个车轮支撑。此二轮一个是国家，一个是佛教。"学者王士录把西哈努克的这种思想归结为"二轮理论"，并认为该理论成为西哈努克制定和实行宗教政策和治国方针的依据，这充分指出了佛教在柬埔寨国家政治生活中的重要地位。柬埔寨在尚未形成具有领导核心和思想体系的强大民族资产阶级和无产阶级的情况下就取得了国家和民族的独立。①西哈努克成为柬埔寨人民的精神领袖,并一直在柬埔寨发挥了不可替代的影响力,这一切都是与西哈努克高举佛教民族主义旗帜,一直重视佛教在国家政治中的地位和作用分不开的。

从现实来看,柬埔寨僧侣对参与政治生活的要求越来越强烈,根据佛教僧侣的戒律,僧侣应该接受任何人的布施,但在今天的柬埔寨,接受政治家的布施就会被视为与这个政治家的结盟,而且这种现象越来越普遍。虽然在1998年发生了政府镇压僧侣的事件,之后政府也颁布了对僧侣的禁令,但这并没有减轻柬埔寨僧侣参与政治的热情,2003年和2008年的大选仍然有相当数量的僧侣参与了投票,也仍然有大量的高僧和政府高官保持着密切的联系。

2. 佛教对柬埔寨人民社会生活的影响

除开政治影响,佛教僧侣和寺院在柬埔寨社会生活中也发挥了极其重要的作用。僧侣在柬埔寨社会上具有极其崇高的地位,他们通常被认为是最有道德和最有学问的人,因此僧侣除了宣传佛教教义,在很多地方还要承担教育的责任。从传统上说,柬埔寨每个村庄都至少有一个寺院,这些寺院不仅是僧侣活动的场所,在很大程度上也是当地居民社会活动的主要场所。如果没有这些僧侣和寺院,柬埔寨的普通民众是很难开展自己的社会活动的。除此之外,佛教寺院甚至在柬埔寨发挥了保护环境的作用。现今,当柬埔寨想要在民间社会所有领域获得重建和复兴时,上座部佛教僧侣就积极参与各式各样的社会活动,如在乡村地区种植树木、修建园林、挖塘掘井以及督建学校、医院、道路和桥梁。事实上,柬埔寨社会从波尔布特政权恐怖中的复兴和重建,在很大程度上是由1979年之后自发重建的村民们领导的寺院完成的。我们可以把佛教寺庙看成是人民的环境保护地。那里有不同种类的树木,甚至有珍稀树种;寺庙里还有各种鸟类和鱼。鸟和鱼在那里是安全的,因为没有人可以在寺庙捕鸟和钓鱼。对佛教徒来说,开发寺庙财产并其根基是一种罪孽。他们相信,这种罪孽会让作孽者下地狱,因为善有善报,恶有恶报。②

3. 其他宗教的影响

除了上座部佛教以外,柬埔寨的伊斯兰教、天主教等也对柬埔寨政治、经济等领域产生了一定的影响。柬埔寨的第二大宗教是伊斯兰教,虽然穆斯林的人数

---

① 李晨阳:《佛教在当代柬埔寨政治中的作用》,载《东南亚纵横》,1995年第4期,第47页。
② [柬]易通著,龚萍译:《论佛教寺院在柬埔寨自然保护中的作用》,载《中央社会主义学院学报》,2005年第6期,第60页。

远不能和佛教僧侣相比，但他们在一定程度上也影响柬埔寨的政治社会发展。柬埔寨穆斯林一般自成村落，不与高棉人混居和通婚，并且近年也提出了一些与宗教有关的社会问题，但他们总体上与其他宗教的信徒相处融洽，可以说是较好地融入了当地社会，并在商业和政府中发挥了重要作用。[1]根据学者刑和平的观点，现在柬埔寨的穆斯林可以分为两派，一派是1993年后从国外回国的穆斯林，一派是土著穆斯林，两派都有明显的政党倾向，前者主要支持人民党，而后者主要支持拉那烈领导的奉辛比克党，都对柬埔寨政局产生一定的影响。现在，天主教在柬埔寨的影响也逐渐扩大，当然这些影响既有积极的一面也有一消极的一面。积极影响主要是天主教可以为布施的社区提供一些衣物等生活必需品，在一定程度上可以帮助社区的贫苦民众；消极影响主要是天主教近年来在柬埔寨有强行传教的倾向，甚至在村庄里挨家挨户敲门宣传天主教，引起了许多人对天主教的不满，这是破坏柬埔寨安定团结的一个不稳定因素。[2]

目前，柬埔寨国内各宗教并行不悖，没有激化的宗教问题。但是佛教影响力下降，僧侣内部出现分歧，同时来自国际上的伊斯兰教的渗透影响对柬埔寨目前稳定的宗教形势造成一定的威胁。政府方面在面对外来影响时做出的政策调整，使得柬埔寨内部宗教关系一直保持着稳定而和平的态势。只要各宗教保持自己的发展方式，在政府的协调和维持下，防止境外伊斯兰教对境内宗教环境的破坏和影响，宗教信仰会是柬埔寨发展的积极因素，不会成为国家发展的障碍。

第三节　劳动人口

柬埔寨是传统的农业国家，人口以农村劳动力为主。柬埔寨境内大多数家庭以个体农业为生，家庭成员基本上就是劳动的主体，因此柬埔寨整体劳动力人口众多，占全体国民数量的极大比例。柬埔寨国民受教育程度低，劳动多以基础的体力工作为主，对于技术和科技含量较高的工作，从事的人口极少。而家庭作坊式的经济基础使得大多数的儿童在很小的年纪就开始从事经济活动，期望能提高家庭的收入，以改善生活。然而大量童工的存在，不仅限制了儿童本身的发展，

---

① 李晨阳：《柬埔寨的伊斯兰教》，载《世界宗教文化》，2003年第1期，第54页。

② 陶程、黄金贞、卢光盛：《柬埔寨的宗教概况及其影响》，载李晨阳主编：《GMS研究2009》，昆明：云南大学出版社，2009年版，第99～100页。

也使国家整体经济发展潜力受到影响。但相对的，农业要求的低技术和低成本使得就业更加容易，加上大多数的国民并不愿意花费太多的时间和金钱来寻求工作机会，柬埔寨的失业率一直保持在较低的水平。

一、劳动力资源

柬埔寨人口中青年和少年人口几乎超过总人口的70%，他们都是强大的劳动力资源。但是由于受教育程度较低以及技术性缺乏等原因，柬埔寨劳动人口即使众多，却只能从事较低端的劳动密集型工作，对于科技含量较高以及技术性较强的行业，多数柬埔寨居民却无法胜任。目前，柬埔寨境内吸引了来自日本、韩国、泰国、中国大陆和中国台湾等国家地区的服装、纺织和手工业企业。根据不完全统计，仅中国投资者在柬埔寨境内的企业已经超过3 000家。2008年的人口普查数据显示（表2-13），当年柬埔寨劳动力数量为11 435 116人，包括正在就读的学生以及暂时未就业的人口，占当年人口总数的85.3%。[①]

表2-13　2008年柬埔寨劳动力统计（单位：人）

	男性	女性	总计
受雇佣	3 391 848	3 541 764	6 933 612
暂时失业	12 150	14 002	26 152
从未就业	40 266	51 734	9 200
家庭主妇（夫）	55 180	411 423	466 603
学生	1 681 745	1 469 218	3 150 963
受抚养人	301 435	400 725	702 160
出租房屋、退休	19 046	25 482	44 528
其他	10 806	8 292	19 098
总计	5 512 476	5 922 640	11 435 116

数据来源：National Institute of Statistics, Ministry of Planning, Kingdom of Cambodia：*Cambodia General Population Census 2008*.http：//celade.cepal.org/khmnis/census/khm2008/.

随着国际经济形势的变化，东南亚成为国际社会劳动密集型企业投资和迁移的重要目的地。柬埔寨较为稳定的政治环境以及丰富的劳动力资源吸引越来越多

---

① National Institute of Statistics, Ministry of Planning, Kingdom of Cambodia：*Cambodia General Population Census 2008*. http：//celade.cepal.org/khmnis/census/khm2008/.

的企业进入柬埔寨。虽然柬埔寨的劳动力保持每年近20%的增长率，但目前的柬埔寨已经出现劳动力供不应求的状况。

柬埔寨劳动力受教育程度低的重要原因之一是儿童劳动者。许多儿童为了减轻家庭经济负担，被迫离开学校成为劳动者。对于能获得现金报酬的儿童，他们的平均收入为每天1美元，能达到家庭收入的28%。但是这些儿童缺乏必要的知识和技能教育，只能从事低级劳动，成年后无法从事高级的工作，只能从事较低报酬的工作，反而加重了家庭的经济负担，形成了贫穷的恶性循环圈。根据柬埔寨《劳动法》规定，法定劳动年龄为15周岁，18岁以下的劳动者需要有家长的监督。然而，12~15周岁的儿童被允许从事"较轻"的劳动，前提是不影响他们的学习生活。但现实是许多为减轻家庭经济负担的儿童并没有足够时间学习，7~14岁的童工每周平均工作时间达到22小时（如果除去不从事经济活动的儿童，这一平均周工作时间达到31小时），而学习时间平均为23.5小时，童工在从事经济活动的过程中放弃了学习。而许多15周岁以下儿童也在从事较为正式的工作。根据2008年人口普查的数据，13~15周岁受雇佣的儿童数量为74 462人，男性为36 763人，女性为37 699人。[①]

1969年，柬埔寨成为国际劳工组织的成员之一。[②]20世纪90年代，劳工组织在柬埔寨经济发展中发挥着重要的作用。柬埔寨儿童劳工问题一直受到国际劳工组织、亚洲开发银行的重视。国际上许多组织期望能分析柬埔寨童工问题，并进一步消灭童工问题，提高柬埔寨劳工素质，减少贫困。2006年，国际劳工组织和世界银行开展了"认识儿童工作"项目。该项目重点研究了柬埔寨童工现象，并且认为童工是造成柬埔寨贫穷以及中等教育普及困难的原因。2001年，柬埔寨7~14周岁的儿童中52%即超过140万的人口在从事与经济相关的活动，这个比例与同等收入国家相比是非常高的。这是柬埔寨童工比例最高的年份，之后该比例呈下降趋势。[③]如表2-14所示，在2008年，7~9岁的童工数量为882 721人，10~12岁的童工数量为962 082人，13~15岁的童工为1 055 440人。这些童工多为家庭工作，多从事农场或者家庭手工业的工作，并且得不到报酬。值得一提的是，童工的数量在各地区间

① National Institute of Statistics, Ministry of Planning, Kingdom of Cambodia, *Cambodia General Population Census 2008*. http://celade.cepal.org/khmnis/census/khm2008/.

② International Labor Organization, *Cambodia*.http://www.ilo.org/asia/countries/cambodia/lang-en/index.htm.

③ Inter-Agency Report to the Government of Cambodia, *Children's Work in Cambodia: A Challenge for Growth and Poverty Reduction*, December 2006, p.9.http://www.unicef.org/eapro/Children_work_in_Cambodia.pdf.

差距较大，农业家庭的童工数量也比城市家庭多，但是性别差异并不明显。

表2-14　2008年柬埔寨从事经济活动的儿童（单位：人）

	男性	女性	总计
7～9岁	451 816	430 905	882 721
10～12岁	497 826	464 256	962 082
13～15岁	547 163	508 277	1 055 440
总计	1 496 805	1 403 438	2 900 243

数据来源：National Institute of Statistics, Ministry of Planning: Kingdom of Cambodia, *Cambodia General Population Census 2008.*http：//celade.cepal.org/khmnis/census/khm2008/.

　　为应对童工问题，柬埔寨政府从20世纪90年代开始制定各种法规，与国际组织合作，力求消除柬埔寨境内的童工。柬埔寨政府意识到，只有妥善地解决童工问题，才能激发国内的经济增长潜力，并且降低国民遭受贫困的几率。1992年柬埔寨政府签署《儿童权利联合国协议》；1999年政府根据国际劳工组织第138号协定制定了劳动的最低年龄限制；2005年政府根据国际劳工组织第182号协定限定了最恶劣童工工作形式。目前柬埔寨最低工作年龄为15岁，18岁以下儿童不得从事地下矿业、露天矿产开采和夜间工作等。但是柬埔寨《劳动法》在非正式企业中实施困难，也就是说家庭农业以及家庭服务工作是不受《劳动法》管理的。这些企业是童工的主要工作地点。[1]目前看来，强化法律法规的实施，全面规范童工管理和约束制度是柬埔寨政府面对的最大问题。只有解决好童工问题，才能有效地提高劳动力资源的质量，减少柬埔寨的贫困人口，实现柬埔寨经济的更好发展。

二、劳动力结构

　　柬埔寨劳动力多集中于农业和制造业，多从事低级加工和生产活动，高技术含量和高科技含量的工作并不多。由于柬埔寨人口呈现出明显的低龄化，以及童工的存在，劳动力人口在总人口中的比例非常高。根据柬埔寨2008年人口普查结果（表2-15），当年柬埔寨劳动人口总数为11 435 116人，占总人口的85.3%，其中男性为5 512 476人，女性为5 922 640人。[2]其中10岁至19岁的劳动力资源为

① Inter-Agency Report to the Government of Cambodia: *Children's Work in Cambodia: A Challenge for Growth and Poverty Reduction*, December 2006, p.48.http：//www.unicef.org/eapro/Children_work_in_Cambodia.pdf.

② National Institute of Statistics, Ministry of Planning, Kingdom of Cambodia: *Cambodia General Population Census 2008.* http：//celade.cepal.org/khmnis/census/khm2008/.

所有年龄段中最丰富的，为3 289 795人，但其中2 258 649人仍为在校学生。[1]劳动力所处状态中，受雇用的人数为6 933 612人，占总劳动力资源的60.6%；学生所占比例为27.6%。受雇用的劳动人口中，男女差距不明显，50周岁以下青壮年为主要工作人群。超过80岁的老年人中，仍然有超过2万的人口受到雇用。

表2-15 2008年柬埔寨雇用劳动力年龄分布（单位：人）

年龄段	男性	女性	总计
0～9岁	2 804	2 430	5 234
10～19岁	359 765	399 917	759 682
20～29岁	1 073 506	1 085 805	2 159 311
30～39岁	724 630	694 377	1 419 007
40～49岁	628 695	656 585	1 285 280
50～59岁	342 455	436 365	778 820
60～69岁	178 908	191 559	370 467
70～79岁	68 846	63 669	132 515
80～89岁	11 334	10 116	21 450
90岁以上	905	941	1 846
总计	3 391 848	3 541 764	6 933 612

数据来源：National Institute of Statistics, Ministry of Planning, Kingdom of Cambodia：*Cambodia General Population Census 2008*.http：//celade.cepal.org/khmnis/census/khm2008/.

对比1998年的数据（表2-16），10年间柬埔寨雇用劳动力增加了43%，净人口增长为2 088 916人。特别是针对20～29周岁的劳动力，净增长为847 932人，增长率为64.7%。柬埔寨劳动力人口的迅速增长是柬埔寨经济发展的重要动力。然而，2008年全球经济危机之后，柬埔寨的人口发展也在面对改变。一方面，柬埔寨人口识字率有所提高，受教育程度有所加深；另一方面，柬埔寨妇女的生育率以及生育数量正在减少，未来青壮年劳动力的增长速度将会变缓，但总体进入劳动力市场的人口仍将会增加。对柬埔寨政府而言，如何提供良好的就业机会以及处理好劳动力年龄增长的问题是巨大的挑战。

① National Institute of Statistics, Ministry of Planning, Kingdom of Cambodia：*Cambodia General Population Census 2008*. http：//celade.cepal.org/khmnis/census/khm2008/.

表2-16　1998年柬埔寨雇用劳动力年龄分布（单位：人）

年龄段	男性	女性	总计
0～9岁	2 193	2 204	4 397
10～19岁	253 523	365 569	619 092
20～29岁	667 082	644 297	1 311 379
30～39岁	668 037	631 485	1 299 522
40～49岁	363 589	443 697	807 286
50～59岁	229 869	250 170	480 039
60～69岁	128 964	114 778	243 742
70～79岁	40 687	29 030	69 717
80～89岁	4 890	3 558	8 448
90岁以上	729	345	1 074
总计	2 359 563	2 485 133	4 844 696

数据来源：National Institute of Statistics, Ministry of Planning, Kingdom of Cambodia: *Cambodia General Population Census 1998*.http://celade.cepal.org/khmnis/census/khm1998/.

　　柬埔寨劳动力从1998年到2008年的10年间发生了巨大的变化，15岁以上的劳动力为700万，比1998年增加了190万，平均每年增长率为3.3%；劳动力就业比例从77%上升到78.3%。[1]青年劳动者比例由60.7%下降到60.1%，这意味着更多的青年人选择继续接受教育，而在生育高潮中出生的人口年龄在增长，青少年的数量相对地下降了。

　　根据2008年人口普查结果（表2-17），劳动者所从事工作的行业人数有明显的差异。按照产业经济分类分析，第一产业从业总人口为5 028 963人，占所有从业人员的72.2%，是柬埔寨的重要支柱产业，尤其是动植物养殖行业占第一产业的最大比重。渔业是柬埔寨的另一重要基础行业，这与柬埔寨的地理环境有密切的关系。西南临海的西哈努克市、贡布和戈公省是柬埔寨渔业开展的主要地区。相对的林业从业人员仅为5 557人。第二产业从业人员为589 990人，仅占总人数的8.5%，并且制造业为最主要的组成部分。制造业的劳动者多从事衣物、纺织品、家具和食物的制造，只有极少的人从事金属、计算机和机械制造。工业在柬埔寨发展缓慢，基本上没有形成规模。第三产业的劳工人数为1 340 327人，占劳工

① National Institute of Statistics, Ministry of Planning, Kingdom of Cambodia: *Labor and Social Trends in Cambodia 2010*, September, 2010, preface.

总数的19.3%。零售与批发组成的销售业是第三产业的重要部分。运输业、旅游相关工作是另外两个重点行业。总的说来，农业仍然是柬埔寨最重要的产业，第三产业发展迅速，但第二产业将仍会以轻工业制造为主。

表2-17 2008年柬埔寨从业人口的产业分布①（单位：人）

	种类	人数	种类	人数	种类	人数
第一产业	动植物养殖	4 933 033	林业与伐木	5 557	渔业	90 373
	总计 5 028 963					
第二产业	矿业	5 084	能源供给	7 515	建筑设计	146
	制造业	429 558	水资源供给	936	机械修理与安装	3 836
	建筑业	142 915				
	总计 589 990					
第三产业	污物处理	3	电影业	1 017	科学研究	65
	垃圾回收与再利用	7 157	广播业	579	广告与市场	1 547
	垃圾处理辅助服务	16	电信	672	其余专业、科学技术领域	4 189
	摩托车销售与修理	44 508	计算机业	103	兽医	2 183
	除摩托车外的销售	495 045	信息服务	3 658	房屋出租	129
	运输业	156 097	金融	13 032	就业帮助	166
	有线传输	343	社保	128	旅游代理	2 972
	住宿	8 375	其他金融	3 827	保安与侦查	13 535
	餐饮业	52 167	法律与会计	5 578	行政资助	24 379
	出版业	960	管理咨询	100	治安保卫系统	189 606
	教育业	113 815	家庭雇员	953	艺术与娱乐	7 175
	康健扶助	31 999	无固定居所社会工作	62	体育业	3 119
	居民看护	627	博彩业	10 809	其他个人业务	44 778
	文化场所	283	家用电器修理	10 944	国界外活动	16 632
	会员组织	54 245	个人未界定活动	163		
	总计 1 340 327					

数据来源：National Institute of Statistics, Ministry of Planning, Kingdom of Cambodia: *Cambodia General Population Census 2008*.http://celade.cepal.org/khmnis/census/khm2008/.

① 产业分类根据中国产业经济分类整理，参见百度百科。http://baike.baidu.com/view/408 825.htm.

三、劳动力就业情况

自柬埔寨独立之后，稳定的内部环境使得柬埔寨经济发展迅速。在这个过程中，柬埔寨劳动力就业数量增加，所从事的职业领域在不断扩大（表2-8）。在1998年到2008年两次人口普查之间的10年时间，柬埔寨15周岁以上受雇用的人口增长明显。2008年，15岁以上劳工人口为680万人，占总人口的77%，比1998年统计时增加4%。其中男性中受雇比例为79.6%，女性为74.7%，而1998年男性比例为77.4%，女性比例为69.2%。男性劳工增长比例少于女性劳工增长比例，其中最大的原因在于更多的男性开始接受较高等的教育，而没有成为受雇劳工。[①]

2008年劳工人口中就业于包括农业、林业和渔业在内的基础行业，所占总人口比例为72.1%，服务及销售行业占19.3%，二级行业比例为8.6%，基础行业从业人口比例在10年间有所减少。

全球经济危机之前，柬埔寨劳工在外国企业中的人数为305 356人，占所有劳工人口的4.4%。大部分劳工在柬埔寨个体企业工作，占所有劳工的90.2%。这些个体企业包括个人建立的合法企业、民营企业以及家庭作坊式的农业劳动等。

表2-18　2008年柬埔寨劳动力工作企业性质分布（单位：人）

	男性	女性	总计
政府组织	233 440	71 733	305 173
国有企业	13 274	4 435	17 709
柬埔寨个体企业	3 045 053	3 238 588	6 283 641
外国企业	87 406	217 950	305 356
非赢利机构	3 472	1 480	4 952
家庭企业	9 216	14 793	24 009
大使馆、NGO和发展代理	10 722	6 277	16 999
其他	1 310	359	1 669
总计	3 403 893	3 555 615	6 959 508

数据来源：National Institute of Statistics, Ministry of Planning, Kingdom of Cambodia：*Cambodia General Population Census 2008*.http：//celade.cepal.org/khmnis/census/khm2008/.

---

① National Institute of Statistics, Ministry of Planning, Kingdom of Cambodia：*Labor and Social Trends in Cambodia 2010*, September, 2010, p.20.

柬埔寨劳动人口整体受教育程度低，因此从事的职业多为基层工作，如农民、渔夫、食品制作和制衣工人以及销售人员。按照总从业人口比例来看（表2-9），从事管理工作的人口总数为37 816人，只占所有劳动力人口的0.5%；从事专业技术方面工作的人口为274 871人，占总劳动人口的4%。总体看来，超过95%的人口从事的是低端的操作、销售以及农耕等工作。尤其是第一产业中，总劳工人口为5 028 963人，其中农民、渔民和伐木工人为4 376 163人，受雇的相关工人为105 469人，农业相关市场销售为82 963人，基础从业人员占87%。总体来看，柬埔寨劳工的职业分布呈现出管理与技术从业人员极少、基础操作工人多的分布。

表2-19 2008年柬埔寨劳动力从业职业分布（单位：人）

职业	男性	女性	总计
高级执行、高级官员与议员	22 012	4 361	26 373
行政与商业管理	1 555	890	2 445
制造与特殊服务管理	3 705	780	4 485
食宿、零售业等服务业管理	2 572	1 941	4 513
科学技术专家	844	163	1 007
健康专家	2 818	1 050	3 868
教学专家	67 750	42 789	110 539
工商管理专家	1 218	880	2 098
信息通信技术专家	71	14	85
法律、社会和文化专家	1 277	316	1 593
科学技术相关专家	6 922	1 740	8 662
健康相关专家	17 516	13 179	30 695
工商管理相关专家	23 438	12 603	36 041
法律、社会和文化相关专家	64 139	15 042	79 181
信息通讯技术人员	797	305	1 102
普通职员	44 570	18 143	62 713
客户服务职员	20 794	16 343	37 137

续表

职业	男性	女性	总计
数字媒体记录员	1 516	827	2 343
其他文秘工作者	344	167	511
个人服务工作者	19 270	36 295	55 565
个人看护工作者	674	1 114	1 788
保安人员	59 488	4 559	64 047
销售员	156 758	343 321	500 079
市场导向熟练的农业工作人员	224 341	233 169	457 510
市场导向熟练的林、渔、猎业工作者	54 613	28 350	82 963
农民、渔民、猎人	2 019 895	2 356 268	4 376 163
房屋交易相关人员	37 484	4 496	41 980
机械相关交易人员	49 573	3 166	52 739
手工艺与印刷工人	25 229	28 043	53 272
电子电信交易人员	13 872	1 234	15 106
食品加工、林业加工和制衣工人	83 449	254 984	338 433
录用设备与机械操作工人	6 545	4 052	10 597
程序员	106	31	137
司机与移动器械操作员	108 292	4 126	112 418
清洁工	8 916	19 289	28 205
农、林、渔业雇工	56 987	48 482	105 469
开采、建设、加工、运输业雇工	124 444	35 139	159 583
食品准备助手	893	1 623	2 516
街面销售及相关服务	9 221	6 632	15 853
垃圾清扫工人和其他初级工人	8 978	6 205	15 183
总计	3 352 886	3 552 111	6 904 997

数据来源：National Institute of Statistics, Ministry of Planning, Kingdom of Cambodia：
*Cambodia General Population Census 2008.*http：//celade.cepal.org/khmnis/census/khm2008/.

对于大多数的柬埔寨人来说，花费大量时间寻找合适的工作是很奢侈的，更多的劳工愿意接受能保证生存的工作，因此柬埔寨的失业率一直较低。针对15周岁以上劳工，1998年时失业率为5.3%，2008年时为1.6%。其中，城市的失业率要高于乡村，一是因为乡村能够提供更多基础类型的工作，二是城市对乡村劳工的保护机制并不完善。在柬埔寨的就业人口中，不获得报酬的家庭工人和个人账户劳动者被认为是脆弱的受雇工人。根据2008年柬埔寨就业情况（表2-20），这类劳工总数占总劳工的82.5%。其中，无收入家庭工人女性占71.6%；而男性多为个体户。这部分劳工工作环境较差、收入低，并且无法获得社会保障。[1]

表2-20　2008年柬埔寨就业情况（单位：人）

	男性	女性	总计
雇主	5 770	4 419	10 189
有薪雇员	702 500	499 081	1 201 581
个体户	1 833 996	888 403	2 722 399
无薪家庭工人	859 180	2 162 560	3 021 740
其他	2 248	1 094	3 342
总计	3 403 694	3 555 557	6 959 251

数据来源：National Institute of Statistics, Ministry of Planning, Kingdom of Cambodia, *Cambodia General Population Census 2008*.http://celade.cepal.org/khmnis/census/khm2008/.

根据2008年的数据（表2-21），柬埔寨劳工中36.8%的人口有第二职业。第二职业中无薪工作仍然占有较大比例，其中畜牧占所有有第二职业人口总数的51%，无薪农耕占31.1%。

表2-21　2008年柬埔寨劳工第二职业类型分布（单位：人）

类型	男性	女性	总计
没有第二职业	3 477 094	3 744 662	7 221 756
无薪农耕	645 353	665 090	1 310 443

[1] National Institute of Statistics, Ministry of Planning, Kingdom of Cambodia: *Cambodia General Population Census 2008*. http://celade.cepal.org/khmnis/census/khm2008/.

类型	男性	女性	总计
有薪农耕	119 378	113 707	233 085
无薪畜牧	965 131	1 173 284	2 138 415
有薪畜牧	11 607	9 945	21 552
渔业	82 604	31 954	114 558
其他家庭生产	65 601	66 179	131 780
建筑业	55 400	9 007	64 407
批发或零售	44 509	87 090	131 599
运输	20 940	2 643	23 583
其他有薪工作	24 832	19 053	43 885
总计	5 512 449	5 922 614	11 435 063

数据来源：National Institute of Statistics, Ministry of Planning, Kingdom of Cambodia: *Cambodia General Population Census 2008*.http://celade.cepal.org/khmnis/census/khm2008/.

第四节　人口的分布、迁移和流动

柬埔寨人口依靠自然环境分布，自然资源丰富、适合农耕的地区人口聚集多，人口密度高；山地条件差的地区人口少，人口密度低。城市中，尤其是直辖市中人口大量积聚，人口密度远远高于其他省市。居民为寻求工作以及接受教育等目标，会选择个人迁移或者家庭迁移，成为柬埔寨国内居民流动的主要部分。国际方面，柬埔寨与泰国和越南接壤，是东南亚地区重要的人口中转、分流的地方。柬埔寨境内有合法和非法的移民，非法移民在柬埔寨和其他国家受到不公平的待遇，也承受着来自健康和安全方面的潜在危险。

一、人口分布特点和地区差异

柬埔寨人口是东南亚地区人口总量较少的国家，人口密度仅高于老挝，平均人口密度为82人/平方千米。居民分布的各省份间存在较大的差异（表2-22）。首都金边人口密度达到4 578人/平方千米，农村人口仅占6.3%。人口密度最低的省份蒙多基里，仅为4人/平方千米，农村人口占全省人口的92%。柬埔寨居民分布多与自然条件相关，例如降水、气温、地理位置等，适宜发展农业的地区聚集较多的人口，而较难生存的山地虽然面积大，但人口较少。随着经济的发展以及国家开放程度的加深，直辖市的商业、运输业发展迅速，大量的农村人口进入城市工作，使得城市人口密度远远高于农村的。

磅湛是柬埔寨人口最多的省份，位于柬埔寨的东部，人口密度为每平方千米171人。金边市是人口第二多的城市，但人口密度却是最高的。位于柬埔寨中部的磅同，人口总数不少，但是人口密度却低。柬埔寨人口最少的白马市，人口密度是人口较多的蒙多基里省的25倍。

表2-22 2008年柬埔寨各省人口（单位：人）

省份（直辖市）	男性	女性	总计	人口密度（人/平方千米）
磅湛	818 662	861 330	1 679 992	171
金边市	625 540	702 075	1 327 615	4 578
干丹	612 692	652 588	1 265 280	355
马德望	506 351	518 823	1 025 174	88
波萝勉	453 082	494 290	947 372	194
暹粒	439 982	456 461	896 443	87
茶胶	410 782	434 124	844 906	237
磅士卑	348 512	368 432	716 944	102
班迭棉吉	331 715	346 157	677 872	102
磅同	307 724	323 685	631 409	46
贡布	284 123	301 727	585 850	120
柴桢	231 578	251 210	482 788	163
磅清扬	227 007	245 334	472 341	86
菩萨	192 954	204 207	397 161	31
桔井	159 146	160 071	319 217	29
西哈努克市	110 777	110 619	221 396	255
奥多棉吉	93 646	92 173	185 819	30

续表

省份(直辖市)	男性	女性	总计	人口密度(人/平方千米)
柏威夏	85 319	85 820	171 139	12
腊塔纳基里	76 115	74 351	150 466	14
戈公	59 327	58 154	117 481	11
上丁	55 634	56 037	111 671	10
拜林市	36 340	34 146	70 486	88
蒙多基里	31 372	29 735	61 107	4
白马市	17 674	18 079	35 753	106

数据来源：National Institute of Statistics, Ministry of Planning, Kingdom of Cambodia: *Cambodia General Population Census 2008*.http://celade.cepal.org/khmnis/census/khm2008/.

柬埔寨是个传统的农业国家,虽然近年来大量国际企业进入柬埔寨开展生产,但作为农业国家的人口构成仍然没有改变(表2-23)。首都金边是全柬埔寨城市人口最多的地区,大量的人口集中在金边从事各种经济活动。金边市农村人口与城市人口的比例为7:100,而在人口密度最低的蒙多基里省,农村人口与城市人口的比例为11.5:1。人口最多的磅湛省,可耕地面积大,气候十分适宜耕种,农村人口与城市人口的比例为13.2:1。总体上,柬埔寨农村人口与城市人口比例为4.1:1,但大部分的省份农村人口和城市人口的比例都高于10。除金边外,柬埔寨所有省份和直辖市中农村人口都占较大的比例。如果不计算金边的城市人口,其余省份的城市人口只占总人口的11.4%。总体上计算,农村人口占国家总人口的比例为80.4%。因此,柬埔寨各省直辖市都以农业人口为主,只有首都金边城市人口多于农业人口,其余所有省市的农村人口都多于城市人口。这与柬埔寨以农业为主要产业,将农耕作为主要工作的现实是密不可分的。

表2-23 2008年柬埔寨各省城市与农村人口(单位:人)

省份(直辖市)	农村人口	城市人口	总计
班迭棉吉	496 476	181 396	677 872
马德望	844 321	180 853	1 025 174
磅湛	1 561 750	118 242	1 679 992

续表

省份（直辖市）	农村人口	城市人口	总计
磅清扬	429 211	43 130	472 341
磅士卑	662 439	54 505	716 944
磅同	599 538	31 871	631 409
贡布	537 576	48 274	585 850
干丹	1 069 382	195 898	1 265 280
戈公	81 428	36 053	117 481
桔井	283 253	35 964	319 217
蒙多基里	56 248	4 859	61 107
金边市	84 623	1 242 992	1 327 615
柏威夏	160 460	10 679	171 139
波萝勉	914 293	33 079	947 372
菩萨	371 511	25 650	397 161
腊塔纳基里	131 149	19 317	150 466
暹粒	722 178	174 265	896 443
西哈努克市	131 949	89 447	221 396
上丁	94 649	17 022	111 671
柴桢	465 759	17 029	482 788
茶胶	830 450	14 456	844 906
奥多棉吉	167 125	18 694	185 819
白马市	31 075	4 678	35 753
拜林市	54 812	15 674	70 486
总计	1 0781 655	2 614 027	13 395 682

数据来源：National Institute of Statistics，Ministry of Planning，Kingdom of Cambodia：
Cambodia General Population Census 2008.http：//celade.cepal.org/khmnis/census/khm2008/.

二、人口的迁移和流动

（一）国内迁移与流动

柬埔寨的人口流动性并不强（表2-24），占总人口26.5%的居民存在迁移的情况。居民多从出生地迁移到同一地区的其他地方、同一省份的其他地方或者是国内的其他省份。跨境的迁移相对要少一些。国内跨省迁移的人口总量为所有迁移人口的46%。

表2-24　柬埔寨居民移民概况（单位：人）

	男性	女性	总计
非移民	4 723 429	5 119 908	9 843 337
迁移至居住地区内	495 054	454 041	949 095
迁移至居住省内	441 687	432 945	874 632
迁移至其他省份	807 303	826 198	1 633 501
迁移至其他亚洲国家	45 937	44 959	90 896
迁移至其他国家	2 538	1 511	4 049
总计	6 515 948	6 879 562	13 395 510

数据来源：National Institute of Statistics, Ministry of Planning, Kingdom of Cambodia：*Cambodia General Population Census 2008*.http：//celade.cepal.org/khmnis/census/khm2008/.

对于在柬埔寨境内发生迁移的居民，因为家庭搬迁而流动的人口占总迁移人口的37.9%，是居民迁移的最重要原因（表2-25）。另外，因寻求工作机会而离开生活地方的人口占总迁移人口的21.5%。工作地点改变和境外工作人员归国是另外两大迁移原因。与中国迁移人口相似的是，与工作相关的迁移是柬埔寨移民发生的重要原因。但与中国有极大不同的是，因受教育而产生的移民并不多，只占总迁移人口的2.7%。这与柬埔寨接受高等教育人口较少以及教育资源稀缺有极大的关系。

表2-25　柬埔寨本地居民移民原因（单位：人）

移民原因	男性	女性	总计
工作地点转换	246 962	79 175	326 137

移民原因	男性	女性	总计
寻找工作	431 877	329 572	761 449
受教育	62 926	33 591	96 517
婚配	331 578	185 647	517 225
家庭移民	487 006	852 827	1 339 833
失去土地或者住房	22 351	19 793	42 144
自然灾害	2 577	2 254	4 831
安全危害	31 604	36 640	68 244
归国	92 429	111 604	204 033
孤儿	6 811	6 028	12 839
旅游	47 901	82 006	129 907
其他	21 499	13 472	34 971
总计	1 785 521	1 752 609	3 538 130

数据来源：National Institute of Statistics，Ministry of Planning，Kingdom of Cambodia：*Cambodia General Population Census 2008*.http：//celade.cepal.org/khmnis/census/khm2008/.

（二）国际迁移

柬埔寨地处东南亚内部区域，位于泰国与越南中间，是东南亚地区劳动力派遣和中转的国家。总的来说，柬埔寨移居他国的移民主要集中在周边国家，比如泰国和越南等。目前，柬埔寨移民总数（包括移出和移入）占全国总人口的35%，他们当中的绝大部分都是短期移居以及在国内省与省之间的迁移。在东南亚特别是中南半岛地区，柬埔寨主要的移民输出国是泰国，而主要移民来源国是越南。此外，也有少量来自中国、老挝和泰国的移民移居柬埔寨。

1. 合法对外移民

为解决贫困问题，柬埔寨国内居民有部分以劳工的形式移居到其他国家，尤其是发展迅速的亚洲国家。在柬埔寨，一些私人中介机构为那些想通过合法渠道移居到其他国家的人们提供方便。这些机构在柬埔寨扮演着很重要的角色，他们可以为柬埔寨人提供合法移民服务，这些服务包括：帮助移民取拿护照、签证和工作证。此外，这些机构还为移民提供专门的就业培训。近年来，越来越多的柬埔寨人通过合法的渠道移居马来西亚、韩国、沙特阿拉伯和泰国等国家。根据柬埔寨劳工与职业培训部的统计，约有9 154名柬埔寨人成功注册并且通过合法渠道移居马来西亚、韩国和沙特阿拉伯。其中，女性移民约占总数的58%。[1]移居马来西亚的多为女性，从事家务劳动；男性多移居泰国，从事综合农业工作；移居韩国的柬埔寨人多从事制造业、建筑业与农业工作。

移居这三个国家的柬埔寨女性移民中当属移居马来西亚的比例最大，约占总数的73.7%。从2003年至2007年，柬埔寨在马来西亚的移民总数达到10 670人，其中女性的比例是男性比例的5倍。女性移民的数量从1998年的120人增加至2005年的1 776人。在2006年，该数据突然降至1 690人。然而，在2007年，该数据成倍增长。[2]在马来西亚，来自柬埔寨的女性移民主要从事家政工作。从2003年起，通过受培训者系统(Trainee System)，柬埔寨向韩国输送约650名移民。这种受培训者系统可以让柬埔寨移民在韩国短期学习并且掌握一些新技能。重返柬埔寨以后，他们可以利用已经掌握的技能在国内找到一份适合自己的工作。目前，在韩国的3 983名移民当中，男性占据大多数，大约有455名是女性。[3]他(她)们全部都是有档案备份的移民。

另据联合国劳工部项目的统计，2009年柬埔寨合法移居以上四国的人口为14 912人。[4]2010年，柬埔寨前往马来西亚和泰国的劳工在前10个月的人口数量已经超过2009年的一倍，其中前往马来西亚的人口为22 425人，前往泰国的为8 086人。在马来西亚的柬埔寨劳工需要面对超长的工作时间，以及来自本土国家的歧视。柬埔寨劳工没有自己的银行账户，所得收入需要经过雇主或者是招募机构才能汇入家乡亲人的手中。他们对个人的经济状况没有确切的认知。由于前往马来西亚工作的柬埔寨劳工受教育程度普遍偏低，在面对突发事件时，他们缺乏解决问题的能力。同时，由于他们在马来西亚的劳工合同一般为2~3年，柬埔寨政府和招募机构对这些劳工回到柬埔寨后的工作和安置并没有确切的计划和

---

① Chen Chen Lee: *Female Labor Migration in Cambodia*, Action Aid International, Phnom, Cambodia, 2007, p.3.

② National Committee for Population and Development: *Background Paper on Gender and a Right-based Approach to Labor Migration in Cambodia*, Cambodia, 2008, p.3.

③ National Committee for Population and Development: *Background Paper on Gender and a Right-based Approach to Labor Migration in Cambodia*, Cambodia, 2008, p.5.

④ The Asian Foundation: *Cambodia's Labor Migration*, April 2011.

安排，使得这些劳工回国后要获取一份能糊口的工作成为一个难题。

2. 非法对外移民

近年来，成百上千的柬埔寨人从泰柬边界小镇波贝越过边界，非法潜入泰国境内[①]，希望在泰国找到一份理想的工作。由于两国地理位置紧邻，泰国就成为柬埔寨移民在区域内首选的移民目的国家之一。许多年以来，家族关系、劳工经纪人、从事偷渡的关系网的存在加速了两国边界跨国移民运动的发展。根据柬埔寨妇女和平与发展组织的调查[②]，柬埔寨波萝勉省的人们通常支付90美元或者更多的费用给私人招募机构，目的是想通过他们的帮助非法移居泰国。由于大部分人比较贫困，所以他们不得不变卖掉土地、牛羊等或者借钱来支付移居费用。在这些私人招募机构中，有一部分当初就是非法偷渡到泰国、若干年以后回国的柬埔寨人，他们凭借在这方面的经验以及通过收费的方式来"帮助"那些想移居泰国的柬埔寨人。虽然很难获得有关非法移民的确切数据，但据柬埔寨艾滋病预防官方部门[③]的估算，在泰国大概有2 824 925名柬埔寨移民（既包括非法移民又包括合法移民），其中，非法的和无一技之长的移民大约为183 541人，占总数的61%。[④]

截至2005年10月，在泰国境内注册的柬埔寨移民人数达到182 007人，其中男性为123 998人，女性为57 581人，大约占泰国境内合法移民的13%。[⑤]在泰国，柬埔寨移民最集中的就业部门有渔业、建筑业和农业。大部分移民在渔业部门就业，既有在渔船上工作的也有在鲜鱼处理工厂里工作的。此外，大部分柬埔寨女性移民在泰国主要从事家政、娱乐和色情等行业。

3. 柬埔寨境内的越南移民

目前在柬埔寨境内有来自越南、泰国、中国的移民，越南移民是所有境外移民中人数最多的。越南人移民柬埔寨的浪潮出现在20世纪70年代末期至80年代初期。越南入侵柬埔寨后，加紧对柬埔寨的"越南化"。越南政府规定的移民定居范围几乎涵盖了所有越占区域。另外，越南当局鼓励移民与柬埔寨当地人通婚，甚至强迫许多当地柬埔寨妇女与越南男子通婚。根据柬埔寨财政部的统计，1985

① Chen Chen Lee：*Female Labor Migration in Cambodia*，Action Aid International，Phnom，Cambodia，2007，p.6.

② 英文缩写为CWPD，其全称是：Cambodia Women for Peace and Development。

③ 英文缩写为NAA，其全称为：National AIDS Authority of Cambodia。

④ Tep Navuth：*National AIDS Authority Cambodia at the First Inter-Ministerial Political Workshop on Migration organized by the International Organization for Migration*，Phnom Penh，10 March 2006.

⑤ Bruno Maltoni：*Migration in Cambodia：Internal vs.External Flows*，IOM Phnom Penh，8th ARPMN Conference on "Migration，Development and Poverty Reduction"，in Fuzhou（China），25～29 May 2007，p.6.

年至1998年间，居留在柬埔寨的无法确认身份的越南移民尚有110万人。随着近年柬埔寨境内建筑业与服务业的迅速发展，就业机会增多，更多的越南人到柬埔寨从事各类工作。男子不仅受聘于柬埔寨的建筑部门，而且也广泛供职于木工、渔业等部门。但需要指出的是，越南女性移民则比较集中于从事色情行业，或在按摩店和舞厅等场所从事非法的交易。柬越两国是地理位置上相互接壤的国家，在边界地区居住着两国的跨界少数民族，这就给柬埔寨管理来自越南的移民带来了一定的麻烦。由于跨界民族的人们在各方面都保持着相似性，所以我们很难界定来自跨界民族地区的居民是真正意义上的移民。柬越两国南部边界地区是人口贩卖比较猖獗的地区之一，柬越边境有许多的人贩子，他们通过人口拐卖的方式将许多越南女性运往柬埔寨，进而运往泰国、缅甸等其他亚洲国家。柬埔寨境内的合法与非法移民的存在成为柬埔寨社会稳定的隐患。尤其是非法移民在柬埔寨的婚姻关系得不到合法的规范与保护，移民的权益经常受到侵害；人口贩卖现象危害柬越两国边境安全，也影响两国的国家关系。目前，柬埔寨与越南政府都在寻求解决非法移民造成问题的方法。

4. 柬埔寨的移民政策

根据柬埔寨1994年《移民法》第10条的规定，属于移民的外国人指：一是为从事合法经营项目或者从事其他与工业、商业、服务业和农业有关的工作，而合法前来柬埔寨王国长期居住的外国人；二是不属于该法第7条规定范围内的外国人。同时，移居柬埔寨的外国居民必须履行以下义务：第一，能对柬埔寨王国的经济、社会福利、科学或者文化做出贡献；第二，缴纳适当数目的保证金，以保证其有能力负担返回自己国家的费用，保证金的具体数额另行规定；第三，由移民所在国家的医生发出文件，证明其身体健康情况良好，能从事业务活动，并必须持有书面的工作合同；第四，没有被列入移民所在国家有关部门的通缉名单。第五，必须要符合柬埔寨安全方面的所有要求。

柬埔寨《移民法》规定柬埔寨接受投资移民，分为两类：一是前来柬埔寨考察投资可能性的外国人，二是已得到柬埔寨发展理事会颁发投资许可证的外国人。根据柬埔寨《国籍法》的规定，外国人可以通过一定程序申请加入柬埔寨国籍。外国移民要获取柬埔寨国籍必须满足以下要求和条件：有其居住地的乡长或分区长给予的品行端正、道德良好的证明；有无犯罪记录的证明；在柬埔寨连续居住7年(从获得居留证之日起算起),且有住所;会讲柬埔寨语,可以在柬埔寨社会生活;身体健康。对于出生在柬埔寨的外国人,居住时间可以缩短为3年。[1] 获取柬埔寨国籍的外国人,必须由柬埔寨国王下令,有关的法律手续则由柬埔寨内政部负责。

概言之,特殊的地理位置使得柬埔寨移民问题呈现复杂的局面。由柬埔寨输送移民到国外的目的国家主要是泰国,而由国外输入移民到柬埔寨国内的国家则是越南。无论是泰国的柬埔寨移民还是柬埔寨的越南移民,都包含合法移民和非法移民。无论是政府接纳的合法移民还是不接受的非法移民,皆为移民目的国家的社会经济发展做出了相应的贡献。然而,大量非法移民的存在,造成流动的不确定性,为移民所在国家的管理带来麻烦。一旦非法移民在所在国家制造混乱和麻烦,将会给两国的双边关系带来负面影响。柬埔寨政府和相关国家也达成了关于移民的一些协议,但从根本上解决非法移民存在的问题将会是一个长期而又复杂的过程,不能一蹴而就。因此,由非法移民所导致的一系列问题将会伴随这个过程,直至问题得到最终解决。目前,柬埔寨还没有一套相当完善的移民政策,一些和移民相关的政策规定还是比较松散的,对外来移民也没有一个比较统一的管理标准。

---

[1] 张太伏、卢光盛:《柬埔寨的移民问题浅析》,载李晨阳主编:《GMS研究2009》,昆明:云南大学出版社,2009年版,第198页。

第三章　第一产业的发展和布局

作为第一产业，农业在柬埔寨的经济发展中有着举足轻重的作用，为了提高粮食产量、降低农村地区的贫困率，自1993年成立联合政府以来，柬埔寨一直致力于农业的发展，始终把农业发展作为国家经济发展战略计划的重中之重。经过不懈的努力，曾经因战乱而遭受重创的柬埔寨农业有了长足的进步。21世纪初期柬埔寨这个曾经饱受粮食安全问题困扰、靠国际援助和粮食进口才能解决人民基本温饱问题的国家，不仅大米产量有了大幅度的提高，由一个粮食进口国变成了一个粮食出口国，而且其他粮食作物、经济作物的种植和产量也有了显著的提高。除了种植业，林业、畜牧业和渔业在政府的有力监管和大力扶持下也得到了极大的发展，对推动国家经济建设，使国民经济朝着健康有序的方向发展起到了积极的作用。

第一节　农业发展概述

柬埔寨是一个传统的农业国家，农业是整个国民经济的基础，农业的发展关乎整个国家的经济建设、社会安定。经历过长期战乱和政局动荡之后，柬埔寨的农业开始走上发展之路，国家和政府对农业发展给予了高度的重视，制定和完善与农业发展相关的各项政策和措施，大力加强农业基础设施建设，把农业发展作为国家战略发展规划的重点。由于政府的大力支持和高度重视，近年来柬埔寨农业在GDP中所占份额逐年增长，农产品产量持续增加，其中大米产量不仅能自给自足，还有大量盈余可供出口。

一、农业发展历程

作为一个传统的农业国家，农业是柬埔寨的第一大支柱产业，对推动国家经济发展、减少贫困、保障粮食安全以维持社会稳定起着重要的作用。农业人口占全国人口的85%，占全国劳动力的78%。可耕地面积达670万公顷。

　　柬埔寨土地肥沃，年平均气温在29℃～30℃之间，阳光、雨水充足，适宜于多种农作物特别是稻谷种植。优越的气候条件使得柬埔寨成为世界上重要的稻谷产地之一。20世纪60年代，柬埔寨还曾是世界主要大米出口国之一。然而，在经历了长期的战乱和社会动荡之后，柬埔寨的农业生产遭到严重破坏，大批农田荒芜，水利设施被毁，加之自然灾害年年发生，昔日的大米出口国不得不靠从国外进口粮食和依靠国际社会援助来保障其粮食安全。

　　1993年5月大选后，人民党和奉辛比克党联合政府把经济建设作为工作重点，使柬埔寨经济进入了新的发展时期。根据1993年9月颁布的新宪法，柬埔寨政府在农村实行经济自由化政策，决定将所有耕地全部分给农民耕种，实行"耕者有其田"，土地使用权99年不变。与此同时，政府还提高了农产品的官方收购价，使之接近市场价格。在此期间，为了大力发展农业以彻底解决农民的吃饭问题，政府设立了农林渔业部对农业生产与发展进行统一的监督与管理。1994年10月，政府把最初主管农业生产的柬埔寨农村发展委员会升格为农村发展部，便于加强与政府内部各部门的联系，加强与各国驻柬使馆和各国际驻柬组织的联系，争取他们在技术上和物质上的援助。该委员会还定期了解农业生产的实际情况，总结经验并加以推广。为了培养更多的农业科技人才，提高农业管理人员和技术人员的素质，政府还建立了农业发展中心，对农业管理人员和技术人员进行农业管理、种植业、饲养业和防治病虫害等方面的培训，使这些人员在接受培训之后更好地促进当地农业的发展。

　　柬埔寨政府还成立了投资委员会，宣布了一系列鼓励投资的优惠政策，以吸引大量国外和国内私人资金投向农业。1994年8月，柬埔寨政府颁布的《投资法》中将农产品加工和各种农村发展项目列为政府鼓励投资的重点领域。《投资法》规定，凡属在政府鼓励的领域内投资，投资者可享受8年免征盈利税的优惠待遇。投资者如租用国家土地发展农业，土地租用期最长达70年，并可延长。此外，根据不同的经营项目，投资者还可享有3年至5年的免税待遇。[①]

　　1998年11月第二届联合政府成立以后，柬埔寨政府仍然把发展经济、消除贫困作为首要任务和工作重点，在农村地区实行对外开放和引进外资，并增加政府财政投入，积极寻求国际援助，发展农村水利、交通、电力和通信等基础设施

---

① 董治良、赵佩丽：《柬埔寨王国经济贸易法律选编》，北京：中国法制出版社，2006年版，第27～28页。

建设，对一些重点农业工程，保证人力、物力和财力的供给，同时鼓励银行向贫穷落后和边远地区发放贷款，引导农民科学种田，加强森林和其他资源的管理，鼓励农民发展橡胶种植，把非法出售和占用的土地收回再分给农民耕种，给予农民税收优惠等措施。

为了大力推动农业发展，政府还专门制定了农业发展五年计划。在1996—2000年第一个农业发展五年计划期间，柬埔寨农业生产平均每年增长达8%，基本上解决了粮食自给问题，稻米产量从1998年的350万吨增加到了2000年的404万吨。

2001年政府制定的第二个农业五年计划（2001—2005年）中，力争把水稻种植面积从217.5万公顷扩大到250万公顷，把稻米产量从404万吨增加到480万吨。杂粮种植面积增加到13.35万公顷，产量增加到50.7万吨；经济作物种植面积扩大到9.6万公顷，产量增加到30.18万吨。①

为了能让农业发展计划顺利实施，政府还制定了一系列发展农业的政策，其中包括：继续贯彻执行农业水利政策、确保农民耕地安全、制止用暴力侵占农民土地、鼓励农民私人发展和私人投资、鼓励外国投资者投资农业和养殖业、对自然资源的开发进行严格的管理、引进先进的农业耕作和高产技术、加快橡胶园的私有化步伐、严格森林管理、严禁非法捕鱼、加强行政监督和严格奖惩制度等。

2003年3月，柬埔寨政府出台了"国家三年减贫战略"，旨在从2003年初至2005年底的三年中，将柬埔寨的贫困人口减少至31%，至2015年进一步减少至19%，重点是加大对卫生、教育和农业的投入。

2003年柬埔寨加入世贸组织后，面对这一新的机会和挑战，政府提出了柬埔寨农业的十年发展战略规划，旨在发掘柬埔寨农业发展的更大潜力，除了继续保持稻谷种植和养殖业在农业发展中的优势地位之外，还要大力发展橡胶、棕榈油、棉花、烟草、甘薯等种植业，给国家和农民个人带来更多的经济利益。

十年长期发展战略规划的主要内容是：加强和扩大农村基础设施和水利工程建设；向农村提供优惠贷款；加强对农业技术的研究和优选良种，以提高产量和推动农业现代化；使用和引进先进的农业生产机械设备；重视发展农产品加工业——由于缺乏资金，农民被迫将未加工的农产品以低价出售给邻国，政府要加大

---

① 李超碧、晏明：《柬埔寨大力发展农业》，见《新华每日电讯》，2001年5月18日。

对加工业的投资，以提高农产品加工质量，增强市场竞争力；为农民寻找农产品销售市场；除了稻谷生产之外，还要大力发展水果、家禽饲养和渔业，扩大农业生产领域，增加就业机会；政府必须按市场经济规律来发展农业，重视和鼓励私人在农业领域的投资及推动农民家庭经济的发展；加强土地管理，确定土地使用权，鼓励农民在自己的土地上投资；继续推行渔业改革，对渔区进行重新规划并加强管理，使该资源能为贫民服务；政府继续阻止非法的林木经营行为，加强监督和执法力度，保证国家的长久利益；继续推动"一村一产品"的实施，加强各地的特色产品生产，学习先进的生产技术，培养农业技术方面的技能。

　　2004年，柬埔寨第三届联合政府成立后，在基本实现"三角战略"目标的基础之上，提出了"四角战略"。农业作为"四角"中的第一角，其宗旨就是提高农业生产力和促进产业多样化，努力使农业成为经济增长和减轻贫困的主要动力，具体体现在以下四个方面：一是提高生产力和农业多样化；二是土地改革及扫盲工作；三是渔业及水产业改革；四是林业改革。第二个"角"也与农业发展密切相关，主要内容是继续修复和建设基础设施，包括交通设施建设、水利资源和水利系统的管理、能源和电力的开发、邮电和信息技术的发展，为农业创造有利的条件。[①]"四角战略"中的吸引外来投资方面，柬埔寨的《投资法》明确规定：对开发种植1 000公顷以上的稻米、500公顷以上的经济作物（包括橡胶）、50公顷以上的蔬菜种植项目，对畜牧业存栏在1 000头以上、饲养100头以上的乳牛项目、饲养家禽10 000只以上项目，以及占地5公顷以上的淡水养殖、占地10公顷以上的海水养殖项目均给予支持和政策上的优惠。具体措施是：第一，项目在实施后，从第一次获得盈利的年份算起，可免征盈利税的时间最长为8年，如连续亏损则免征税。如果投资者将其盈利再投资，可免征盈利税；第二，政府只征收纯盈利税，税率为9%；第三，对分配投资盈利，不管是转移到国外，还是在柬国内分配，均不征税；第四，对投资项目须进口的建筑材料、生产资料、各种物资、半成品、原材料及所需零配件，均可获得100%免征其关税及其他赋税（必须是80%产品供出口项目）。

　　在第二个农业五年计划结束时，农业耕种面积达到283.5万公顷，每公顷产量达1.97吨。粮食产量除了能满足2006年全国人口用粮和留用种子外，尚有近

---

① 董良治、赵佩丽：《柬埔寨王国经济贸易法律指南》，北京：中国法制出版社，2006年版，第15页。

130万吨大米可供出口，农业产值约占GDP的3.4%，渔业产量为37.4万吨。[①]在此期间，由于政府大力发展农田灌溉，柬埔寨的农田灌溉区在雨季达到了773 188公顷，在旱季达到了347 058公顷，全国耕地面积的近30%是可灌溉农田。[②]

由于政府的大力支持，大米产量自2003年来持续增长，不仅可以满足本国人民的生活需要，还有大量盈余可供出口。从1994年至2007年，大米产量的年平均增长率为3.9%，从每公顷1.6吨增加到了2.3吨。[③]

在第三个国家战略发展计划（2006—2010年）中，政府提出到2010年大米产量要达到550万吨，由2005年的每公顷2.0吨增加到每公顷2.4吨。为了使大米产量在五年中增加20%，可灌溉农田的面积也要增加到占总耕种面积的25%。由于2006年大米产量达到了创纪录的600万吨，因此在2008年的国家发展战略计划中期回顾中，政府又把2010年的大米产量目标提高到了750万吨，每公顷的大米产量也随之提高到了2.8吨。同时，政府还制定了《农业和水资源发展战略规划（2006—2010年）》，旨在提高农业生产力和农业多样性，改善水资源的发展和管理。该战略规划的第三部分是柬埔寨农业和农产品贸易支持计划，重点强调了粮食安全和自给自足。通过五年的发展，柬埔寨大米产量在2010年达到了850万吨，大大超过了预定目标。

自2008年以来，柬埔寨政府一直把大力发展农业作为国家发展战略计划的重要组成部分，把大米出口作为重点发展项目。2010年政府颁布了《促进稻谷生产和大米出口政策》，旨在将柬埔寨打造成国际市场上主要大米出口国，力争在2015年稻谷年产量超过900万吨，当年实现稻谷盈余400万吨、大米出口100万吨的目标。其主要政策措施如下：拟建农业发展银行，强化农社组织和碾米厂商工会，提高贸易便利化水平，制定大米分级、质量标准和卫生检疫认证体系，挑选优质稻种进行推广，加大农业投资以改善农田水利灌溉系统，加强农村基础设施建设，加大对稻谷种植、加工和大米出口的资金扶植力度，鼓励私人参与稻谷

① 《柬埔寨第三个国家发展战略五年规划的主要指标》，中华人民共和国驻柬埔寨王国大使馆经济商务参赞处网站，2006年11月23日。http://cb.mofcom.gov.cn/article/zwrenkou/200 705/20070504701 253.shtml.

② Kisan Gunjal, Michael Sheinkman, Kurt Burja, John Jeong and Yav Long, *FAO/WFP Crop and Food Security Update Mission to Cambodia Report*, 17 April 2012.

③ Bingxin Yu, Xinshen Diao, *Cambodia's Agricultural Strategy：Future Development Options for the Rice Sector*, Washington, D.C., International Food Policy Research Institute, Mar. 2011.

加工和大米出口等。[①]

　　此外，政府要求工矿能源部属下的柬埔寨标准局同农林渔业部和商业部合作，共同制定了大米分级和标准，成立了一站式大米出口服务中心；由商业部和农林渔业部成立"大米市场信息中心"，提供国际大米市场的研究和资讯报告、由商业部和外交部制定海外市场开拓计划，通过双边关系敲开潜在大米进口国的大门。[②]

　　农田水利灌溉系统的建设与发展也是提高大米产量的重要因素，在柬埔寨的公共投资中，对现有灌溉系统的改善和管理以及对新的灌溉系统的投资与建设一直以来都占有重要的一席之地。近几年来，政府对灌溉系统的投入显著增加。2007年政府对灌溉系统的投入达到了3 180万美元，之后逐年增加，2010年增加到了5 920万美元。[③]

　　进入21世纪以来，农业总产值在柬埔寨的GDP中所占份额始终保持在30%左右，如表3-1所示。2007年以来，农业一直稳定增长，在GDP中所占比例逐年提高，柬埔寨的经济稳定和高速发展在很大程度上得益于农业的发展。

表3-1　农业在GDP中所占比例及农业增长率（2007—2011年）（单位：%）

	2007	2008	2009	2010	2011
在GDP中的比例	26.7	26.8	28.0	29.0	29.0
年增长率	5.1	5.7	5.4	4.5	3.3

　　资料来源：Economist Intelligence Unit；IMF；Ministry of Commerce and Ministry of Agriculture, Forestry and Fisheries, Cambodia；Economic Institute of Cambodia（http：//www.eicambodia.org）.

　　但另一方面，柬埔寨农业发展也面临如下问题：

　　第一，《土地法》不健全。《土地法》不健全以及政府对土地的管理和调控能力较差导致土地资源占有不平衡、土地纠纷频繁、土地兼并与流失问题严重。尽管1989年柬埔寨国会颁布法令，规定每户家庭可以拥有5公顷土地用于耕种，但实际上很多家庭的土地拥有量不足1公顷。自从柬埔寨新政府实行土地私有化以来，权贵占地、军队圈地现象十分严重，无地农民变得越来越多。由于绝大多数农民

---

① Ministry of Environment Cambodia：*Cambodia Human Development Report 2011*, 2011.

② 灵子：《大米成为中柬合作新增长点》，载《广西日报》2011年9月28日。

③ Bingxin Yu, Xinshen Diao：*Cambodia's Agricultural Strategy：Future Development Options for the Rice Sector*, March, 2011.

是在没有土地所有证的土地上进行耕种，这类土地没有明确的使用期限，因此大大打击了农民的耕种积极性以及对土地进行长期投资的意愿。

第二，农田基础设施建设薄弱。由于柬埔寨农业基础设施薄弱，农业生产在很大程度上是靠天吃饭，广种薄收。一旦遇到干旱或洪水灾害，就会造成粮食生产减产或歉收。这种窘况是历史和现实所决定的，在短期内难以改变，因此柬埔寨的农业短期内还是难以有很大的突破。2011年9月和10月柬埔寨遭受了自2000年以来最严重的洪灾。据政府统计，洪灾对农业生产造成了巨大的损失，40万公顷农田被毁，包括灌溉系统在内的很多农业基础设施也遭到了损毁。

第三，资金匮乏、技术落后。由于政府对农业生产的资金投入力度不大，信贷手续复杂及信贷内容不适于小农户，农民没有足够的资金用于购买良种和肥料，以及对农业生产工具进行及时的维护与更新。同时良种研究与培育、种植和栽培方法以及粮食加工等无法满足农业生产发展的需要，因此农产品的产量与质量得不到大幅度的提高，缺乏市场竞争力。

第四，农业生产成本过高。近几年来，农产品价格的上涨幅度远远跟不上化肥和燃料的上涨幅度，这种投入与产出的不成正比大大损害了农民的利益。这种情况下，农民无力承担用于提高产量的化肥和杂交种子。只有降低生产成本，才能让农民在生产中投入更多的有机化肥和改良品种。

第五，土壤肥力降低。柬埔寨的林地在遭到不断的砍伐之后被用于耕种，而这些土地由于突发的和大规模的树木砍伐，土壤肥力大大下降。这样的土地实际上更适合栽种诸如棕榈、木瓜和香蕉等多年生作物。如果这些土地用于栽种稻谷等一年生作物就必须施大量肥料，而正如前所述，不断上涨的化肥价格又使农民望而却步。

第六，种植单一性。联合国开发计划署（UNDP）2007年的一份报告中指出：尽管柬埔寨自然环境除了适合栽种很多农作物之外，还适合栽种很多园艺作物和的木本作物，但是超过90%的耕地却用于栽种大米。导致种植单一性的原因之一是农民们害怕栽种替代作物会给他们带来经济损失——由于栽种量不足无法提供一定规模的市场供应以吸引其他买家。另外由于这些替代作物的产量不足也限制了柬埔寨的农产品加工业，使之无法建立完整的食品价值链。[①]

---

① World Food Programmer, *Agricultural Production*.http：// www.foodsecurityatlas.org › Home ›Availability.

第七，出口成本过高。由于出口成本过高使得其他国家在进口柬埔寨农产品的过程中会取消购买价值过低的农产品，转而选择出口价值高、市场紧缺的产品。例如，2006年以来，中国有许多商贸团意欲大量购买柬埔寨大米、芝麻、绿豆、黄豆等农产品，但经过调查和研究后，由于各种操作费用太高只能作罢。[①]

虽然农业发展面临着很多难题，但是柬埔寨政府积极采取相应的解决措施：提高贫困家庭的粮食自给能力以保持国家粮食安全的长期稳定；既要提高农产品产量和增加农产品品种，又要发展农产品加工业和农产品贸易，使农产品收入在GDP中的份额不断增加；协调好合理开发自然资源和环境保护的关系；帮助农民提高农业技术水平，寻找农产品市场等等。此外，柬埔寨政府还积极争取外援来弥补农业发展资金。多边援助主要来自世行、亚洲开发银行和国际货币基金组织，双边援助主要来自于日本、中国、韩国和欧盟等国。以亚洲开发银行为例，1995—2008年期间，该银行共对柬埔寨的12个与农业和农村发展有关的项目给予了2.4亿美元的援助，帮助农民增加收入和提高生活水平。[②]

二、农业部门结构

柬埔寨农林渔业部的职能如下：起草和实施农业发展政策，以提高人民生活水平；参与制定土地改革和使用的政策；制定农业开发发展计划；协调、跟踪和评价政策执行情况和农业开发活动；监视农田天然资源的进展，帮助天然资源产业满足国家的需求，并保持生态平衡；制定管理、保护农田自然资源的规章，并跟踪执行情况；对农业开发的人才状况进行评估，并通过推广技术知识和提高这些资源的使用效率，开展人力资源培训；向农民提供宣传和必要的技术指导，以提高农产量和生产效率；制定和跟踪有关政策执行情况，完善农业职业机构的功能；在所有农业部门研究和推广科学、经济的技术；管理土地开发和土地品质改良，根据地形、当地气候，管理农业土地的合理应用、种子培育、品种繁殖、化学肥料使用、农药使用，以获取高产和维持自然环境；在农业开发的所有领域，与国内全国性和国际性政府组织、非政府组织开展合作；参与鼓励和促进农业投资、农产品和食物的出口；参与执行涉及本部的湄公河事务；参与制定农产品价

---

① 《今年头两月柬农产品出口创新高》，柬埔寨中文网，2007年4月21日。http://www.jpzhrw.com/html/200704/21/174908 468.htm.

② Asian Development Bank：*Agriculture and Rural Development Sector in Cambodia*，September，2009.

格，并寻找农产品市场；收取有关收入并上交国库，或与财经部合作为国家收取收入；承担政府交办的其他事务。

农林渔业部的组织结构如下：一是部内直属部门，包括部长办公厅、监察总局、行政局、会计财务司、计划统计与国际合作司、人事与人力资源司、农业法规司、农艺学与土地改良司、农业产业局、生产和兽医司、农业推广司、农业机械司、林业局、渔业局、橡胶种植总局；二是地方农、林、渔部门；三是该部下辖的公共企、事业单位，包括皇家农业大学、柬埔寨农业发展和研究所、普雷克里普（Prek Leap）农业学校、磅湛农业学校、农业物资公司、橡胶开发公司、柬埔寨橡胶研究所、进出口和橡胶设备运输公司。

农林渔业部的长远目标是为确保为所有柬埔寨人民提供充足和安全的食品、减少贫困、增加人均国内生产总值、对自然资源进行合理利用和管理。近期目标则是通过增加农产品产量、促进农产品种植的多样性和发展农产品交易，以确保粮食安全、增加农民收入、创造就业机会、改善人民的食品营养构成。

三、农业发展布局

从农业经济区域的角度可将柬埔寨分为4个农业区。

一是中部平原稻谷和农畜产区，主要包括干丹、茶胶和磅士卑三省；二是东南部柬越边界稻谷和玉米产区，主要包括磅湛、波萝勉、柴桢等省；三是西部稻谷主产区，主要包括马德望、暹粒、菩萨、磅清扬等省；四是北部及东部橡胶、腰果、木薯、林木等主产区，这一地区是有名的红壤区，特别适合栽种橡胶。

从生态特征的角度可把柬埔寨分为5个主要的生态经济区域：一是从豆蔻山常绿林地带到占该国落叶林大部分地区的森林和山林地区以及从南部沿海地区的红树林地带到洞里萨湖周围水淹地带的广大地区。这一地区，不仅有着丰富的木材资源，还有着丰富的林产品资源，如藤条、蜂蜜、药材等。这一地区盛产橡胶、棉花、咖啡、水果等经济作物，还可以种植旱稻。二是湄公河沿岸地区，这一地区不仅可以种植各种蔬菜，也盛产玉米、芝麻、豆类和各种水果。这一地区经济较为发达。三是中央平原地区及东南部平原地区，是水稻的主要产区，包括马德望、暹粒、磅同以及金边周围的一些省份。四是洞里萨湖及其周围的沼泽地区和水淹林地区，这一地区盛产淡水鱼，适于发展淡水养殖业，沼泽地区还适于种植漂稻和深水稻。五是低洼的洪泛区。这一地区面积较小，虽然可以种植漂稻，但产量受气候和灾害影响较大。

此外，水分条件对柬埔寨农业生产的布局特别是农作物种类和品种的分布、复种指数和产量的高低有着极大的影响。柬埔寨的水分主要来自降水以及洞里萨湖和湄公河水系构成的河流湖泊网络。总体来讲，柬埔寨的降水量较为丰富，全国年均降水量在1 000～1 500毫米之间。但是由于各方面因素的影响，各地区的降水量又不尽相同。一般来说，柬埔寨的气候明显地分为西南部、北部和中部三个区域。西南部降水量比其他地区大，其中象山山脉南坡的年降水量高达5 000毫米以上。北部区域属内陆，受海洋季风影响较小，因而降水量相对较少。中部区域主要包括洞里萨盆地和湄公河低地的广大地区，气候比较干热，降水较少。

作为粮食主产区的中部平原地区虽然降水量较少，但巨大的淡水湖洞里萨湖和常年奔腾不息的湄公河又给这一地区带来了充足的水源，弥补了因降水量较少而对农业经济造成的不利影响，因此，整个洞里萨湖盆地和湄公河低地成为柬埔寨乃至整个东南亚地区的著名粮仓。降水相对较多的西南部区域和北部及东北部区域绝大部分为山区。因降水量多，弥补了人工灌溉困难的缺陷，有利于野生动植物的生长，这些地区成为柬埔寨的森林资源宝库。

第二节　种植业

种植业是农业的基础部分，不仅为国民提供赖以生存的粮食，解决粮食安全问题，还可以为工业发展提供原材料，因此柬埔寨政府一直把粮食作物种植和经济作物种植作为农业发展的重点。

一、粮食作物

柬埔寨的粮食作物主要有稻谷、玉米、豆类和薯类。由于柬埔寨的土壤、气候、光热和水分特别适于水稻种植，因此稻米是柬埔寨农民耕种的主要粮食作物，稻米产值约占农业生产总值的80%，全国耕地面积约有80%种植稻谷。柬埔寨东南地区的波萝勉省、茶胶省、磅湛省，西北地区的马德望省、暹粒省和班迭棉吉省以及中部的磅同省是最主要的水稻产地。这些地区的稻米产量占全国产量的65%。

根据水稻生育特性，柬埔寨农民将所种水稻分为3个月稻和6个月稻两种。

目前，3个月稻种植面积约43万公顷，年总收获量为145万吨；6个月稻种植面积约181万公顷，年总收获量约572万吨。也可将柬埔寨的稻谷分为水稻、旱稻和浮稻（漂稻）。浮稻主要种植在洞里萨湖和湄公河沿岸的泛滥区或季节性水淹地区，有红、白两种，每年5月间在雨季来临前下种，随着降雨的增加，受淹土地水位不断上升，稻杆也逐渐向上生长，可长到6～7米。次年1～3月洪水退后，稻谷成熟收割。这种浮稻生长期长，品质优良，但产量较低。旱稻属于山地作物，主要分布在东北部和北部山区省份，广种薄收，产量有限。

　　柬埔寨全年都可种植水稻，但是由于自然条件和传统种植模式的影响，农民一般只种植两季或一季水稻。水稻主要在8月播种，一般于11月底至12月中旬收获，也有生长期较长的品种，在次年2月底至3月初收获。每年4月中旬柬埔寨进入雨季，这也为水稻的播种创造了条件，农民们也会在首场降雨后抢时播种，因此柬埔寨的另一个主要播种期是在4月中旬，收获期则在7月底至8月中上旬。在洞里萨湖流域的冲击平原，水稻一般在洞里萨湖水位下降的时候进行播种，整个生长期处于柬埔寨旱季（11月至次年4月），收获期一般集中在3月中下旬。[①]

　　虽然水稻年产量和单产量一直都在增长，但是与东盟其他国家相比，柬埔寨的水稻栽种还是存在着以下问题：一是水稻品种单一，农民栽种的主要是3～5个传统稻种和2～3个外来品种，优质稻种没有得到更好的推广。二是栽培技术简单，管理较为粗放，庄稼基本上是"靠天生长"，无法大规模地提高稻谷产量。三是水利灌溉设施不完善，稻田排灌较为困难，灾害会给收成带来很大的影响。

　　20世纪60年代，柬埔寨曾是亚洲主要的大米出口国之一，但是内战爆发导致大米大规模减产。1995年在国家强调经济建设，大力发展农业的背景下，大米产量达到了自给自足的水平。进入21世纪以来，柬埔寨水稻的种植面积和产量一直持续增长（表3-2）。

表3-2　柬埔寨2000—2009年水稻种植面积

年份	面积（万公顷）	产量（万吨）
2000	190.32	402.61
2001	198.03	409.90

① 刘开强等：《柬埔寨水稻生产概况与发展战略》，载《广西农业科学》，2010年第6期，第620页。

续表

年份	面积（万公顷）	产量（万吨）
2002	199.47	382.25
2003	224.20	471.09
2004	210.88	417.03
2005	241.45	598.61
2006	251.64	626.41
2007	256.60	672.70
2008	261.34	717.55
2009	265.00	734.90

数据来源：联合国粮食及农业组织、美国农业部历年统计资料。

从表3-2中可以看出，进入21世纪以来，由于政府一直把扩大水稻种植面积、提高粮食产量作为发展农业特别是种植业的重点，柬埔寨的水稻种植面积一直在持续增长，而水稻产量除了2002年和2004年因严重的旱涝灾害影响而下降以外，其余年份均在稳步增长。

近两年来，柬埔寨全国粮食产量增长更为迅速。据柬埔寨农业部的数据显示，2011年全国稻谷种植面积为296万公顷，比2010年增加6%，其中可收成面积为276万公顷，平均产量3.17吨/公顷，稻谷总产量为877万吨，除了满足国内需求外，约有434万吨稻谷可加工成274万吨大米供出口。[①]2012年，柬埔寨全国水稻种植面积297.1万公顷，同比增加20.4万公顷。稻谷总产量为931万吨，同比增长6%，其中水稻产量717.6万吨，旱季稻213.4万吨，扣除国内消费外，稻谷剩余475万吨，相当于304万吨大米可供出口。前五大稻谷产区产量为：波萝勉省118万吨、茶胶省114万吨、马德望省86万吨、磅湛省81万吨和磅同省68万吨，共471万吨，占全国稻谷产量的50.5%。[②]

由于认识到大米出口对于增加财政收入、改善人民生活水平和消除贫困的重要性，政府自2000年以来一直把增加大米出口，使柬埔寨重新成为主要大米出

① 《扩大种植，提高产量，促进加工产业，大米出口之路敞亮》，见《金边晚报》，2012年5月4日。
② 《柬埔寨2012年宏观经济形势》，中华人民共和国驻柬埔寨王国大使馆经济商务参赞处，2013年4月1日。http://cb.mofcom.gov.cn/article/zwrenkou/201304/20130400073605.shtml.

口国作为发展农业的主要目标。随着大米产量和质量的不断提高，国际市场对柬埔寨大米需求也日益增加。柬埔寨成为世界第六大大米输出国，前五位分别是泰国、越南、印度、巴基斯坦和巴西。2012年，柬埔寨出口大米20.57万吨，出口到世界58个国家，其中前三大出口市场分别是法国、波兰和马来西亚。①在这些远销海外的大米中，尤以茉莉香米最为出名。茉莉香米为白色半透明，光滑油润，煮出来的米饭晶莹剔透、饭香浓郁，还具有健胃补脾等功效，被称为"粮中珍品"。由于茉莉香米对土质要求非常高，只有种植在含沙土和干净水场的土地上才会散发香味，并且在耕种过程中只能使用天然有机肥料，因此产量较低，每公顷土地的产量不超过两吨半。此外苏马里米、姜花米、娘坤米、娘明米等也占有一定的出口份额。2012年9月在印度尼西亚巴厘岛举行的"2012年世界大米会议"期间，柬埔寨香米被评为"2012年世界最好大米"，这一奖项使柬埔寨大米在国际市场上更具有竞争力。

尽管柬埔寨大米出口量在逐年递增，但是与稻谷年产量增长不成正比。如前所述，2012年可供出口大米为304万吨，但是实际出口仅为20.57万吨。大米出口量未能达到政府预期目标的原因如下：一是由于政府对农业投入有限，稻谷生产和加工未形成规模效应；二是现有的近3万多家碾米厂，由于设备老旧，加工技术和能力落后，在加工过程中出现大量不符合国际标准的碎米；三是由于政府或个人缺乏足够的资金来收购稻谷，大量的稻谷被泰国和越南的米商低价收购，在后者国内加工成泰国、越南香米出口至其他国家；四是仓储、物流等配套设施不完备，运输及电力成本高；五是大米卫生检疫检验体系尚未建立。这些因素都严重制约了柬埔寨大米加工和出口的步伐。目前，柬埔寨政府正积极与大米进出口商和相关企业就稻米生产、大米出口政策、提升碾米厂生产能力以及出口大米等项目及相关事宜进行协商与讨论，制定相关政策与措施为大米出口创造有利条件，积极争取国内外资金来加大对大米加工与出口的投入，确保能在2015年达到大米生产超过900万吨，盈余400万吨，出口100万吨的预定目标。

柬埔寨地理气候条件优越，非常适合木薯的种植生长。由于对土壤条件和栽培技术要求不高，加之国家市场对淀粉需求的大幅增加，越来越多的柬埔寨农民种植木薯，如今，木薯已成为继稻米之后的第二大农作物。

---

① 《2012年柬埔寨大米出口同比微增1.9%》，中国—东盟科技合作与成果转化网，2013年1月8日。http://www.cn-asean.cn/enterprise/info/asean-info/jpz/211 603.shtml.

柬埔寨主要栽培两个传统木薯品种，即甜种和苦种，鲜薯的淀粉率只有24%
～28%。2000年，蒙罗提种植园从泰国引进Rayong 60和Kaset sart 50两个品种；
与泰国相邻的马德望省引进了一些泰国苦种进行种植；与越南相邻的磅湛省引进
了一些越南苦种进行栽培。由于市场、加工和推广等原因，农民很少种植只用于
饲料和工业原料的高产苦种木薯，同时由于受传统种植方法和技术的限制，也很
少尝试种植一些优质新品种。相较而言，农民更喜欢种植可以在当地市场直接出
售的甜种木薯。这些甜种木薯除了可以新鲜食用外，还可以加工成淀粉后制成各
种食品。除此之外，农民还把木薯加工成木薯干片在当地市场出售或出口到泰国
和越南。木薯种植的重点省份磅湛省，由于这里的鲜薯主要是卖给淀粉厂，大部
分农民种植高产新品种并采用较为先进的栽培方式，因此该省的木薯平均单产和
总产均位于全国之首。为了提高土壤的肥力，农民通常会在连续种植木薯2～3
年后轮种大豆。但是在其他的省份，农民主要种植用于新鲜食用的木薯，对其仅
进行简单栽种、粗放管理，因此产量较低。

柬埔寨木薯种植面积10年内增长了近20倍，即从2002年的1.95公顷增至
2011年的39.7万公顷，主要在土地肥沃的省份，如马德望省、磅湛、班迭棉吉、
拜林、腊塔纳基里、桔井、磅同等。截至2011年底，柬埔寨的木薯产量达800万
吨，平均产量为21.7吨/公顷，超过全球平均的12吨/公顷、泰国的21吨/公顷和
越南的17.2吨/公顷。[①]

目前，柬埔寨只有韩国投资的一家乙醇工厂，这家工厂对木薯消费量甚少，
年消费量约10万吨，每年可产出36 000吨乙醇，出口到欧洲市场。因此，柬埔
寨木薯除了供应给这家工厂之外，剩余的大批木薯干片主要出口到越南和泰国。
针对这种情况，柬埔寨政府应该积极投入资金用于兴建饲料加工厂和化工原料加
工厂，使本国生产的木薯能及时进行加工，生产出符合国际标准的产品，争取使
木薯出口量有新的突破。

由于柬埔寨木薯种植业发展迅速，泰国、越南、马来西亚和中国等投资者纷
纷来柬埔寨投资种植木薯和开设加工厂，以抢占柬埔寨具有巨大发展潜力的木薯
市场。

2011年柬埔寨和中国签署了《木薯干输华检疫》备忘录，2012年2月柬埔寨

---

① 子兴:《柬国内木薯产量高，发展潜力巨大》，见《柬华日报》，2012年11月7日。

首批 3 000 吨木薯片以一般贸易的方式进入中国市场,自此之后柬埔寨木薯干的数量不断增加,只要通过检疫站检疫,中方都会接受。

柬埔寨广大地区都适宜种植玉米,但以东部高原和金边附近省份最为集中。马德望省的玉米产量占到全国产量的70%。从品种来看,柬埔寨主要生产红玉米和白玉米两个品种。红玉米较为丰产,是世界有名的上等饲料,因而种植面积最大,专供出口创汇之用,在国际市场上很受欢迎;白玉米质地甜脆鲜嫩,口感极佳,但产量较红玉米低,因而种植面积较小,主要种在农民的菜园里供当地人新鲜食用。

20世纪60年代末期是柬埔寨玉米生产发展最快的时期。20世纪70年代以后,由于长期战乱的影响,柬埔寨的玉米生产也大幅度下降。1993年联合政府成立以来,以经济建设为中心,大力发展农业,玉米生产开始进入增长阶段。90年代玉米年产量基本保持在9万~10万吨的水平。进入21世纪以后,玉米产量大幅上升,但是由于国际市场需求和玉米价格的影响,玉米产量时有起伏,到2012年柬埔寨玉米种植面积为18.5万公顷,产量达77.86万吨。

2008年,新加坡的逢来发集团有限公司投资4 000万美元建立了柬埔寨首座现代化玉米加工厂,该公司还投资建设了5个玉米农场,占地450公顷。该公司加工的玉米主要用作动物饲料,出口越南、马来西亚和中国台湾。目前随着种植面积的扩充和土壤的改造,玉米出口量也得到了大幅提高。由于柬埔寨耕地充足,发展玉米生产的潜力非常巨大,也吸引了其他国家对其玉米种植和加工进行投资,韩国和中国的一些公司也陆续到柬埔寨投建玉米加工厂。

目前,玉米种植和加工还存在着一些问题。由于玉米收成容易受降水量影响,栽种过程中要使用肥料,很多农民更愿意栽种木薯。2012年泰国政府发出通告暂时禁止从柬埔寨进口玉米,柬埔寨玉米价格持续下跌,导致很多农民把玉米地用于改种木薯,导致玉米产量下降。另外由于玉米干燥厂数量不足,交通运输不便利,使得很多新鲜玉米在采摘后未能及时进行加工,造成很大的经济损失。

二、蔬菜、豆类作物

柬埔寨的气候条件和土壤类型非常适合种各种蔬菜。蔬菜是很多低收入家庭重要的食品来源。农民喜欢栽种各种各样的蔬菜,这些蔬菜通常都是栽种在接近水源的地方,如河边、湖边和井边以方便浇灌。常见的蔬菜有卷心菜、花椰菜、芥蓝、茄子、西红柿、灯笼椒、洋葱、油麦菜、长豇豆、四季豆、黄瓜、冬瓜、南瓜等。1993年全国蔬菜产量为20万吨,而到了2011年,全国蔬菜种植面积为5.2706万公顷,总产量达37万吨,蔬菜生产省份主要是磅湛、磅清扬和甘丹。[①]在这些蔬菜中,西红柿是柬埔寨人最爱吃的,它因为营养丰富在柬埔寨人的食谱中占有重要的地位。此外辣椒和绿叶类蔬菜也是柬埔寨人饭桌上常见的蔬菜。

由于政府大力推动农业种植多样性,并且蔬菜的市场价值远远高于大米的市场价值,例如每公顷耕地生产出的大米售价在100～300美元,而每公顷耕地栽种出来的花椰菜、生菜的售价则分别为400美元和1 400美元,因此很多农民从单一种植水稻转向了种植蔬菜。柬埔寨的农林渔业部在2009年的一份报告中指出,柬埔寨的蔬菜生产2007—2009年间增长了14.6%。2008年蔬菜产量达到了259 610吨,其中磅湛、磅清扬和暹粒是最重要的蔬菜产地。[②]这样的增长无疑也推动了柬埔寨农业的发展,然而这样的增长量还远远不能满足实际需求量。农民在自己家菜园子里种植的蔬菜因为其栽种和产量的随意性和不确定性无法形成大规模的蔬菜生产。浇灌问题也是影响蔬菜产量的一个因素。洞里萨湖是柬埔寨最主要的灌溉水来源,它在雨季和旱季的降水量直接影响了柬埔寨雨季和旱季的蔬菜产量和产地分布。在雨季,蔬菜的主要产地是磅湛、干丹、磅通、茶胶和马德望,而到了旱季,蔬菜的主要产地则是干丹、暹粒、磅同。此外投入成本高和缺乏先进的栽种技术也是造成柬埔寨蔬菜严重短缺的原因。国内生产的蔬菜始终无法满足国内市场需求,蔬菜主要从越南和泰国进口,进口的蔬菜品种主要是洋葱、红皮大蒜、胡萝卜、土豆、卷心菜和大白菜。以金边市为例,金边市一天的蔬菜需求量就大约1 000吨,而周围省份生产的蔬菜最多只能供应400吨,因此金边市每天都要从越南进口600吨蔬菜才能满足市场需求。

随着对农药残留问题的日益重视,越来越多的人们愿意食用有机蔬菜。面对这一改变,柬埔寨农业发展研究中心与五个省份的农民达成协议,让这些农民种植有机蔬菜,蔬菜收获后由中心统一收购,但是由于产量较低,每天只能提供

---

① 《柬埔寨金边蔬菜一半由越南进口》,中国—东盟博览会官方网站,2012年3月4日。http://www.caexpo.org/gb/cafta/t20120 307_99 755.html.

② Nico Janssen eds., *Cambodia Supporting the Vegetable Value Chain*: *Approaches*, *lessons and Innovation in Svay Rieng*, SNV Netherlands Development Organization, 2012, p.5.

200～300千克，因此蔬菜上市后供不应求。该中心的主席表示还要继续鼓励和提倡农民种植蔬菜，他们还将积极扩展种植有机蔬菜项目，对农民进行种植技术培训，力争使有机蔬菜产量提高到每年600吨。[①]

由于柬埔寨人均蔬菜消费量在亚洲国家中是最低的，柬埔寨人日常营养摄取量不均衡，对人们的身体健康产生了一定的影响，因此发展蔬菜种植不仅是经济建设的需要，也是促进国民健康的需要，政府要大力促进蔬菜种植业的发展必须着力解决以下几个问题：一是为农民提供耐高温、抗病虫害的优质菜种，改进食品供应链中的不足环节；二是通过降低成本和采用先进的栽培技术来提高蔬菜产量和质量；三是通过更为有效的病虫害治理方法来降低蔬菜的农药残留量。

柬埔寨种植的大豆大部分都直接出口到泰国。大豆出口量在东盟国家中位列第二，仅次于越南。根据柬埔寨农林渔业部的统计，柬埔寨大豆的耕种面积在1997年为3.3万公顷，2006年增加到7.5万公顷，大豆产量由1997年的5.6万吨增长到2006年的9.8万吨。磅湛省为柬埔寨传统种植大豆最多的省份。但是马德望省由于地理优势，大豆的种植已超过磅湛省。2006年马德望省的耕种面积为3.9万公顷，产量为4.5万吨，几乎占全国总产量的一半。[②]

三、经济作物

柬埔寨气候条件优越，种植经济作物有着得天独厚的条件。柬埔寨盛产各种热带经济作物，最主要的有橡胶、棉花、棕糖、咖啡、豆蔻、烟草、花生和芝麻等。20世纪30—40年代，柬埔寨就以出口橡胶、胡椒闻名于世。

橡胶是柬埔寨最重要的经济作物，长期以来都是柬埔寨最重要的出口商品之一。柬埔寨橡胶种植的历史可以追溯到1913年的法国殖民统治时期，柬埔寨是亚洲最早进行橡胶种植的国家之一。橡胶主要分布在东部、东北部的广大红壤地区以及后来试种成功的西北部省份马德望。磅同、磅湛、桔井、腊塔纳基里和马德望是最大的橡胶产区，其产量约占全国的90%。

1953年柬埔寨宣告独立后，柬埔寨政府成立了柬埔寨橡胶研究所（CRRI）以指导橡胶生产和科研工作。在柬埔寨的"红土地"磅湛省、桔井省和腊塔纳基里

---

① 《柬埔寨：多种方式鼓励农民种植有机蔬菜》，东盟百科信息网，2012年2月28日。http://asean.zwbk.org/newsdetail/12482.html.

② 《2006年柬埔寨主要农产品情况》，中华人民共和国驻柬埔寨王国大使馆经济商务参赞处网站，2007年11月7日。http://cb.mofcom.gov.cn/article/zwrenkou/200711/20071105210555.shtml.

省，有许都种植高产品种、采用集约化、规模化经验模式的大胶园。这些胶园在20世纪60—70年代曾创造出单位面积产量居世界前列的佳绩：干胶年产量最高达5万吨，平均亩产近70千克。[①] 天然橡胶成为柬埔寨最重要的经济作物，也是四大出口创汇产品之一。20世纪60年代中期，柬埔寨的民族橡胶工业步入兴旺发达时期，拥有中南半岛地区最大、最先进的设备。由捷克援建的年产15万个轮胎的大金既市国营汽车轮胎厂生产的轮胎在国际上享有盛名；还有许多民用橡胶制品质佳量多，受到国内外市场的欢迎。[②] 此后，长期战乱使胶园被毁，橡胶种植面积大幅度降低，橡胶工厂的设备和人才丧失殆尽。1979年，柬埔寨政府宣布橡胶园收归国有，到20世纪90年代初柬埔寨橡胶园基本被7家国有企业控制。1993年联合政府成立后，政府未意识到天然橡胶业对经济发展的重要意义，未能制定出有效的政策和措施来保护和扶植天然橡胶业。由于政府对胶园管理不力，胶农乱砍胶树现象非常严重，加之政府收购胶乳的价格低于私营收购价，而且经常不能兑付现金，因此不少胶农不顾与政府签订的合约，把胶乳卖给私营收购商，造成原料流失。

由于国有企业的效率低下、贪污浪费、橡胶树龄老化急需投资更新以及企业负债累累等问题不断困扰着柬埔寨政府，于是政府决定对国有橡胶园进行私有化改造。政府于2009年初对国有橡胶园成功地进行了私有化改造，结束了公共部门参与橡胶种植业的历史。

民营资本迅速展开了对老橡胶园的改造和更新，这也诱发了大批农户加入政府在法国援助下推行的家庭橡胶园种植工程的热情。政府通过提供贷款鼓励农民种植橡胶树，无偿提供种植技术和管理协助服务。法国非政府组织也向柬埔寨政府提供了大量的资金以帮助柬埔寨实施家庭式橡胶发展计划。日本、美国也以不同的方式参与到这个援助项目中，近年来这种小规模橡胶园的种植面积不断增加，有的已开始产胶。

2000年，全国橡胶园有10万公顷，年产橡胶5万吨。2002年，随着国际市场橡胶价格上涨，柬埔寨国内的橡胶价格也不断上涨，柬埔寨边境地区大量出口特别是走私出口未经加工橡胶，导致柬埔寨国内所需原胶减少，同时造成柬埔寨政府大量应得税收流失。柬埔寨政府于2002年8月26日颁布禁令，采取切实有效措

---

① 刘文、齐欢：《大湄公河次区域天然橡胶产业发展现状及趋势分析》，载《东南亚纵横》，2004年第11期，第36页。
② 怡人：《柬埔寨橡胶业待扶持》，载《东南亚南亚信息》，1995年第18期，第23页。

施，防止未经加工的橡胶出口。

　　随着柬埔寨经济的发展和国际市场天然橡胶价格的不断上涨，柬埔寨政府也积极采取相关措施来加强对天然橡胶业的保护和扶持。首先，政府大力发展家庭橡胶种植、扩大橡胶种植面积、增加橡胶产量。政府把发展橡胶业作为柬埔寨农业经济增长的重点来抓。政府通过红土质区域种植橡胶树增加农民经济收入的计划的实施，扩大橡胶种植面积，使橡胶种植区从传统的东部种植区向东北部和西北地区扩展。2008年2月13日，柬埔寨农村发展银行董事长宋干托在会见法国橡胶种植专家代表团时说，为了发展柬埔寨家庭式橡胶种植业，农村发展银行已向磅湛省70户植胶家庭提供期限为20年的低息贷款。他指出，这700户农民共种植了1 500公顷橡胶树。[①]在柬埔寨政府相关政策的大力推动下，非传统种植区的地方官员和民众均表示出发展橡胶业的强烈愿望，要求所在区域进行大规模的试种。柏威夏省副省长碧唐就曾指出，当地民众有发展橡胶种植业的强烈意愿，已有十多家公司向省里提出申请，要求在该省试种几万公顷橡胶树。[②]2006年柬埔寨天然橡胶种植面积只有7万公顷，2011年橡胶种植面积已达20万公顷。[③]2012年，柬埔寨天然橡胶种植面积为28万公顷，产量为6.45万吨，同比分别增长31%和26%。[④]预计2020年橡胶种植面积将达30万公顷，割胶面积23.5万公顷，橡胶产量达到29万吨。

　　其次，柬埔寨积极争取外国资本参与天然橡胶产业的发展。由于政府财政困难，难以解决橡胶业发展所面临的资金匮乏问题，因此柬埔寨政府于2003年4月对《投资法》和《税法》进行修改，努力为外国投资者创造较为良好的投资环境。2007年7月4日，柬埔寨财经部与法国开发署（AFD）签署了一份关于法国为柬埔寨的橡胶种植与综合农业发展无偿提供8 000万欧元的援助协议。从1999年开始，法国政府通过法国开发署向柬埔寨家庭式橡胶种植业提供了540万欧元的援助。通过该项援助，柬埔寨的胶农获得了技术与贷款，橡胶种植业得到大力发展。[⑤]2009年11月，柬埔寨与越南橡胶集团签署了关于橡胶业的合作协议。该协议约定，在2012年前，由14家越南公司组成的联盟将对柬埔寨天然橡胶业完成

①《柬埔寨农村发展银行提供低息贷款发展家庭式橡胶种植业》，载《世界热带农业信息》，2008年第2期，第5页。
②《柬埔寨政府促进橡胶生产》，载《世界热带农业信息》，2008年第4期，第12页。
③ 纪哲：《柬埔寨大力发展橡胶业》，见《广西日报》，2012年1月19日。
④《柬埔寨2012年宏观经济形势》，中华人民共和国驻柬埔寨王国大使馆经济商务参赞处，2013年4月1日。http://cb.mofcom.gov.cn/article/zwrenkou/201 304/20130400073 605.shtml.
⑤《法国开发署援助柬埔寨发展橡胶业》，载《世界热带农业信息》，2007年第7期，第8页。

6亿美元的投资。2010年初，柬埔寨农林渔业部橡胶局局长李波拉（Ly Phalla）在
《金边邮报》公开提出："当前，国际市场对橡胶的需求很大，所以我们需要增加
对橡胶业的投资，谁有投资意愿，我们都欢迎。"[1]目前，在柬埔寨政府的大力推
动和支持下，越来越多的外国企业都纷纷加入到投资柬埔寨橡胶业的行列中，其
中越南企业表现最为突出。

　　再次，柬埔寨政府增加科研投入以推动橡胶生产技术革新，设立监察机构
以保证产品质量，提升柬埔寨橡胶产品在国际市场的声誉和价格。2011年11月，
柬埔寨农林渔业部橡胶局局长李波拉出席"2011年世界橡胶会议"时表示，虽然
柬埔寨橡胶工业近几年取得了优异成果，但依然面临许多可影响发展的问题："这
些问题包括出口国外市场小，缺乏培育和研究适应气候变化的技术，小面积种植
户缺少资金，使用肥料、收割橡胶未达到国际标准等。"[2]因为柬埔寨橡胶质量没
有达到国际市场的标准，柬埔寨橡胶产品一度只能在亚洲市场销售，且价格较低。
为了提升橡胶产品的国际竞争力，政府于1991年重建了因战乱而中断21年之久
的柬埔寨橡胶研究所。该研究所的研究目标是：支持促进橡胶种植发展的实施计
划；为橡胶产业研发高产品种；参与协助提高柬埔寨橡胶质量；为橡胶产业提供
程序评价和分析研究；新技术培训和推广。此外，该研究所还研究解决橡胶工业
的主要制约因素。研究内容包括引进高产品种以解决低产问题、调查研究改进割
胶的方法、指导小农户规范橡胶行种、提高橡胶加工厂的橡胶生产质量。橡胶研
究所40%的财务预算由柬埔寨农业部提供，其余来自其橡胶园的创汇。柬埔寨橡
胶研究所与越南橡胶研究所和马来西亚橡胶总会有联系与合作，他们直接参与协
助提高柬埔寨橡胶质量。[3]此外，政府还通过大力加强对出口橡胶的质量监管，对
符合国际标准的企业颁发橡胶出口准许证等措施来提高柬埔寨橡胶的质量。

　　最后，柬埔寨政府积极制定各种法规为天然橡胶业的发展创造出良好的环
境。为了鼓励国内外的投资商在柬埔寨投资天然橡胶业，柬埔寨政府出台经济特
许地法令和相关法律文件，确保投资商有权使用这些土地，用于农业和工农业领
域。据柬埔寨橡胶发展协会统计，柬埔寨50%的橡胶园设在蒙多基里、腊塔纳基
里、磅同和桔井等省政府批准的经济特许地，投资商大部分来自越南、中国、韩

① 《柬埔寨鼓励投资橡胶业》，载《世界热带农业信息》，2010年第1期，第10页。
② 《柬埔寨政府出台政策将支持发展天然橡胶工业》，泛亚法商网，2012年3月21日。http://www.nfzb.cn/Asia/JinRiFaYa/201112161 528.shtml.
③ 冯璐、吴春梅、李立池：《柬埔寨农业研究体系概况》，载《东南亚纵横》，2010年第1期，第71页。

国和马来西亚。①此外，橡胶园总局正在制定橡胶管理法以便更好地对柬埔寨橡胶业进行长远规划。

联合国开发计划署根据2007年框架内的贸易一体化战略对19种具有高出口潜力和重要贡献的商品做出评估，其中橡胶位列第5名。这份评判报告已经提交给柬埔寨政府，供其制定国家发展战略做决策参考。

柬埔寨政府的目标是在2030年前使全国橡胶种植面积达到40万公顷，全国适宜种植橡胶的红土及灰土有86万公顷。为实现这个目标，政府将坚持在土地取得、投资优惠等领域所执行的积极政策，并不断将这些政策进行完善，使其更具有吸引力。

柬埔寨曾是著名的胡椒出口国，胡椒目前也是其重要的出口产品之一，主要出口法国、英国、德国、瑞士、挪威、丹麦和美国等。虽然国外胡椒市场的需求很大，但是目前柬埔寨的胡椒产量还远远不能满足出口的需求。

柬埔寨胡椒以贡布胡椒最为出名。这种胡椒种植在河边的红土地，使用柬埔寨祖辈长期流传下来的种子，在种植过程中不施化肥，因此贡布胡椒比其他地方的胡椒更具有浓厚的辛辣味和香味。由于贡布胡椒已经像苏格兰香槟一样成为了地标性产品，受到了欧洲市场的广泛认可，因此欧盟对该地区农民种植胡椒给予支持，并组成协会提供基金援助。不仅如此，欧盟还帮助农民将胡椒出口到欧盟各国，并且不征收进口税。在柬埔寨，贡布胡椒的价格每千克只能卖到10～12美元，但在欧盟市场，则每千克可买到30～100美元。②

贡布省还专门成立了贡布省胡椒协会，这对于农民种植和改良产品以及培养商业意识有着重要的意义。该协会在贡布省和白马省建立胡椒种植区，其中贡布省包括磅得叻县、当东县、祖克县和德楚县。由于胡椒价格的不断上涨，农民们纷纷扩大了胡椒种植面积，2011年上半年，柬埔寨的胡椒出口约为18吨，而2010年同期仅为3吨。③2012年胡椒产量达22吨，同比上升22%，2013年胡椒产量将达25吨。④

棉花曾经是柬埔寨的主要经济作物之一。柬埔寨的气候非常适合种植棉花，

---

① 《2011年柬埔寨橡胶业投资达6.75亿美元》，中商情报网，2012年4月29日。http://www.100ppi.com/news/detail-2012-02-28-145398.html.

② 《欧盟鼓励柬埔寨贡布省农民种植胡椒》，载《世界热带农业信息》，2010年第9期，第22页。

③ 《柬埔寨磅湛省胡椒种植面积不断扩大》，载《世界热带农业信息》，2011年第9期，第16页。

④ 《2012年柬埔寨贡布胡椒海外需求增加》，载《世界热带农业信息》，2012年第8期，第20页。

其棉花果实大、纤维长。在20世纪60年代，柬埔寨的优质棉花曾大量出口到国际市场，棉花种植规模较大，全年全国棉花总产量最高能达到4 000多吨。但是由于战乱和动乱，柬埔寨的棉花生产一度中断了30多年。在21世纪初，柬埔寨政府提出要恢复棉花种植，鼓励农民扩大棉花种植面积，积极与国外企业签订棉花出口协议确保农民种植棉花的经济收益，这些举措使得柬埔寨的棉花种植面积和产量有了大幅的提高。

四、果木

柬埔寨适合多种热带果树生长，榴莲和橙子的品质上乘，但是水果种植并未形成规模生产，基本上是自产自用，很少加工。柬埔寨果林面积达174 533公顷，主要栽种龙眼、芒果、牛奶果、人参果、枣、番荔枝、柑橘和番石榴，如表3-3所示。目前柬埔寨种植面积最大的果木是芒果树。

表3-3　2009年柬埔寨全国主要果木种植面积（公顷）

龙眼	芒果	牛奶果	人参果	枣	番荔枝	柑橘	番石榴	总计
2 376	23 734	1 216	2 052	20	3 218	3 553	1 746	37 914

资料来源：The Ministry of Agriculture, Forestry and Fisheries：*MAFF 2010 and Report from Kandal.*

柬埔寨虽然盛产热带水果，但是要发展水果种植产业却面临着一个非常大的问题，即水果的储藏和调配。水果一到收获季节，产量非常大，但由于缺乏完整的运输、储藏体系，农民只能眼睁睁地看着大批水果烂在树上、地里而无能为力。由于本地产的水果没有形成市场，因此柬埔寨成为泰国水果主要进口国之一，每年泰国的红毛丹有40%出口到柬埔寨，山竹也有30%出口到柬埔寨。[①]

第三节　林业

柬埔寨是典型的热带季风气候国家，大部分地区气候炎热潮湿、土地肥沃，很适合各种植物的生长，因此森林资源十分丰富，林业作为柬埔寨国民经济的重要组成部分是国家出口创汇最主要的来源之一。

———————

① 《泰国水果热销柬埔寨首都，柬泰关系"政冷经热"》，中国新闻网，2011年5月10日。http://www.chinanews.com/gj/2011/05-10/3030 636.shtml.

一、森林资源的分布

森林类型主要有干旱林（包括常绿林、针叶林、落叶林、混交林和次生林）和湿地林（包括水淹林、水淹次生林和红树林）。西部和西北部主要是常绿林，东北部主要是落叶林，南部和中部很少有森林覆盖（表3-4）。

表3-4　柬埔寨森林类型统计（2006年）

森林类型	覆盖面积（公顷）	覆盖率（%）
常绿林	3 668 902	20.20
半常绿林	1 362 638	7.50
落叶林	4 692 098	25.84
其他类型	1 007 143	5.55
无森林覆盖地	7 429 893	40.91

资料来源：The Forestry Administration, *Cambodia Forestry Outlook Study*, 2010, p.8.http://www.fao.org/docrep/014/am627e/am627e00.pdf.

从表3-4可以看出，柬埔寨的森林类型以常绿林和落叶林为主，落叶林在全国的覆盖率为25.84%，位列第一；其次是常绿林，覆盖率为20.20%；半常绿林的覆盖率为7.50%；其他类型的树林覆盖率为5.55%。

柬埔寨森林资源主要分布状况如下：热带雨林，主要分布在柬埔寨南部的豆蔻山山脉和象山山脉山间河谷及其多雨临海的南坡地带。这一地区降水量充沛且分布均匀，因此树木高大粗壮，成材期短。这一地区藤本植物品种丰富，生长茂盛，可以用于编制工艺品和家具，有很高的经济效益。山地雨林，主要分布在海拔1 000~2 500米左右的山区地带。这一地区的树种不仅有亚热带的属种，甚至还有温带的属种，主要由樟科、木兰科、椴树科等组成，灌木层以棕榈科植物为主。山地季雨林，在全国大部分地区都有分布，主要是以松林为主。树种主要是南亚松。山地季雨林第一层为针叶树，第二层为阔叶树，下层为芭蕉属和白藤属棕榈树。红树林主要分布在泰国湾沿岸的狭长地带，是柬埔寨居民薪炭材的主要来源，品种很多，有50~90种。红树林群落主要由红树科、马鞭草科、海桑科等树种组成，各种树种的分带十分清楚。红树林群落的宽度由数十米至10~20千米不等，有的沿河口湾向有潮汐作用的内陆伸展，一直可深入至内陆数十千米。[①]

此外还包括石楠林、沼泽林和竹林，其中竹林大部分位于菩萨省和班迭棉吉省。全国共有200多个树种，贵重的热带林木树种有柚木、铁刀木、紫檀、观丹木、卵木等，并有多种竹类。重要的经济林木和林产品主要包括龙脑香料、柚木、红树林、藤条和各种野生药用植物资源。

二、柬埔寨政府的林业政策

20世纪60年代末期，柬埔寨森林覆盖率高达73%，森林面积达1 317万公顷，其中一半以上可做商业性开发。[②]70～80年代的战乱时期，柬埔寨的森林资源因为乱砍滥伐、过度采伐及森林再植不足，遭到毁灭性破坏；进入90年代后，尽管政府采取了种种措施来保护林业资源，力图使林业合理有序地发展，但森林面积仍以惊人的速度在减少（表3-5）。

表3-5　柬埔寨森林覆盖率统计（1965—2006年）

统计年份	覆盖面积（公顷）	覆盖率（%）
1965	13227 100	73.04
1992/93	10859 695	59.82
1996/97	10638 209	58, 60
2002	11104 293	61.15
2005/06	10730 781	59.09

资料来源：The Forestry Administration：*Cambodia Forestry Outlook Study*，2010, p.10.http：//www.fao.org/docrep/014/am627e/am627e00.pdf.

从表3-5可以看出，20世纪中末期柬埔寨的森林覆盖率高达73%，是世界上森林覆盖率最高的国家之一。而到了90年代初，森林覆盖率就下降到了59.82%。由于政府在90年代陆续出台了一系列的林业政策和法规，乱砍乱伐现象有所减缓，因此在进入21世纪以后，森林覆盖率有所回升。虽然目前柬埔寨的森林覆盖率已难以达到20世纪60年代的水平，但是由于政府不断加大林业监管力度、提倡林业可持续发展，柬埔寨仍然是世界上高森林覆盖率国家。

① 王士录：《当代柬埔寨经济》，昆明.云南大学出版社，1999年版，第208页。
② 沙永恒：《柬埔寨林业面面观》，载《中国林业》2009年第5期，第23页。

1993年联合政府成立后，柬埔寨制定了一系列的林业政策，主要包括以下两大方面。

首先，发布原木出口禁令。从1993年1月1日开始正式禁止原木出口。1994年12月新政府又公布了《柬埔寨王国关于禁止从柬埔寨王国输出条木和木板的公告》。同年，建立了一个委员会来调查和监测1994年3月31日以前的原木蓄积量。1995年初，政府又颁布了一个禁令，禁止所有种类的木材出口。此后政府又多次重申了关于禁止原木出口的禁令，政府还批准了《森林法草案》，但是由于这些禁令和法案并没有得到严格的执行，形同虚设，原木出口屡禁不止，引起相关国际组织和环境保护组织对柬埔寨政府的严重不满，以至于国际货币基金组织于1997年3月宣布，只有柬埔寨政府对木材采伐和林木出口方面做出积极有效的监督和管理之后，该组织才会考虑进一步向柬埔寨提供贷款。1997年4月，《柬埔寨木材出口决议书》出台，对木材出口做了详细的规定：原木、锯板、木炭等产品禁止出口，家具及配件等14项产品可以出口。

其次，制定了关于林业采伐、木材加工运输、出口税收等方面的法律条文。这些法律条文基本上只与木材的采伐和税收有关。由于经济发展落后，贪污腐败盛行，缺乏有效的监督和制约机制，政府的许多林业管理政策被束之高阁，没有得到有效执行。

三、林业管理

除了制定一系列的林业政策和法律条文之外，政府还在保护区建设、成立国家委员会专门负责林业管理、制定林业发展战略等方面取得了一定的成效。

1995年，柬埔寨政府邀请世界银行、联合国粮农组织、联合国开发计划署等国际组织对其林业政策进行评估，确定了今后林业的发展目标和战略，其中包括：限制每年的木材采伐量，估计每年在30万～35万立方米；完善国家与木材相关的税收；加强对木材非法采伐和非法出口的管理；加强生态环境和生物多样性保护的管理等。

1996年7月，在联合国粮农组织的支持下，柬埔寨成立了一个由各部门联合组成的国家委员会。该委员会由一个专门的秘书处来管理，负责农业部、林业部、狩猎部和渔业部的事务。林业和野生动物保护部门的领导被委任为执行秘书。

该委员会负责制定、监督和评估林业政策；协调政府和国际援助的代理人和赞助者之间的对话；负责技术支持；为部门设计投资项目，为国家政府和赞助者提供工作报告，同时，也为必要的措施和行动计划提出意见。1996年11月31日以后，绝对禁止原木和锯材出口；政府决定成立一个林业政策改革筹划指导委员会，来制定、执行和评价国家林业政策，以便更有效地经营国家森林资源，保证其生态和经济效益。

1997年1月16日，柬埔寨发展委员会组织了一个协商会议，主要讨论了财政预算和财政税收改革、林业部门的问题、机构改革计划、立法和组织机构选举及战后恢复等问题。其中有关林业和森林方面的问题，主要体现在：柬埔寨政府将尽快提出一个对全国森林开发和木材林产品贸易行之有效的控制和监督系统。

由于政府日益加大对乱砍乱伐、非法出口原木的监督和管理力度，柬埔寨的森林面积和覆盖率有了明显的增加。联合国粮农组织发表的《全球森林资源2005年评估报告》指出，如果包括改良的森林和种植园，柬埔寨的森林面积为1 044万公顷，森林总蓄积量约为9.98亿立方米，国土森林覆盖率59.2%，在亚太地区乃至世界范围内仍然属于高森林覆盖率国家。

柬埔寨林业实行的是垂直管理体制。国家设立农林渔业部，下设中央森林管理局，其主要职责是制定林业政策和执法监督，承担全国森林资源管理，确定采伐限额、林地的审批工作，为林业系统提供服务。农林渔业部以省为单位设立若干省级森林管理局，归属中央森林管理局直接领导和管理，省级森林管理局官员由国家农林渔牧业部任命，在中央森林管理局的直接领导下开展工作。全国各级林业管理经费统一纳入财政预算，全部由国家财政承担。

政府还积极加强与邻国的合作共同打击跨境非法林木砍伐及贩运活动。农业部和国家林业局组织了高效率的森林犯罪监控单位，同时全国委员会和省级委员会共同携手以减少砍伐和火烧林地的行为，并限制侵占林地。

目前柬埔寨市场上流通的商品木材都是由特许土地经营开发企业缴纳资源税后所加工的产品，除此之外，市场上流通的一切木材都被视作非法。柬埔寨1993年通过了一项"经济土地特许经营权"计划，为鼓励对大型种植园和农场的私人投资，同意国内外的民间企业最长使用土地99年。该计划旨在通过特许地开发使人民的生活得到改善；以可持续发展的种植、养殖及农副产品深加工项目改善自然环境、社会环境、经济环境、人文环境；通过对特许土地开发过程中所收集到的木材资源的加工利用使国家获得税收、创造更多的就业机会，并以此鼓励长期投资行为。土地开发使用期为70～99年，砍伐后按计划种植树苗或实施经由政府批准的开发项目。砍伐的树木缴纳资源税后应进行加工销售。优质木材出口的最大尺寸（宽、厚）为25厘米，长度不限。木材出口按木材的品质缴纳不同的出口税率，同时还需缴纳离岸价1%的出口手续费。

欲对特许地进行的投资的公司首先需在柬埔寨商业部合法注册，然后向柬埔寨农林渔业部提交资料申请获得特许土地。农林渔业部审查通过后将公司的申报材料呈报洪森首相。洪森首相批准后经由首相府向柬埔寨政府各部委转发洪森首相的批准令。农林渔业部接到首相的批准令后，即根据国家特许土地资源的分布状况为公司划出不超过10 000公顷（通常是8 500公顷左右）的特许土地，同时在国家地图（开发）上标示出土地的坐标位置，注明公司名称。农林渔业部对特许土地的标示确认后，公司就要委托专业的获得国家环境保护部认可的独立环境评估机构对特许土地的开发做环境评估报告。公司制作详尽的投资报告和总体投资规划报柬埔寨投资委员会审批。投资委员会批准后，公司方可获得投资优惠待遇（比如设备及相关材料的免税、税收优惠、投资移民等）。上述文件齐备后，农业部会组织有关部门再次对开发计划进行评审，评审通过后由农林渔业部牵头，组织农林渔业部下辖的森林管理局及环保部、投资委员会、特许地所在的省市县乡村政府代表成立一个混合委员会前往特许土地实地定桩确认。以上程序完成之后，公司正式进驻特许土地，落实开发工作。公司进驻特许地后，林业部门通常会向该公司派驻3伦林官，他们会应公司的要求随时到公司进行相关工作。开发方案通过国家相关部门批准后，企业必须按照批准的开发计划进行开发，开发过程中企业不得随意变更已获审批的年度生产计划，也不得随意变更股东。

据农林渔业部报告，截至2011年底，柬埔寨已向118家公司批准了17个省的119万公顷经济特许地，其中41家公司为本地公司、77家为外国投资，包括27家中国公司、28家越南公司、5家韩国公司、5家泰国公司、2家美国公司、3家马来西亚公司、3家印度公司以及来自新加坡、以色列、澳大利亚、瑞典的公司各1家。这些公司所拥有的特许地大多集中在柬埔寨北部的上丁、蒙多基里省、柏威夏、桔井等省。①

① 《柬埔寨政府暂停批准经济特许地》，中华人民共和国驻柬埔寨王国大使馆经济商务参赞处网站，2012年5月8日。http://cb.mofcom.gov.cn/aarticle/ddfg/waimao/201205/20120508112020.html.

特许地开发自从实行以来，有效地刺激了私人领域向林业种植领域的投资，比如在柬埔寨东部及东北部出现大规模的人工柚木林、橡胶林、腰果林等。林业种植使柬埔寨森林覆盖率有了一定的提高，同时又为当地人民提供了就业机会，大大改善了他们的生活。投资公司在特许地修建道路，自主建设了很多学校。公司的消费带动了当地市场的繁荣，公司在投资的同时还把新观念、新文化带给当地社会，使处于偏远地区的人们有了与现代文化及观念直接接触的机会。

但是特许地在开发过程中也出现了一些问题，很多外国投资公司更看重特许土地上的木材资源，而不愿意花时间和资金来重新创造资源，因此森林的再植速度远远赶不上砍伐的速度。投资公司在开发过程中还存在着只顾本公司利益，不考虑当地居民利益的行为。很多特许地的当地居民受到了各种伤害，被强制搬离或被限制进入农地和放牧地。由于这些现象引起了柬埔寨政府甚至是联合国人权委员会的重视，2012年5月7日洪森首相签署了《提高经济特许地管理效率指示令》，决定暂停向公司批准经济特许地，并且指示有关部门对经济特许地的运营进行视察，对没有遵守法律和合同的经济特许地公司收回其地。要确保经济特许地的运营不影响到当地人民的土地和生活，而且要真正给国家和人民可持续的利益。

四、柬埔寨木材生产与加工出口

柬埔寨主要的林产品是木材和薪材。木材出口在国民经济中占有重要地位。政府规定只有特许土地开发企业有资格向政府申请木材出口许可，出口或国内销售的木材直径或者厚度不得超过25厘米，长度不限。由于木材加工水平和能力还比较低，只能进行简单加工，所以产能有限。木材加工企业主要分布在金边、茶胶、磅同等交通比较便利的省市。薪柴的采伐也是柬埔寨林业生产的一个重要方面。由于柬埔寨基础能源短缺，居民的生活燃料基本上全部使用薪柴，甚至有些工业企业也使用薪柴进行生产。随着人口的快速增长，薪柴的砍伐量也与日俱增。据统计，每年柬埔寨的薪柴采伐量都在百万立方米以上。

最重要的非木材林产品是竹和藤。藤在全国各地都有使用，而竹只在东部地区使用。其他非木材林产品还有树脂、药用植物和蜂蜜等。

第四节　畜牧业

畜牧业是柬埔寨农业的一个重要分支。柬埔寨地处热带，土质肥沃、降水充沛、阳光充足、水草丰盛，发展畜牧业条件优越。但是由于受社会经济条件的限制，畜牧业的发展缓慢，长期以来仅仅作为一种副业而存在，无论家畜还是家禽是以家庭饲养为基本模式，未能形成规模化和产业化。

一、畜牧业发展情况

柬埔寨畜牧业的历史可以追溯到扶南王国时期（公元初年），那时候已有了饲养家畜和家禽的记录。柬埔寨农民饲养的家畜主要有黄牛、水牛、猪和马，家禽主要有鸡、鸭、鹅。农民饲养黄牛和水牛主要是用于耕地和搬运东西，在某种意义上，水牛和黄牛对农民来说是一种必不可少的生产工具。柬埔寨20世纪60年代就有了规模很大的半机械化养鸡场、养牛场，这在当时的东南亚是绝无仅有的，因此60年柬埔寨是东南亚地区重要畜禽产品出口国，此外，还出口相当数量的皮革。

柬埔寨畜牧业之所以长期以来只是作为一种副业存在，受其自然环境、历史、社会经济条件和民族、习俗的影响。首先，自然环境对柬埔寨的畜牧业发展起到了一定的限制作用。柬埔寨地处热带，平原地区的耕地绝大部分用于种植水稻等农作物，而山区高地适合种植农作物的地区也被开垦成为耕地，尚未开垦的地区为森林所覆盖，可以用作专业牧场的地区很少，优良的天然牧场更是少之又少。随着人口的增长和耕地面积的不断扩大，牧场面积仍在减少。主要的牧草有毛鸭咀、野谷草、牛叻草、柴泰草以及豆科的蝴蝶豆，更多的则是质量低劣、牲畜不爱食用的草，特别是生长在盛行游耕农业山区的白茅草，其营养价值非常低，口感极差。由于没有足够的牧草，农民只有用农作物的残茬来喂养牲口，如果要用优质饲料进行喂养，必然会提高成本，由于资金短缺，农民不愿意花钱来购买优质饲料。因此，农民只能进行小规模的家庭养殖，没有能力对其规模进行扩大。

饲养方法落后对柬埔寨畜牧业发展的限制，也是一个不可忽视的因素。柬埔寨农民饲养家畜家禽的方法比较落后。由于是小规模的家养，因此家畜和家禽的品种和数量随意性很大，在饲养过程中只凭经验，没有科学依据，采取粗放管理。

即使使用饲料进行喂养，所采用的饲料大多是未经加工处理，更无科学配方的饲料。此外，柬埔寨兽医事业极为落后，县以下（含县）基本没有专业兽医，畜禽一旦生病，只有任其自生自灭。落后的饲养方法使得柬埔寨畜禽抵御病虫害侵袭的能力极差，因此畜禽质量较低，从而严重限制了畜牧业的发展。

民族、宗教习俗对柬埔寨畜牧业发展也有一定的约束。柬埔寨居民大多信奉上座部佛教。按照教义，佛教徒不杀生，不食肉类。农民饲养少量大牲畜主要是出于让牲畜干农活，如拉车、犁地等。虽然随着时间的推移，柬埔寨人的生活方式和风俗习惯也已经发生了很大变化，除了寺庙的和尚和一些比较虔诚的教徒外，绝大多数人都开始以家畜和家禽为肉食。但是，其宗教信仰对柬埔寨畜牧业的发展的确有着不可忽视的影响。[①]

此外，柬埔寨畜牧业发展缓慢，与其长期战乱和社会动荡也不无关系。长期的战乱使得许多村庄废弃，大片农田荒芜，整个国家经济都长期处于停滞甚至是倒退状态。在这种非常情况下，畜牧业也不可能有很大的发展。

自20世纪90年代以来，柬埔寨政府对发展畜牧业持以下宗旨，即一是为人民提供丰富的肉食禽蛋，改善人民生活，增强人民体质；二是发展畜产品出口，赚取外汇用于国家经济建设；三是为农业部门提供畜力，用于耕作和从事运输，从而提高劳动生产力。随着国内形势的日益稳定，特别是自由市场经济和对外开放日益深入，柬埔寨的畜牧业家畜存栏数、家禽饲养数和畜产品产量等有了较大幅度的增加。但是由于农民的传统观念在很大程度上仍局限于把牲畜当作是农耕工具，缺乏优良的牲畜品种，兽医服务保障不力，市场渠道不畅等问题，畜牧业的发展比较缓慢。作为家庭副业而存在的畜牧业，零碎、规模小、抗风险能力差、创造产值较低。2009年牲畜和家禽的产值占农业GDP的15.3%，[②]对于柬埔寨这样的一个传统农业国家来说，这一比例还是太低。

表3-6　柬埔寨家畜和家禽数量（2007—2011年）

年份	家畜（头）	水牛（头）	猪（头）	家禽（只）
2007	3 368 499	772 780	2 389 389	15 825 314
2008	3 457 787	746 207	2 215 641	16 928 075

① 王士录：《当代柬埔寨经济》，昆明：云南大学出版社，1999年版，第175～176页。
② Ministry of Environment Cambodia and UNDP Cambodia：*Cambodia Human Development Report 2011*，2011，p.52.

年份	家畜（头）	水牛（头）	猪（头）	家禽（只）
2009	3 579 882	739 646	2 126 304	28 486 237
2010	3 484 601	702 074	2 057 431	20 677 397
2011	3 406 972	689 829	2 099 332	21 619 148

资料来源：Department of Animal Production and Health, Cambodia.

从表3-6可以看出，柬埔寨畜牧业尚未形成规模化和产业化，养殖数量较少，特别是2009年以后，家畜和家禽的养殖数量不仅没有增加反而呈逐年下滑的趋势。作为农业的一个重要分支，畜牧业没有得到足够的重视和发展。

由于两个邻国泰国和越南对水牛和黄牛的需求量很大，因此这两个国家也是柬埔寨发展畜牧业争取创汇的潜在市场。联合国计划开发署2007年的报告中指出，2004年柬埔寨有80 000至150 000头黄牛通过非官方渠道出口到泰国和越南。而柬埔寨的官方统计却只有10 600头。尽管对出口到邻国的黄牛头数记录甚少，但实际上在柬泰边境和柬越边境中小规模的出口是时有发生的。只有健全畜牧产品贸易和管理机制，柬埔寨的畜牧产品出口才能得到进一步的发展。

柬埔寨的畜牧业生产无法实现自给自足，目前柬埔寨市场上流通的奶类制品100%进口（包括鲜奶），饭店所需高档牛肉均需进口。现农民饲养的黄牛主要用于耕种和繁殖，部分肉牛供应市场，鲜肉品质较低。畜牧养殖是柬埔寨农业尚待开发的重要领域，无论是科技投入，还是规模化经营以及农工商产业化生产，均具有广阔的发展空间。

为了加快畜牧业的发展，使之规模化和产业化，近年来柬埔寨政府在政策、资金和人力投入等方面做了很多工作以鼓励和帮助农民扩大家畜和家禽的饲养规模。例如：建立畜牧杂交研究中心，良种培育与推广研究中心，耕牛、家禽研究和试验机构，以改良畜禽品种，提高畜禽产品率；培训兽医人员以有效控制疾病发生，增强畜牧业抗灾害的能力；指导农民合理利用牧草地，改良天然牧草，提高牧草质量；发展饲料加工业，使饲料向科学化、营养化方向发展。这些举措在一定程度上加速了畜牧业走向产业化的步伐，但柬埔寨政府迄今尚未有一个畜牧业产业化发展的长远规划。

二、畜牧业的分布

由于柬埔寨是传统的水稻栽培国家，水牛是重要的农具，用于水稻田的犁、耕、耙。虽然全国广大农村都饲养水牛，但主要还是集中在中部平原地区，尤其是洞里萨湖周围和湄公河以及洞里萨河流域地区。

猪也是柬埔寨人民主要的肉食来源之一，因此小农户普遍都在家里饲养猪，目前猪的存栏数已经远远超过了黄牛的存栏数。

由于柬埔寨的气候高温湿热，不利于马的繁殖，所以马的数量比较有限。在柬埔寨东北部、北部和西北部山区饲养马的农户比较多，因为这些地方交通不便，马是驮运货物的主要工具，除此之外，马还可以耕地。

柬埔寨的主要家禽是鸡、鸭、鹅等。农民把饲养家禽作为一种家庭副业，主要是自己家食用或到当地集市出售换取一些生活用品。随着政府对畜牧业发展的不断重视以及人民对肉类需求量的不断增加，一些大型的养殖场也如雨后春笋般涌现出来，政府还成立了柬埔寨鸡肉和鸡蛋协会来促进家禽养殖业的发展，越来越多的农民也投入到家禽养殖业中，纷纷增加养殖数量，扩大养鸡场规模。

第五节　渔业

柬埔寨由于其优越的地理位置有着丰富的海洋及淡水渔业资源。它位于泰国湾的东部，海岸线长435千米，可以发展近海和远洋渔业。而柬埔寨由于河流众多、水网密布，同样具有发展淡水渔业的良好自然条件，洞里萨湖和湄公河沿岸的淡水区域就是最大的产鱼区。

一、渔业发展情况

捕鱼活动从吴哥王朝开始就成为柬埔寨人民日常生产活动的重要组成部分，和稻谷种植一样对于人们的日常生计和文化习俗有着重要的意义。柬埔寨目前大约有100万人专门以捕鱼为生，从渔业的生产，到加工及销售，渔业为该国近600万人创造了就业机会，约占全国总人口的40%。渔业产值占农业生产总值的1/4，渔业的生产、加工及贸易占GDP的8%～12%。[①]柬埔寨人饮食中82%的动物

---

① 孙广勇等：《听各国渔民讲述南海困境》，见《环球时报》，2013年3月23日。

蛋白质来自鱼类食品，平均每人一年要食用52.4千克鱼。[①]如表3-7所示，2007年至2011年渔业捕捞量稳步上升，同时水产养殖业也在迅速发展。2012年，渔业产量66.2万吨，同比增长13%。

表3-7　柬埔寨渔业产量（2007—2011年）（单位：吨）

	淡水渔业	海洋渔业	水产养殖	总量
2007	395 000	63 500	35 260	493 760
2008	365 000	66 000	39 100	470 100
2009	390 000	75 000	50 080	515 080
2010	405 000	85 000	60 001	550 000
2011	445 000	91 000	72 000	608 000

资料来源：Fisheries Administration（FiA），Diary，Department of Fisheries，MAFF，Cambodia.

位于柬埔寨腹地的洞里萨湖东面与湄公河相通，是东南亚地区最大的淡水湖，也是世界上淡水渔业资源最丰富的渔区之一，素有"鱼湖"之称。据联合国粮农组织和柬埔寨渔业部的统计，洞里萨湖淡水渔业资源居世界首位，总渔获量居第四位。洞里萨湖内约有300多种淡水鱼类，其中不乏很多珍贵鱼种。仅洞里萨湖的捕捞量就占柬埔寨淡水渔业捕捞量的2/3，占GDP的7%。洞里萨湖对当地渔民的食品安全、就业和收入起着十分重要的作用。

由于政府把渔权拍卖给私人公司，所以大型渔业在柬埔寨的内陆渔业中占有绝对的优势。中型渔业由于使用的渔具较为原始简陋，大多数鱼在捕捞期间就受伤或死去，所以中型渔业的鱼货质量无法与大型渔业相比，渔获大多销往市场或附近的加工厂。小型渔业主要是家庭作业方式，一般是由1～2人操作，除在开阔水体作业外，渔民还在泛滥平原的稻田里捕鱼。

淡水养殖作为柬埔寨渔业的重要组成部分，在柬埔寨国内有着悠久的历史，从养殖方式来看，在20世纪中后期主要利用池塘放养；20世纪末期，开始采取稻田和网箱养殖的方式。

---

① Robyn Johnston，Chu Thai Hoanh，Guillaume Lacombe，Andrew Noble，Vladimir Smakhtin，Diana Suhardiman，Kam Suan Pheng，Choo Poh SzInternational：*Rethinking Agriculture in the Greater Mekong Subregion*；*How to Sustainably Meet Food Needs*，*Enhance Ecosystem Services and Cope with Climate Change*，Water Management Institute & World Fish Center，2010.

稻田养鱼，作为柬埔寨目前最主要的淡水养殖方式，不仅提供了较大的淡水鱼产量，也充分利用了水面，增加了稻田的肥力，做到了种、养互利。但柬埔寨个别地区的轻养殖、重作物的无政府开发状态，导致把大片雨林和靠水林区开垦为农田。在磅湛、波萝勉等省的传统渔业区进行改造，开始种植莲藕和稻米的情况，已对淡水养殖业造成了很大冲击，不仅导致了农业和水产部门之间的较大矛盾，也开始影响柬埔寨的淡水鱼产量。

柬埔寨是亚洲网箱养殖的发源地，其历史可以追溯到一个世纪前。由于湄公河的特定水文周期，天然的水库和大湖内陆鱼类总是具有很强的季节性，特别是大规格杂食鱼类如鳢属和鱼芒鲶属鱼类。在技术和经济条件落后的情况下，柬埔寨的交通主要依靠水路，渔民也只是靠简单的渔具捕捞活鱼，运往城市出售。但由于水路运输时间长，活蹦乱跳的鱼还没有运到目的地就大量死亡，以至于腐败变质，严重影响了渔民的收入。为了减少损失，渔民们就将活鱼放入挂在船尾半浸水中的竹笼或木笼中暂养。由于运输路程遥远，渔民为防止鱼饿死就会投喂一些残肴和小杂鱼。就是这样，运到目的地后，活鱼不但没有死，反而个体肥壮，大大地提高了其商品价值。从这里，渔民得到启示：竹笼、木笼不仅是活鱼的暂养工具，而且还是商品鱼养殖生产的一种手段。这种"笼养鱼"就是最早的网箱养鱼。一些专家也认为，网箱养鱼是柬埔寨一种传统的养殖类型，湄公河下游是国际网箱养鱼的发源地。

根据养殖的地点、养殖鱼类和养殖者的爱好，柬埔寨人所使用网箱的大小、形状和材料各不相同。河中的网箱多趋于小型化，湖泊则采用大型网箱，也有采用特大型网箱（数百至数千立方米）暂养活鱼的。中、小型网箱多为方形和长方形，还有一种上面盖着房子的船形网箱，许多船形网箱在沿河组成浮动的村庄。

栏网养殖是柬埔寨大湖部分地区和首都周围河流湖泊中惯用的养殖技术。一般是在水位低时将幼鱼放入竹栏中，在养成后出售或当水位升高时移入浮式网箱。栏网养殖面积一般为500～5 000立方米，在河流中小些，湖泊中大些，栏网养殖产量一般每年不超过1 500吨。

池塘养殖是柬埔寨近些年才开始使用的方式。最初时主要集中在金边周围，主要养殖鱼芒鲶鱼类，后来也在一些种植园或花园的池塘开始中国鲤鱼和罗非鱼的池塘试养。目前，柬埔寨池塘养殖的主要品种有白鲢、鳙、草鱼、鲤以及最盛行的本地印尼须鱼巴，其中印度尼西亚须鱼巴所占份额最大。

　　为促进湄公河流域的淡水养殖业，1997年在金边召开的"第四次国际湄公河委员会讨论会"上，柬埔寨政府公布了正在实施的由丹麦援助的湄公河渔业资源开发计划，该项目已于1994年正式开始实施，首期工程开支240万美元，主要用于人力培训，考察和评估湄公河渔业资源的未来产量和与社会的关系；二期工程于1998年1月启动，拟用6年时间，耗资420万美元，在5号公路距金边11千米处修建一所水产学院，以培养畜牧和渔业技术人员。[①]

　　柬埔寨政府在鱼苗培育方面也投入大量资金来培育养殖业急需的鱼苗。1970年之前，柬埔寨每年可以培育5 800吨左右的鱼苗；而到了1988年，仅由渔业部门所属的3个包含研究性质的养殖基地就提供了3 000吨鱼苗；到了1989年，则提供了5 000吨的鱼苗。这些鱼苗都出售给了农民进行养殖。1993年新政府成立后，在柬埔寨全国推行自由化经济政策，鼓励农民多种经营，极大地刺激了农民开展淡水养殖业的积极性，对鱼苗的需求进一步增加。[②]

　　然而，过度捕捞是柬埔寨渔业当前面临的一个主要问题。政府出台了"2010—2019渔业发展战略规划框架"，旨在维护渔业的可持续性发展。近年来，政府对大规模的捕鱼活动进行了一定的限制，同时还通过延长休渔期，禁止大规模的商业捕捞活动来应对过度捕捞的问题。

　　目前湄公河流域一些国家计划修建水电站，如果这些水电站一旦建成，将会阻断鱼类的回流导致捕捞量减少，这将给柬埔寨的渔业发展带来很大的影响，捕鱼为生的渔民们的日常饮食和家庭收入将受到危害。

　　为保护渔业资源的可持续发展，在政府的协助下，柬埔寨全国已成立渔业生产合作社375个，有10.19万户家庭参加了该组织。通过渔业生产合作社的自我管理，能有效地遏制使用非法电击及破坏性网具捕鱼，禁止在休渔期过渡捕捞，保护生态平衡。为促进水产业发展，柬埔寨政府正在亚洲开发银行的资助下，与世界渔业机构合作实施柬埔寨淡水鱼研究和发展项目，还与东南亚水产发展中心合作，帮助柬埔寨培训农村水产养殖人员。[③]

　　政府还制定和实施了一系列有利于渔业发展和改革的政策和措施。2005年，柬埔寨政府颁布了《国家渔业政策声明》，强调了渔业在国家食物供给和国民经

---

① 王士录：《当代柬埔寨经济》，昆明：云南大学出版社，1999年版，第194页。
② 王士录：《当代柬埔寨经济》，昆明：云南大学出版社，1999年版，第195页。
③ 《柬埔寨：期待淡水渔业支撑经济》，人民网，2012年7月26日。http://gx.people.com.cn/n/2012/0 726/c340 465-17286 950.html.

济发展中的重要性。该声明还强调了渔业改革是政府"四角战略"的一部分，渔业生产合作社应该积极推进渔业资源的保护和可持续发展。《2005—2008年渔业发展行动计划》进一步强调了渔业合作社的重要性，提出政府将通过适当的权力下放让渔业合作社可以和相关的部门及机构就渔业管理，提高渔民的捕鱼技术与普及渔业环境保护的常识等方面进行更多的合作。总体而言，虽然政府积极鼓励渔业生产，但缺乏长远规划，渔业生产的技术和设备都还很落后。[①]

二、渔业分布

（一）洞里萨湖区

柬埔寨是东南亚地区淡水渔业资源、淡水捕捞和淡水养殖业比较发达的国家。其内陆地区降水充沛，森林覆盖面积大，河流湖泊水量丰富水域面积大，这些优越的自然条件，使柬埔寨成为东南亚地区淡水捕捞和养殖业发展潜力最大的国家之一。

作为柬埔寨淡水渔业主产地的洞里萨湖位于柬埔寨内陆腹地，它不仅是柬埔寨最大的淡水湖泊，同时也是东南亚最大的淡水湖泊。总面积枯水期约为3 000多平方千米，丰水期可达10 000多平方千米，个别雨量过大的年份面积可达20 000平方千米左右。枯水期平均水深不超过2米，丰水期平均水深可达10米左右。洞里萨湖湖底多淤泥，当地居民在靠岸浅水区大面积种植水稻等农作物，特别适于淡水鱼生长。由于浮游生物丰富、水质无污染，湖区的淡水鱼繁殖生长极快、成熟早、体型肥大、产量高。单靠天然繁殖，整个湖区就能为全国提供非常可观的淡水鱼产量。因此，洞里萨湖区的这些特点，是柬埔寨淡水渔业产量超过海水渔业产量的重要原因。

在洞里萨地区，有一些奇特的捕鱼方式。在湖畔较低的地方，当地的农民用一种被称为"水下树林"的方法捉鱼：涨水之前，他们在将要被水淹没的地方，用木棍插成一些圆圈，涨水之后鱼就会在圆圈里繁殖生长。旱季来临，水退了鱼却走不了，人们所做的就是进圈收鱼。除了"水下树林"，当地人还可以在树上抓到鱼。在湖畔树林中的一些老树上有树洞，涨水时有些鱼会躲在树洞里，当湖水退下之时，一些鱼来不及随水退走，于是人们只需要爬上树便可以抓到

---

① 卢肖平：《中国—东盟农业合作》，北京：中国农业科学技术出版社，2006年版，第41页。

鱼了。

除了这些奇特的捕鱼法外，最大规模的捕鱼活动是在洞里萨河上进行的。人们在河中钉了一排粗大的木桩，将河拦腰截住，只在中间留一个1米多宽的口子，口子上挂着一张10多米长的圆筒状的大渔网。人们在上游驾着小船驱赶鱼群，鱼入网后，两只小船沿网行驶，船上的人用木棒敲打渔网把鱼赶到网的底端。当两只小船到达渔网尽头时，人们把连在渔网上的一个长约2米的长筒形大竹篓提上事先等在旁边的渔船，打开竹篓的盖子，船舱中立即堆满了上百千克活蹦乱跳的鲜鱼。

（二）内河渔业

由湄公河、洞里萨河和巴萨河组成的中心水网地带，也是柬埔寨淡水渔业的又一个重要组成部分。

湄公河是东南亚第一大河，在柬埔寨境内全长约为463千米。湄公河在金边附近分成两条支流，平行向东南流经越南南方而注入南中国海。其中一支流称为前江，另一支流称为后江（又称巴萨河）。洞里萨河是柬埔寨第二大河流，一端起于洞里萨湖，另一端与湄公河相连。整个柬埔寨中部和东南部平原地区水网密集，大片稻田和水塘密布，积水面积广阔，是极好的天然淡水养殖场。湄公河以盛产象鱼和其他淡水鱼种而负有盛名。

（三）沿海渔业

柬埔寨拥有435千米的海岸线，且全部位于泰国湾。泰国湾又称暹罗湾，地处热带，海面气温高。柬埔寨沿岸港湾曲折、岛屿众多，沿岸遍布红树林沼泽，底部为淤泥和粘土，有利于各类海洋生物生长。泰国湾是柬埔寨的传统渔场，也是柬埔寨唯一的海洋捕捞场所。

海洋渔业在柬埔寨渔业中占比重较小，主要集中在泰国湾东岸。泰国湾是一个高生产力渔场，渔业资源分为两部分：中上层鱼类和底层鱼类。中上层鱼类主要是沙丁鱼、鲐鱼、参鱼、鱼是鱼、鲳鱼和小型金枪鱼等经济鱼类，其中沙丁鱼产量最高；底层鱼类主要有金线鱼种、石首鱼科、留鲷科、大眼鲷科、狗母鱼科、鲽形目、蛇鲭科、板鳃亚纲、康吉鳗科。尽管泰国湾的生产力很高，但由于柬埔寨渔船队的捕捞能力较低，与邻国越南和泰国相比，柬埔寨每单位渔获量较低。

柬埔寨的海洋渔业属于小型和个体渔业性质，以多鱼种为捕捞对象，是商业渔民的主要收入来源。柬埔寨的海洋渔业作业方式，除少量采用现代化的围网船捕捞外，大多数仍然采用中小型的或传统的地方性捕捞工具，如：流网、刺网和鱼笼等。由于生产工具比较落后，渔船吨位不大，柬埔寨的海洋渔业生产基本上是在沿岸和近海渔场进行，很少到远海、深海和其他海域作业。

　　由于泰国湾水温较高，又属于沿岸浅海的海水和河水的混合区，非常适合浮游生物生长，据有关资料显示，每立方米海水中浮游生物的含量超过了250毫克。这一特点，非常有利于鱼类的繁殖和生长，特别适合开展近海人工水产养殖。20世纪80年代后期，与泰国接壤的沿海地区戈公、贡布和磅逊三省开始了虾类养殖。虽然有些养殖场养殖墨吉对虾，但斑节对虾仍然为主要的养殖品种。养殖用的苗种、饲料和设备多来自泰国。

第四章　第二产业的发展和布局

由于受长期战乱的影响，柬埔寨制造业发展缓慢，是东南亚国家中工业发展最为落后的国家之一，其工业总体特点是基础薄弱、门类单一、规模小、技术落后、基础设施不健全、对国际市场依赖较强，仅成衣制造业和建筑业发展较为突出，而机械制造业、电子信息产品工业等技术密集型产业还处于起步阶段。工业在柬埔寨国民经济中的地位次于农业和服务业，占GDP比重最小，柬埔寨实现工业现代化任重道远。

第一节　工业发展概述

柬埔寨工业发展起步较晚，基础薄弱，门类单调，主要是食品加工业和轻工业，出口外海市场。鉴于此，柬埔寨政府已经把工业当作推动国内经济发展的支柱之一，重视发展国内工业，加快工业化建设。经过这些年的发展，柬埔寨工业也取得一定成绩。2011年，柬埔寨GDP为128.3亿美元，同比增长7.1%，其中工业增长14.5%[1]，成衣制造业和橡胶业分别增长20.2%和10.1%。[2]工业占GDP的比重为28.4%，并创造了45万个就业岗位。[3]2012年上半年，成衣制造和制鞋业产值达20.15亿美元，同比增长26%；新注册工厂83家，同比增长66%。电力供应15.43亿千瓦时，同比增长22%。2012年上半年外国直接投资总体形势良好，工业投资项目有60个，投资总额达3.81亿美元。

一、工业发展历程

自1953年独立至1993年大选期间，柬埔寨一直残存着殖民地经济和封建经

---

① 世界银行:《世界发展指标》。http://data.worldbank.org.cn/country/cambodia.
② 《柬埔寨2011年宏观经济形势》，中华人民共和国驻柬埔寨王国大使馆经济商务参赞处网站，2012年3月19日。http://cb.mofcom.gov.cn/aarticle/zwrenkou/201203/20120308024 009.html.
③ 《柬埔寨国家概况》，中华人民共和国外交部网站，2012年8月。http://www.fmprc.gov.cn/mfa_chn/gjhdq_603914/gj_603916/yz_603 918/1 206_604 282/.

济色彩，全国经济命脉仍受外国资本控制，工业发展举步维艰，经济依旧相当落后。但柬埔寨政府还是采取了一些发展民族工业的措施，使少数产业获得了发展。20世纪60年代中期，在美国、苏联、法国、德国、日本等国的经济援助下，柬埔寨开始建设自己的工业设施，陆续建成了水泥厂、纺织厂、造纸厂、玻璃器皿厂、胶合板厂、橡胶加工厂、轮胎厂以及日用品加工厂等，柬埔寨工业呈现出快速上升的发展态势。[①]到60年代末期，工业产值在国民经济中的比重已达到19%，工业企业就业人数占全国劳动力总数的4%，柬埔寨的工业体系已初见雏型。[②]但从70年代初开始，柬埔寨战乱不断，直到1993年在联合国的帮助下才结束战乱实现和平。多年战乱使柬埔寨的经济满目疮痍，仅有的部分工业设施也被破坏殆尽。1993年开始，柬埔寨新政府陆续推行经济改革，实行自由市场经济，国家不再控制工业企业，国营企业普遍被国内外私商租赁经营。这一时期服装制造业成为新兴产业，行业发展初具规模。

　　1993年，柬埔寨政府为加快本国的工业发展，设立柬埔寨发展理事会（CDC），颁布了相关的优惠投资政策，包括将工业推向自由市场经济领域，颁布新的外资法，重点扶持能源、建材、纺织、成衣、食品加工及化工等产业，这些政策吸引了较多投资。经过努力，柬埔寨工业得到了一定的发展，建成了一些中小型企业，从带动了柬埔寨国民经济的发展，工业产值占柬埔寨GDP的比重也从1994年的16.26%上升到2000年的23.0%。2000年，柬埔寨GDP达36.5亿美元，工业总产值为8.0亿美元，年增长率高达31.2%，其中，制造业总产值为5.9亿美元，占GDP的16.9%，同比增长了30.3%，而纺织品和服装业占制造业总产值的86.5%，食品、饮料和烟草占6.6%，机械设备占0.13%，化工产品占0.1%，其他制造业占6.6%。[③]

　　从行业来看，20世纪90年代，柬埔寨工业主要是以加工型和手工业型产业为主，支撑其工业主体的是成衣纺织业和从事原料加工的出口贸易，制造加工业主要服务于交通运输、建筑及相关行业的维修加工，而建筑业所需的水泥、钢材、五金电料、上下水和装饰材料等均是依赖进口。因此，柬埔寨此时拥有的工业产业不能称为真正工业，只是处于初级阶段的加工业。从企业属性来看，柬埔寨工

①　杨武：《当代东盟经济与政治》，北京：世界知识出版社，2006年版，第218页。
②　王士录：《当代柬埔寨经济》，昆明：云南大学出版社，1999年版，第222页。
③　世界银行：《世界发展指标》。http://data.worldbank.org.cn/country/cambodia.

业企业总体分为两部分，一部分属于中央政府主管部门直管企业，包括水电基础设施及矿藏资源的管理；另一部分为各省市自行管理的地方小手工业。

自进入21世纪以来，柬埔寨工业发展迅速。2005年，柬埔寨GDP为62.9亿美元，同比增长约13.3%。工业产值比2004年增长12.7%，工业产值约占GDP的26.4%，纺织和成衣成为推动柬埔寨工业快速增长的加速器，该行业占GDP的15.4%。相比之下，建筑业只占GDP的6.8%，食品、饮料、烟草仅占2.5%，纸张印刷和化工等其他工业约占3.9%。2006年，柬埔寨工业产值达22.63亿美元，占GDP的25.6%，同比增长18.3%，主要工业产品有服装、香烟、食品、饮料、木材制品等，而成衣制造业仍旧是柬埔寨工业中最大产业，其出口额也占出口总额的90%以上。长期以来柬埔寨基础设施落后，资金尚不足，工业体系变化较小，2007年柬埔寨工业领域发展仍较为缓慢，工业总产值为21.5亿美元，同比增长了8.4%，占柬埔寨GDP的26.8%，与农业比重基本持平。而柬埔寨工业增长仍严重依赖纺织和成衣制造业，纺织和成衣制造业约占GDP的11.2%，建筑业占GDP的8.9%，餐饮及烟草占2.2%，其他小工业占2.5%，水电供应占0.5%，矿业加工占1.0%，纸张印刷占0.7%，化工占0.3%。[①]但与纺织和成衣制造相比，2007年的建筑业发展较快，产值已达8.22亿美元，约占工业产值的1/3。虽然柬埔寨近年来经济有较快发展，但工业总体结构基本无大的变化，工业仍以纺织和成衣制造加工业为主，在自主研发和制造能力的产业上尚无进展。

2008年，柬埔寨GDP达到103.5亿美元，其中工业产值达27.6亿美元，占GDP的27.0%，同比下降0.3%。同年，纺织和成衣制造业占GDP的11%，占工业产值的40.7%。建筑业占GDP的8.9%，水电供应占GDP的0.5%，矿业加工占GDP的0.9%。[②]由于全球性金融危机，欧美市场对成衣需求减少，柬埔寨成衣制造业受到严重冲击，国内不少企业倒闭，形势较为严峻，且柬埔寨建业发展也遭到严冬，致使2008年柬埔寨经济出现了负增长。柬埔寨工业结构单一是该国经济无法抵御外来风险的主要原因，而发展技术含量高、附加值高的产业又需投入较大的资金和人力资本，这些也正是柬埔寨所缺乏的。柬埔寨工业所面临的问题仍较为复杂，丰富产业结构还需加大各领域的协调发展。2009年，柬埔寨经济继续因国

---

① 《柬埔寨2007年宏观经济形势及2008年发展趋势》，中华人民共和国驻柬埔寨王国大使馆经济商务参赞处网站，2008年4月17日。http://cb.mofcom.gov.cn/article/zwrenkou/200804/20080405484098.shtml.

② 《柬埔寨2008年宏观经济形势》，中华人民共和国驻柬埔寨王国大使馆经济商务参赞处网站，2009年4月6日。http://cb.mofcom.gov.cn/aarticle/zwrenkou/200904/20090406141 859.html.

际金融危机的影响而遭受重创，GDP仅增长0.1%，工业也受到较大冲击。但随着
全球经济回暖，2010年柬埔寨GDP约为112.4亿美元，增长6.0%，其中工业产值
约为24.6亿美元，约占GDP的23.2%，纺织和成衣制造业占GDP的8.7%，占工业
产值的41.4%，建筑业占GDP的6.1%，建筑业投资约为8.4亿美元。值得注意的是，
2010年柬埔寨新开50家制衣厂和制鞋厂，其中20多家是从中国迁移至柬埔寨的。
由于受中国国内生产成本上升的诸多因素的影响，中国成衣制造和制鞋企业也开
始关注柬埔寨，实行"走出去"战略，由此加大了对柬埔寨的投资力度。表4-1是
近年来柬埔寨工业发展情况，其工业在国民经济的比重一直不高，因2008年金融
危机的影响，至2011年柬埔寨工业产值和比重才有明显回升。

表4-1　近年来柬埔寨GDP和工业增长情况

年份	GDP（亿美元）	GDP增长率（%）	工业总产值（亿美元）	工业产值增长率（%）	工业产值占GDP比重（%）
2001	39.8	8.0	8.9	11.2	23.5
2002	42.8	6.7	10.4	17.1	25.6
2003	46.6	8.5	11.6	12.0	26.3
2004	53.4	10.3	13.7	16.6	27.2
2005	62.9	13.3	15.7	12.7	26.4
2006	72.7	10.8	19.0	18.3	27.6
2007	86.4	10.2	21.5	8.4	26.8
2008	103.5	6.7	23.2	4.0	23.8
2009	104.0	0.1	22.5	-9.5	23.1
2010	112.4	6.0	24.6	13.6	23.2
2011	128.3	7.1	28.4	14.5	23.5

资料来源：世界银行：《世界发展指标》。http://data.worldbank.org.cn/country/cambodia（以
现价美元计算。

2011年，柬埔寨成衣制造业增长强势，建筑业复苏加快，而成衣制造业和建
筑业仍是柬埔寨工业的两大支柱。2011年，柬埔寨充分利用欧盟给予的新普惠制
（GSP）和美、欧、日等28个国家给予的最惠国待遇等优惠政策，及本国劳工成本

低廉的优势，积极吸引外资投入成衣制造和制鞋业。2010年由于欧盟市场订单特别是制鞋订单的大幅增加，柬埔寨成衣制造和制鞋业产品出口额达42.4亿美元，同比增长42.8%。2010年至2011年建筑业复苏态势日益明显，柬埔寨新批建筑项目2 129个，吸收外国直接投资额达17.34亿美元，同比增长106.4%，新投资项目主要包括碾米厂、制衣厂、旅游设施、农场和住房等。2012年，柬埔寨成衣制造业持续增长，建筑业复苏强劲，柬埔寨继续享受欧盟的GSP和美、欧、日等国的最惠国待遇，其工业同比增长13.3%。

受欧债危机等影响，2012年上半年，柬埔寨共出口服装仅21亿美元，同比仅增长8.7%，占当期出口总额的84%。工业领域中，新增成衣制造、制鞋厂51家，投资3.27亿美元，中国是2012年上半年柬埔寨成衣制造业最大投资国，共投资设立16家工厂，其次是韩国投资12家。2012年上半年柬埔寨外国投资来源以亚洲国家为主，主要涉及成衣制造、大米加工和橡胶等，上述新增工业项目共创造17.4万个就业岗位。[①]

近年来柬埔寨一直保持稳定的政治经济环境，努力争取国际金融组织和发达国家更多的直接投资、经济和技术援助，积极推进越南、老挝、柬埔寨"发展三角"的合作，并融入东盟经济共同体，积极参与GMS经济合作，重点参与和周边各国的区域互联互通计划的软硬设施建设。在加大吸引投资力度特别是在私人领域参与国家建设方面，不断完善经济法律和法规框架，改善社会环境和治安，使得柬埔寨现已成为吸引众多国际投资商的新兴市场。一直以来，柬埔寨成衣制造业和建筑业是拉动工业前行的引擎，但是柬埔寨实际上仍是一个相对落后的国家，工业仍处于现代化发展的初级阶段。柬埔寨工业基础薄弱，并对成衣制造业和建筑业高度依赖，进而形成了不完善的工业体系和工业结构，这对其经济的发展也形成一定的障碍。为加快工业发展，柬埔寨政府审时度势，将劳动力密集型工业作为国家优先发展的领域之一。

二、工业部门结构

成衣制造业和建筑业堪称柬埔寨工业的"两驾马车"，带动着柬埔寨整个工业的发展。柬埔寨出口更主要依赖"两头在外"的成衣制造业，而其市场所需的

---

① 《2012年上半年柬埔寨经济形势》，中华人民共和国驻柬埔寨王国大使馆经济商务参赞处网站，2012年11月15日。http://cb.mofcom.gov.cn/aarticle/zwrenkou/201203/20120308024009.html.

其他工业制成品则几乎全部依赖进口，这使得柬埔寨的进出口贸易深受国际经济大环境的影响和制约。加之资金不足和技术落后，柬埔寨经济发展严重依赖于外来援助和投资，大量外资的流入及国际金融组织和伙伴国的援助已成为柬埔寨经济发展的重要动力之一。

近年柬埔寨工业正稳步发展，2004年，隶属柬埔寨工矿能源部（以下简称工矿能源部）直接管理的企业共有415家，就业人数为30.3万人。[1]2005年底，较大型企业增至483家，企业就业人数为33.1万人。2006年底企业共有582家，企业共招募工人33.5万人，这些企业主要涉及成衣制造业和建筑业，还有部分涉及食品、烟草及日用品（纸张、印刷木材制品）等轻工业。为摆脱工业部门单一的困境，柬埔寨正加大在水电供应、矿业加工及化工产品生产等工业部门的投资，希望借此实现工业部门的多元化发展。

在法制建设方面，1994年颁布的《投资法》鼓励投资工业的重要领域，包括起带头作用的产业或高科技工业、旅游工业、农用工业产品的生产及加工工业、能源生产等，并规定了具体的鼓励措施，诸如营业税的税率为9%；从第一次获得盈利的年份算起，可免征盈利税的时间最长为8年；分配投资盈利，不管是转移到国外，还是在柬国内分配，均不征税；进口建筑材料、生产资料、各种物资、半成品、原材料及所需零配件，均100%免征其关税及其他税；产品出口，免征100%出口税。[2]1999年，柬埔寨颁布了《柬埔寨王国投资法实施细则补充细则》，补充细则列举了20个政府鼓励投资的领域，工业领域有：加工业、纺织业、成衣加工业、家具加工业、造纸和纸品加工业、化学工业、橡胶和塑料制品加工业、皮革制品加工业、金属制品加工业、电子电器工业、机械和工业器材加工业、宾馆建筑业。2001年柬埔寨通过了新的《投资法》，该法鼓励国内投资和外商投资，规定了鼓励投资的新领域，其中包括出口导向型工业、能源和矿业等，同时也划定了限制外商投资的领域如建筑业等。投资法对赴柬埔寨投资的外商给予了一定的优惠待遇，如公司所得税税率和国内投资者的税率相同，允许外商投资者向境外汇出外汇。上述法律法规的相继出台，给予外国投资者以巨大的保障和信心，使柬埔寨工业取得了长足的发展。

柬埔寨工业部门主要包括采矿业、制造业、电力、石油、天然气及水泥的生

① 《柬埔寨工业现状及发展前景》，中华人民共和国驻柬埔寨王国大使馆经济商务参赞处网站，2005年8月28日。http://cb.mofcom.gov.cn/aarticle/ddgk/zwminzu/200508/20050800321416.html.

② 董治良、赵佩丽：《柬埔寨王国经济贸易法律选编》，北京：中国法制出版社，2006年版，第28页。

产和建筑业，其中制造业以劳动密集型的成衣纺织业为主，其石油及燃料加工、化工、冶金、机器设备和电子产品的制造仍十分落后，不仅技术落后，而且其中有一些仍处在发展空白状态。从表4-2的统计可看出，制造业在柬埔寨工业发展中占有最重要的地位，而柬埔寨商品出口几乎完全依赖制造业的出口。

表4-2　近年来柬埔寨制造业的发展情况

年份	制造业总产值（亿美元）	年增长率（%）	占GDP的比重（%）	占工业产值的比重（%）	制造业出口占总出口的比重（%）
2001	6.7	15.2	17.7	75.3	96.4
2002	7.5	14.4	18.6	72.1	97.0
2003	8.5	12.3	19.1	73.3	97.3
2004	10.0	17.7	19.9	73.0	97.1
2005	11.2	9.7	18.9	71.3	97.4
2006	13.5	17.4	19.6	71.1	97.7
2007	15.0	8.9	18.6	69.8	97.5
2008	15.9	3.1	16.3	68.5	95.5
2009	15.0	-15.5	15.3	66.7	97.0
2010	16.5	29.6	15.6	67.1	96.1
2011	19.5	16.2	16.1	68.7	——

资料来源：世界银行：《世界发展指标》。http://data.worldbank.org.cn/country/cambodia.（以现价美元计算）

表4-3　柬埔寨主要工业部门的发展情况

年份	成衣制造业（鞋业）产值		建筑业		餐饮及烟草	
	总产值（亿美元）	占工业比重（%）	总产值（亿美元）	占工业比重（%）	总产值（亿美元）	占工业比重（%）
2004	6.81	48.6	3.35	23.7	1.56	11.1
2005	8.09	53.8	3.57	23.8	1.31	8.7
2007	10.36	41.0	8.78	34.8	2.17	8.6
2008	11.24	40.7	9.10	32.9	——	——
2010	9.95	41.4	6.97	29.0	——	——

资料来源：根据中华人民共和国驻柬埔寨王国大使馆经济商务参赞处历年统计数据整理。

　　从表4-3的统计数据可以看出，柬埔寨工业部门结构以成衣制造业和建筑业为主导产业，虽然成衣制造业是柬埔寨的新兴行业，但在工业产值中比重高，对柬埔寨经济发展贡献较大。早在1992年，马来西亚商人就到柬埔寨投资建厂进行服装加工以出口海外市场。1993年，柬埔寨政府实行经济改革，颁布经济法律法规，并出台相关优惠政策，大力鼓励发展服装制造业，由此吸引了中国、法国、美国等国的大批外来投资，促使柬埔寨服装业飞速发展，并很快成为了工业发展的支柱产业。目前，柬埔寨服装业已成为其吸引投资最为集中的一个行业和四大经济支柱之一，服装业占工业产值的比重已超过40%。2002年，服装业出口达14.67亿美元，占出口总值的98.7%，成为柬埔寨外汇储备的主要来源。2004年，隶属柬埔寨工矿能源部直接管理的纺织、成衣制造、针织、制鞋和箱包等较大企业有280家，其中制衣厂就有202家，成衣制造行业就业人数达29万人。2005年，该行业企业数量发展为374家，其中制衣厂345家，成衣制造行业就业劳动力达31.5万人。2006年，纺织、成衣制造、针织、制鞋和箱包类企业发展到457家，而制衣厂已达414家，就业劳动力为30.8万人。2010年，柬埔寨成衣制造业包括鞋业已经占工业总产值的41.4%，截至2011年底，柬埔寨全国约有550家制衣厂和制鞋厂。

　　建筑业是柬埔寨工业发展的另一架马车，战后国内恢复和重建给柬埔寨建筑业提供了广大的发展空间，但柬埔寨国内的生产能力极为有限，并不能满足建筑市场的需求。建筑企业规模小、技术落后，这使得柬埔寨许多基础设施的建设都由国外公司来承担，鉴于柬埔寨建筑业具有良好的发展潜力，中国、韩国等国开始纷纷赴柬埔寨投资建筑业。到2004年柬埔寨建筑工业出现蓬勃发展的势头，房地产消费市场不断升温，市内无数大街小巷均可看到新建或正在动工的建筑工程。修建了大批小区，而大批地理位置适当、价格适中的排屋，刚开建便被抢售一空。在房地产迅猛发展的同时，建筑材料需求不断增多，但价格大幅上涨，建筑所需的钢材价格比2002年上升近80%，市场价格达到每吨600多美元，而柬埔寨建筑钢材完全依赖进口，房屋销售价格也因此逐步上涨。2008年，受金融危机的影响，柬埔寨建筑业发展受到很大冲击，建筑业投资急速下滑，柬埔寨政府为促进经济和房地产持续发展，出台相关应对措施，批准了允许外国人拥有房产的《产权法》。2009年上半年，柬埔寨建筑业有所恢复，在柬埔寨的建筑公司资金周转困难问题开始好转。同期，柬埔寨共审批建筑项目1 142个，协议投资额为11.4亿美元。2010年全球经济有所回暖，柬埔寨建筑业也开始全面复苏，多项建筑工程陆续启动，而建筑业产值占工业总产值比重也回升到29.0%。2011年，柬埔寨建筑业继续稳步恢复,政府批准了2 129个建筑项目,投资总额达17亿美元。目前,柬埔寨房地产业除了有国内企业投资外,还有来自马来西来、韩国、中国、越南和日本等国的投资,而建筑业所需的国产原材料主要局限于水泥、砖瓦和平板玻璃,且产量有限,其他诸如钢材、五金电器、上下水管和装饰材料等,柬埔寨本国均不能自行生产,只能依赖进口或国外援助。

柬埔寨食品加工业发展缓慢(表4-4)。2004年,隶属工矿能源部直接管理的食品、饮料及烟草类企业仅有34家,2005年为43家,2006年发展为33家。2004年,隶属工矿能源部直接管理的木制家具企业7家,纸业和纸制品企业5家,化工油料、橡胶和塑料企业18家,非金属矿业企业11家,工业金属加工产品企业12家,其他工业企业1家。[①]2005年,隶属工矿能源部直接管理的木制家具类企业达到7家,纸业和纸制品类企业10家,化工油料、橡胶和塑料类企业20家,非金属矿业类企业11家,工业金属加工产品类企业17家。2006年,工矿能源部批准投资业木制家具类企业共有7家,纸业和纸制品类企业10家,化工油料、橡胶和塑料类企业25家,非金属矿业类企业13家,工业金属加工产品类企业22家,其他工业企业3家[②]。

表4-4　2004—2007年柬埔寨大型工业企业数量、就业情况

行业	2004	2005	2006	2007
食品、饮料及烟草类(个)	39	43	33	42
纺织、制衣、针织、制鞋和箱包(个)	323	386	387	449
木制家具(个)	7	7	7	10
纸业和纸制品(个)	5	5	4	5
化工油料、橡胶和塑料(个)	20	20	20	23
非金属矿业(个)	9	9	9	9
工业金属加工(个)	12	17	18	21
其他工业(个)	1	1	3	5
总计(个)	413	490	481	564
就业人数(人)	303 450	331 023	334 973	408 166

资料来源:《柬埔寨第三届政府经济发展回顾(附表)》,中华人民共和国驻柬埔寨王国大使经济参赞处网站,2008年12月10日。http://cb.mofcom.gov.cn/article/zwrenkou/200 812/20081205944 483.shtml.

---

① 《柬埔寨工业现状及发展前景》,中华人民共和国驻柬埔寨王国大使馆经济商务参赞处网站,2005年8月28日。http://cb.mofcom.gov.cn/aarticle/ddgk/zwminzu/200 508/20050800321 416.html.

② 《柬埔寨工业近期发展方向》,中华人民共和国驻柬埔寨王国大使馆经济商务参赞处网站,2007年6月29日。http://cb.mofcom.gov.cn/article/zwrenkou/200 706/20070604837 651.shtml.

　　柬埔寨地方经济极不发达，小工业和手工业作坊发展也较为落后，但这些小工业和手工业对地方经济发展又发挥着较大的作用，其主要原因是小工业和手工业生产日常所需的生活必需品，涉及传统食品加工、建材加工、日用五金修理等行业，还有一些属季节性生产，如稻米加工或烟叶加工等。这些手工业作坊均系私人小本经营，且基本是以家庭为单位的生产方式，大多商家设备简陋，生产工艺落后，一般只有几个工人，环保条件差，发展空间较小。因此，近年来基本处于缓慢发展的态势（表4-5）。

表4-5　2004—2007年小工业及作坊数量、就业及产值情况

年份	2004	2005	2006	2007
数量（个）	28 131	29 297	31 149	32 619
就业人数（人）	79 780	86 016	87 072	94 835
产值（亿瑞尔）	19 069	24 854	25 991	25 992

　　资料来源：《柬埔寨第三届政府经济发展回顾（附表）》，中华人民共和国驻柬埔寨王国大使经济参赞处网站，2008年12月10日。http://cb.mofcom.gov.cn/article/zwrenkou/200 812/20081205944 483. shtml.

　　虽然柬埔寨已实施了近十多年的市场经济制度，但传统的小工业和手工业发展一直停滞不前。究其原因，系柬埔寨整体经济发展缓慢，不能有效地带动这些产业的发展。但柬埔寨小型手工业的发展还是对促进柬埔寨经济增长、减少贫困发挥了重要的作用。为贯彻柬埔寨政府提出的"四角战略"，柬埔寨工业部在2005年7月出台了支持小型企业发展的行动计划和战略。该计划的核心是为了增强中小型企业的竞争力和活力，并提供一定的优惠政策，诸如简化营业执照办理手续、提供无抵押贷款等措施，增强中小型企业的科技含量，提高生产能力，提升人力资源水平等，以增强其参与市场竞争的能力。

　　近年来，柬埔寨政府在贷款、财政支援和政策方面对农村发展实施了多种优惠，鼓励外资流入，引进先进科技成果，取得了较好的成效。为发展多种经营，扶持农产品加工业和手工业，柬埔寨政府建立农村模范发展区、小型工业和手工业发展区，创办农产品加工园和农产品市场，开展"一村一品"运动，以本国产品代替进口产品，推动和促进小型企业和农业加工业的快速发展。[1]而"一村一品"

---

[1]　曹云德：《柬埔寨王国经济发展版图》，中国网，2012年5月9日。http://news.china.com.cn/rollnews/2012-05/09/content_14110 387_2.htm.

是由日本率先推行农业产业经济的政策，也是日本农业产业化的成功模式，所谓"一村一品"，就是一个村子的居民，充分利用本地资源优势，因地制宜、自力更生，发展农村经济的活动，积极培育主导产业和主导产品，形成"一村一品"发展格局，带动农业农村经济发展，促进农民增收，促进强村富民。实施"一村一品"政策，首先是自主自立、锐意创新，靠质量打造产品知名度，并开发具有地方特色的产品，将产品打入国内和国际市场；其次，培养人才，创造最好的经济效益，增加产品的附加值和技术含量，产品要既能体现当地优势、又有市场需求；最后，企业介入农业领域，促进规模经营，设立"农业特区"，放宽农业准入条件，吸引企业、技术和人才进入农业领域。柬埔寨政府希望通过此举不仅能改善农业发展遇到的困难，同时为农业加工业提供更好的发展契机。

经过十余年的努力，柬埔寨工业逐渐从手工作坊转变为加工工厂，逐步形成了以成衣制造业和建筑业为主导的工业结构，近年柬埔寨也开始着力发展化工和电子机械产业。但柬埔寨工业部门结构仍旧较为单一、工业种类较少、技术落后。其一，柬埔寨工业发展一直较为缓慢，制约柬埔寨工业快速发展的主要因素有基础设施落后，投资成本高；其二，原材料短缺，投资企业所需的一切物资和材料均须进口（除水电和沙石料外），水泥、汽柴油、钢材和电器件价格均高于邻国；其三，高素质人力资源匮乏，柬埔寨高等教育正在恢复中发展，理工科人才缺乏，科技含量较高的企业难落户于柬埔寨；其四，法制不健全，商业间的正常司法争端无法得到合理公证的裁决。所以，柬埔寨工业发展需加强基础设施、人才资源培养等软硬环境的建设，利用优惠的政策，建设经济特区，吸引外来技术含量较高的制造业企业来柬埔寨投资建厂，提高柬埔寨工业部门的技术水平。但由于欧美经济的影响及东南亚其他国家的竞争，柬埔寨在工人技术和产品生产成本等方面的优势正逐渐减弱，柬埔寨政府也正着力适当调整工业结构，丰富工业门类，提高相关产业的技术水平，以保证本国工业在全球自由贸易经济体制下的优势。

三、工业发展布局

当前，柬埔寨工业仍以劳动密集型产业为主，主要分布在成衣业、建筑业、食品加工业和日用品工业，技术较为简单的电子和化工业等，这些行业的发展为柬埔寨劳动力提供了较多的就业机会。1993—1998年是柬埔寨经济改革的第一阶段，工业生产的恢复时期。1994年颁布《投资法》后，前来柬埔寨投资的外商日益增多，柬埔寨重点扶持能源、建材等基础性工业和纺织、成衣、食品加工、化工等轻工业，以及电子信息等高新技术产业。政府在工业领域实施优惠政策，大力吸引外国资本参与工业项目的改造和新建，从而为工业生产注入新的活力，也为新兴工业部门发展提供了条件。柬埔寨政府一方面大力发展自由市场经济，并扶植民族工业发展，另一方面加大市场开放程度，积极引进外资重建和新建了一批工业项目。到1997年底，食品工业、加工工业、日用消费品工业的复兴已取得突出成绩，特别是服装加工业发展迅猛，并成为柬埔寨的一个新兴工业部门。柬埔寨政府也开始有计划地设立农产品加工区和工业开发区，主要生产出口产品，并实行特别优惠政策以推动工业产品的出口。

（一）主导产业的发展布局

2003年，柬埔寨政府提出了"四角战略"，并就政治、经济、文化教育、医疗卫生和公共事务等制定了73项政治纲领。在洪森首相的领导下，柬埔寨社会政治稳定，政府的各项改革举措稳步推进，经济发展进入了战后重建历史增长的最快时期，国家经济快速发展。[①]2005年，柬埔寨政府通过了以"四角战略"作为促进柬埔寨发展、就业、平等和效益的政策，以支持柬埔寨经济和社会发展。"四角战略"包括了发展农产品加工业，使农业发展更多元化，修复和重建基础设施，加强能源开发和电网发展，提高信息和电讯技术。这些战略计划为柬埔寨工业发展明确了方向，动员了更多的企业、人力、资金参与到工业建设中，而商业部、工矿能源部和海关总署也简化成衣产品出口的大部分手续文件，为成衣产品出口创造便捷的条件。

2005年，柬埔寨政府推出第三个社会经济发展规划的五年规划，对2006—2010年社会经济发展战略制定了发展目标。在工业发展上，着重发展成衣制造业，继续扩大就业；加强电力和清洁水供应基础设施建设，改善社会硬件环境；积极开发矿产和油气资源，增加政府财政收入。成衣制造业是柬埔寨工业的支柱产业，对国民经济具有重要的影响，在世界纺织品贸易全面自由化后，柬埔寨成衣制造业与部分发展中国家竞争处于劣势，并面临成本逐渐升高和生产线拖延等问题，寻找和制造本国制造业优势，挖掘工业行业潜力是柬埔寨工业发展面临的新问题。2008年，柬埔寨政府推出"四角战略"第二阶段施政纲领，确定了柬埔寨

① 《柬埔寨工业近期发展方向》，中华人民共和国驻柬埔寨王国大使馆经济商务参赞处网站，2007年6月29日。http://cb.mofcom.gov.cn/article/zwrenkou/200706/20070604837651.shtml.

经济发展规划和优先吸引外资行业的计划。规划中确定了四个重点领域：一是海陆空交通基础设施；二是水利和水资源管理；三是能源电力；四是通讯技术。在促进私人投资和就业计划中确定四个重点方面：一是加强私有经济发展，吸引投资；二是创造良好工作环境和更多工作岗位，促进就业；三是鼓励中小企业发展；四是建立健全社会保障体系。柬埔寨政府于1994年颁布《投资法》，2003年通过《投资法（修正法）》，政府鼓励投资的重点工业领域有：创新和高科技产业、出口导向型产业、农业及农产品加工业，并在依法设立的经济开发区投资。

　　柬埔寨成衣制造业的最大优势是具有丰富廉价的劳动力以及对欧美出口的政策优惠。但劣势也很明显，即劳动力素质不高、相关配套服务不完善、产品技术含量不高。针对这些劣势，柬埔寨国内提出必须要提高成衣制造业的竞争力，把柬埔寨成衣制造业由现有的服装业集聚地位向原创设备生产商转变。为实现这一转变，柬埔寨政府提出，主要服装企业必须向以下三个战略方向努力，即提高劳动者素质和加强企业管理；发展成衣制造业的配套服务产业；消除腐败，培育公平、公正的经商氛围。这三个战略方向对柬埔寨成衣制造业发展至关重要，特别是优先发展前两个战略方向。为实现战略目标，自2008年9月开始，柬埔寨一些大学和培训机构已经为将来从事成衣制造业相关工作的学生开设"第二课程"，学习全球纺织和成衣制造业的供需状况、贸易管理、有关纺织和服装的政策，以及柬埔寨在全球价值链中的地位。这个计划虽然具有很好的前景，但仅靠自身能力柬埔寨无法完成这些任务，还需要因此与日本、韩国、中国等国建立密切联系，加强技术培训，引进技术。

（二）能源产业的布局

　　随着工业的逐渐发展，柬埔寨政府已经认识到能源矿产对经济发展的重要性，柬埔寨下设电力署和工矿能源部两个能源相关部。工矿能源部主要负责制定规划、电力标准、政策等，电力署主要负责征税、颁发许可证、评估投资计划、执行技术标准等。一方面，柬埔寨位于湄公河下游地区，境内水利水电资源丰富，储量为1亿兆瓦，但并未开发。而另一方面，国内电力紧张，84%的农村地区未通电，全国只有16.41%的家庭使用电灯。目前，柬埔寨东部地区主要是从越南进口输电，西部主要是从泰国进口输电，国内计划修建13个火力发电站主要供往暹粒、菩萨、贡布及西哈努克港等地区，且95%以上是柴油发电。为解决电力紧张的问题和满足不断上升的用电需求，柬埔寨计划加快能源建设，保证能源供给，为工业稳定发展提供良好的外部环境。为此，柬埔寨制定了2008—2021年国家能源发展规划，规划柬埔寨电力产量和生产能力由2006年的329兆瓦、15.48亿千瓦时上升到2020年的1 539兆瓦、81.76亿千瓦时，并计划到2020年全国农村都通电。"柬埔寨水电建设总计划"规划建设29个水电站，经过论证其中有7座电站需要优先发展，需要资金为11.4亿美元，水电站建设主要在柬埔寨东北和西南地区。表4-6是柬埔寨能源产量及使用的情况，从表可以看出柬埔寨是一个能源短缺的国家，其产量远不能满足国内的需求，但因为开采技术的落后和人才的短缺，其可能存在的能源也不能较快地获得，所以近年来柬埔寨开始大力吸引外国公司到柬埔寨合作开发能源资源。

表4-6　近年来柬埔寨能源发展情况

年份	能源总产量（千吨石油当量）	能源使用量（千吨石油当量）	化石燃料能耗（占总耗能的比重）	能源净进口（占总耗能的比重）
2000	2 718.4	3 412.4	20.3	20.3
2001	2 687.8	3 430.2	21.6	21.6
2002	3 250.0	3 994.4	18.6	18.6
2003	3 309.4	4 114.8	19.5	19.6
2004	2 559.6	3 389.3	24.4	24.5
2005	2 495.8	3 435.9	27.3	27.4
2006	2 411.4	3 429.4	29.5	29.7
2007	2 315.4	3 481.5	33.2	33.5
2008	2 278.2	3 513.5	34.5	35.2
2009	3 602.6	4 907.4	25.3	26.6
2010	3 621.1	5 024.3	25.6	27.9

资料来源：世界银行：《世界发展指标》。http://data.worldbank.org.cn/country/cambodia.

在20世纪70年代至80年代，苏联、法国和日本等国家的地质专家，运用航磁、二维地震和钻探等手段对柬埔寨的石油资源做过进一步调查，油气贮备状况也开始日趋明朗。1992年，随着柬埔寨国内局势的逐步稳定，政府便重新启动石油勘探计划，拿出6个海洋和9个陆地石油区块进行世界范围的公开招标，苏联、法国、澳大利亚和印度尼西亚等国家的一些公司都积极参与，形成了柬埔寨石油勘探热潮。到2002年，随着国际能源供应紧张状况的加剧和油价的节节攀升，一些国际能源投资者再次将目光转向柬埔寨，同时柬埔寨政府对石油投资者在成本回收和利润分成方面实施了优惠政策。2002年，美国雪佛龙公司率先拿下了柬埔寨最具油气潜力的海上A区块，它的面积为6 200平方千米左右，该公司直接从打钻井开始油气勘探作业，而所打的5口海上油井中有3口出了油，1口出了气。该公司还扩大勘探海域，又打了10口井，获得大量数据，并宣布A区块的探明石油储量为5亿桶。[①]

2007年，柬埔寨成为最受国际瞩目的又一个新的油气资源国家，一场国际石油竞争已经在柬埔寨西南海域上展开。柬埔寨政府在其领海内划定的6个石油区块的勘探开采权，已全部被外国石油公司购得，其中取得B区块是泰国国家石油、马来西亚石油资源和新加坡石油公司，每一家公司均持有1/3的股份。至2009年，该新加坡公司及其合作伙伴已经投资了100万美元，他们将投资250万美元或者更多，将来这一区块会发现更多石油。[②]C区块被中国香港保利达集团所得；D区块则被新加坡神州石油（柬埔寨）有限公司获得；印度尼西亚MEDCO国际能源公司取得了E区块；F区块被中国海洋石油总公司取得。2007年4月，新加坡神州石油公司在新加坡发布对D区块油气储量的初步评估结果，宣布已探明该区块有2.2 688亿桶的石油和1.405亿立方米的天然气储量，成为继美国雪佛龙之后第二个宣布其所属区块油气储量的公司。但是这些信息对整个柬埔寨海上油气储量的探明，特别是对可开采储量做出一个明确的判断还是远远不够的，柬埔寨国家石油机构至今还无法对外提供准确的油气储量。

（三）经济特区的工业规划

2005年，柬埔寨政府颁发第147号和148号补充法令，决定在柬埔寨发展理事会下成立经济特区局，负责管理经济特区日常事务。柬埔寨经济特区分为两类：

---

① 邢和平：《柬埔寨海上石油引发国际投资热潮》，载《东南亚纵横》，2007年第11期，第2～3页。

② 《取得石油勘采许可证，雪佛龙支付1.2亿美元》，载新加坡《星洲日报》2009年1月2日。http://www.sinchew-i.com/sciCAM/node/10 158.

一类是普通的经济特区，另一类是出口加工区。柬埔寨经济特区发展非常迅速，截至2010年柬埔寨政府批准的经济特区数量达21个，2011年柬埔寨各类经济特区共吸引外资项目39个，吸纳就业3.2万人次，吸引投资7.15亿美元，占柬埔寨全年新批投资额的10%。[①]在柬埔寨经济特区投资，可享受税收、设备和原材料进口、产品出口等方面的优惠政策。在柬埔寨经济特区投资的外商主要来自日本、中国、新加坡、马来西亚和中国台湾，投资行业涉及服装、制鞋、电子、农产品加工等。

2011年，柬埔寨政府以次法令形式正式批准14个经济特区，另外还有8个特区获得柬埔寨经济特区局证书。获批的经济特区主要分布在戈公省、西哈努克省、柴桢省、班迭棉吉省、茶胶省、干拉省、贡布省、磅湛省和金边市。总体上发展态势比较好的是金边经济特区、西哈努克经济特区、曼哈顿经济特区、贡布经济特区。中国江苏红豆集团与柬埔寨国际投资开发集团合资建立了西哈努克港经济特区，到2012年10月底，西哈努克港经济特区建区企业完成投资1.3亿美元，协议入区企业23家，实际完成投资4 610万美元，上缴东道国利税38万美元，带动当地就业6 022人。特区建设进展迅速，经济社会效益显著，不仅是中柬两国，更是中国—东盟区域合作的典范。但由于柬埔寨配套基础设施落后，特区内所有的相关配套基础设施都需要开发商来建设，因此投资特区的成本比较高。另外，由于相关配套设施不完善，特区对投资商来投资兴厂的吸引力仍不足。

近年来，虽然柬埔寨工业产值逐年增加，但工业结构仍属加工性工业。为今后能适应经济发展需求，并为经济特区有效的发展创造机会，柬埔寨不断协调商业的执行机制，一是减少非官方的开支；二是简化手续，特别是在协调商贸和各种商务活动领域；三是推行统一行政管理，即统一同一个窗口的进出口检查与手续办理，统一服务费标准；四是实施海关总署和国际口岸相关单位的改革；五是对新企业减少其注册费和不必要的障碍；六是推动中小型企业发展；七是促进职业培训。并且洪森首相表示，给予每间制衣厂延长两年的免税优惠，以吸引更多制衣厂到柬埔寨投资，拯救目前正面临着严重危机的柬埔寨成衣制造业。[②]

---

① 《柬埔寨经济特区受外商青睐》，中华人民共和国驻柬埔寨王国大使馆经济商务参赞处网站，2012年2月2日。http://cb.mofcom.gov.cn/aa rticle/jmxw/xmpx/201 202/20120207948 579.html.

② 《外商仍看好柬埔寨成衣制造业发展前景》，中华人民共和国商务部网站，2004年12月9日。http://ccn.mofcom.gov.cn/swxw/show.php? eid=5 556.

柬埔寨经过十多年的工业发展，并没有改变其工业结构的单一性，扭转过于依赖成衣业和建筑业的局面，增强其抵御危机的能力。从柬埔寨进口商品结构中可以看出柬埔寨工业发展相当落后，柬埔寨近年进口的工业制成品主要包括药品、橡胶制品、纸张、纺织品、五金制品、机器设备、各类家用电器、汽车及零部件、摩托车及零部件、其他机动车及零部件、铁路及其运输设备、各类船只及其设备、玻璃、瓷砖等建筑材料。而制造业作为经济发展的基础，其信息技术产业基本是空白，机械制造业和电子电器业发展缓慢，技术落后，这导致整个工业发展面临诸多困难。目前，柬埔寨为推动国家经济迈向工业化发展道路，实现经济现代化和多元化，首相洪森提出三个工业化发展方向：提高现有重要领域的附加值、发展潜在新兴工业和发现潜在产业。柬埔寨要抓住亚洲新兴经济体东移的机遇，扩大吸引外资的规模。积极引进国外先进技术和产业，特别是吸引大型跨国公司到柬埔寨工业园区或经济开发区投资设厂。[1]

自20世纪90年代以来，柬埔寨积极吸引和争取各种资金参与国内经济建设，经过十多年快速发展，柬埔寨国民经济取得较大发展，人民生活得到改善。但总体而言，柬埔寨工业发展时间较短、工业部门少、门类规划布局也处于较低水平。虽然柬埔寨成衣制造业得到迅速发展，创造了大量的就业机会，并为财政收入做出了积极贡献，但自全球金融危机爆发以来，外需骤降，成衣制造行业也出现大量失业人员。目前，柬埔寨仍是世界最不发达国家之一，农业、成衣制造业、房地产及旅游业是其经济发展四大支柱。为此，柬埔寨政府提出要加快工业发展，落实各部门的发展目标，加强应对经济危机的能力，加大宏观经济调控，控制通货膨胀，实施多样性的货币政策，确保稳定的金融环境。最终，改革产业结构，保持柬埔寨经济可持续发展。

第二节 能源工业

柬埔寨能源工业至今仍处于较为落后的状态。进入21世纪，柬埔寨油气工业取得了较快发展，柬埔寨积极与外国公司进行石油开采合作，重视油气开采和

---

[1] 《洪森提出柬埔寨经济发展目标》，中华人民共和国驻柬埔寨王国大使馆经济商务参赞处网站，2011年2月17日。http://cb.mofcom.gov.cn/article/ddgk/zwminzu/201102/20110207404 987.shtml.

炼油项目，并积极开展落实这些项目，希望在不久的将来能实现油气自给。近几年电力工业发展取得一定成绩，但还不能满足国内的用电需求，柬埔寨许多地方仍未普及电力，工业用电成本也较高，政府正努力实施多样化的发电模式，以解决国内电力不足的局面。

一、煤炭工业

柬埔寨含煤地层分布较广主要分布在贡布省、帕威夏省、桔井省、上丁省及戈公省等，有下二叠统、上三叠统、中—下侏罗统等层位。但煤层厚度薄、不稳定、连续性差、含硫高、灰分大，有的甚至变质了，因而大多属于褐煤，而缺乏工业用煤，特别是焦煤。上丁省班塔拉特山煤矿规模较大，煤层出露于洞里萨河东岸中—下侏罗统中，煤盆地面积2.5平方千米，有27层煤层，每层厚度0.5米左右，全硫含量0.71%～3.44%，煤中灰分平均含量为37.5%，硫含量为0.71%～3.44%，挥发份为30.2%，估算储量700万吨。而至今柬埔寨煤炭加工业相当落后，基本属于空白。[①]

二、油气工业

柬埔寨曾一直被认为是一个贫油国，勘探和开采技术都十分落后，在海上石油开采方面尤为突出，严重缺乏相关技术人员和先进设备，这使得很长一段时期柬埔寨石油产品几乎全部依靠进口。20世纪，柬埔寨几乎没有自己的石油工业，而每年的石油产品平均消耗量约为90万～100万吨，大部分进口自新加坡、泰国和越南，这也导致柬埔寨走私石油产品情况较为普遍。

（一）石油和天然气开采业

1991年，柬埔寨颁布了石油法规，自此柬埔寨石油开发和管理主要依据该法规，在柬进行石油勘探可通过投标获得勘探权，勘探有效期是4年，经批准可延长2年。进行石油开发应当与政府签订产品分成合同，合同中涉及产品的分成比例、成本返回速度和所得税率等详细条款。每个区块需要一份独立的合同，开采区最长期限30年，也可以延长。柬埔寨矿产资源的主管部门是工矿能源部，工

---

① 徐国端、石菲菲、杨自安等：《柬埔寨矿产资源分布规律及遥感找矿预测初步研究》，载《矿产与地质》，2008年第6期，第544页。

矿能源部负责油气方面供竞争性招标区块的划定工作，评估报告及建议交给国家石油委员会，工矿能源部汇总该委员会的各项建议转交政府批准，石油合同由工矿能源部代表政府签署。①

20世纪80年代期间，苏联和越南地质学家在暹罗湾沿岸和洞里萨湖区域首次发现石油和天然气，这扩大了柬埔寨能源发展领域。近几年来对柬埔寨陆地石油进行进一步的勘探和研究表明，柬埔寨3个大的地下盆地即东部盆地、中央盆地和高棉盆地都蕴藏着石油和天然气，其中最被看好的是高棉盆地。进入21世纪后，柬埔寨政府更加重视石油和天然气的勘探和开采，为了弄清楚本国油气资源的具体情况，政府准许一些有技术的外国石油公司进入柬埔寨进行石油勘探和开采。2003年，柬埔寨有8家经营石油产品的公司，其中5家是外国公司，另3家是柬埔寨公司，柬埔寨公司占有50%以上的市场份额。2004年12月，柬埔寨首次勘探发现海上石油和天然气，这是美国雪佛龙海外石油（柬埔寨）有限公司勘探队在西哈努克市以南140多海里的领海内发现的，而油田是蕴藏在海底深处，当时与此相关的法律、法规还未健全，如果柬埔寨不及时开采，唯恐被邻国偷偷从海底抽走石油和天然气，所以柬埔寨政府拟定计划在2007年投入开采。②

目前，柬埔寨政府已认定国内有海上和陆地石油，其中海上石油开采分为A、B、C、D、E、F六个区块，陆地上具备石油地质构造特征的地区主要集中在洞里萨湖盆地。据世界银行预测，柬埔寨海上石油储量约20亿桶。③柬埔寨油气勘探合作取得了积极成果，在柬埔寨沿海的A区块，雪佛龙公司持有A区块55%的股份，其合作伙伴三井石油勘探持有30%的股份，加德士持有15%的股份。在2003年至2007年期间，这些公司共打了14口勘探性油井，开采前景乐观，并与美国雪佛龙公司拟定了开采计划。2009年这些公司在15个地点从事石油钻井工作，根据柬埔寨国家石油管理局的资料，至2009年雪佛龙公司及其合作伙伴已经投资了1.2亿美元。目前，美国雪佛龙公司在柬埔寨海上A区块石油和天然气的开采已耗资1.7亿美元，钻探了18口井，计划再投资6亿美元，已完成在柬埔

---

① 孟瑞、冯希：《柬埔寨地质矿产资源概况及矿业政策》，载《国土资源情况》，2011年第1期，第51页。
② 《柬埔寨宣布发现石油和天然气》，中华人民共和国驻柬埔寨王国大使馆经济商务参赞处网站，2004年12月26日。http://cb.mofcom.gov.cn/index.shtml.
③ 《柬埔寨投资环境及重点投资领域》，中华人民共和国驻柬埔寨王国大使馆经济商务参赞处网站，2011年5月17日。http://cb.mofcom.gov.cn/index.shtml.

寨海域 A 区块的石油勘探，即将进入实质开采阶段，原定计划在 2012 年底可以产油。[①]但因与柬埔寨政府就石油税收等问题尚未达成一致，且美国经济不景气，同时由于柬埔寨国内缺乏人力资源，柬埔寨没有制定好《油气管理法》和《油气经营税收条例》等有关油气开采经营的管理法律法规，美国雪佛龙公司的油气开采计划受到影响，原定于 2012 年底在柬埔寨外海 A 区块开采出第一滴油的计划需要延期到 2016 年。[②]目前，该公司正与柬埔寨政府积极商讨落实协议内容的事宜。自 2002 年 3 月获得柬埔寨政府授予海上石油勘探权以来，该公司已宣称通过其实验钻井采集了石油，但至今却未公布 A 区块的油气蕴藏量。近年随着对本国油气开采的重视，柬埔寨政府积极调整与外资企业的开采合作计划，积极配合美国雪佛龙石油公司，希望及早开采出石油。柬埔寨国内石油开采的各项计划也逐渐提上日程，这将会带动上下游产业链的布局和完善。

2006 年，由中国、中国香港、新加坡等地的股东合资成立的瑞德能源公司获得柬埔寨海上 D 区块油田 7 年勘探权和 30 年的开采权。依据 2008 年开展的勘探结果，D 区块蕴藏约有 2 亿桶石油，而中国石油控股公司在 D 区域已经投资 400 万美元，用于在该区块首次勘探石油。[③]2010 年，该公司在柬埔寨 D 区块油田开始采用世界领先的海洋电磁法进行施工，以此提高钻井的精确度，计划争取早日在柬埔寨开采出原油。E 区块是位于柬埔寨西部边境一块与泰国有争议的地区，该区域已经承包给印度尼西亚 Medco 国际石油公司，该公司持有 41.25% 的股份，科威特能源持有 20% 的股份，一家瑞典公司持有 34% 的股份，为取得 E 区域的许可证，印度尼西亚 Medco 公司已经支付 450 万美元给柬埔寨政府社会发展基金。[④]

2007 年，中国海洋石油公司获得柬埔寨海上 F 区块 7 000 平方千米油气钻探权，2009 年，该公司已经与柬埔寨国家石油管理局签订了协议。2011 年底，中海油开始在 F 区块钻探石油和天然气，预计耗资 2 000 万美元。柬埔寨政府非常重

① 《柬埔寨拟建首家炼油厂》，中华人民共和国驻柬埔寨王国大使馆经济商务参赞处网站，2011 年 6 月 16 日。http://cb.mofcom.gov.cn/index.shtml.

② 《雪佛龙在柬推迟开采石油》，载柬埔寨《金边晚报》2012 年 11 月 24 日。http://www.jinbianwanbao.com/List.asp?ID=11 738.

③ 《取得石油勘采许可证，雪佛龙支付 1.2 亿美元》，载新加坡《星洲日报》，2009 年 1 月 2 日。http://www.sinchew-i.com/sciCAM/node/10 158.

④ 《取得石油勘采许可证，雪佛龙支付 1.2 亿美元》，见《星洲日报》，2009 年 1 月 2 日。http://www.sinchew-i.com/sciCAM/node/10158.

视该项投资，认为这是柬中友谊和长期合作的象征，全力支持钻探行动，并希望中海油帮助培训柬埔寨石油官员关于油气方面的新技术。现今，柬埔寨已被视作油气资源的宝地，备受美国、日本、韩国、中国、印度、泰国等国的青睐，积极与柬埔寨洽谈能源合作计划，希望共同勘探开采柬埔寨的油气资源。

（二）炼油工业

2005年，中国在柬埔寨投资炼油厂项目1个，协议投资额2.01亿美元。2011年6月，柬埔寨国家石油管理局与柬埔寨石化有限公司签署《建设炼油厂可行性研究框架协议》，计划在柬埔寨建立首家炼油厂。2012年12月，柬埔寨国家石油局同柬埔寨石油化工有限公司签署《炼油厂建设与运营执照协议》，正式批准该公司在贡布省和西哈努克省交界地区建设柬埔寨第一家炼油厂，以生产符合欧IV标准以上的石油产品，供应柬埔寨国内市场以及国际市场。柬埔寨石油化工有限公司获颁了柬埔寨首张炼油厂执照，并与中国浦发机械工业股份有限公司签署了由该公司投资建设的柬埔寨首家炼油厂项目工程承包合同，中国企业将参与柬埔寨第一个炼油厂的EPC总承项目建设。该炼油厂占地约80公顷，总投资23亿美元，建设周期约3年，计划在2015年年底建成投产。建成后年加工原油500万吨，预计年销售收入约50亿美元，远期规划为年加工1 000万吨原油，配套建设100万吨乙烯和化工、化纤、橡胶、化肥等加工装置，而炼油厂销售收入将达到150亿美元；[①]其周围为炼油厂配套生产配件、辅助原材料以及利用炼油厂副产品再加工的企业将达到数百家，发展前景十分乐观。柬埔寨第一家炼油厂的建设对柬埔寨发展石油业、巩固能源安全、减少对进口燃油的依赖以及促进经济发展具有重要意义。柬埔寨目前对燃油的年需求约100万吨，炼油厂建成后年产500万吨燃油，不仅能解决柬埔寨油气市场短缺的问题，还可出口国际市场。此外，柬埔寨蒙乐迪集团和泰国正大有限公司合资1 600万美元，将在柬埔寨西哈努克省建立第二棕油炼油厂。

柬埔寨可能蕴藏石油和天然气资源的海域达3.7万多平方千米，世界银行的报告指出，柬埔寨可能拥有高达20亿桶的石油和0.28亿立方米的天然气。联合国开发计划署和美国哈佛大学2008年就柬埔寨的能源资源进行了联合调查，调

---

① 《柬埔寨颁发首张炼油厂执照》，中华人民共和国驻柬埔寨王国大使馆经济商务参赞处网站，2013年1月7日。http://cb.mofcom.gov.cn/article/jmxw/xmpx/201301/20130108514408.shtml.

查认为，根据柬埔寨已经探明的油气储量和可开采性，能源出口将使柬埔寨GDP增长1倍。柬埔寨国家石油局2008年公布了一份有关开发本国石油和天然气资源的详细计划，力争通过油气开发实现国民经济的可持续发展。柬埔寨副首相索安表示，该计划涉及构建一个有关油气开发的管理框架以及如何培养相关的人力资源等内容，其中最为重要的一条便是建立一个"国家石油账户"，政府通过这一账户对油气开发事业实现专项管理。另外，政府鼓励各石油公司通过比较各国经验，提高陆地和海上石油的开采技术，实现油气收入，帮助柬埔寨解决能源问题并实现经济增长。

由于柬埔寨工业基础整体落后，人力、技术和设备都无法跟上工业现代化国家的水平，不管是跨国石油公司还是国内石油公司在柬埔寨石油开采中都遇到了很多难题，诸多油气开采目标也未能如期实现。尽管与来自10多个国家的石油公司进行了合作，柬埔寨仍不能尽快开发利用其丰富的油气资源。柬埔寨油气工业发展的滞后与其政府没有健全的石油和天然气开采的法律法规，不能很好地协调与外资或外国石油公司的利益分配，且基础工业的落后、机器设备完全依赖进口、人力资源缺失等是息息相关的。柬埔寨石油工业的发展几乎完全依赖于与较先进国家的合作，柬埔寨政府和企业完全没有独立的能力勘探和开发本国石油和天然气，发展油气工业只能靠引进外资和技术。

三、电力工业

柬埔寨电力工业十分落后，由于缺乏维护，又经历了长期的战争，电力设施遭损坏和破坏严重、发电设备陈旧、装机容量小。21世纪初，柬埔寨电力构成以水电站和柴油发电机组为主，其中水电装机容量占总装机容量的37.9%，柴油发电机组占总装机容量的62.1%。[①]这一时期柬埔寨国内有较多地区仍未供电，正因柬埔寨电力供给短缺及电力成本高，其工业发展受到较大限制。近年来，柬埔寨政府十分重视电力工业的发展，实施发展多元化的发电模式，以扭转这种不利的供电、用电局面。柬埔寨政府大力鼓励私营公司投资水电站、太阳能发电和风能发电，努力发展再生能源工业，并考虑采取减少进口风能和太阳能发电产品的税

---

① 姚锋:《柬埔寨电力市场概况》，载《国际电力》，2003年第6期，第12页。

收政策。①在发展本国电力的同时，柬埔寨甚至还从邻国越南和泰国购电以解决用电紧张的问题。

（一）柬埔寨电力工业总体发展形势

为保证柬埔寨经济的可持续发展，政府加大吸引外资力度，放宽投资水电建设政策，同时加快建设全国电网及变配电系统，提高全国供电能力。柬埔寨政府为解决电力供应短缺的局面，鼓励国外私人企业到柬埔寨投资兴建水电站，以实现稳定可靠的电力供应。在柬埔寨政府的中期规划中，计划开发所有具备潜力的水电站，并通过大型火电及天然气发电厂实现能源供应多样化，减少对价格昂贵的石油的依赖性，以降低用电成本。到2002年底，柬埔寨电力总装机容量约为14万千瓦，但市场需求量缺口还在30%以上，需求远大于供给，柬埔寨电力发展存在较大的发展空间和潜力。②2004年7月，柬埔寨政府在日本国际协力机构（JICA）的帮助下，正式颁布了电力规范，主要包括有：输送电网规范、变配电网规范、燃油及蒸汽发电站规范、水电电站规范、能源生产系统规范及住宅、楼寓电网规范。

2004年，柬埔寨仅在金边、西哈努克港及部分省市可供电，电价较昂贵，每千瓦时约为0.15～0.2美元。金边22万户家庭中10万户用政府供电，广大农村10%以下的家庭用政府供电。其他家庭用电主要使用柴油燃料发电，既浪费资源又污染环境。③2004年，柬埔寨自行生产销售电力为58 901万千瓦时，其中金边市为50 616万千瓦时，暹粒市为2 840万千瓦时，西哈努克市为1 980万千瓦时，其他各省市为3 465千瓦时。从国外购电5 710万千瓦时，其中从越南购电4 388万千瓦时，从泰国购电1 322万千瓦时。2005年，柬埔寨全国共销售电力为76 439万千瓦时，其中金边市为65 236万千瓦时，暹粒市4 361万千瓦时，西哈努克市2 237万千瓦时，其他各省市总计4 604万千瓦时。仅金边、暹粒和西哈努克这三大主要城市的用电量就占全国供电量的94%，其中首都金边已占了85.3%。由此可见，除首都金边外，柬埔寨全国其他各地区的电力供应相当落后，大部分

① 《柬埔寨将加大再生能源建设》，中华人民共和国驻柬埔寨王国大使馆经济商务参赞处网站，2011年7月30日。http://cb.mofcom.gov.cn/index.shtml.
② 《柬埔寨贸易投资指南》，中华人民共和国驻柬埔寨王国大使馆经济商务参赞处网站，2004年12月13日。http://cb.mofcom.gov.cn/aarticle/zxhz/sbmy/200 412/20041200318 534.html.
③ 《柬埔寨贸易投资指南》，中华人民共和国驻柬埔寨王国大使馆经济商务参赞处网站，2004年12月13日。http://cb.mofcom.gov.cn/aarticle/zxhz/sbmy/200 412/20041200318 534.html.

地区无电力设施,电力供应主要限于大城市和主要省城,农村基本处在无电供应的状况。因此,改善落后的电力供应状况已是柬埔寨工业发展的首要任务。2006年,柬埔寨电力供应能力为117 600万千瓦时,柬埔寨全国电力需求量年均以12%速度增长。2009年,柬埔寨全国通电率仅达到24%,其电力市场需求潜力非常大,[①] 预计到2020年,柬埔寨全国电力需求可能达到115.6亿千瓦时。表4-7是近年来柬埔寨电力工业的基本发展情况,其电力供应基本依赖石油、天然气、煤炭。随着工业的发展,2008年柬埔寨发电量已不能满足国内的耗电量,一部分电量已经需要进口。

表4-7 近年来柬埔寨电力发展情况

年份	总发电量 (万千瓦时)	总耗电量 (万千瓦时)	石油发电量 (万千瓦时)	所占比 重(%)	水力发电量 (万千瓦时)	所占比重 (%)	煤炭发电量 (万千瓦时)
2001	50 900	45 300	50 800	99.8	——	——	——
2002	72 800	63 600	69 800	95.9	2 900	4.0	——
2003	76 300	66 200	71 400	93.6	4 100	5.4	——
2004	81 400	72 800	77 300	95.0	2 700	3.3	——
2005	96 400	88 600	90 500	93.9	4 400	4.6	——
2006	117 600	108 800	111 100	94.5	4 800	4.1	——
2007	148 900	137 600	142 400	95.6	4 700	3.2	——
2008	147 900	159 100	141 700	95.8	4 300	2.9	——
2009	125 600	180 300	117 000	93.2	3 700	2.9	2 800
2010	99 400	——	91 400	92.0	2 600	2.6	3 100

资料来源:世界银行:《世界发展指标》。http://data.worldbank.org.cn/country/cambodia.

近年来,柬埔寨电力工业发展虽有所进步,但仍然很落后。2003年,柬埔寨全国供电能力为64.3兆瓦,2007年增加至111.6兆瓦,从越南和泰国购入电力达

---

① 世界银行:《世界发展指标》。http://data.worldbank.org.cn/country/cambodia.

50.31兆瓦，2007年增加至108兆瓦。2009年，柬埔寨电力装机能力为909.7兆瓦，全国用电家庭数约为20多万户，年人均用电量为54千瓦时。[1]柬埔寨政府将电力发展列为其经济战略的优先发展领域，政府对外来投资给予政策上的倾斜和法律保护。[2]为加快电力发展，柬埔寨政府实施以BOT方式的引资政策，在这一时期，水电能源建设发展较快，政府先后批准了5座水电站，总装机近600兆瓦，煤电200兆瓦。虽然柬埔寨政府不断加强电力基础设施建设，并吸引外资和私人投资进行电力建设，同时对金边市的电网及变配电系统进行了改造，提高了供电能力，但由于柬埔寨能源缺乏，全国的电力供应基本都使用燃油机组，成本高、电价贵，大部分贫穷人口仍无力使用电力。

到2011年，柬埔寨电力供应虽有所改善，但进口仍占很大比重，电价普遍较高。2011年，全国电力供应约27.88亿千瓦时，同比增长12%。其中，国内发电10.23亿千瓦时，同比增长15%；进口17.65亿千瓦时，同比增长14%，从泰国、老挝和越南进口分别为4.78亿千瓦时、700万千瓦时和12.8亿千瓦时，电价连续两年基本持平，但仍处于偏高状态。92.74%的电力平均价格为1 000瑞尔，约合0.25美元；1.39%的电力价格为1 700瑞尔，约0.43美元。截至2011年底，柬埔寨全国共有296个公司获颁电力服务营业执照，在指定区域内经营电力服务。2011年，柬埔寨全国人均每年使用电量为55千瓦时，17%的住户有电可用。由于无电力设施或电力设施落后，除首都金边外，电力供应主要限于大城市和主要省城，农村基本无电力供应。占全国80%的农村人口中，仅20%的居民有电可用，60%的城镇住户可得到电力供应。首都金边是柬埔寨政府全力保证电力供应的重点城市，也是全国用电量最大的区域，年电力供应能力超过1.54亿千瓦时，其次为暹粒市和西哈努克市。目前，柬埔寨国内发电能力约579兆瓦，已装备422千伏电网和总长45万千米的输电线路。随着柬埔寨经济的发展和电力需求的不断增加，2012年柬埔寨全国电力需求达32.5亿千瓦时。其中，国内发电15.1亿千瓦时，进口电量17.4亿千瓦时，向泰国购电4.46亿千瓦时、越南12.92亿千瓦时、老挝783万千瓦时。[3]

[1] 《柬埔寨电力现状及中柬合作》，中华人民共和国驻柬埔寨王国大使馆经济商务参赞处网站，2010年5月26日。http://cb.mofcom.gov.cn/aarticle/zxhz/tzwl/201005/20100506934 194.html.

[2] 《柬埔寨电力现状及中柬合作》，中华人民共和国驻柬埔寨王国大使馆经济商务参赞处网站，2010年5月26日。http://cb.mofcom.gov.cn/aarticle/zxhz/tzwl/201005/20100506934 194.html.

[3] 《柬埔寨电力现状和发展趋势》，中华人民共和国驻柬埔寨王国大使馆经济商务参赞处网站，212年11月15日。http://cb.mofcom.gov.cn/article/zwrenkou/201211/20121108436 231.shtml.

在电力能源合作方面，柬埔寨政府根据柬埔寨、老挝、泰国、越南四方混合委员会的精神，实施多边电力能源合作，与上述三国共同建设连接四国的跨境电力能源电网及水电站。另外，在科技转移、技术服务和人力资源建设方面，柬埔寨积极与其他国家开展双边合作，争取得到中国、韩国、日本、澳大利亚、德国及欧盟等的帮助和支持。目前，柬埔寨与东盟加强能源合作，已签订《东盟工业合作试验协议》、《东盟科技基金协议》、《东盟天然气管道项目谅解备忘录》及《东盟工业工具、电力、自动化统一标准协议》等一系列文件。在柬埔寨经济社会建设中，日本一直给予柬埔寨各方面的援助，日本帮助柬埔寨修路架桥，建发电厂等。2004年，日本援助暹粒市的10兆瓦电厂顺利落成，该电厂总投资达1 150万美元。该电厂一直以来运作良好，已能满足暹粒市24小时供电，保证了暹粒市的基本用电需求。此外，日本还计划在柬埔寨建设大型的水力发电厂，以解决柬埔寨国内缺乏电力的难题，帮助柬埔寨各地的输电系统联结成一个电网系统，并且与邻国的输电网联结起来，以满足柬埔寨对电力日益增加的需求。日本政府已多次向柬埔寨提供电力方面的援助，援建10兆瓦电力的发电厂和金边市配电系统，价值3 400万美元，并提供482万美元的资金援助，帮助柬埔寨用以研究如何发展电力，援建金边市的输电系统等。[①]2000年，加拿大木星电力国际有限公司在柬埔寨投资700万美元建立了C-1发电厂，这也是该公司在柬埔寨投资建设的第四家发电厂。柬埔寨正不断利用外资改善国内电力供应的状况。

（二）柬埔寨电网建设情况

在柬埔寨政府的有效引导下，柬埔寨电力能源工业以多种形式开发建设。目前，柬埔寨已建成的国家电网主要有：一是由亚洲开发银行（ADB）提供贷款建设的连接越南经柬埔寨茶胶省进入金边的输电网已完成招标，2007年开工建设，2008年投入使用；二是由德国政府资助的茶胶省连接贡不省的230千伏电网在2008年建成投入使用；三是2005年由ADB和日本国际协力银行（JBIC）联合提供贷款的贡布省连接西哈努克市的电网完成考察，2010年建成；四是2007年由国内私人投资建设泰国与班迭棉吉、马德望和暹粒省连接的115千伏的电网投入使用；五是金边连接马德望、泰国、柬埔寨与越南连接的电网，已交由中国公司进行考

---

① 《日援柬埔寨暹粒发电厂落成启用》，云南电力新闻网，2004年5月31日。http://www.ydxw.com/html/2004-5/info6 765.htm.

察筹建。[①]在世界银行的援助下，2009年4月，柬埔寨与越南输变电网建设完成，随着经济的不断发展和市民生活水平的显著提高，金边市的用电需求持续上升，而金边—越南输变电网项目为金边增加200兆瓦的电力供应，使金边的供电能力增加逾一倍，金边供电不足现象也大大缓解。柬埔寨西部与泰国连接输电网系统，这为从泰国购买廉价电力起到重要的作用。而柬埔寨解决各地区的电力供给难题的努力，也对发展国内的经济起到了重大作用。

目前，柬埔寨电力来源主要依靠从邻国越南、泰国和老挝进口以及自身的柴油发电，电网建设水平有限。多年来，柬埔寨政府侧重于中压输电网建设，输变电网也据此形成了以电力来源为基础的局域输电网，即国家电网多点布置的态势，多以连接国外高压输电线入境后，通过与之连接的中压输电网络将电力输往临近各省。目前，柬埔寨局域输电网络主要有以下6个。

第一，南部连接越南电力系统的中压输电网系统。通过该输电网络从越南进口电力，贯穿磅湛、柴桢、贡布、蒙多基里、干拉、茶胶、桔井和波萝勉等8省的22千伏输电系统向该区域内供电。区域内普通用户电价为720～1 200瑞尔/千瓦时。

第二，西部与泰国连接中压转输电网系统。通过该输电网络从泰国进口电力，贯穿马德望省、拜林省、班迭棉吉省、国公省和奥多棉吉省内的8个变电站的22千伏转输电力网络向该区域内供电。区域内普通用户电价为820～1 200瑞尔/千瓦时。

第三，西哈努克省中压输电系统。该转输电力网系统与西哈努克市的科宾爱尼基发电厂、柬埔寨电力公司的西哈努克发电厂、贡布省的22千伏转输电力网系统以及西哈努克市周边地区的输电网系统连接向该区域内供电。区域内普通用户电价为820～1 700瑞尔/千瓦时。

第四，磅湛省中压输电网系统。该转输电力网与磅湛省的GTS公司发电厂、越南22千伏输电网以及磅湛省省会周边地区的输电网连接，主要向磅湛和波罗勉等2省供电。区域内普通用户电价为940～1 600瑞尔/千瓦时。

第五，班迭棉吉省国家电网系统。该系统在班迭棉吉、暹粒和马德望等省有与泰国115千伏电力输送线路连接的国家输电网和变电站系统，电力来源是泰国

① 《柬埔寨工业近期发展方向》，中华人民共和国驻柬埔寨王国大使馆经济商务参赞处网站，2007年7月26日。http：//cb.mofcom.gov.cn/article/zwrenkou/200 706/20070604837 651.shtml.

的输电系统和柬埔寨电力公司在上述三省内的柴油发电厂。区域内普通用户电价为750～900瑞尔/千瓦时。

第六，与老挝连接的上丁省中压输电系统。该线路主要用于从老挝进口电力，供电区域也仅限于上丁省省府上丁市及临近地区。区域内普通用户电价为980瑞尔/千瓦时。

在以上电网系统供电区域内，大部分居民的用电价格总体较低，基本保持在720～1 700瑞尔/千瓦时，但由于输电线路特别是农村电网普及率较低，区域内大部分居民未能享受稳定、低廉的供电。在电力供应商中，使用柴油发电的电力服务持证商共127家，电力供应覆盖1 938个村庄，约36.8万户家庭，但电价处于2 600～3 900瑞尔/千瓦时的较高水平。

因此，为进一步实施柬埔寨农村电力化战略，柬埔寨政府加大高压输电网建设力度，力图建设连接全国主要省份的电网体系。金边至马德望输变电网项目，由中国大唐集团公司以BOT方式投资建设，2009年11月开工，项目230KV输变电线路全长302千米，含金边西（扩建）、磅清扬、菩萨、马德望四座变电站，建设期2年，特许经营期25年；该线路已于2012年4月完成测试并投入运行。还有金边至磅湛省的230KV输变电线路项目，是马来西亚立达环球控股有限公司在柬埔寨子公司与柬埔寨输电有限公司以BOT方式投资建设，包括金边北和磅湛省变电站的建设，全长110千米，建设期2年，特许经营期25年。这两大输电线路是柬埔寨目前主要的高压输电线路，其中金边至马德望输变电线路被柬埔寨政府作为国家电力输送的主线，将承担沿途区域几大水电站所生产电力的输送任务，并以此作为建设全国电网的基干线。

（三）柬埔寨发电站建设运营情况

2007年在柬埔寨正在建设和未来开发的水电站项目有：由中国水电建设总公司以BOT方式承建的贡布省甘再水电站，发电能力为193.20兆瓦，2007年开工建设；日本政府提供援助的奥多棉吉3个小型水电站，2007年开工建设，2008年投入运营；开发上丁省塞山467或3 300兆瓦水电站项目已交由中国CSPG（南方电网）进行可行性考察；开发斯莱苞篙姆二级222兆瓦水电站项目采取国际招标方式建设；斯登奥代120兆瓦水电站已交由云南国际公司以BOT方式承建；斯登勒斯基隆革姆125兆瓦水电站，由日本TEPSCO公司完成了考察工作；西哈努克市200兆瓦热力电站项目已于2010年投入运行；以BOT方式承建基里隆二期18兆瓦水电站项目开始进行合同谈判。

至2011年底，柬埔寨在建、拟建各种类型电力项目共22个，其中太阳能电站2个，分别是由柬埔寨工矿能源部与联合国工业发展组织（UNIDO）合作，在菩萨、磅湛和腊塔纳基里三省建设的太阳能充电站，及柬埔寨工矿能源部与韩国KOICA合作，在贡布省317号猴岛退伍军人安置区和暹粒省317号荔枝山退伍军人安置区开发利用太阳能为电瓶充电项目。火电厂项目2个，一个是由马来西亚立达环球控股有限公司与柬埔寨国际投资发展集团联合投资建设的西哈努克省燃煤电厂项目。项目总装机100兆瓦，已于2010年2月开工建设，2010年11月已完成土地平整工作。目前投资方已与柬埔寨电力公司签订电力购销协议，现正进行电厂的基建、与柬埔寨电力公司商谈西哈努克省变电站技术可行性等相关工作。项目已于2013年2月投产。另一个是由柬埔寨鄂尔多斯鸿骏电力有限公司投资建设的西哈努克省燃煤电厂项目。项目总装机700兆瓦，一期装机270兆瓦，于2010年12月开工建设。目前，投资方已和柬埔寨电力公司签订电力购销协议，计划于2015年底前投产。[①]

因河流众多，水电资源丰富，水电站开发是柬埔寨电力发展的重点，在建或已完成的水电站项目共6个，均为中国企业以BOT方式投资建设，总投资18.21亿美元，总装机92.72万千瓦，2015年前陆续建成投产，全部投产后年平均发电量共39.98亿千瓦时。为进一步开发水电资源，工矿能源部还确定了境内12个水电规划开发项目，鼓励外资投资建设。目前，由中国企业参与建设的柬埔寨主要水电站如下。

基里隆1号水电站项目：中国电力技术进出口公司投资建设，2001年4月2日开工建设，总装机12兆瓦，输电线路电压等级115千伏，多年平均发电量为5 300万千瓦时。特许经营权30年。该项目已于2002年5月29日竣工投产发电，所发电力主要输往金边。

基里隆3号水电站项目：中国国家电网新源电力投资公司投资建设，2009年3月开工建设。总装机18兆瓦，年平均发电7 668万千瓦时。经营期30年。已完成施工，已于2012年发电。

---

① 《柬埔寨电力现状和发展趋势》，中华人民共和国驻柬埔寨王国大使馆经济商务参赞处网站，212年11月15日。http：// cb.mofcom.gov.cn/article/zwrenkou/201 211/20121108436 231.shtml.

甘在水电站项目：中国水利水电建设集团投资建设，2007年9月开工建设，总装机193兆瓦，年均发电4.98亿千瓦时。建设周期4年，商业运行期40年。该电站已于2011年12月建成投产。

斯登沃代水电站项目：中国大唐集团公司、云南国际经济技术合作公司和云南藤云西创投资实业有限公司投资建设，2009年11月开工建设，总装机120兆瓦。建设期4年，特许经营期30年，年平均发电量5.02亿千瓦时。项目力已于2014年3月建成投产。

达岱水电站项目：中国重型机械总公司投资建设，2010年3月开工，总装机246兆瓦，年均发电8.49亿千瓦时。经营期37年，建设期5年。现正进行主体工程施工，预计2015年建成投产。

额勒赛河下游水电站项目：中国华电总公司投资建设，2010年4月开工建设，总装机338兆瓦，年均发电10.2亿千瓦时。经营期30年，建设期4年。现正进行主体工程施工，已于2013年建成投产。

甘再水电站：甘再水电站位于柬埔寨西南部贡布省的甘再河上，距首都金边约150千米。2007年9月，项目正式开工建设，总投资2.8亿美元，总装机19.32万千瓦，年均发电4.98亿千瓦时。项目特许经营期44年，其中施工期4年，商业运行期40年，年均电价为8美分/千瓦时。2011年12月，由中国水电建设总公司承担的甘再水电站正式竣工并投入使用，洪森首相高度评价中国企业在柬埔寨投资建设水电站项目，称甘再水电站的建成圆了柬埔寨人民20世纪60年代以来的一个梦想，将极大缓解柬埔寨电力短缺问题，造福周边百姓，为柬埔寨经济发展做出重要贡献。

当前乃至今后一段时间，电力工业已成为柬埔寨经济优先发展领域，柬埔寨政府高度重视，明确部门职责，相继出台相关政策，制定农村电力战略规划，加强服务质量，逐步改善电力工业落后局面，基本形成集生产和输送于一体的初级规模的电力体系。但是，柬埔寨电力供应不足仍是制约工业快速发展的主要因素，政府正采取积极措施加快电力发展。

柬埔寨未来电力发展目标是：2020年基本实现全国农村电力化，2030年实现全国至少70%家庭有电可用。现首都金边的电力供应紧张已得到一定缓解，但由于使用燃油发电，电价昂贵而影响投资者的积极性从而影响国内经济发展。柬埔寨政府急需大力发展电力资源，未来将不断加大水电和火电资源的开发力度。同时，随着中资企业在柬埔寨投资的水电项目于2013—2015年陆续投入运行，一个全国互联的输电网络规划正在应运而生，因此，柬埔寨电力领域蕴藏着巨大的发展潜力。柬埔寨政府也正努力争取人力、技术和资金等各方资源的支持，积极发展电力，通过发展电力，达到减贫，为市场提供充足、价格合理的电力能源。为实现上述目标，柬埔寨政府制定了电力能源供应战略，即在平等竞争条件下，支持双边、多边及私有企业参与柬埔寨电力能源建设，为柬埔寨经济快速发展提供充足电力能源，未来的方向为：一是以油料、煤和天然气为原料，在沿海建设热电生产基地，减轻湄公河流域油料运输压力，实现金边至西哈努克市的联网；二是积极吸引外资，实施多种形式合作，加快大中型水电站建设；三是为缓解中小型城镇电力供应紧张，鼓励中小型柴油发电，鼓励建设小型水利发电，解决农村偏远地区用电问题；四是积极发展再生能源，减少对热力能源的依赖，例如风能、太阳能以及沼气能等。[①]

第三节　原材料工业

柬埔寨有较为充足的原材料，矿产资源分布广泛，橡胶原材料供给充分，建筑材料所需的石灰石储存量较大。柬埔寨矿产资源为金属加工业的发展提供了宝贵的条件，但由于柬埔寨企业勘探和开采技术落后，其矿资源利用率低，金属加工业的发展也受到极大限制。柬埔寨政府正利用原材料工业所存在的优势，不断吸引国内外资金。本节将简单介绍柬埔寨采矿业、化工业及建筑材料业的发展情况及存在的难题。

一、采矿业

如第一章所述，柬埔寨矿产资源开发能力十分有限，矿产开采规模小，现仅有小型水泥厂及群采为主的宝石、金、铁、锡、铜、铝、磷、石英砂等小型矿山、矿点，产量只能满足国内需求，仅宝石可供出口。柬埔寨采矿业的发展还需要不断投入资金，提高开采技术，急需得到国际组织和发达国家的更多帮助。

---

① 《柬埔寨电力现状和发展趋势》，中华人民共和国驻柬埔寨王国大使馆经济商务参赞处网站，2012年11月15日。http://cb.mofcom.gov.cn/article/zwrenkou/201 211/20121108436 231.shtml.

（一）采矿业发展历程

19世纪柬埔寨在欧洲地质学家的帮助下便开始了矿产的调查研究，到20世纪60年代，中国采矿专家也为柬埔寨提供相关的帮助。20世纪80年代中后期，柬埔寨由于战争和政治动乱，矿业开发停滞不前。20世纪90年代中期，中国地质学家到柬埔寨帮助勘探矿产资源，但这一时期，柬埔寨政府并没有制定出完整的全国性矿业政策，矿业发展并未取得实质性的进展，基本上没有真正的矿业，只有小规模的水泥、粘土、岩盐、磷块岩和宝石生产，其中水泥是柬埔寨重要的矿资源加工产品之一。柬埔寨所产的矿产品主要供国内消费和国外深加工项目，而每年所需的石油精炼产品、粘土、钢铁等大部分从国外进口。这段时期柬埔寨国内矿产乱采现象普遍，各级政府、当地驻军、一些官员利用权力批示准采证件以谋取私利，矿区属地对非法开采行为监管不力，受利益分配的影响柬埔寨内部管理不协调，并影响矿产公司的实质运作。这直接阻碍了柬埔寨矿产资源开发的速度和利用成效。除一些小型的金、银、锡及宝石等矿产已进行掠夺式开采外，其他规模型矿产开发尚处在勘察阶段。

到21世纪初，柬埔寨政府认识到矿业是一个非常重要的行业，在国家经济发展过程中，矿产资源为工业发展提供可靠的原材料。因此，柬埔寨政府开始着手针对矿产行业制定一些优惠政策和管理法规，鼓励私人企业参与到国家的矿业发展中。但柬埔寨本国实际上没有足够的资金、优秀的技术人员和先进的设备来开发自己的矿产资源，所以获得国际组织和较发达国家的投资及技术援助对促进本国矿业发展尤为重要。柬埔寨政府于2001年颁布出台《矿产资源管理法》，依据该法律，工矿能源部先后制定出《柬埔寨矿业投资须知》、《勘察进场备忘》、《矿产勘探协议》等实施细则和法规性文件。该法规规定，申请勘探区必须依托于在柬商业部注册的经济实体，在商业部注册有限公司的手续颇为简便，对外国投资者并无特殊规定。但在柬埔寨进行矿业活动必须得到政府发放的许可证。勘查许可证的申请面积不小于4平方千米且不超200平方千米，有效期2年，可延期2次，每次2年；每次延期要求交回30%面积的土地。采矿许可证没有最大面积限制，有效期限为30年。工矿能源部下属的矿山地质局负责非能源矿产的开发管理。

（二）柬埔寨矿产开采情况

近年来，柬埔寨政府逐渐理顺了矿业管理体系，工矿能源部主管矿产法的实施和监督，其下属的能源司主管国家矿产资源的开发，对私人矿业提供相关协助，并负责矿业法律法规的监管工作。柬埔寨矿业开采秩序也逐渐正常化。柬埔寨政府为吸引国内外企业对矿业开发投资，大力宣传本国矿产资源潜力，对外公布矿产储量、矿床位置等信息。柬埔寨矿业投资的优惠环境吸引了中国、越南等大批矿业集团和公司的投资，柬埔寨矿业发展进入一个新的时期。其实，柬埔寨蕴藏着较丰富的矿藏资源，2004年柬埔寨已开采的矿藏有宝石、金矿、银矿、锡矿、磷肥矿、石灰岩和花岗岩等，还有部分重金属及煤炭等矿藏未得到探明和开采。矿产开采的方式是私有化开采和国有矿产出租式开采，私有化开采的主要有宝石、金、银和锡矿，这些矿山多在交通不便的山区或原红色高棉控制区域，其开采规模小、工艺落后、偷漏税现象较为严重。国有出租开采的矿山有156座，其中磷肥矿1座、白沙料场1座、建筑石料场81座、建筑沙料场66座、花岗岩料场6座，而这些矿山主要为建筑业提供原材料，国家每年收取一定的租金。2005年，中国在柬埔寨投资矿产开发项目2个，协议投资额为1.55亿美元。

　　到2006年底，柬埔寨铁矿资源已发现30多个矿点，估计蕴藏量约700万吨，主要集中于磅同省北部和上丁西部，磅同省罗文县的百囊达克、百囊特莫、格高和簿波等4个矿点已探明储量约为600万吨，其中仅百囊达克矿带的储量就达200多万吨。且柬埔寨工业部共签发了36份国内外商家勘察开发相关矿产资源许可证，并批准了7家公司开采宝石矿。为满足社会经济和建筑业发展，柬埔寨工业部还批准了国内外企业开办了176个建材沙石料场。但到2011年柬埔寨引进的国外和本国矿业投资公司据统计已经超过50家，拥有矿权超过300个。[①]截至2011年底，大约有77家涉外矿业公司在柬埔寨投资矿业。其中，5家来自澳大利亚、18家来自中国、3家来自越南、4家来自韩国、3家来自泰国，其他的为外方与柬方的合资公司。这些涉外矿业公司共获得136个勘探项目，包括黄金项目14个、铁矿项目28个、非金属矿物项目8个、铝土矿项目1个、钛铁矿项目2个、煤炭项目5个、宝石项目6个。目前，这些项目都处于勘查阶段。但是初步结果显示，136个勘探项目中有17个被证实是具有开采价值的。[②]

　　柬埔寨矿产开发进展缓慢的主要原因是政府财政困难，无力支持矿业工作开

---

① 孟瑞、冯希:《柬埔寨地质矿产资源概况及矿业政策》，载《国土资源情况》，2011年第1期，第51页。

② 张新元:《柬埔寨矿政构架、投资潜力及填图现状》，载《国土资源情况》，2012年第1期，第7页。

展，只能依赖外来资金，缺少矿产科技专业人员及管理人员，对矿业开发缺少战略方向研究。柬埔寨至今未进行全面地质勘探，目前发现或探明储量的矿产也十分有限。另外，柬埔寨矿业政策虽吸引外资到本国进行矿产资源的开发，但审批制度较为严格，必须通过工矿能源部的资质认证，对矿业权申请人的国籍、技术、企业规模、财务能力和商业登记情况都要进行综合衡量。为了保护良好的生态环境，柬埔寨政府的施政纲领规定，政府的每个矿业项目都必须与环保同步进行。从1999年8月起，柬埔寨所有矿业项目都要向柬埔寨环境部提交环境影响评价报告，在其施工计划达到环保标准后才准予动工，环境部还定期对所有工厂、企业、手工业作坊的环保情况进行评估检查。目前，柬埔寨政府批准进行勘察开发的相关矿业公司，基本上处于勘察阶段，部分企业已进入开采阶段，但还有一些商家尚未探明矿产准确的储量，没有进入商业性开发阶段。

二、冶金工业

柬埔寨有丰富的矿产资源，柬埔寨政府一直希望改变其落后的重工业，但是由于开采、提炼技术落后，很多金属资源没能为经济发展做出贡献，不管是黑色冶金工业，还是有色冶金工业都几乎没有发展，大多的铁山、金山、银山等都还处于勘探阶段。全国上下，工业结构几乎是以加工业、服装成衣制造和小手工作坊为主要支柱产业，重工业领域一片空白，矿产品处于未开发状态。2004年，在柬埔寨工矿部注册的工业金属加工产品12家，2007年，工业金属加工产品类21家，但是这些金属加工业规模小、技术落后。[①]

近年来，部分中国企业针对东盟国家开展了一些扶助计划。在柬埔寨，中国广西有色集团已取得柬埔寨的柏威夏省、上丁省等数个矿区的勘探权，矿区面积达616平方千米。2010年由柬埔寨钢铁矿业集团（简称柬钢集团）斥资约6.5亿美元在柏威夏省罗文县投资的柬埔寨第一座大型钢铁厂，是有中国广西有色金属集团在柬埔寨投资最大的重工业项目，这将改变柬埔寨没有钢铁工业的历史，柬钢集团也是唯一一家代表柬埔寨国家的钢铁企业与中国的钢铁巨头企业合作的公司，填补了柬埔寨钢铁业的空白。2012年该项目一期工程在柬埔寨柏威夏省罗文县正式开工，本次开工建设的钢铁项目主要依托柏威夏省罗文县格高—石山矿区

---

① 《柬埔寨工业近期发展现状》，中华人民共和国驻柬埔寨王国大使馆经济商务参赞处网站，2007年6月29日。http://sousuo.mofcom.gov.cn/query/canchuQuerySearch.jsp.

铁矿资源，一期工程包括年产100万吨的矿山建设，年产60万吨的选矿厂建设和年产30万吨的还原铁厂建设，总投资约为1亿美元，建设周期1年。这一期工程完成后，中国广西有色金属集团还将继续投入资金约7亿美元，结合柬埔寨电力发展因素，配套建设电力工厂和年产100万吨的联合工厂，并以钢铁联合工厂为主设立集冶金、金属加工、机械加工、国际贸易、仓储物流为一体的工业经济特区，以此推动柬埔寨重工业的发展。

柬埔寨地广人稀、矿产资源丰富，但由于基础设施落后、技术跟不上、缺乏专业人才等，其冶金工业发展缓慢，在重工业领域相对薄弱。为改善柬埔寨冶金工业发展面临的问题，2012年，柬埔寨钢铁矿业集团与中国中铁公司签订《柬埔寨柏威夏矿山铁路及沙密港港口项目柬埔寨柏威夏矿山铁路及沙密港港口项目EPC合同协议书》，约定由公司按照EPC合同模式承建柬埔寨柏威夏矿山铁路及沙密港港口两项基础设施建设项目。在不断改善矿业开采、运输条件的同时，掌握金属冶炼、提取和加工的方法对柬埔寨冶金工业的发展至关重要。

三、化工原料工业

柬埔寨化工业技术落后、产业单一，并没有精细化工类附加价值率高的化工产业，其化工业主要是橡胶加工业和日用化工业，橡胶制品主要有自行车、摩托车和汽车的内外胎、塑胶凉鞋、球鞋、胶皮水管以及工业用胶皮带等。柬埔寨日用化工业也只能生产一些诸如磷肥、油漆、电池、氧气、碳化钙等普通产品，且生产工艺落后、产品质量不高、产量有限，主要供国内消费。技术需求较高的医药、无机材料、高分子化工产品、新型结构材料和功能材料等基本是从国外进口。2006年，柬埔寨化工油料、橡胶和塑料类20家；到2007年，化工油料、橡胶和塑料类增至25家。

（一）橡胶加工业

柬埔寨有适于种植橡胶的土壤和气候优势，拥有丰富的橡胶树资源，为其加工业发展提供了有利的条件。柬埔寨胶制品工业历史较为悠久，从20世纪60年代中期柬埔寨的民族橡胶工业步入兴旺发达时期，拥有中南半岛地区最大、最先进的设备，由捷克援建的年产15万个轮胎的大金瓯市国营汽车轮胎厂生产的轮胎在国际上享有盛名。私人企业如金星行马车牌橡胶厂生产的摩托车、战车的内外轮胎闻名全柬，且每年以10万双拖鞋销往日本，还有许多质量好、产量高的民用橡胶制品,受到国内外市场的欢迎。[1]此后,柬埔寨长期的战乱使天然橡胶业遭到严重的破坏,损失的橡胶种植面积达数万公顷,工厂设备遭损坏,技术人才不断流失。1975年以前,柬埔寨仅有的7个橡胶加工厂也纷纷倒闭。到1979年柬埔寨政府宣布橡胶园均收归国有。到80年代末期,胶制品生产值约160万美元,在东德的帮助下,在磅湛省的占卡安东橡胶种植园新建了一个橡胶加工厂,设计能力为日加工橡胶24吨。到1987年底,在橡胶主产区的磅湛省,有2个橡胶加工厂恢复了生产。至20世纪90年代初,柬埔寨橡胶园基本被7家国有企业控制,但由于国有企业效率低下、管理不善、贪污浪费,严重制约了橡胶工业的发展。

　　1993年,在政府自由开放的经济政策影响下,柬埔寨的天然橡胶业及加工业不仅没有迎来发展的时机,反而在外国天然橡胶制品大量涌入的情况下再次遭到沉重的打击,柬埔寨政府未意识到橡胶业对国内经济发展的重要意义,因此基本没有制定有效保护和扶植天然橡胶业的政策、措施。柬埔寨胶园大多为国有性质,政府常通过合约形式把胶园租赁给胶农,但是,政府对胶园的管理十分不力,胶农乱砍胶树现象非常严重,加之政府收购胶乳的价格低于私营收购价,而且经常不能兑付现金,因此不少胶农不顾与政府签订的合约,把胶乳卖给私营收购商,造成原料流失,加工业发展受阻。1994年,柬埔寨政府已核定急需更新的胶园有1万公顷,但因政府缺乏资金和利用橡胶木的技术,更新进度缓慢,在进口天然橡胶制品的低价竞争和政府保护扶植乏力的情况下,橡胶加工厂纷纷倒闭。[2]

　　1979年,在捷克斯洛伐克援助下,金边政权开始新建达克茂解放轮胎厂。1985年,捷克斯洛伐克为该厂提供了价值200万美元的设备,1988年又提供机械设备,该轮胎厂现代化程度比较高,主要产品有汽车、摩托车和自行车的内外胎,至今仍然是柬埔寨超大型的国营骨干企业,目前该厂有职工约500人,年产值约50万美元。此外,以橡胶为基础原料的加工厂,主要还有自行车轮胎厂、塑料制品厂、便鞋制造厂。目前,柬埔寨的橡胶制品业仍比较落后,产品技术革新缓慢,缺乏推陈出新的品牌意识,橡胶深加工能力很弱,其橡胶绝大部分均以初级产品形式出口,只有少部分用作工业原料供国内橡胶制品业消费。2011年,柬埔寨橡胶业投资项目同比增长了约122%,一共有20个投资项目,总额达6.75亿美元,而2010年全年仅有9个项目而已,投资总额仅1.9亿美元。

①　怡人:《柬埔寨橡胶业亟待扶持》,载《东南亚南亚信息》,1995年第18期,第22页。
②　郭又新:《简析柬埔寨天然橡胶业的发展》,载《东南亚研究》,2012年第3期,第21页。

天然橡胶用途广泛，经济价值极高，又因其具有可再生性、地域分布的局限性和产品的不可替代性，备受各国高度重视。柬埔寨政府为重整橡胶加工业，不仅可以减少橡胶制品进口，解决大量就业问题，而且能带动其他工业发展，对振兴国家经济有着极其重要的作用。在"四角战略"指导下，柬埔寨经济发展也取得不小的成就。近年随着柬埔寨经济的发展和国际市场天然橡胶价格的攀升，柬埔寨政府逐渐加强对天然橡胶业的保护和扶植，鼓励各企业投资橡胶加工业，为提高胶制品的竞争力，柬埔寨政府也采取了一些措施。

首先，柬埔寨政府大力发展家庭橡胶种植，扩大橡胶种植面积，增加橡胶产量，为橡胶加工业提供丰富的原材料，降低加工业的原料成本，进一步扩大市场规模，以达到规模经济效应。2006年柬埔寨天然橡胶种植面积达7万公顷，2009年达13.6万公顷，2010年达18.1万公顷，其中工业橡胶种植面积4.7万公顷、经济特许橡胶种植积达5.3万公顷、家庭式橡胶种植面积达8.1万公顷。根据目前柬埔寨橡胶产业的发展势头，2011年柬埔寨国内橡胶种植面积已达20万公顷，每年可生产42 000吨的橡胶产品。预计到2020年，柬埔寨天然橡胶种植面积将会增加到30万公顷。

其次，柬埔寨政府积极争取外国资本注入本国橡胶产业，鼓励多种资本参与橡胶产业的发展。从1999年开始，法国政府通过法国开发署向柬埔寨家庭式橡胶种植园提供了540万欧元的援助。通过该项援助，柬埔寨的胶农和胶制品工厂获得了技术与贷款，橡胶加工业得到很好的发展契机。2009年11月，柬埔寨与越南橡胶集团签署了关于橡胶业的合作协议。该协议约定，在2012年前，由14家越南公司组成的联盟将在柬埔寨橡胶产业完成6亿美元的投资。在柬埔寨政府的大力推动下，越南、泰国、日本、韩国以及中国等国的企业都纷纷加入到投资柬埔寨橡胶产业的行列。

再次，柬埔寨政府增加科研投入以推动橡胶加工业生产技术改革，设立监察机构保证产品质量，提升其橡胶产品和胶制品在国际市场的声誉和价格。2011年11月，柬埔寨农林渔业部橡胶局局长李波拉出席"2011年世界橡胶会议"时表示，虽然柬埔寨橡胶工业近几年取得了优异成果，但依然面临许多可影响发展的问题——主要是出口国外市场份额还小，缺乏培育和研究适应气候变化的技术，小面积种植户缺少资金，使用肥料、收割橡胶未达到国际标准，未形成橡胶产业链，加工业发展较缓慢，胶制品种少。

最后，柬埔寨政府希望通过各种法规为天然橡胶业发展营造良好有序的环境。许多研究人员认为，腐败是柬埔寨经济发展最大的障碍之一。在国际腐败透明度指数排名上，柬埔寨被列为全球最差贫民窟之一。柬埔寨政府清醒地认识到腐败问题的严重性。2010年3月，经过十多年的努力，柬埔寨《反腐败法》获国会通过。该法旨在通过法律手段制止和消除各种形式的腐败行为，为国家经济和社会发展扫清道路。为了鼓励国内外的投资商在柬埔寨投资天然橡胶业，柬埔寨政府出台经济特许地法令和相关法律文件，确保投资商有权使用这些土地，用于农业和工农业领域。

总之，柬埔寨橡胶加工业发展受到各方因素影响，其工业基础薄弱，不能高效加工本国的天然橡胶，加工工厂技术落后，无法对橡胶进行深加工，所产胶制品只能供国内消费使用。越南投资者受积极参与柬埔寨橡胶产业的发展，其天然橡胶的销售渠道和定价权受到越南的控制，制约了柬埔寨橡胶加工业的发展。2009年9月，柬埔寨和越南签署了橡胶业投资合作谅解备忘录，2012年越南将在柬埔寨投资兴建大型橡胶加工厂，2015年前完成在柬埔寨种植10万公顷橡胶项目，总投资额预计达6亿～8亿美元。另外，柬埔寨破旧、落后的基础设施对橡胶工业的发展形成"瓶颈"制约，道路建设严重滞后，其运输成为工业发展的障碍，极其薄弱的基础设施条件使得柬埔寨的物流成本远远高于区域内其他国家。虽然面临挑战，但柬埔寨仍有望成为区域出口橡胶产品的主要国家之一。柬埔寨具有优良的橡胶工业投资环境，这将吸引更多国内外投资商进军柬埔寨的橡胶工业，进一步促进天然橡胶工业发展，从而刺激橡胶产品出口，以实现2011—2020年橡胶工业发展目标。为了鼓励柬埔寨国内外投资商在柬埔寨投资天然橡胶工业，政府发出经济特许地法令和相关法律文件，以确保投资商有权使用这些土地，用于开发工农业领域。此外，土地资源丰富、人力资源多、薪资低、气候适宜，这些都是促使国内外投资橡胶工业的优良条件。柬埔寨未来将成为产油国之一，因此将会大大增加利用天然橡胶与石油生产合成橡胶的可能性，所以希望投资商赴柬埔寨投资橡胶业或设厂利用橡胶生产手套、轮胎之类的产品，柬埔寨的橡胶制品工业在其国民经济中占有重要地位。

（二）肥料及日用化工业

柬埔寨的化学工业还包括化肥工业和日用化工业。而化肥工业也因战争几十年未发展，只能生产少量初级磷肥，塑料制品以及包括肥皂和油漆在内的日用化工业恢复和发展较快，但是技术进步不大。柬埔寨的日用化工业也相当落后，到目前为止仍只能生产一些诸如磷肥、油漆、电池、氧气、碳化钙等极为普通的产品，且生产工艺落后、产品质量不高、产量极为有限、缺乏竞争力，只能供国内市场消费。

由政府直接主管的化工企业中，比较重要的有贡布的磷酸盐厂、奥多棉吉省的第二磷酸盐厂、马德望磷肥厂、磅逊炼油厂。目前，全国磷肥年产量约为1万吨。此外，还有金边电池厂、肥皂一厂、肥皂二厂、工业氧气厂，工业氧气厂是由法国、意大利援建，主要生产工业用氧气。金边电池厂日产电池约5 000节，该厂始建于1965年，由日本提供设备，70年代期间遭战火破坏而停产。1979年复产后，由于原材料缺乏而于两年后再度停产。1988年7月，该厂再次修复投产。目前，柬埔寨年产电池约60万节。90年代初，全国每年能生产肥皂1 000吨，塑料袋15吨，洗衣粉20吨，其他塑料制品200吨。1993年大选前夕，全国化工企业年创产值约300万美元，按所有制结构来划分，国营部分占39.2%，私营及手工业部分约占60.8%。1993年以后，虽然政府决定全面推行市场经济，但国营企业私有化进程缓慢，一些大型骨干企业仍由政府牢牢控制，而有些企业则只是放松了政府的控制，有了自主经营的一些权利。因而，大多数化工企业效益都不太好。中国企业响应国家、省、市等有关部门提倡的"走出去"战略，经中柬两国政府行业部门批准，2007年河北云山化工股份有限公司投资1亿多人民币在柬埔寨筹建年产3万吨工业炸药的民爆器材厂，以发展成为拥有粉状炸药、乳化炸药、导火索、导爆索、火雷管、电雷管等多品种民爆器材生产企业，该项目建成后，为柬埔寨化工业带来了新的发展空间。

进入21世纪，化工业在国民生产中占的地位越来越重要。但柬埔寨政府对化工业的扶持也未能解决其长期累积的发展难题，其化工业缺乏专业的人才及研究机构，至今柬埔寨化工业仍进步微小，化工厂数量少、产品单一、技术落后、设备陈旧，所生产的产品仍是一些传统的日用产品，来柬埔寨投资化工业的外资企业也少之又少，所获外资多是国际组织和较发达国家的援助。

四、建筑材料工业

柬埔寨建筑工业尚处于发展阶段，门类单一，只有一些零散的、规模较小的、设备简陋的建材工业企业，只能生产数量有限的砖瓦、水泥、平板玻璃，而建筑所用钢材和绝大部分水泥均需进口或靠外国无偿援助。2012年上半年，柬埔寨政府共核发849张建筑营业执照，同时批准建设面积270.9万平方米，建设金额达8.68亿美元，同比分别增长32%和36%。其中住宅和工业类分别占总建筑面积34%和35%。投资建设地点主要位于金边市，外资主要来自韩国、中国、马来西亚和越南等国。此外，2012年上半年柬埔寨进口建材约43万吨，金额超过2亿美元，同比分别增长19.4%和17.6%。其中，钢材进口14万吨，同比增长144%。[①]

（一）水泥制造业

柬埔寨南部石灰石资源丰富，具有生产水泥的基本条件。20世纪60年代，在中国援助下，柬埔寨建起了一个规模较大、设备较好的窄格亭水泥厂，设计能力为年产水泥15万吨，这开创了柬埔寨水泥生产的历史。70年代期间该水泥厂因遭战火严重破坏而停产。80年代中期，在外国专家帮助下，该厂经大修复产，但生产能力很低，1988年全年仅产水泥2 500吨。90年代初，泰国一家公司投资100万美元对其进行改造，生产能力得到提高。目前，该厂经设备更新和技术改造，产量已有大幅度提高，至今仍是柬埔寨最大的一家水泥厂。进入90年代以后，随着战后经济重建的全面展开，及建筑业的迅速发展，国内水泥市场需求量骤增，水泥缺口越来越大，因此开始从泰国进口水泥以弥补国内缺口，但水泥紧缺仍较为严重，这样水泥也成为边境走私的主要商品之一。为了缓解水泥日益短缺的矛盾，政府出台优惠的外资政策以吸引外商投资。1997年韩国最大的水泥厂计划投资2亿美元在柬埔寨贡布省建一家采石场和一个水泥厂，拟在2000年建成投产。该厂于1998年在贡布省金船县开工兴建，设计能力为年产水泥80万吨，可基本满足柬埔寨国内市场需求。

2008年柬埔寨位于贡布省的首座大型水泥厂正式投产，该厂为柬泰合资，柬方持股20%，初期投资3亿美元，雇有员工400名。该水泥厂于2006年初开始动工建设生产水泥车间，共花费了9 300万美元资金，才完成了水泥厂建设工作。该水泥厂每年可生产96万吨水泥，2009至2010年，可生产200万吨水泥。一期工程水泥产量只能提供国内需求的40%，到第二期的生产线将继续投资1亿美元，年产量将达到200万吨，大约满足国内需求的70%。为满足国内对水泥的需求，柬埔寨政府努力支持国内水泥工厂企业生产，并且要求工厂必须保质保量，努力提高产品质量，使自己的产品成为价廉物美的产品，这样才能获得消费者的认可

① 《2012年上半年柬埔寨经济形势》，中华人民共和国驻柬埔寨王国经济商务参赞处网站，2012年11月15日。http://cb.mofcom.gov.cn/aarticle/zwrenkou/201203/20120308024 009.html.

并能够出口到外国，成为外国消费者喜爱的产品。2004年，随着国内房地产业的兴起和基础设施建设的需要，柬埔寨水泥的需求量不断增加。2005年共用去了108万吨水泥，2006年用去140万吨，2007年150万吨，而2012年则增加至270万吨。该水泥厂的投产缓解了国内水泥供应紧张的形势。

水泥是柬埔寨贡布省的三宝之一，贡布省有很多具有可以生产水泥原料的石头山，所以大多数水泥厂也兴建在该省。2008年，在柬埔寨的泰国最大工业集团——暹罗水泥公司计划在贡布省的水泥厂再投入资金，计划将原年产量为100万吨水泥提高到年产量300万吨。2010年12月，柬埔寨水泥公司和该公司正式签署合资协议共同投资2亿美元在贡布省兴建柬埔寨第二家水泥厂，该水泥厂于2011年动工，工期为2年，并于2013年投产，年产量为100万～150万吨。由于本地市场对水泥的需求量日益增多和产业迅速发展，为了满足市场上的需求，该公司希望通过提高年产量以控制市场份额。这一时期柬埔寨的水泥供给仍依赖进口，泰国是其进口水泥的主要国家。但由于油价的上涨带动了运输成本的增加，进口水泥的成本大幅上涨。因此，该集团在贡布省增加生产产量可以获利更多。

2011年，泰国京都水泥公司也计划在柬埔寨设厂，泰国京都水泥作为泰国第二大水泥生产业者，计划于未来5年内在柬埔寨设立新工厂，产能为100万～150万吨。随着房地产市场的回热，2012年柬埔寨水泥的需求量逐渐增多，水泥市场的发展空间不断增大，正吸引各国企业来此投资建厂，印度尼西亚的水泥公司也正计划在柬埔寨投资建立水泥厂。到目前为止，在贡布省获得建立水泥厂执照的公司一共有6家，其中一家公司正在运作生产，另两家正在兴建当中。

（二）砖瓦制造业

20世纪80年代，柬埔寨所需的砖瓦主要靠当地土窑生产，全国年产瓦约1 400万块，产砖2 200万块，但这远远不能满足国内市场的需要，所以，柬埔寨很大一部分砖瓦必须从越南进口。进入90年代以后，特别是1993年成立新政府后，随着社会经济重建的全面展开，柬埔寨对砖的需求量进一步大增，砖瓦规格、品种也日益多样化，有砌墙用的实心砖、空心砖、通风砖，还有铺地板用的地砖、瓷砖、云石砖，活动的水泥砖以及作装饰用的贴墙砖等。到21世纪，柬埔寨房地产市场发展迅速，砖瓦需求也日益增多，相关销售商店也逐渐增多，店内陈列着各式各样的墙地砖，但除砌墙用砖，柬埔寨绝大多数瓷砖都从国外进口。柬埔寨虽有陶瓷厂，但生产能力极为有限，且主要生产日用陶瓷。为了满足建筑用砖的需要，柬埔寨政府与中国合资建立了柬埔寨第一砖瓦有限公司，该公司已成为柬埔寨规模最大、工艺设备最先进、品种最齐全、产品质量最好的建筑材料公司。其产品主要有实心砖、空心砖、红瓦、红地板砖、高压成型泰式彩色水泥瓦、彩色地板砖及各种高压水泥制品，其生产的砖瓦耐压力强，每天可轮流烧出10万块砖。该厂的制砖机和制瓦机等成套设备都是中国制造的较为先进的设备，制砖机每小时可制砖1万块，制瓦机每小时可制瓦1 500块。随着市场竞争日趋激烈，大大小小的砖瓦厂不断增多，但是柬埔寨绝大多数砖瓦厂规模都很小，以烧柴为主，这些小窑，每窑仅能烧大约8万块砖，半个月才能出一次窑，成本较高。另外，由于用柴烧，其热量不够，所制造的砖瓦耐压力较差。

随着社会的进步，砖瓦市场也发生了很大变化，水泥砖逐渐被淘汰，现以被花色多样、品种齐全、更为美观的瓷砖所取代。目前，在柬埔寨生产水泥砖的厂家已很少，市场也已转移至乡下，城市用水泥砖较少。新建楼房的内外部装修，绝大多数都用各种美观的瓷质墙地砖，但当前柬埔寨市场上的各种瓷质墙地砖，绝大部分从国外进口，主要有来自中国大陆、中国台湾地区、西班牙、泰国、印度尼西亚、马来西亚、菲律宾，其中西班牙砖质量较好，价格也较贵，但销量最大的是中国台湾砖，其次是中国大陆砖。仅金边市区，墙地砖每月销售量就能达到100多个货柜。

（三）玻璃制造业

玻璃也是重要的建筑材料之一，随着柬埔寨建筑业的飞速发展，对玻璃的需求迅速增加。但是，柬埔寨自身的玻璃生产能力极为有限。由中国援建的玻璃厂规模小、产量低，远远不能满足国内市场需要。因而，柬埔寨的平板玻璃主要依靠进口，其中，从中国和马来西亚的进口又占了大部分，两国均在柬埔寨设立了玻璃代理商。柬埔寨市场上销售的玻璃日用品也几乎都是从国外市场进口，主要来自泰国、马来西亚和中国。在柬埔寨玻璃工业几乎是零的情况下，中国青岛和上海投资的华通玻璃厂于1997年上半年投产，月产量100万个瓶子，为柬埔寨玻璃业填补了空白。目前，柬埔寨虽然不能生产灯饰产品，但对灯饰产品的需求却随电力开发而逐渐增多，漂亮的灯饰和霓虹灯正随着经济发展，进入柬埔寨。许多新建的别墅、楼房、大厦不仅会在天花板上，墙壁上安装普通的日光灯、壁灯，更会在大厅里装上豪华漂亮的吊灯。出售灯饰的商店也越来越多。仅金边市，大规模的灯饰店估计就有5～6家，中小规模的有数十家。这些灯饰大多是从中国大陆和中国台湾进口，款式多姿多彩。柬埔寨商人反映，中国大陆的灯饰比中国台湾地区的更便宜，但由于进口关税高，比起泰国货则比较难卖。目前，有大量泰国日光灯管、灯泡、灯饰由边境走私进来，价格比较低，这对进口货造成一定负面影响。

柬埔寨目前尚无钢材生产企业，钢材几乎全部依赖进口，年进口量约为10万吨，主要从中国进口。柬埔寨有300多家经营建材产品的公司，多数规模小，在柬埔寨市场经营钢材进口的企业主要是莱隆公司（私营）和首钢（柬埔寨）公司两家中资企业，其中前者进口产品约占柬埔寨市场的80%。2004年由于受房地产市场的升温，钢材价格飞速上涨，钢材的大幅涨价，同期受中国房地产市场火热的影响，中国建筑业就消耗掉全球生产钢铁成品的25%，致使国际价格不断攀升。中国建筑钢材上涨使柬埔寨建筑商大幅转向使用价格较为便宜的越南进口钢材。尽管钢材价格上涨，但经营的业主却不断增多，市场销售增长率也保持良好状态。在钢材价格高涨的同时，其他建筑材料如水泥、地砖、墙漆等价格都不断上涨，由于汽油不断涨价，进口地砖的售价比2002年提升了5%～7%，墙漆提升了20%，其他装修材料也大幅度的提升。

2008年全球金融危机直接冲击柬埔寨建筑业，在柬埔寨一些大型房地产项目已正式取消，另一些项目暂停实施。由于居民收入及境外对不动产投资的减少，银行收紧房贷，更使建筑业难上加难。金边市商用土地价格和普通住宅价格大幅下降，而房地产市场的发展影响着土地交易和建材等的发展。随着经济回暖，建筑业全面复苏。2011年，柬埔寨多项房地产工程陆续启动，投资达17亿美元。且马来西来、韩国、中国、越南和日本等国的企业来柬埔寨投资建设办公楼、商业中心、酒店等，柬埔寨建筑市场对建筑材料的需求也大幅增加，尤其是水泥的需求量达300万吨，同比增长30%，总值约2.7亿美元。从2011年4月起，柬埔寨水泥市场价格呈上涨趋势，每吨涨幅为3～4美元。[①]

总之，在柬埔寨经济发展过程中，建筑业占有重要的地位，其在国民生产总值中占7%左右，占工业总产值的比重超过20%，是其工业发展的支柱。在1993—2000年的8年间，柬埔寨每年建筑业的产值一直维持在1.15亿美元左右，而2000年达到约2.1亿美元，2006年达7.06亿美元，这为柬埔寨建筑材料的发展带来较大市场。不管是战乱后柬埔寨的国家重建，还是1994年新《投资法》，都吸

---

① 《柬埔寨水泥需求旺盛》，中华人民共和国驻柬埔寨王国大使馆经济商务参赞处网站，2011年7月7日。http://cb.mofcom.gov.cn/article/sqfb/ziranziyuan/201107/20110707636745.shtml.

引大批私人投资，大量外资的涌入使柬埔寨房地产市场火热，或是外商投资的纺织服装类加工厂和旅游业的发展，使柬埔寨需建设大批工厂和酒店，其建筑材料工业的发展与国内建筑业和房地产市场的形势息息相关。亚洲金融危机和全球金融危机使柬埔寨房地产业进入萧条，建筑业项目和投资骤减，建筑材料的需求量也随之大幅减少，这必会影响建材市场的发展，柬埔寨外向型的国内经济使其经济不能独立于全球经济而发展。

随着柬埔寨经济和工业生产的进一步发展，厂房改造和道路基础设施的建设已成为柬埔寨经济发展的首要任务。柬埔寨现阶段还属于落后的发展中国家，其城市化水平低，城市化进程中建筑工程量大，私营业者对商厦和商业场所的建设较多。在普通居民中，住宅中以竹子和茅草为外墙建筑材料的房屋所占比例为9.7%，以木材为建筑材料的占39.3%，混凝土、砖、石头结构的为47.4%。这种局面要求对居民居所条件进行大力改善，并使得新建住宅小区或是改造现有住宅小区成为今后发展的必由之路。[1]建筑业的快速发展必然要以更多的建筑材料为基础，这为柬埔寨建筑材料工业带来新的发展机会。

第四节　制造业

柬埔寨制造工业相当落后，只有一些简单的五金机械制造和设备维修、组装企业。柬埔寨的电子电器产品和机器设备几乎全部依靠进口，印刷业所需机器设备亦同样如此。

一、机械制造业

柬埔寨至今仍未形成具有一定规模的机械工业，原来仅有一些五金机械产品制造和机械设备的维修、组装行业，其产品主要包括各种铁钉、铁丝、厨具犁具、各种农具、机械零部件以及自行车零件等。20世纪90年代，机械工业有了较大发展，一些新的、规模较大的企业相继建立起来，原有的一些企业技术设备也得到了明显改善，而且还建立了几家拖拉机、摩托车和汽车修配厂。由于缺乏市场信息，没有及时、可靠的市场信息渠道，柬埔寨汽车、摩托车等走私进口活动猖

---

① 《柬埔寨房地产市场发展状况和前景分析》，中华人民共和国驻柬埔寨王国大使馆经济商务参赞处网站，2003年6月18日。http://cb.mofcom.gov.cn/aarticle/zwrenkou/200 306/20030600100 849.html.

獗，影响市场公平竞争。

21世纪初期，柬埔寨还没有建立汽车工业，无汽车生产、组装厂，也无汽车零配件生产厂，仅有一些小规模的汽车修理厂，这期间有数家中国摩托车生产企业进入柬埔寨市场，但均因为市场竞争激烈和经营不善而先后退出。柬埔寨实行自由市场经济后，对汽车进口没有准入限制，汽车及零配件进口和销售也没有数量限制。1999年，进口汽车及零配件价值7 460万美元，占全国进口总值的6%，主要是从日本、韩国、美国和中国进口；2001年，进口汽车及零配件价值6 720万美元，占全国进口总值的4%。[①]柬埔寨由于经济落后，居民消费水平低，二手车交易市场更受青睐，二手汽车和摩托车占较大市场份额，主要是从日本、韩国、美国和中国台湾进口。柬埔寨摩托车市场十分广阔，2005年东盟自由贸易区正式启动，各国之间关税仅为0%～5%，柬埔寨是东盟成员国，在柬埔寨投资建厂后，其产品除可以在当地销售，还可以以零关税或低关税销售到东盟其他国家，这吸引了不少国家到柬埔寨投资。2005年，中国内地在柬埔寨投资自行车及摩托车组装厂3个，协议投资额952万美元。

柬埔寨机动车辆主要是汽车和摩托车，目前无汽车生产和组装厂，仅有一些小规模的汽车修理厂和一些摩托车装配厂。而柬埔寨国内机械设备基本是从国外进口，包括五金制品、机器设备、服装机器设备、汽车及零部件、摩托车及零部件、其他机动车及零部件、铁路及其运输设备、各类船只及其设备，这类设备约占进口总额的1/3。随着经济的快速增长，21世纪初柬埔寨建立了数家摩托车装配厂，但面对廉价进口整车，特别是二手车的竞争，经营较为困难。柬埔寨每年进口摩托车约10万辆，而走私进口的摩托车每年约20万辆。2012年上半年，柬埔寨新增机动车12.4万辆，其中汽车1.7万辆，摩托车10.7万辆。截至2012年底，柬埔寨共有机动车201万辆，包括汽车33万辆、摩托车168万辆。

2008年8月，雅马哈机动车柬埔寨有限公司在金边正式成立，注册资金1 150万美元，由日本雅马哈机动车公司、丰田通商公司和柬埔寨进出口公司三家公司按照70%、20%和10%的比例合资成立，旨在扩大市场份额，帮助柬埔寨提高机动车的质量和技术。该公司在金边特别经济区内兴建面积达9万多平方米的摩托车组装工厂，从泰国的生产基地采购摩托车零部件，运到柬埔寨进行组装，计划

① 《柬埔寨汽车情况》，中华人民共和国驻柬埔寨王国大使馆经济商务参赞处网站，2003年9月26日。http://cb.mofcom.gov.cn/index.shtml.

2015年占领柬埔寨摩托车市场30%的份额。而在柬埔寨销售的摩托车主要有本田、铃木、雅马哈和中国生产的摩托车及进口的二手摩托车，其中，铃木和本田都已经在柬埔寨设立组装厂。2011年3月，柬埔寨兴发展公司、香港洲亮企业与"吴哥汽车"创造者签署合作协议，成立吴哥汽车厂，成为柬埔寨首家电动汽车制造厂，填补了柬埔寨汽车工业的空白。吴哥汽车厂位于干拉省大金欧市，初期投资2 000万美元，柬方占股80%，中方占20%，计划年产量为500～1 000辆电动汽车，全部为柬埔寨自行设计产品。目前，由于柬埔寨国内机械制造技术落后，生产机械设备的企业少之又少。而当前柬埔寨正值长久以来最佳发展时期，国内的桥梁、公路、铁路、水电站等都处于蓬勃发展的时期，柬埔寨需要较为先进的机器设备以提高生产效率。中国机械企业借此时机进入柬埔寨市场以扩大海外市场并帮助柬埔寨国内发展，为其提供更多优质的工程机械产品。中国广西柳工集团在柬埔寨已成功开拓了市场，柬埔寨全国重点工程都使用了柳工设备，并且代理商与中国驻柬埔寨各知名企业建立了良好的合作关系。中国援助的柬埔寨41号公路修复工程，整个工程全部使用柳工机械，中国的机械产品在柬埔寨市场越来越受欢迎。

2004年7月，中国重庆力帆集团便开始在柬埔寨选址、考察市场，力帆准备在柬埔寨投资建立1家通机厂，前期主要生产水泵和发电机，后期将生产金摩托车。[1]据双方协商，力帆在柬埔寨的投资项目可能会免除8年的所得税。通机尽管潜力巨大，但1辆摩托车的价格却相当于3～4台通机的售价，摩托车在柬埔寨市场潜力很大。尽管力帆已经在越南投资了工厂，但越南对周边市场的辐射能力不高，柬埔寨与老挝、缅甸有着传统的贸易往来，三国总人口达到7 000万，如果获取了柬埔寨市场，实际上就为力帆集团进一步深入东盟市场争取到更大空间。现在，力帆集团已经在柬埔寨设立了办事处，力帆集团向柬埔寨销售大量的摩托车，这不仅能促进柬埔寨工业的发展，也能促进农业发展。2011年，中国东方电机有限公司与鄂尔多斯鸿骏电力有限公司正式签订了柬埔寨西哈努克港燃煤电站汽轮发电机设备供货合同。柬埔寨西哈努克港燃煤电站汽轮发电机出口项目是中国公司产品首次进入柬埔寨市场，该项目分两期，一期建设为3年，2013年11月第一台机投产发电。2012年7月中国著名重型机械制造商三一集团在柬埔寨的总代理商国拓机械设备（柬埔寨）有限公司在首都金边开业，这家重型机械制造商

① 《力帆将在柬埔寨生产通机》，载《摩托车技术》，2004年第8期，第8页。

正式进入柬埔寨市场。截至目前，已有中国三一重工、柳工、徐工、山推等多家中国工程机械设备企业进入柬埔寨市场。[1]2012年，在柬埔寨登记注册的汽车为35.2万辆、摩托车182万辆，机动车数量呈逐年上升的趋势。

由于中国民营企业勇于创新、大胆开拓海外市场，中国民族机械产品不断走进柬埔寨市场。随着越来越多有实力的中国企业积极到柬埔寨开拓机械市场，这不仅进一步促进中柬贸易不断发展，也使柬埔寨政府和消费者越来越相信中国所产的机械设备。2012年，柬埔寨政府表示希望以后从中国进口路桥维修、建筑、灌溉、拖拉机、水泵等机械产品，希望更多的中国机械产品进入柬埔寨。而柬埔寨高技术的机械设备制造至今仍是空白，但近年来开始受到日本等发达国家的关注，日本美蓓亚集团看中了柬埔寨低廉的劳动力成本，在当地设立了一家工厂，希望在柬埔寨生产精密微型滚珠轴承、高精密机械、电子零部件等。

柬埔寨机械产品生产落后，过去市场所需机器设备几乎全部依赖进口。现今外资企业不断加入柬埔寨机械制造行业，这大大改善了柬埔寨机械制造业的状况，但是至今也只是在发展的起步阶段，与国际水平相差甚远，还需要较长时间的发展，面临较大挑战。落后的基础设施、人力资源的匮乏、资金不足等都是其发展的难题。但是柬埔寨机械制造业市场存在较大潜力，一方面随着本土制造业的起步，以及愈来愈多外商前来柬埔寨投资，当地对生产设备，如工业机器设备、办公室器材、服装设备、发电机和汽车等运输设备需求会日益增加。另外，随着柬埔寨经济的快速增长，国民收入不断提高，对消费品的需求亦会增加，汽车、摩托车及民用机械会更普及。在柬埔寨国内市场除可拓展大众化低档产品市场外，也可尽量生产中高档次的机械产品，以供城市内高收入消费者的购买。

二、电子电器制造业

1991年至1993年，随着柬埔寨市场逐渐开放，电视机的进口量增长约200%，共80 100台，卡式收音录音机共180 588台，这时期柬埔寨的电器用品消费市场已开始形成，部分消费品的进口量也不断增加。但是一直以来由于柬埔寨电力发展严重滞后，电价昂贵，全国可用上电的人口也只有30%左右，且集中在金边、西哈努克等中心城市，因此在柬埔寨家电的普及率很低，发展也十分缓慢。市场

---

[1] 《三一重工进驻柬埔寨》，中华人民共和国驻柬埔寨王国大使馆经济商务参赞处网站，2012年7月19日。http://cb.mofcom.gov.cn/article/sqfb/ziranziyuan/201207/20120708240 859.shtml.

上销售的主要家电产品是电视机、空调、冰箱和VCD，主要是从日本、韩国和马来西亚等国进口。日本品牌有索尼、松下、日立、爱华等。目前，进入柬埔寨市场的中国品牌家电产品只有康佳彩电，且销售规模较小、价格低，竞争力不及日本产品。柬埔寨经营家电产品的商家约有100家，另有相同数量的商家经营日本二手家电。二手家电对新家电的冲击很大，几乎占柬埔寨市场总额的70%。柬埔寨家用电器走私也较为严重，这严重影响市场上依靠正规进口获得家电的厂家的销售，因此该行业资本积累比较慢，不正当竞争较为普遍。

最近几年，柬埔寨电脑、办公自动化设备市场开始有所发展，但电脑、办公自动化设备市场主要在首都和大城市里，其消费群体则是大型的商业企业，它们是柬埔寨最先拥有电脑的客户。1992年，第一家电脑商店在金边开业，1993年发展到3家，到2002年总计达到了90多家。由于城市居民的生活和教育水平不断提高，人们需要利用电脑学习、办公，获取更多的信息，电脑也开始进入市民家庭。进入21世纪，柬埔寨城市里个人拥有电脑的比例迅速提高，但总体而言，在柬埔寨电脑的普及率还很低，配备电脑的家庭仅约占3%。柬埔寨国内的电脑、办公自动化设备严重依赖进口，在电脑、办公自动化设备中，电话、传真机等技术含量较低的设备主要从中国、印度尼西亚、马来西亚进口，而电脑、复印机等技术含量高的设备则从新加坡、日本进口。柬埔寨对电脑和办公自动化设备的进口没有专门的法律法规，只是要交纳15%的关税和10%的增值税。在柬埔寨大多数人购买办公自动化设备时主要考虑价格，质量其次，所以人们主要还是购买二手机和便宜的品牌机。柬埔寨市场上的电脑80%是组装机或二手机，购买者多以收入不高的私人为主，而手提电脑的市场份额现在还很少。柬埔寨办公自动化设备销售商正面临来自泰国销售商的竞争。总的说来，目前的柬埔寨电脑和办公自动化设备的市场还较小，但随着柬埔寨经济的高速发展，电子产品的市场需求会大幅提高。

虽然柬埔寨电子产业已经取得了很大的进步，但基础设施还不完善，家用电器、计算机、通信设备还不普及，其他电子设备制造业还相当落后，电子技术方面的人才缺乏，技术完全依赖其他国家的援助。柬埔寨政府正努力缩短与本地区及世界各国间的电子制造业的差距，大力发展电力基础，为电子产品销售提供先决条件，同时吸引外资到柬埔寨经济特区建立电子工厂，以解决柬埔寨国内需求问题，由本国生产替代进口。对还未实现工业现代化的柬埔寨，加快发展本国电子制造业会是早日摆脱贫困落后、实现工业化的有效途径。通过使用先进电子设备，以提高整个社会的生产效率，节约更多不可再生资源，比如将办公用纸降低到最低限度，在这种形式下，计算机产品将会有更大的发展空间。目前，中国的通信设备、计算机产品、电脑办公自动化设备都已经达到国际先进水平，且与其他国家相比还具备价格优势，柬埔寨市场对于中国电子信息产品出口将会是很大的机遇。

三、信息产品制造业

信息产品是在信息化社会中产生的，以传播信息为目的的服务性产品，而柬埔寨是全世界最落后的国家之一，其国内的信息化程度也十分低，信息产品十分少，而信息产品制造业也十分落后。在软件市场方面：柬埔寨的软件市场估计每年有 2 500 万美元的销售额。大部分电脑安装的是 Windows 的操作系统，正版软件的购买者多为大公司、国际酒店和非政府组织，主要以先进财会软件为主，而柬埔寨国内盗版软件较多。

1993 年，柬埔寨成为世界上第一个移动电话超过固定电话的国家，柬埔寨移动电话普及率也比较低，国内的移动电话用户有 80 万人，长期战乱使柬埔寨以前的固定电话普及率不高。[①] 战后，柬埔寨时逢全球移动通信技术已经成熟，而固定通信成本要高于移动通信成本，所以柬埔寨的移动通信便获得了发展良机，其无线通信的发展空间非常广阔，2007 年固定电话和移动电话的普及率分别为 0.7% 和 7.8%，部分农村地区甚至连最基本的通信手段都不具备。2007 年，中国公司与柬埔寨签署协议，投资柬埔寨光纤通信网络有限公司，为柬埔寨兴建光纤通信主干系统以及相关基础设施。根据协议，该公司将在 3 至 5 年时间内，为柬埔寨铺设直埋光缆 8 000 多千米、城市地下通信管道 1 000 余千米。该项目建成后将从根本上改善柬埔寨基础通信设施落后的状况，对国家经济建设和社会发展产生深远的影响。柬埔寨政府对通信产业的发展极为重视，并鼓励多国投资者对柬埔寨的通信基础设施建设进行投资。大湄公河次区域信息高速公路项目也为柬埔寨网络全面发展提供了不可多得的机遇。在光纤网络建设方面，柬埔寨已完成了第一阶段更新连接泰国、越南两国的线路。同时，在金边和暹粒之间、金边和西哈努克市之间、金边与桔井之间铺设光纤通信线路。中国政府通过资金援助方式，建设柬埔寨国内的几条光纤通信线路，其中就包括连接金边与桔井的光纤通信线

---

① 杨宁：《柬埔寨 IT 业现状》，载《东南亚纵横》，2005 年第 3 期，第 67～68 页。

路。而日本政府也计划对金边和西哈努克市之间的光纤通信线路提供资金援助。

随着柬埔寨经济和社会不断的发展，网络进一步得到普及，网速相对变快，上网费用也开始逐级下降，但柬埔寨电信市场自由化，让多国大小运营商争相进入、相互间产生激烈的竞争并且互相挤压，给市民带来更多便利的同时，也开始出现一些问题。目前柬埔寨有9家移动营运商和20多家ISP都能提供网络服务，上网费用虽然便宜一些，国际网络的通讯费也大幅降低了，但由于家庭网络市场尚未全面普及，运营商之间已为争夺有限的生存空间而竞相角逐。据了解，目前柬埔寨因特网主要服务供应商是MEGA、Camintel、Ezecom、Online等大公司。而提供网络技术支持的主要有中兴通讯、华为通讯、信威科技等。从网络用户使用者来看，为了方便与客户的沟通，80%以上的公司、企业等都安装了网络，根据流量、网速等不同限制，目前公司安装的网络月费用都在100美元左右，价格相对高昂，网速一般在256KB/s，少数甚至仅为100KB/s。金边拥有电脑并且安装上网络者不足5%。

近十多年来，柬埔寨由于获得外国及国际组织的援助，国家对信息产业采取宽松的监管政策，信息产业开始逐步发展。柬埔寨政府为促进信息技术发展，在国内建立高效、低成本、具有国际水平、覆盖全国的通信网；深入推动投资投向信息和电信技术基础设施，特别是高速光缆，积极发展农村电信系统；在金边、西哈努克市和暹粒建立综合电信网络，同时扩展向中小城镇的电信服务；并制定电信设施、服务和信息技术和因特网使用及运作标准，规范国家指导投资与合作计划。柬埔寨虽还不具备全国性的光纤通信网络，但发展较快，光纤通信网络是联系发达国家与低度发展中国家资讯的桥梁，在推动贸易投资方面发挥着相当大的作用。

虽然柬埔寨信息产业已经取得了很大的进步，但基础设施还不完善，电话普及率仍然很低，互联网服务还很落后，信息技术方面的人才少。但随着柬埔寨经济快速发展，市场需求将会大幅提高。同时，柬埔寨政府遵守柬埔寨作为WTO成员的承诺和义务，对私营企业参与信息和电信技术的建设一视同仁，无特别的歧视政策。政府将加速完善有关信息产业的相关法律法规，增强柬埔寨科技竞争力，缩短与本地区及世界各国间信息技术的差距，大力推广电讯网络系统。但柬埔寨信息制造业的发展也面临着巨大挑战，目前，就普通的发展中国家水平而言，上网普及率均在20%左右，柬埔寨有数百万户家庭，其网络使用率、普及率仅占3%，这说明虽然柬埔寨国市场潜能大，但同时国内网络发展任务也十分艰巨，需要巨大变革才能较快发展。

四、工艺品制造业

柬埔寨传统工艺包括丝绸编织、银饰、石雕、木雕、漆器、寺庙壁画、草编和风筝制作，这些都是由远古时代发展而来。现今，柬埔寨的工艺品制造仍以传统手工艺为基础，但形式更为多样化。柬埔寨没有专门的工艺品店，如果想买些具有民族特色的工艺品，大多是在当地市场购买，在金边市中心的中央市场就有很多工艺品，金边与暹粒也是柬埔寨工艺品制造中心。近年来，越来越多的雕塑家和画家也为柬埔寨创造出许多奇妙生动的工艺品。

柬埔寨是一个佛教文化浓郁的国家，其中吴哥文化让柬佛雕艺术天下闻名，吴哥窟的雕刻工艺品以木、石雕刻工艺品为主，在吴哥窟壁上能观赏到那些最具有印度教建筑特色的精彩珍品。雕刻者从吴哥的传奇故事中汲取灵感，以模仿小吴哥五塔建筑、贾雅瓦曼七世的高棉微笑、舞动的阿布拉萨仙女等为主。吴哥窟主殿建在一个宽187米、长215米的三级台基上，殿上有5座尖塔，中央塔顶离庭院地面65米，底层廊壁上布满石刻浮雕。这些浮雕有反映当时人民生活的，比如人民打猎、捕鱼、送别、战争等，有重现古代传说的，比如乳海翻腾、天神制魔等神话故事，有趺坐的佛陀，有跳舞的女神，还有人头、鸟兽、虫鱼的雕刻，姿态万千，栩栩如生。宝塔外面的石块上刻着各种姿态的佛像，有的高达几十米，形象非常生动。这些浮雕也时常被制造技术人员仿制成工艺品在当地出售，深受游客的喜爱。在柬埔寨有许多跟佛像相关的工艺品，无论是石雕还是木雕或是铜雕，柬埔寨的手工艺者都十分在行，这种精湛的艺术已经成为柬埔寨人生活的一部分。

柬埔寨其他石雕工艺品、手工编织、银器和红宝石等都十分具有柬埔寨艺术风格，这些造型别致的工艺品价格也不会太高。而柬埔寨传统手工编织而成的纯丝布品，由专家精心设计后，朴实的布品变化制作出披巾、挂布、衣裤、抱枕、钱包、名片盒及手提袋等样式，再加入丰富多样化的华丽色彩，成为当地工艺纪念品的经典之作。从种桑养蚕、染色到手工编织，好奇的游客也能够体会到这些美丽工艺品的制作过程。

柬埔寨工艺品制造业规模较小，且生产商以小手工业者为主，具有一定规模的生产商也十分有限。柬埔寨工艺品联合有限公司为国内较出名的工艺品制造企业，它通过高效和安全的采购方式，为世界重要买家提供独特的柬埔寨工艺品，包括时装配饰及礼品。该企业拥有全国最高工艺的专业技术，依此来定制所要求制作的产品，并为一些柬埔寨最贫穷和边缘化的人创造可持续就业机会，其所有成员培训和工匠聘用，都力争实现公正、公平和安全的工作条件的承诺。柬埔寨工艺品联合能够通过协调每个小企业的产量，确保生产出大量买家要求的规模，且该公司支持振兴传统艺术和手工艺等小型企业和非政府组织，希望能永远传承柬埔寨工艺品制造技术。近年来，柬埔寨政府也正积极促进柬埔寨工艺品事业与其他国家合作，努力使本国工艺产品走出国门，走向世界，扩大销售渠道。2008年，柬埔寨与南宁国家经济技术开发区签下900万美元的手工艺品展示中心合作项目。该项目由柬埔寨手工业及中小型企业协会与南宁经开区辖区企业南宁市建业房地产开发有限责任公司共同合作，把东艺中心建设成为手工艺品展示中心。该项目把东艺中心定位为一个面向东盟及国内市场、专门为轻工工艺品厂家及贸易商服务的专业交易平台，并可以为柬埔寨等东盟各国商家、企业提供国际商贸平台，柬埔寨的工艺产品可以通过东艺中心这个窗口推向中国及东盟其他成员国。

第五节　粮食、食品加工业

柬埔寨是一个农业国家，食品加工技术落后，机器设备十分缺乏。但是柬埔寨有丰富的农产品和水产品，为了提高农产品的附加值，柬埔寨政府积极出台相关政策，推动农业生产和农产品加工业的发展。政府对于农工业发展的核心策略是以长期的方式给予国内外公司特许土地，并鼓励与当地小业主签署种植合同，为加工厂提供原料。另外，柬埔寨政府进口先进加工设备，强调农产品加工业的重要性和潜力，鼓励有关部门和私人企业发展粮食加工业，通过科学、先进的加工手段，提高产品的品质、市场价格和竞争力，从而促进大米、腰果、烟草、蔬菜等农产品的出口。

一、粮食加工业

柬埔寨为以农业为基础的工业特别是粮食加工，提供了一个有利环境，全国大米产量多，沿湄公河的磅湛省等地耕有大面积的粮食作物。大米也被誉为柬埔寨的"白金",而延长大产业链、提升附加值、提高大米加工能力已是发展本国工农业的首要任务。2010年在柬埔寨注册的碾米厂新增了1 326家,总数达到28 474家,但大部分都是属于中小型碾米厂,加工能力和技术落后。在数以万计的碾米厂中,仅有7家具备出口大米的技术条件,而且这些加工厂也没有足够的资金收购稻谷,预期可获得的资金是乡村发展银行计划提供的1 800万美元贷款、世界银行计划提供的5 000万美元贷款,这与满足100万吨大米出口所亟需的资金数额相距甚远。为了改变粮食加工业落后的现状,2010年柬埔寨政府颁布了《促进稻谷生产和大米出口政策》,努力将柬埔寨打造成国际市场上主要的大米出口国,提高大米加工水平,保证大米出口的质量。近年来,越来越多的国家看到柬埔寨大米生产的优势,大米加工业的发展潜力也日益凸显,马来西亚、越南、中国、泰国等也争相到柬埔寨投资粮食加工业。2011年柬埔寨鼓励外商投资大米加工行业,目前柬埔寨共有5万多家碾米厂,其中只有1 789家属于大中型碾米厂,加工成符合国际标准质量的大米能力有限。因此,柬埔寨政府将加大力度,推动和吸引外商投资柬埔寨大米加工行业。2012年第一季度,新注册公司904家,同比增长13.7%,主要是大米加工、肥料制造等领域的投资。

　　柬埔寨与泰国、越南的地理、气候等条件相似,所产稻米的品质也是不分伯仲,但由于柬埔寨大米加工业仍然落后,导致本国大米远不能与泰国大米相竞争,从而使大量大米低价出口。柬埔寨年产稻谷800万吨左右,本国只能消费一半,其余被泰商、越商大量收购,加工后变成泰米、越米,再高价出口赢利。一直以来,柬埔寨稻谷未经加工低价流出境外的情况较为普遍,但近年来引起柬埔寨政府的关注,为此柬埔寨政府启动了"白金计划",鼓励各方来柬埔寨投资建设大米加工项目,发展柬埔寨大米加工出口产业,增加稻谷产品的附加值,发展国内农业优势。而中国借此实施"走出去"战略,深化中国与东盟经济合作。2012年7月,中国广西国宏经济发展集团有限公司投资的柬埔寨大米加工厂项目(一期)完成竣工验收,正式交付使用。该项目是广西在柬埔寨开展国际经济合作的重点投资项目,项目固定资产投资500万美元。在通过由中国国内行业专家、业主方、厂方和设计方组成联合专家组的验收后,正式交付其柬埔寨全资子公司——国宏(柬埔寨)实业有限公司经营管理。该大米加工厂项目占地130亩,目前安装一条日产150吨大米的加工生产线,生产能力为年加工稻谷5.5万吨,折合年产粳米3.65万吨,工厂的全套设备均为中国出口的先进设备。目前,该大米加工厂对柬埔寨的两种大米进行加工，一是高产低价的普通米，加工后投放当地市场；二是低产优质的柬埔寨米，主要返销中国等高端市场。另外，加工厂应尽快熟悉掌握从原料采购、储备、加工，到产品运输、销售等各个环节的关键，尽快加工生产出达标的优质大米销往东盟、欧美和中国南方高端市场。

2012年5月，中国为了帮助柬埔寨改变粮食加工的现状，使其农业资源优势转变为可持续发展的经济优势，中柬两国国家领导人达成一致意见，通过利用中国进出口银行的优惠性贷款帮助柬埔寨粮食（大米）收储、加工、销售体系升级，从根本上解决柬埔寨粮食积压和走私问题。河南相关粮油企业与柬埔寨代表团达成了合作协议，签署了合作谅解备忘录，中柬粮食加工合作项目取得了阶段性成果。河南是中国重要的农业大省，粮食生产在全国地位举足轻重。河南在农业产业化、粮油加工和农产品对外贸易等方面发展迅速，并培育了一批有一定海外知名度的企业。柬埔寨在大米生产方面较有优势，双方具有很大的合作空间，也十分支持和重视此合作项目。

柬埔寨的粮食收储、加工、销售体系不完善、效率低，稻谷大量积压、走私出境现象严重，致使柬埔寨国家和农民遭受了较大的损失。而现今在柬埔寨有大量低技术水平碾米厂出现，这势必导致柬埔寨稻谷收购的恶性竞争，加大外国投资者在这一领域的投资风险。同时，由于技术问题，含有大量残碎米的大米会难以参与国际市场的竞争，阻碍了国家大米出口战略的实施。柬埔寨稻米总产量虽大幅提高，增长潜力巨大，却由于体制及社会结构存在诸多问题，其生产品质一直未能大幅度提高。所以，提高大米生产及出口，必将能刺激柬埔寨经济发展，并补充成农业及其他领域之不足，而高质量大米规模性出口，也使农业成为促进柬埔寨经济发展的关键领域。而柬埔寨大米加工业的发展仍需其他国家在工艺、技术、资金等方面给予援助。

二、食品加工业

柬埔寨食品加工业主要包括制糖、腰果加工、水产品加工、酿酒、制冰、磨面、各种糕点、糖果、罐头生产等。柬埔寨在种植甘蔗和生产白糖、腰果方面具有很大的潜力，但是一直以来由于技术设备陈旧，绝大多数企业规模小，生产能力低下，经加工的产品也十分有限，仅能满足国内消费水平较低的城乡居民的日常生活需要。2003年以前，柬埔寨几乎没有食品工业，约有80%的食品需要依靠进口，如方便面、饼干、糖果等，这时期进口关税为7%～35%。柬埔寨每年用糖量很大，但本国不能生产食糖，原盐产量及品位也在东南亚名列前茅，但盐业加工业却是空白。所以，柬埔寨相关产业的发展空间很大，市场潜力也逐渐被邻国发掘，但是这一时期电力的严重缺乏制约了柬埔寨食品加工业的发展。

柬埔寨政府为尽快发展本国食品加工业，解决国内食品供应问题，积极推动鼓励外资和私营企业投资加工业，而随着柬埔寨经济的高速发展，许多发展的新机遇也相继产生。2005年，柬埔寨中小企业对糖业、渔业、盐业等领域投资都有较大的预期回报。另外，中国、越南、印度等国家开始将投资意向转向柬埔寨食品加工业，主要是因为柬埔寨每年用糖量大，本国生产食糖能力弱，在柬埔寨建立小型糖厂会有较大经济效益；柬埔寨渔业资源丰富，但是捕捞技术、设备和渔业加工技术、设备都很落后，可以利用中国的渔业捕捞技术和设备、渔业加工技术和设备。总之，柬埔寨食品工业不发达，可是消费却在不断增长，连简单的食品也基本依赖进口。但随着国内外积极投资食品加工业，2006年在柬埔寨注册的食品、饮料及烟草类企业约45家。

2007年，国际市场腰果价格上涨，柬埔寨腰果出口越南价格也有所提升，柬埔寨农民积极种植腰果出口越南，在越南经过加工后再把部份果仁运回柬埔寨出售，越南加工厂从中获得不小利润。但是，柬埔寨本地的腰果加工厂却并没有因市场需求的扩大而加大生产规模，反而由于柬埔寨腰果收购价格逐年上升，加工经营作业入不敷出，导致本地加工厂停止了生产。柬埔寨加工腰果没有自动机器，从越南引进了数百台剥果皮的手动剥果机，最高峰时使用近500名工人。腰果壳含油量很高，该厂用榨油机把油榨出存于地下的水池中，供发电机使用，剩下的渣由于缺乏利用技术和条件而废弃。越南企业收购柬埔寨腰果出口加工后再向进口市场销售都能获利，而柬埔寨当地加工厂则因无法与越南同行竞争而倒闭，柬埔寨缺乏果壳加工技术和条件使柬埔寨腰果加工厂倒闭。其实柬埔寨对腰果仁的需求量不小，过去每年生产出约600吨果仁都不能满足市场的需求，随着消费水平的提高，柬埔寨对腰果需求量会更大。2009年越南投资者拟计划在柬埔寨建设腰果加工厂，两个加工厂每年分别只有处理5 000吨腰果的能力，但工厂所有者表示他们仍将购买6万吨腰果，其余出口到越南。柬越双方已经达成协议，并签署一份《谅解备忘录》，向政府获得许可建立工厂，储存腰果原料的仓库在第四季度建成，两个腰果加工厂建设完成后，柬埔寨可能减小对越南腰果出口的依赖。

2011年，印度的公司在柬埔寨桔井省三坡县动工兴建生产白糖、电力和乙醇的工厂，这是为持续发展柬埔寨经济，提高人民生活水平，同时使本地区变成白糖和电力生产基地。这一工程完成后，该工厂每年将能够生产白糖约10万吨，还可以每小时发电26兆瓦，每天生产乙醇3.5万升，并且在3～5年内会逐步提高产量，以满足人民日常生活的需要，使这一地区变成一个新的开发区。迄今柬埔寨已经和正在建设的蔗糖厂有3个，分别设在戈公省、磅士卑省和桔井省。[①]2012年12月，柬埔寨第二家制糖厂正式开业投产，制糖厂建成投产不仅有助国家减少对进口白糖的依赖，还可以扩大柬埔寨甘蔗园的种植面积，促进农业发展。该公司现在拥有9 312公顷的甘蔗园土地，种植甘蔗达5 979公顷，公司已完成了办公区、工人宿舍、厂房的建设，准备了运输车辆和水电供应。糖厂的一期计划是每天可以压制甘蔗水6 000吨，生产白糖600吨，工厂的首期投资资金为1.5亿美元，以后还将追加投资1亿美元。到第二期时将提升到每天压制14 000吨甘蔗水，生产1 500吨白糖。制糖厂除生产白糖，剩下的甘蔗渣滓可以作为发电厂的原料，每天可以生产14.5兆瓦的电力，这些电力除可满足工厂需要，还可卖给电力公司。

柬埔寨是一个农业资源非常丰富的国家，各国投资者看到柬埔寨农副产品加工市场具有广阔的发展前景，而且投资环境良好。所以，投资开发柬埔寨农副产品加工业使之走向国际市场已成为周边国家来柬埔寨投资的重点项目。2008年，由中国广西东兴市京华实业有限公司与柬埔寨联合木业投资有限公司合资兴建的柬埔寨联合生化科技有限公司木薯淀粉加工厂，正式落户磅湛省。该项目总投资3 000万美元，将建成柬埔寨最大的变性木薯淀粉加工基地。木薯加工厂的建设分两期完成，第一期在柬埔寨棉末县建立年生产能力10万吨的木薯淀粉加工厂，投资约900万美元；第二期在腊塔纳基里省建年产20万吨的木薯淀粉加工厂，投资约2 100万美元。项目还包括向柬埔寨政府申请购买1.5万公顷土地，通过引进高产和高淀粉含量的木薯、黄豆、花生等早熟作物，每公顷单产可达40吨以上，以保证充足和均衡的木薯淀粉加工原料供应，并达到高产、优质、高效的目标。另外，中国先进的农产品加工技术、日益增长的市场需求和柬埔寨磅湛省广袤的土地资源、良好的气候条件，为形成年产量10万吨左右的木薯加工基地提供了良好的发展空间。项目引用中国先进、成熟、实用的工艺技术及新型节能设备，

---

① 王忠田：《印度公司在柬埔寨桔井省兴建白糖厂》，载《世界热带农业信息》，2011年第2期，第19页。

以循环经济的思路进行总体设计，实现了清洁生产及资源的综合利用和循环利用，各项技术指标均达到世界一流水平。加工厂建成后，将为当地提供上万个就业机会，同时也会鼓励当地人民积极种植木薯，有助于柬埔寨政府推行的扶贫政策。近年由于国际市场上木薯价格的不断攀升，柬埔寨政府正积极吸引外资来柬埔寨种植木薯，建立加工厂。

柬埔寨政府对农工业发展一直给与支持，长期为国内外公司提供特许土地，鼓励加工厂与当地小业主签署种植合同，为其提供充足的原料准备。现今，在洞里萨湖附近基于种植黄麻已建立了黄麻厂，在马德望省和磅逊港有每年收获两三次甘蔗糖的糖厂，有从特许及其他土地获得供应的腰果加工厂，也有生产木薯淀粉、面粉和水果产品的工厂等。但是当前柬埔寨食品加工业面临的主要问题是技术设备陈旧、缺乏机器零部件和较大规模的加工厂，柬埔寨绝大多数加工厂生产能力低下、产品质量不高，仅能满足当前消费水平较低的城乡居民的日常生活需要，缺乏竞争力。但对柬埔寨而言，食品加工业发展较之其他制造业的发展要更为容易，因食品加工业对技术和人力资源要求较低些，资金需求较小，适合柬埔寨当前工业发展状况，优先发展好食品加工业对柬埔寨这样较为落后的发展中国家来说是做好工业发展的基础。而且发展食品加工业是柬埔寨突破发展瓶颈、摆脱落后贫困的有效途径，可以带动柬埔寨其他行业的发展，与农业形成发展附加值较高的产业链，以实现工业多元化的发展目标，减少对成衣业的依赖。

第六节　消费品工业

柬埔寨消费品工业主要是纺织成衣制造业和日用消费品工业，而纺织成衣制造业在柬埔寨经济发挥着举足轻重的作用，柬埔寨政府也一直重视成衣制造业的发展，希望提升本国成衣制造业的竞争力，完善生产技术，改善工人的工作环境。而近几年，柬埔寨日用消费品加工业发展较快，不仅吸引了外国企业的投资，还加大了生产规模和技术，尤其是造纸业和木制家具加工业，因为柬埔寨有丰富的林业资源。至2006年底，工矿能源部批准投资木制家具类7家，纸业和纸制品类10家。有中国的中瑞集团晨光纸业有限公司、嘉兴工业有限公司及日本王子制纸等企业到柬埔寨投资造纸业。2004年，王子制纸在金边建成了第1个瓦楞纸板生产厂，年生产能力为5 400万平方米。为此，王子制纸决定在柬埔寨国内再建一个瓦楞纸板生产厂，项目建设投资总额为12亿日元，年生产能力为6 700万平方米，预计2013年第一季度建成投产。

一、纺织工业

20世纪60年代柬埔寨纺织业发展已经形成一定规模，在金边和马德望都建有纺织厂，原料部分由国内供应，部分从国外进口。到70年代，纺织工业因战乱而遭到严重破坏，长时间陷于瘫痪状态。80年代中期以后，金边政府开始重振纺织工业，在苏联和东欧国家援助下，柬埔寨大部分纺织厂得以恢复。1993年集中在金边的纺织厂已有11家恢复生产，而这一时期的纺织厂是由工业部直接管理的国营纺织厂，此外，在马德望、磅湛和贡布等地也有一些较小的纺织厂。1993年底，柬埔寨纺织业年生产能力大体上是：350万块披巾，300万米蚊帐布，110 000床毯子，200万米布，1 300吨棉线，350万条麻袋。尽管如此，仍不能满足国内市场的消费。

在20世纪90年代中期，严格来说纺织业是该国唯一的工业，也是最能吸引外商到柬埔寨投资的产业。柬埔寨的纺织品享有零关税外销27个国家的优惠，而且完全没有配额限制。另外在柬埔寨获得美国贸易最惠国待遇前后，部分台商已进入柬埔寨筹建纺织厂。尽管在柬埔寨投资缺乏一个良好的基础设施环境，工业基础差、境内也没有纺织原料供应等，但其也有较多其他优势：劳动力资源丰富，工人能吃苦、好培训，工资水平低而且柬埔寨政府为外商提供东南亚最优惠的投资待遇，与邻近的越南、老挝等国相比，柬埔寨仍不失为一个相对理想的成衣生产基地，所以不少外国纺织业都在柬埔寨投资，1997年柬埔寨有19家成衣厂，有30家已获准建厂。这一时期，柬埔寨成衣出口增长迅速，纺织业也快速发展。

中国从1994年也开始向柬埔寨投资服装纺织业，1994年在柬埔寨注册的第一家、也是唯一一家企业为服装企业——柬埔寨蓝鸟国际服装有限公司，纺织服装行业在投资项目中占主导地位。到2004年，我国在柬埔寨投资纺织服装企业（含独资及合资）107家，其中服装企业104家，纺织企业3家。纺织服装企业投资数量呈波动状态，与我国历年在柬埔寨投资波动基本一致，表明了纺织服装行业是中国对柬埔寨投资中的主导行业，且与同期国内纺织行业现状相呼应。过去柬埔寨的棉纱原料长期从苏联进口，在苏联解体以后，柬埔寨失去了棉纺织原料来源，不得不另辟渠道寻找货源。近年来，柬埔寨在国内扩大了棉花种植面积，试图逐步减少原材料不足的压力，以此来促进纺织业和成衣制造业的迅速发展。目前，柬埔寨较大的纺织厂有11家，它们大多数都有外资注入，主要包括在金边附近的波成东第一纺织厂，该厂是在有关国际组织的援助下建成的；金边第二纺织厂，该厂是11家中最大的纺织厂，约有800名织工、326台织机。当前，柬埔寨纺织业面临的主要问题是技术落后、设备陈旧、原料缺乏，纺织业基本上全为棉纺织业。近两年柬埔寨服装出口额达10多亿美元，据柬埔寨海关统计，柬埔寨每出口100美元的服装，需进口原材料约63美元，其中80%以上来自中国。2012年，柬埔寨进口纺织原辅料31亿美元，同比增长20%，主要来自中国大陆、中国台湾、泰国、日本和韩国。

二、成衣与皮鞋制造业

近年来，成衣制造业已成为柬埔寨兴起的一个新兴行业，是柬埔寨工业的主导产业，也是带动整个工业经济发展的引擎。柬埔寨成衣制造业的发展已形成一定的规模，产品主要出口欧美市场，但发展也存在一些问题。2008年虽然政府已在税收、简化法律程序等方面出台一系列措施帮助成衣出口，但该行业受打击严重，有较多工厂倒闭。但柬埔寨成衣制造业复苏较快，2012年柬埔寨出口服装46亿美元，同比增长8%，占总出口比重的83.7%，主要出口市场为美国、欧盟、加拿大、日本、韩国和中国，全国共有300多家制衣厂，雇用工人35万，其中91%为女工。服装和纺织品制造业继续保持柬埔寨最大出口创汇行业和重要的经济支柱之一。[1]

(一)成衣制造业发展历程

1993年柬埔寨的成衣制造企业几乎没有，1994年成衣制造企业也只有7家，其中还包括处在筹建阶段的企业，1998年在柬埔寨注册的成衣厂已经达到149家，提供了6.5万个工作岗位。一直以来成衣出口额已占柬埔寨出口总值的近90%，其收入占国内生产总值的12%，且成衣制造业的发展给柬埔寨人民创造了许多就业机会。2002年，欧美国家将成衣生产订单从一些伊斯兰国家转移到了柬埔寨，柬埔寨各制衣厂订单增多，成衣制造业获得了发展的契机，从而进一步巩固了成

---

[1] 《2012年柬埔寨服装占全年出口额的83.7%》，中华人民共和国驻柬埔寨王国大使馆经济商务参赞处网站，2013年1月21日。http://cb.mofcom.gov.cn/article/jmxw/xmpx/201301/20130100007 540.shtml.

衣制造业作为最大支柱产业的地位。政府修改《劳工法》，允许增设夜班，出口增加以扩大柬埔寨成衣制造业的海外市场。2003年美国政府给予柬埔寨持续增长的服装进口配额，柬埔寨新增制衣厂14家，全国制衣厂总数达197家，纺织品出口达15.7亿美元，该行业为柬埔寨提供了23万个就业机会。

2004年，柬埔寨成衣制造工业面临年底世贸组织框架下的纺织服装协议终止，美国取消对柬埔寨的优惠配额。如果美国按照协议取消对全体柬埔寨成衣进口的配额，没有采取任何特殊措施的话，会严重影响柬埔寨工人的就业，一些工厂必然会裁员和结束营业，柬埔寨成衣制造业严重依赖美国市场，依赖美国提供的进口优惠政策，其产业十分脆弱，应对和预防危机能力极其有限。[①]但是，美国认为柬埔寨制衣厂在遵守工资和劳动时间方面取得了进步，并更大程度地尊重工会自由，劳资关系也有所改善。同时，成功地为解决产业工人纠纷而成立了首个劳工仲裁委员会。美国把从柬埔寨进口的纺织品的配额从以前的12%提高至14%，以增加柬埔寨出口到美国的成衣数量。[②]

2005年，柬埔寨工业领域的增长主要依赖于纺织和成衣制造业发展的拉动，成衣制造行业占柬埔寨GDP的15.4%。这一时期全球的成衣出口配额制度被取消，各国的成衣出口格局将会出现新的变化，像中国、印度、泰国、越南等一些具有竞争力和良好条件的国家受到了成衣制造投资者的青睐。柬埔寨成衣制造业也受到巨大挑战。中国的技术先进、工人工资低、原材料充足，再加上一些良好的吸引外资的条件，2004年后中国是世界成衣出口国家的最大竞争对手。据亚洲开发银行调查显示，中国的成衣产量占全球成衣总产量的17%，中国的成衣业发展势头强劲，2005年取消出口配额后，许多国家的成衣厂被中国的巨大发展潜力吸引纷纷加大在中国的投资。印度是世界第三大棉花生产国，成衣制造原材料十分丰富，巴基斯坦因早年引进了美国先进的生产技术，发展潜力也很大。2008年，因受到美国和欧盟国家经济增长放缓的影响，作为柬埔寨经济支柱产业之一的成衣出口增长幅度很小，建筑业也放缓，而国家经济增长主要依靠旅游业和农业的粮食丰收。在全球金融危机前，柬埔寨经济发展快速，年均增长基本保持在10%左右，人年均收入增长了75%，而如此高速的增长，主要是源于柬埔寨的农业、建筑业、

---

① 《柬担心美国终止对柬成衣配额制将导致大批成衣制造工人失业》，中国第一纺织网，2004年11月6日。http://news.webtex.cn/info/2 004-11-16@68 166_1.htm.

② 《美国增加2004年度自柬进口纺织服装配额》，中华人民共和国驻柬埔寨王国大使馆经济商务参赞处网站，2004年12月12日。http://cb.mofcom.gov.cn/article/jmxw/200 312/20031200157 006.shtml.

旅游业、加工业和服务业的快速发展。柬埔寨是一个全面开放的市场，其经济必然会受美欧市场萎缩的影响。2009年，占柬埔寨出口90%以上的服装和鞋类出口总额为26亿美元，同比下降16%。其中，对美国、欧盟、加拿大分别出口15亿、7.2亿和1.9亿美元，同比分别下降21%、8.6%和5.9%。柬埔寨成衣厂商协会认为，2010年服装出口形势仍不容乐观，而成衣制造业会带动纺织品产业的发展。[①]

2011年柬埔寨约有550家成衣厂和制鞋厂，完全没有工厂关闭，仅有一家暂时停产，同时有50家新厂开业，柬埔寨成衣制造业的就业人口占全部工业劳力的65%，成衣制造业是柬埔寨工业快速增长的加速器。柬埔寨制衣厂以中小规模为主，200～500名工人规模的企业居多，1 500人以上的企业都是国外企业，后者数量虽少，但它们却占了举足轻重的地位，最大的15家企业产品占了柬埔寨总出口量的50%。虽然柬埔寨工业仍就落后，但是加工业的发展已形成一定规模。2012年柬埔寨共有630家制衣厂和制鞋厂，较2011年增加150家，同比增长31.2%，成衣和鞋的出口金额达40亿美元。[②]柬埔寨成衣制造企业以生产衬衣、长裤、短裤、翻领运动衫、T恤衫、厚绒套头运动衫为主。企业要进口成品或半成品的生产材料，如布料、衣扣等。中国大陆、中国香港和中国台湾为柬埔寨提供了80%的生产原料。有很多世界著名品牌从柬埔寨成衣制造企业进货，其中，GAP是最大的购买商。国外品牌可以要求生产企业从指定的供应商进货，并按照他们所提供的式样生产，符合要求后才开始大规模生产。

（二）成衣制造业的销售市场

欧盟、美国、日本、墨西哥、加拿大等是世界成衣产品的主要输入国，占全球输入总额的88%，同时，美国和欧盟也是柬埔寨成衣出口的主要国家和地区，而柬埔寨的成衣出口仅占全球成衣出口总量的0.7%，为美国的第十大成衣输出国。1995年柬埔寨的服装出口仅为2 671万美元，1996年柬埔寨成衣出口值为7 900万美元，1997年为2.27亿美元，1998年为3.78亿美元，2002年高达13.38亿美元。柬埔寨成衣约70%出口到美国市场，但1999年起美国对柬埔寨的12种成衣出口实行配额管制，而美国审批配额的一个参考指标是劳工标准。劳工问题一直是影响柬埔寨成衣出口美国市场的最重要因素之一，柬埔寨与国际劳工组织

---

① 《2009年柬埔寨服装和鞋类出口下降16%》，中华人民共和国驻柬埔寨王国大使馆经济商务参赞处网站，2010年2月26日。http://cb.mofcom.gov.cn/article/ddgk/zwfengsu/201 002/20100206797 541.shtml.

② 《2012年柬埔寨成衣制造和制鞋厂新增150家》，中华人民共和国驻柬埔寨王国大使馆经济商务参赞处网站，2013年1月7日。http://cb.mofcom.gov.cn/article/jmxw/xmpx/201 301/20130108514 414.shtml.

也签署了关于保护劳工权益的协议，但是，由于多种原因柬埔寨的劳工权益状况难以完全达到国际劳工组织的要求。2000年，美国曾一度以柬埔寨的成衣厂未能完全符合国际劳工标准为由，决定仅向柬埔寨的成衣产品提供5%的份额。根据上述协议，如果柬埔寨在协议规定的3年期限内所有的成衣厂都能遵守国际劳工法则，美国将再向柬埔寨提供14%的出口配额。

　　2003年柬埔寨正式加入WTO，而世界贸易组织成员将自由进入美国与其他主要消费国市场，2005年起美国与柬埔寨的纺织品协议到期，柬埔寨将不再享受服装出口美国的特别优惠，必须和纺织品大国（中国、印度等）平等竞争。按1999年美柬两国签署的服装协议，美国给予柬埔寨较宽松的配额，且每年按照柬埔寨劳动条件的改善，相应给予额外的鼓励配额，使得柬埔寨成衣向美国出口由3.5亿美元增长到2002年的13.3亿美元。然而，法、英、德等西方发达国家给予柬埔寨以零关税进口其成衣的优惠政策，有力地促进了柬埔寨成衣制造业的发展。2002年3月，柬埔寨和加拿大于签署谅解备忘录，规定从2003年1月1日起，加拿大给予柬埔寨产品进入加市场免配额和免关税待遇。

　　2005年，世界成衣出口配额制度被取消后，欧洲和北美洲50%的柬埔寨成衣购买商仍继续从柬埔寨进口成衣产品，柬埔寨低廉劳动力是其决定购买柬埔寨成衣产品的重要因素之一，他们认为柬埔寨劳动力的优势甚至胜过孟加拉、泰国、越南和中国。柬埔寨为了保证成衣制造业的出口市场，包括柬埔寨在内的14个贫穷国家已向美国提出，在2005年成衣出口配额取消后，美国可以免除过去17%的成衣进口税，使贫穷国家的成衣产品能降低成本。2005，柬埔寨国内共有9间成衣厂关门，但商业部同时也收到了22份新成衣厂的投资申请，其中有6间新厂已正式运作，给1.6万多名工人提供了就业机会。2005年柬埔寨成衣制造业并没有过多的受世界成衣出口配额制度取消的影响。

　　柬埔寨在未加入WTO前，每年出口到欧盟市场的成衣产品，价值总额约6 300万美元，2005年，成衣产品出口总额达1.36亿美元，增幅达2倍，2007年出口欧盟市场的成衣产品总额达6.3亿。柬埔寨商业部积极开辟国际市场，许多发达和发展中国家，为柬埔寨产品进口提供免税优惠。柬埔寨加入世贸组织后，努力促使本国的贸易融入本区域与世界经济体，促进了工业的迅速发展，尤其是成衣制造业与制鞋业的生产与外销，为国家增加了收入和数十万个就业岗位。至2008年3月份为止，全国的成衣制造与制鞋厂达328家，工人增至38.5万人，每月付出的薪金约2 700多万美元。①2007年，柬埔寨成衣产品出口量已在世界成衣出口国中排名第6位。柬埔寨的成衣业为人们创造薪资总额达3亿美元。但柬埔寨成衣原材料均需从国外进口，使生产成本增高，柬埔寨有必要发展利用本国就地生产的原材料降低成衣制造业成本，保证本国在国际市场的竞争力。鼓励村民发展丝织，推动"一村一产品"的项目，增加本国原材料供应，还可解决村民背井离乡到城镇打工的问题。②

2009年，柬埔寨经济增长率下降至2.1%左右，宏观经济的大幅下降给柬埔寨国内工业带来诸多困难和问题，成衣制造业是柬埔寨遭受全球金融危机影响的重灾行业，因为该行业的投资有90%来自境外，而企业加工的成衣制成品几乎100%供应海外市场，主要是美国、欧洲国家等，且这些国家正遭受着严重的金融危机。由于欧美市场需求大幅下降，柬埔寨成衣加工业陷入困境，2009年前5个月，柬埔寨成衣出口同比下降20%，出口额仅为9.09亿美元，50家工厂关闭，6万工人失业。成衣制造工厂已从2007年的291家减少到2009年的262家，成衣业的不景气已影响了柬埔寨的税收、进出口、运输等行业，并给柬埔寨社会稳定带来压力。

2010年，柬埔寨服装出口达34亿美元，同比增长27%；鞋业产品出口达1.72亿美元，增长55%。2011年首季，鞋业产品出口达6 500万美元，主要市场是日本、加拿大和美国。柬埔寨业界人士认为，中国和俄罗斯的服装和鞋子市场潜力大。为推动鞋业产品出口，柬埔寨国务兼商业部长占蒲拉西建议在柬埔寨投资的制鞋厂成立自己的商会，方便对外联络，扩大出口市场。

美国是柬埔寨最大的出口市场，成衣是柬埔寨最大宗出口商品。2011年，柬埔寨外贸总额达114.7亿美元，其中出口为48.7亿美元，同比增长37.2%，出口服装类（含鞋类）达42.4亿美元；进口为66亿美元，主要进口商品为成衣原辅料，达26亿美元。一直以来服装和农产品是柬埔寨出口的主要动力，分别占出口总额的87.1%和6.1%。③2011年，柬埔寨出口到美国的服装和纺织品约为20.5亿美元，约占出口总额的51%，同比增长13%；出口到欧盟约9.14亿美元，占出口总

① 《柬4年来进出口贸易连年增长，去年进出口总额近80亿美元》，中华人民共和国驻柬埔寨王国大使馆经济商务参赞处网站，2008年6月6日。http://cb.mofcom.gov.cn/index.shtml.
② 《柬埔寨成衣出口已排世界第6名》，中华人民共和国驻柬埔寨王国大使馆经济商务参赞处网站，2007年12月15日。http://cb.mofcom.gov.cn/index.shtml.
③ 《2011年柬埔寨外贸总额同比增长38%》，中华人民共和国驻柬埔寨王国大使馆经济商务参赞处网站，2012年1月20日。http://cb.mofcom.gov.cn/index.shtml.

额的29%，同比增长42%；出口到加拿大的约占9.5%，而美国、欧洲仍为柬埔寨服装类出口的最大市场。另外，柬埔寨服装还出口到加、日、韩、中等国，总额约9亿美元。2010年到2011年，柬埔寨出口到美国、欧盟和加拿大的服装和纺织品总额均有不同程度的增长，其中出口到欧盟的服装和纺织品的涨幅最大。柬埔寨纺织出口到欧洲市场的数量之所以一年比一年增多，正因为欧盟国家免征对柬埔寨纺织品的关税，这样成本相对比较低。柬埔寨成衣制造业发展主要依赖出口，所以较容易受到进口国贸易政策的影响、出口配额的限制、有关原产地规则的约束及关税壁垒的制约。成衣制造和制鞋业是柬埔寨最主要的出口加工业，目前，成衣出口额已占柬埔寨出口总值的近90%，成衣制造业的快速发展带动了柬埔寨出口的迅速增长，成为柬埔寨外贸增长的最主要力量。

（三）成衣制造业的投资来源

最先到柬埔寨投资兴建制衣厂的是马来西亚企业，一开始只投资了2家，但到1995年，马来西亚投资新建的制衣厂数量最多。赴柬埔寨投资建厂者主要来自中国大陆、中国香港、中国澳门、中国台湾和新加坡、马来西亚、韩国、美国、英国、澳大利亚。在柬埔寨投资最多的也是马来西亚，中国也不断加大在柬埔寨成衣制造行业的投资，有后来居上的势头。截至1996年7月，已获批准并拥有成衣出口许可证的制衣厂家已有38家，从业人员达到16 000人。其中，中国香港有11家、马来西亚6家、新加坡4家、柬埔寨本国4家，其余为法国、美国、韩国、中国大陆、中国台湾以及中国澳门等国家和地区投资开办的。1997年，由于柬埔寨成衣制造业发展快、前景好，中国台湾、中国香港又有十多家成衣制造公司到柬埔寨考察、选址，拟到柬埔寨投资兴办制衣厂。[①]2005年，中国内地在柬埔寨投资成衣制造项目29个，协议投资额5 205万美元。2011年，柬埔寨政府新批准了92个制衣厂项目，总投资额4.5亿美元。其中，韩国、中国香港、中国台湾和中国大陆为主要的投资来源地，投资项目数分别为21、17、17和15个。[②]

柬埔寨实行开放的自由市场经济政策，经济活动的自由化程度，远高于周边国家；而作为最不发达国家之一，柬埔寨享受发达国家给予的多项优惠。企业来柬埔

---

① 王士录:《当代柬埔寨经济》，昆明:云南大学出版社，1999年版，第281页。
② 《柬埔寨2011年宏观经济形势》，中华人民共和国驻柬埔寨王国大使馆经济商务参赞处网站，2012年3月19日。http://cb.mofcom.gov.cn/article/zwrenkou/201 203/20120308024 009.shtml.

寨投资纺织服装业的主要原因是美国、欧盟等28个国家给予了其"普惠制（GSP）"待遇，除美国对自柬埔寨进口的部分纺织品设定了较宽松的配额限制外，其他国家均对来自柬埔寨进口的纺织服装类产品提供免配额和减免关税的优惠待遇。

　　柬埔寨吸收外资的法规政策主要体现在《投资法》及其实施条例等相关法规和文件中，有关政策主要有：对外资与内资基本给予同等待遇；政府不实行损害投资者财产的国有化政策；已获批准的投资项目，政府不直接干涉商业货物或服务的价格；不实行外汇管制，《外汇法》对任何外汇经营都不设限，包括转账和国际结算。柬埔寨为经济活动高度自由化的国家之一，由美国遗产基金编纂的2003年经济自由度指数，在170个国家中，柬埔寨名列第35位，与日本同名次。在国际市场准入方面，美国、欧洲、日本等28个国家将柬埔寨作为最不发达国家，给予包括成衣在内的许多产品普惠制待遇，柬埔寨于2003年9月成为WTO成员国；鼓励外商投资的行业主要为农业、旅游业、环保、高科技、劳动密集型工业、出口加工型工业、基础设施建设和能源等重要领域；在税收方面，免征投资生产企业的生产设备、建筑材料、零配件和原材料等的进口关税；企业投资后可享受3～8年的免税期，免税期后按税法缴纳20%的所得税；如利润利用再投资，免征所得税；分配红利不征税；产品出口，免征所得税；所得税20%、增值税10%、营业税2%；商业组织形式是，进行经济贸易活动比较宽松，可以个人、合伙、公司等不同的商业组织形式注册，且注册费用较低；搞进出口贸易不受国籍限制。

　　一直以来柬埔寨成衣制造业存在一些不足，如出货周期长、原材料不足、缺乏可靠稳定的中小型企业承包商、复杂的出口程序和手续及违反劳工法现象频繁等，这降低了柬埔寨成衣制造业在国际市场的竞争力。柬埔寨成衣制造业面临的难题主要表现在以下几点：一是基础设施落后，不利于企业控制成本，柬埔寨是世界上最不发达国家之一，其电力、供水、道路交通等方面仍然处于落后状态，难以满足企业生产的需求，柬埔寨工人工资水平比周边的越南、孟加拉等纺织服装竞争对手高且劳动力素质和效率较低；二是法制不健全，投资者权益得不到有效保障，柬埔寨尚未颁布《公司法》等商业运营的根本法律，也未设立解决商业纠纷、案件的专门机构或法庭，外资企业在当地的利益多数情况下无法通过正常渠道获得保护，社会普遍对外国投资家有较大的抵触情绪，工会组织繁多且罢工、示威等活动十分频繁，时常威胁企业正常经营甚至人身、财产安全，厂家进口原料常常遇到各种麻烦；三是政府机构贪污腐败现象严重，效率低下，在政府机构办理任何手续基本上都需要交纳数量不等的小费，柬埔寨政府机构臃肿，审批程序复杂，有时需要很长时间来处理一项申请，这些现象的存在更加重了企业的负担。如果不改善投资软环境，势必将对正在兴起且前景看好的柬埔寨成衣制造业的发展产生不利影响。针对成衣制造业存在的问题，柬埔寨政府也出台相应措施：加强国际劳工标准的执行、降低成本费用、缩短出货周期、简化进出口手续、鼓励使用东盟内的原材料和满足消费者需求等，以缓解柬埔寨成衣制造业面临的困难。

第五章　第三产业的发展和布局

虽然柬埔寨整体经济发展较为落后，但其第三产业的发展却快于其他产业，特别是旅游业（包括旅游贸易）成为柬埔寨重要的经济支柱，而酒店和餐饮业在旅游业蓬勃发展的带动下也迅猛发展。不过，由于柬埔寨基础设施落后，尤其是其交通运输差强人意。为了进一步发展经济，柬埔寨政府通过推动基础设施建设来为经济发展提供支撑，加快了对交通运输业的改进、提升和完善，修建和重建了部分公路、铁路、河运系统和海运港口，这对柬埔寨经济和社会的发展起到了积极的促进作用。

第一节　第三产业发展概述

自实现和平以来，柬埔寨经济发展主要依靠四大部分：服装业和制鞋业、旅游、酒店和餐饮业、房地产以及农业。第三产业作为柬埔寨经济发展的一个重要部分，和其他国家一样，在柬埔寨经济的恢复和发展中起到了重要作用。由于柬埔寨曾长期处于战乱，政治局势从1993年后才逐步稳定，这导致其第三产业发展相对滞后，其主要的部分包括：交通运输、旅游和餐饮业、教育事业、医疗卫生事业、零售批发业和金融业。经过努力，旅游和餐饮成为柬埔寨最重要也是发展较好的第三产业，交通运输业也随着柬埔寨经济发展的需要不断得到提高和改善。相较而言，教育、医疗卫生和金融等行业发展落后。

一、第三产业发展历程

整体来看，柬埔寨第三产业的发展是不断向前迈进的，主要原因是柬埔寨自1993年后国内政治局势总体趋于平稳，柬埔寨政府把主要精力放到了经济发展上面，而柬埔寨所具有的丰富的旅游资源、廉价的劳动力，以及所获得的国际援助和投资等都为柬埔寨第三产业的发展带来积极的促进作用。当然，长期战乱、国内普遍的贫困局面、落后的基础设施、艾滋病、禽流感以及柬埔寨与泰国的边境纠纷等，也给柬埔寨第三产业的发展带来了不利影响。

根据柬埔寨实现和平以来经济发展的总体情况，可将其第三产业的发展历程分为两个时期，主要是1993—2000年、2001—2012年。

（一）1993—2000年经济恢复期

1993—2000年是柬埔寨经济恢复的时期，在经历了多年的战乱和与外界一定程度上的隔离后，柬埔寨开始逐步依靠自身所具备的各种资源恢复经济和开展重建工作。由于柬埔寨具有丰富的历史文化和美丽的自然风光，以旅游业为首，加上交通运输业、酒店和餐饮业等服务业成为了柬埔寨一个重要的经济领域。为此，柬埔寨政府在一些关系到服务业发展的方面做出了改善。首先，国内的安全得到了大幅度提高，国内政治局势保持稳定，逐步建立了一个较好的市场环境，以保证国外市场对这些领域有一个持续稳定的投资；其次，通过建立改革工作会议机制，定期讨论和协商经济发展的相关事宜，柬埔寨政府与投资者的关系也有了一个较好的改善；再次，通过开展定期的论坛和会议，使政府和国内私人企业之间有了一个良好的沟通平台，以保持国家与地方、政府与私人在产业发展过程中的协调与合作；最后，柬埔寨拥有大量廉价劳动力，这也给其第三产业的发展带来了一定的竞争优势。

从1994年开始，为了保持国家正确的经济发展道路，柬埔寨政府承诺进行重大的经济改革，即由计划经济模式转变为以市场为导向的经济模式，并且重新建立与国际金融业的联系，保证金融业的稳定发展。

1995—1996年，柬埔寨经济发展迅速，GDP增长率达到了7%～8%的目标，第三产业在其中有不俗的表现。而在1997—2000年，柬埔寨GDP平均增长为4%，这只达到了柬埔寨政府预期的一半，其重要原因是柬埔寨自身基础薄弱，加之受到了1998年泰国金融危机和2000年洪水灾害等因素的影响。

1. 旅游和酒店服务业

1993—2000年，柬埔寨第三产业发展较快。2000年，到柬埔寨旅游的国外游客数量较1999年增长了32%，其中，国外承运游客到吴哥窟旅游的航班数比1999年增长了约3倍，旅客数增长了约14%。而由于国外游客到吴哥窟的停留时间缩短到平均3.2天，到金边旅游的停留时间延长到平均5.5天，所以2000年柬埔寨国外旅客收入只增长了24%，低于1999年的40%增速。

随着柬埔寨旅游业的发展，其酒店服务业也得到了发展。在1993—2000年，柬埔寨酒店数量增加了10%，酒店房间数量增加了14%。但是，与周边邻国相比，柬埔寨酒店的使用率还比较低，只达到其他国家的一半。

到2000年底，柬埔寨有241家酒店共9 777个房间。约56%的酒店集中在金边，而1999年这一数字是62%。西哈努克市的酒店数量占了10%，暹粒的酒店数量较前一年增加了44%，占到整体全国酒店总数的18%。[①]

据统计，2000年，柬埔寨五星级酒店拥有的房间数量占总数的15%（约1 500间），三星级酒店占了20%，而最低标准的酒店占了65%。五星级酒店主要集中在金边和暹粒，三星级酒店大部分在西哈努克市，而廉价酒店分布在其他地区。除了酒店，一般的旅馆也成为柬埔寨旅游事业发展的重要组成部分。2000年，柬埔寨全国约有370家旅馆，共3 053个房间，这一数量是1998年的2倍。其中，金边的旅游总共有720个房间，之后是暹粒的603个，磅湛省的307个，班迭棉吉的255个和西哈努克市的216个。[②]柬埔寨的酒店服务业发展迅速，这反映出其旅游发展的良好态势。

2. 交通运输业

由于战乱，柬埔寨交通运输条件一度很差。关于公路，在外国政府和国际组织援助的支持下，一些重要的国家级公路得到了修复或重建。这些道路条件的改善也给公路沿线地区的经济发展带来了积极影响。1994—1996年，柬埔寨国家1号、2号、3号、4号公路在双边和多边援助援助下得到重建。而后，由于疏于管理和养护，这些公路有了不同程度的损坏，原因是超重卡车的长期碾压。铁路方面，柬埔寨铁路运输服务主要依靠两条米轨单线铁路，一条是20世纪30年代末由法国殖民统治当局修建的金边马德望—诗梳枫—波贝（柬泰边境口岸）的铁路，全长385千米；一条是20世纪60年代由法国、德国和中国援建的金边—西哈努克市的铁路，全长264千米。在1969年，柬埔寨铁路运输的货运量为373 000吨，客运量为240万人次。但遗憾的是柬埔寨铁路年久失修，疏于维护，到2001年，柬埔寨两条铁路的运输服务能力下降为原来的1/5。[③]诗梳枫—波贝（48千米）段自1975年中断后一直未能修复通车，而与泰国铁路对接的国际联运则从1961年中

① Sok Hach, Chea Huot and Sik Boreak：*Cambodia's Annual Economic Review–2001*, Phnom Penh：Cambodia Development Resource Institute, August 2001, p.68.http：//www.cdri.org.kh.

② Sok Hach, Chea Huot and Sik Boreak：*Cambodia's Annual Economic Review–2001*, Phnom Penh：Cambodia Development Resource Institute, August 2001, pp.68-69.http：//www.cdri.org.kh.

③ Sok Hach, Chea Huot and Sik Boreak：*Cambodia's Annual Economic Review–2001*, Phnom Penh：Cambodia Development Resource Institute, August 2001, p.14.http：//www.cdri.org.kh.

断至今未能恢复。[①]关于水运，柬埔寨有两个主要的水运港口，分别是金边港口和西哈努克港，这两个港口的运力和吞吐量在外国投资的支持下得到了大幅提高，对运输服务业的发展提供了有力的支持。然而，港口必须面对来自柬埔寨国内公路系统整体运输能力提高所带来的挑战，特别是国家1号和5号公路，这两条公路与该地区更大的越南胡志明港口和泰国曼谷港口相连。

3. 医疗和教育

医疗和教育服务产业是柬埔寨政府面临的较为关键和严峻的挑战，尽管自1993年后柬埔寨政府加大了对国内基础服务业的财政投入，但医疗和教育方面的投入还是比实际需求低。根据1999年世界银行的报告，与其他国家相比，柬埔寨政府对社会基础服务业的财政投入是非常低的。柬埔寨政府对医疗和教育事业的财政投入仅为每人每天5美元，低于其他欠发达国家每人每天12美元的投入，更是远远低于其邻国泰国每人每天150美元的投入。该报告同时指出，国外投资和非政府组织（NGO）援助占了柬埔寨教育事业整体开支的40%，而柬埔寨家庭和政府资金的提供占了27%。柬埔寨家庭资金对医疗的财政支持占了整体财政支持的82%，而国外投资和NGO提供了14%的支持，柬埔寨政府仅仅提供了4%的支持。[②]因此，柬埔寨的医疗和教育服务系统发展较为落后，而较差的医疗条件进一步影响了柬埔寨整体经济发展。例如，为了应对突如其来的疾病，柬埔寨农户不得不卖掉自己一部分土地，以解决医疗费用的开支，而这原本应该是柬埔寨政府的职责范围。

4. 社会基础的服务

在社会基础服务方面，由于获得双边和多边的援助或投资，金边的自来水系统和电力供应系统有了改善。在其他省会城市，也同样有较好的改善。然而，在柬埔寨广大的农村地区，自来水系统和电力系统还是处于较低水平，问题突出。为此，自2000年起，柬埔寨争取到了世界银行的贷款，用于柬埔寨基础服务能力的提升。

整体来看，在1993—2000年间，随着国内政局稳定，形势转好，在获得重要的投资和援助后，柬埔寨第三次产业有了积极的发展和改善，但问题依然存在。

---

① 王士录：《当代柬埔寨经济》，昆明：云南大学出版社，1999年版，第307页。

② Sok Hach, Chea Huot and Sik Boreak: *Cambodia's Annual Economic Review-2001*, Phnom Penh: Cambodia Development Resource Institute, August 2001, pp.15-16. http://www.cdri.org.kh.

表5-1是1969—2000年柬埔寨第三产业发展情况。

表5-1　1960—2000年柬埔寨第三产业发展情况（单位：百万美元）

年份 项目	1960	1970	1985	1990	1991	1995	1996	1997	1998	1999	2000
交通和信息产业	15	23	35	64	91	174	183	175	160	178	187
贸易业	127	242	40	170	201	387	419	392	339	416	422
酒店和餐饮业	19	33	2	9	45	156	233	206	182	231	271
金融业	6	12	4	8	11	23	24	22	20	27	37
公共管理服务业	77	170	21	39	58	141	130	129	118	139	134
房地产业	11	18	17	51	65	136	139	138	127	135	138
其他	12	20	28	77	101	204	208	202	187	201	205
总计	268	518	147	418	573	1 220	1 337	1 264	1 133	1 327	1 395

资料来源：World Bank, IMF and Cambodian government data.

（二）2001—2012年经济发展期

1. 2001—2005年

2002年，柬埔寨GDP增长缓慢，仅为4.2%，与2001年相比下降了6.7%。第三产业方面，经济增长为7%，与2001年相比下降了20%。其中，旅游业发展依然是主要的动力，酒店和餐饮业也做出了重要的贡献。但与2001年相比，由于柬埔寨对旅游业投入下降，与其相关的酒店和餐饮业的经济收入也受到影响，与此对应的是2002年到柬埔寨旅游的国外游客较2001年增加了30%。[①]

柬埔寨旅游业是柬埔寨第三产业最重要的增长支柱，也是柬埔寨整体经济发展的重要动力。根据柬埔寨旅游部的报告，2002年柬埔寨接待了786 524名国外游客，比2001年增加30%。其中，68%的游客是乘坐飞机，32%的游客是乘坐汽车、火车和船，而且通过陆路和水路方式旅游的游客数量呈上升趋势。这得益于柬埔寨开放了新的边境口岸，特别是柬泰边境。

然而，与游客数量增加形成鲜明对比的是到柬埔寨旅游的游客消费较2001年有一个相对缓慢的增长。根据柬埔寨旅游部统计，2002年，到柬埔寨旅游人员

① Kang Chandararot & Chan Sophal, *Cambodia's Annual Economic Review*, Phnom Penh: Cambodia Development Resource Institute, September 2003, p.3.http://www.cdri.org.kh.

消费总量为3.79亿美元，增长为25%，但低于2001年33%的增长率。主要原因是游客每天消费额的下降，2001年每个游客每天消费9美元，但2002年只消费8美元。[①]为此，柬埔寨政府鼓励游客在旅游目的地增加更多的消费和停留更长时间，柬埔寨简化了签证手续，特别是对来自东盟成员国的游客，强化了旅游地区的安全保障，拓展了新的旅游和娱乐项目，例如生态旅游。同时，其他服务产业也得到发展，柬埔寨政府提升了与旅游相关的酒店和餐饮业的硬件实力，改善了酒店服务水平、餐饮条件和旅游地区的医疗条件、自来水系统和电力系统等社会基础服务项目，进一步修复和重建了运输系统中一些重要环节，增加了航空运力，例如提升机场容量，增加大型客机起降跑道等。

2003年，柬埔寨第三产业发展依然缓慢，经济增长仅为2.5%，低于2002年。这主要是由于酒店和餐饮的发展收缩了1.3%，贸易在服务业方面的表现趋软。柬埔寨酒店和餐饮业的发展与旅游业的发展紧密相连。2003年，到柬埔寨旅游的国外游客的数量下降，首要原因是2003年柬埔寨国内出现反泰骚乱，柬泰边境也出现3个月的紧张局势；其次是非典（SARS）在东南亚地区爆发，以及美国发动的伊拉克战争；最后是柬埔寨国内还未确定的选举也对第三产业的发展带来负面影响。根据柬埔寨旅游部统计，2003年柬埔寨接受游客701 014人，比2002年少了11%。外国游客乘坐金边国际航空公司和暹粒国际航空公司到柬埔寨旅游的人数分别下降了16%（约269 674人）和8%（约186 298人），而陆路和水路游客也下降了7%。[②]2003年，外国游客在柬埔寨的消费总数为3.46亿美元，较2002年下降了9%。尽管游客在柬埔寨每天的消费由8美元提高到9美元，但这种效果被游客停留时间缩短的情况所抵消，2003年游客平均在柬埔寨停留5.5天，低于2002年的5.8天。由于旅游业发展缓慢，酒店的入住率也受到影响，2003年平均为45%，而2002年这一数字为50%。

2003年，柬埔寨外贸方面表现欠佳，第三产业的其他部分受到影响，批发和零售业的发展几乎停滞，其他服务行业表现低迷。在第三产业中具备增值的行业下降到3.675亿美元，低于2002年的3.714亿美元。[③]由于柬埔寨努力发展国际贸

①　Ministry of Tourism: *Tourism Statistical Report-Year Book 2002*, 2002.

②　Kang Chandararot, Dannet Liv, Brett Ballard and So Sovannarith: *Cambodia's Annual Economic Review 2004*, Cambodia Development Resource Institute Phnom Penh, December 2004, p.5.http://www.cdri.org.kh.

③　Kang Chandararot, Dannet Liv, Brett Ballard and So Sovannarith: *Cambodia's Annual Economic Review 2004*, Cambodia Development Resource Institute Phnom Penh, December 2004, p.6.http://www.cdri.org.kh.

易自由化，国内服务业发展面临贸易进口带来的价格压力，第三产业利润被挤压。同时，因为柬埔寨基础设施（特别是运输业服务能力以及技术能力和劳动力素质）较差，造成产业生产成本增加，影响到第三产业的整体发展。

2005年，柬埔寨第三产业经济贡献占GDP的36%，解决了27.5%的劳动力的就业问题，总体增加了12.1%，高于2004年的11.7%。旅游、酒店和餐饮业，交通运输和信息业，金融和其他第三产业都有了双倍的增长，整体表现令人满意。

2005年，批发和零售业增长了8.4%，高于2004年的5.5%，有了一个较大的发展。柬埔寨政府不断促进与服务业相关贸易的发展，以向来自贫困地区的人们提供更多的就业岗位。表5-2是2001—2005年柬埔寨第三产业发展情况。

表5-2　2001—2005年柬埔寨第三产业发展情况（单位：百万美元）

项目 ＼ 年份	2001	2002	2003	2004	2005
旅游业	1 026	1 118	959	1 514	1 933*
贸易业	1 544	1 565	1 596	1 685	1 826
酒店和餐饮业	639	759	632	779	915
交通和信息业	996	1 078	1 092	1 174	1 328
金融业	148	164	177	213	254
公共管理服务业	353	357	343	321	340
房地产业	961	975	1 192	1 343	1 436
其他	1 047	1 147	1 278	1 535	1 806
总计	5 687	6 045	6 310	7 050	7 906

资料来源：NIS 2006, Statistical Yearbook 2005, and CDRI estimates.

（1）旅游、酒店和餐饮业

在酒店和餐饮业方面，其发展直接得益于柬埔寨基础设施的改善和旅游业的发展，尽管2005年增长了17.3%，低于2004年的23.4%，但高于2000—2004年13.4%的平均水平。根据柬埔寨旅游部的统计，2005年到柬埔寨的游客增长了34.7%，酒店发展受到这一形势的积极影响，同期增长了30%，然而餐饮业只有轻微的增长，说明柬埔寨旅游业对其酒店和餐饮业的发展有不同的影响效果，餐饮业并未抓住有利时机。

（2）交通运输和信息业

2004年柬埔寨交通运输和信息业增长7.5%，2005年为13.1%，这得益于柬埔寨国内交通、邮局和信息服务系统的扩展。2005年，柬埔寨交通运输业增长10.9%。交通系统的提升，促进了柬埔寨贸易和市场一体化的发展，提升了柬埔寨与周边邻国的联系。邮局和信息系统的服务能力扩展了21.9%。然而，在柬埔寨该产业仍然是柬埔寨较为落后的，其成本高于周边国家也是一个问题。为此，柬埔寨需要发展便捷、全面、安全和有效的交通和信息网络，以帮助促进柬埔寨其他服务产业的发展，这样也可以促进农业的发展。例如，交通运输业的发展，可以加强遥远地区农产品产地和中心消费市场的联系，降低农产品到市场销售的运输成本，提高农户的实际收益。

（3）金融业

柬埔寨金融产业在21世纪保持持续稳定的增长，2005年增长19.3%，高于2000—2004年12%的平均水平。这是由于柬埔寨银行系统诚信力的提高，促进定期存款、储蓄存款和外币存款的快速增长。然而，金融业的快速增长并没有给大多数人带来利益，特别是农村地区，他们无法获得有效的贷款去投资和消费。因此，需要找到一个有效的途径和方式，例如增强农民的诚信度，以改善一些低回报率的贷款环境，促进农产品生产和经济发展。同时，金融业的发展也有助于其他服务产业的发展，例如，餐饮业主可以获得更多的资金支持以更好地保障食品安全，改善就餐环境，而酒店建设和交通网络的发展也需要有力的金融支持。

（4）公共管理

2005年，柬埔寨公共管理同比增长5.9%，实现了2004年和2003年下滑之后的增长。在房地产和商务服务方面增长了6.9%，低于2004年的12.6%，其中，房地产保持5%的增长，商务服务增长23.4%。例如，建筑业在旅游业的带动下得以支撑其发展，原因是柬埔寨国内对住房的强烈需求。

在此期间，尽管低于2004年的20.1%，但其他服务业表现良好，增长了17.7%。这些行业的发展得益于柬埔寨赌场和私人教育服务业的发展。

2. 2006—2012年

柬埔寨第三产业在2006—2012年稳定发展，各产业都有不同程度的提升。虽然2009年全球爆发金融危机，柬埔寨的整体经济发展受到影响，但以旅游业为主的第三产业发展没有受到这次危机带来的太大影响。到2010年，柬埔寨第三产业增长仅缩减了4.6%，而2010年前8个月商业银行信贷保持了64%的增长，金融行业增长5.1%。2011年，第三产业实际增长为6.4%。其中，贸易行业同比增长6.6%~8.7%。[①]旅游、酒店和餐饮业发展良好，促进了交通运输、信息等产业发展环境不断改善，而交通运输、信息等产业又反过来促进了柬埔寨旅游业的进一步发展。

（1）旅游、酒店和餐饮业

2010年，旅游业对柬埔寨经济发展贡献了17.8亿美元，与2009年相比增长16%，到柬埔寨的游客约为250万人。柬埔寨的旅游公司从2009年的374家增加到392家。柬埔寨和欧洲国家在旅游业方面取得了跨越式的发展，例如，柬埔寨和法国签署了法国直飞柬埔寨的政府间协议。柬埔寨建立了一些国际酒店品牌，如万豪酒店、贝斯特韦斯特国际酒店。酒店和餐饮业增长占了全国GDP的4.4%，每年呈13%的增长态势。

2012年，柬埔寨旅游业收入达22.1亿美元，同比增长11.1%。旅游业升温直接带动了酒店业的发展。截至2012年底，柬埔寨全国共有酒店约610家，客房约29 000间；客栈1 193家，客房17 624间。其中，首都金边有酒店208家，客栈261家；暹粒有酒店188家，客栈205家；西哈努克省有酒店57家，客栈107家。[②]

（2）金融业

2010年，柬埔寨金融业同比增长20%，增加了29家银行。储蓄和贷款都有了同步的增长。其中，领导柬埔寨银行业的ACLEDA银行[③]储蓄增加了31.65%（约9.11亿美元），贷款增长了36.82%（约7.44亿美元）。另一个大型银行加华银行储蓄和贷款也分别增长了40%和30%。[④]柬埔寨全部23个小型金融机构（MFI）的贷款增长了33%。

---

① *Cambodian Reinsurance Company "Cambodia Re"*, Annual Report 2011, p.17.http：//www.cambodiare.com.kh.

② 《柬埔寨2012年宏观经济形势》，中华人民共和国驻柬埔寨王国大使馆经济商务参赞处网站，2013年4月1日。http：//cb.mofcom.gov.cn/article/zwrenkou/201 304/20130400073 605.shtml.

③ 柬埔寨ACLEDA银行的前身是在国际金融公司（IFC）的"湄公河私营部门发展基金"、联合国开发署和其他国际援助机构的帮助下，于1993年成立的一个专门从事农村发展的非政府组织。2003年12月，该机构正式获得商业银行的经营执照，成为国家一级商业银行。目前，ACLEDA银行已经成为柬埔寨第二大银行，拥有2.1亿美元流动资产，存款总额逾1.3亿美元，贷款总额达1.6亿美元，投资收益率进入世界前十位，是国际金融界公认的最成功实现可持续发展的小额信贷机构之一。详情参见贾峤、杨恒、兰庆高：《柬埔寨ACLEDA银行可持续发展的经验和启示》，载《农业经济问题》，2008年第2期，第106~107页。

④ *Cambodian Reinsurance Company "Cambodia Re"*, Annual Report 2010, p.14.www.cambodiare.com.kh.

（3）房地产业

柬埔寨房地产受到2008年全球金融危机的影响，处于下降趋势。与之前相比，2010年柬埔寨房地产业下降了60%，但还是保持着每年增长11%的趋势。2010—2012年，柬埔寨只有一些小的项目在实施，例如酒店建筑、餐厅和小规模住房建设。根据柬埔寨土地管理和城市化部统计，2010年柬埔寨只有2 149个项目（8.4亿美元）在开展，这少于2009年的2 230个项目（19.88亿美元）。[①]

（4）信息业

2010年，柬埔寨国内互联网的用户增加了173 675户，相对于2009年的29 589户有了大幅度增加，而网络服务商仅为37个。一些中小型企业开始提供免费的WiFi作为一项增值服务。可见，柬埔寨有着很大的网络信息发展空间。

二、第三产业部门结构

（一）旅游部

作为旅游业的政府主管部门，柬埔寨旅游部下设2个总局（旅游总局和行政财务总局）、1个部长办公厅和1个监察局。其中，旅游总局下设6个司：东盟与国际合作司、旅游行业司、教育培训司、市场营销司、计划发展司、文化旅游开发司；行政财务总局下设3个司：人事与人力资源司、行政总务司、财务司。

1. 旅游总局

（1）东盟与国际合作司

东盟与国际合作司主管国际合作和东盟事务，其具体职能如下：在东盟框架内，研究、制定开发旅游领域的政策和战略；执行国际合作事务；在东盟框架内，与地方和国际NGO合作；与国内旅游机构一道，起草、校对、装订柬埔寨政府旅游部与其他国家的双边协议、备忘录、通告，包括组织签字仪式工作；就国际事务与各部委及各国驻柬使领馆进行联络；协调和组织部领导出席的各种会议、大会、研讨会和其他仪式。

（2）教育培训司

教育培训司的主要职责是管理旅游职业培训和其他旅游服务，其具体职能如下：与旅游部的其他部门合作，研究和组织培训课程、计划和再培训；与所有内

---

① *Cambodian Reinsurance Company "Cambodia Re"*, Annual Report 2010, p.14.www.cambodiare.com.kh.

外旅游培训及教育机构合作；组织、管理公立及私立的培训及职业培训旅游学校；组织管理旅游图书资料；研究和编写旅游培训教材；与部行政财务司合作，制定培训计划，评价拟派遣在当地或出国进修旅游官员的职业能力；评价在私人旅游企业的雇员的职业能力；向旅游培训学校颁发资格证书；管理旅游培训教员。教育培训司下设 5 个办公室：计划与课程办公室、培训与再培训办公室、文件图书资料办公室、旅游学校管理办公室、旅游培训师资办公室（新提议）。

（3）市场营销司

市场营销司的职能如下：研究和管理游客市场信息；编写国内外旅游促销资料；向抵达机场的游客致意并提供信息；在尊重和保持柬埔寨民族文化和传统的原则下，与国内外媒体及主管旅游促销的海外代表联系，以促进旅游和吸引游客到柬埔寨观光；参加国内外各种旅游展销，推动旅游事业；为媒体、电视台、旅行社、外国投资者访问柬埔寨提供方便并安排访问计划；管理和开展国内外促销，并管辖海外促销代表。市场营销司下设 3 个办公室：市场办公室、促销办公室、海外代表管理办公室。

（4）文化旅游开发司

文化旅游开发司的职能如下：与文化艺术部及其他部门在开发文化旅游领域进行合作；协调计划发展司，在柬埔寨开发更多的旅游景点；在旅游开发中，维护柬埔寨民族文化的个性和价值。文化开发处下设 4 个办公室：装设、建筑风格办公室，文化旅游活动办公室，旅游开发计划办公室，旅游景点安排办公室。

（5）旅游行业司

旅游行业司主管全国的旅游行业，其具体职能如下：对旅行社、导游及所有与旅游有关的行业进行技术指导；管理旅游服务以及与旅游有关的行业，如：饭店、宾馆、按摩院、餐馆、酒馆、迪厅、卡拉OK厅、旅行社、导游、旅游运输工具、旅游景点和旅游体育运动；对饭店、餐馆、景点、旅游运输进行控制和评级；汇总旅游行业统计；协调部内相关部门、有关部委、机构、有关当局，分配管理控制旅游领域的企业和服务的设立。旅游行业司下设 4 个办公室：旅游景点办公室、饭店管理办公室、餐馆管理办公室、旅行社管理办公室。

（6）计划发展司

计划发展司的职能如下：为旅游发展制订计划，研究、收集、整理数据；研究、计划旅游景点的开发；管理外国援助计划；管理旅游信息和统计数据；进行市场调研，汇集和整理旅游统计；游客调查和统计。计划发展司下设2个办公室：计划发展办公室、信息统计办公室。

2. 行政财务总局

行政财务总局的职能是：统计、起草报告文件、管理财务和装备；管理旅游部的官员和工作人员；参与对旅游领域的立法督察和调研工作；为旅游部、各省市旅游局的行政活动提供便利；协调其他部委；起草旅游方面的法律、法规和协助立法进程；参与建议旅游方面法律的执行、发证、协定以及其他合同；参与解决旅游方面的争议。

行政财务总局的3个司（行政总务司、财务司、人事与人力资源司）下设7个办公室：行政办公室、人事办公室、设备物资供应办公室、财务办公室、礼宾办公室、统一采购办公室、报告摘要办公室。

柬埔寨政府除在中央设旅游部外，在各省市也分别设有省级旅游局。[①]

（二）商务部

商务部主要负责业务指导和管理柬埔寨王国的国内、国际贸易。

1. 具体职能

柬埔寨王国商务部的具体职能如下：制定国内、国际贸易政策；确定战略物资储备；监督商品价格，扶持农产品和食品价格，管理市场开发；向消费者宣传产品的使用，刺激食品、原材料、石油、粮食和国家所需的消费品的销售，确保农产品的市场销售渠道，确保农业和农产品加工业所需设备的供应；采取措施保护消费者利益；组织、管理和监督国外贸易，并对限制类商品发放进出口许可证；确保进、出口商品的平衡；促进对国际市场的认知和接触，以在自由市场经济的基础上促进国际贸易；开展对国内市场和国际市场的研究，并判断市场趋势，以通告生产者和商人，为开展国内和国际贸易提供便利；颁发进出口许可证；提出指导方针，采取措施执行商业竞争法，防止垄断经营，特别是那些来自外国的、非法主导国内经营的；管理商标；检查出口货物的质量、数量、重量和种类，抑制市场上产品（药品、医疗器械和化妆品除外）质量的欺诈行为；管理国家普惠制（GSP）中心，监督商会、国有企业和由商业部指导的混合制国有企业；管理柬埔寨与东盟和其他国际组织之间的经济合作；管理商业注册，按照商业管理法和商

---

① http://www.tourismcambodia.org/.

业注册条例管理商业活动。

2. 组织结构

商务部的组织结构如下：部长办公厅，监察总局，行政和财务总局（下辖行政司、人事司、会计财务司和总技术司），技术总局（下辖国内贸易司、国外贸易司、法律事务司、普惠制司、知识产权司、东盟和国际组织司、出口促进局和柬埔寨进出口货物监管与反欺诈局），地方商业部门，商业部管辖的国有企业。

3. 出口促进局

商务部下设的出口促进局具体职能如下：设计规划和促销方案，以增加货物和服务出口潜力，并和出口制造商密切磋商；向相关部委建议措施改善和方便国内产品的出口；引导和鼓励国内产商参加国内外贸易展和交易会；参与信用程序和措施的制订，以增加出口；协助出口商寻找海外市场，并为促进出口提供便利；通告和起草关于商业扩张的文件，并分析和宣传有关信息。

4. 东盟和国际组织司

商务部下设的东盟和国际组织司的具体职能如下：分析和管理涉及商业部的有关东盟事务的工作；参与起草将列入 AFTA 共同生效优惠关税计划的商品名单；参与起草有关柬埔寨执行东盟经济协议的政策和战略；作为东盟服务协调工作组的中心；与世界贸易组织（WTO）进行商业谈判；承担与亚太经合组织（APEC）、联合国亚太经社理事会（ESCAP）、世界知识产权组织（WIPO）、欧盟（EU）、联合国贸发会议（UNCTAD）和联合国环境与发展大会（UNCED）等国际组织进行商业合作的职责；协助商业部应付外方不符合 WTO 规定的贸易惯例；谈判有关关税和非关税的措施；为相关的机构与 WTO 谈判和解决总体贸易纠纷，提供帮助和便利；收集贸易信息；宣传柬埔寨须遵守的规定和协议；负责核查与发放向东盟成员国、中国和韩国出口的所有种类货物的原产地证书。①

（三）公共工程和运输部

公共工程和运输部经柬埔寨政府授权，指导和管理柬埔寨的公共工程和运输部门。

公共工程和运输部的职责如下：与其他机构协作，通过起草原则和法律，管理和发展关于总体的公共民用建筑的国家政策，以发展、改善、保养和管理公共

---

① http://www.moc.gov.kh/.

基础设施，如公路、桥梁、港口、铁路、水路和国家建筑物；制定有关公路、港口、铁路、水路基础设施管理的规章；制定规章并管理所有的公路、铁路和水路运输；参与并联合制定有关建筑的法律、法规和规章；根据政府指派改造建筑物；在航空建筑方面与民航国务秘书处合作。

公共工程和运输部组织结构如下：行政服务总局（下辖行政局、人事及人力资源司、会计财务司、计划司），运输总局（下辖陆地运输局、水运司、商船司），公共工程总局（下辖公路局、重装备中心、公共工程研究中心、内陆和水路局和机场建设局），监察总局，财务审计控制署，管辖的国有企业（海港、铁路），地方公共工程部门。

（四）社会事务、劳工、职业培训和青年改造部

社会事务、劳工、职业培训和青年改造部（简称劳工部或劳职部）经政府授权，领导和管辖柬埔寨的社会事务、劳工、职业培训和青年改造领域。

该部管辖的社会事务主要有：领导和管辖国家和民间社团的社会服务，以组织公民抵御灾害，组织社会团结活动帮助弱势群体，如孤寡老人、残疾人、孤儿、无家可归者、街头流浪儿、吸毒儿童、性工作者、携带危险传染性疾病者等；援助社会最弱群体、流浪者；与相关机构合作，采取法律措施，监控和防止卖淫和贩卖人口；援助灾害遇难者，包括自然灾害、战争和其他紧急事件；根据《公务员法》的规定，管理公务员退休金体系；管理为已故公务员的孤儿设立的社会保险体系；起草有关海外收养的法律、法规；照料、保护和教育孤儿；保护儿童免受性侵害和其他类型的儿童拐卖；对残疾人起草扶持政策和实施身体及职业改造计划。

三、第三产业发展布局

柬埔寨第三产业自1993年后不断发展，但由于柬埔寨国内经济实力有限，基础设施水平仍较为落后，一些核心的产业还是集中在金边、暹粒、西哈努克市、马德望省等经济发展情况较好的地方。

旅游业成为柬埔寨第三产业发展的核心动力，也是多年来柬埔寨政府重点发展的产业，被柬埔寨政府列为国家六大战略发展产业之一，是为柬埔寨每年GDP的增长做出主要贡献的产业，也是柬埔寨在面对国际金融危机时还能保持稳定增长的支柱产业。在旅游业蓬勃发展的良好环境下，该产业带动了其他相关产业的发展，酒店和餐饮业就深得其利，随着柬埔寨旅游市场的不断扩展，国外游客到

金边和暹粒旅游的人数基本保持了年年增长的发展态势，柬埔寨酒店和餐饮市场也有了长足发展。特别是在金边和暹粒，五星级酒店数量不断增多，酒店客房数量日益增加，酒店的硬件设施水平得到提高，服务能力有了加强。而餐饮市场也在逐步扩展，食品安全和餐饮服务水平提高了，市场整体环境得到了改善。

在旅游业和酒店餐饮业蓬勃发展的带动下，柬埔寨连接金边和其他主要省份地区，特别是旅游目的地的公路、铁路有了长足发展，柬埔寨航空服务和水运服务业都得到积极发展，柬埔寨和周边国家，如泰国和越南的陆路交通相继开通，边境沟通得到加强，而陆路运输能力的调高也间接影响了柬埔寨港口的运输服务能力。同时，柬埔寨国内房地产业也受到积极影响，一些酒店、旅馆和餐厅等旅游设施的修建对房地产的发展是有利的。

此外，柬埔寨医疗、信息、金融等产业也在整体经济发展的大潮中逐渐向前发展，金边、暹粒、西哈努克市等一些经济环境较好地区的银行业发展迅速，银行数量不断增加，储蓄、贷款等能力得到加强。

尽管柬埔寨第三产业整体发展良好，但除了旅游业发展较好以外，其他产业的发展还是相对滞后的。一方面，柬埔寨经济发展过度依靠外国投资和援助，影响了柬埔寨经济发展的自主性，一旦发生像1998年和2009年金融危机的情况，国外投资和援助额下降就会冲击柬埔寨经济发展，也直接影响了第三产业的发展；另一方面，柬埔寨长期战乱、国内政局一度不稳，加之和泰国的边境纠纷，以及柬埔寨基础设施整体水平的落后，都不同程度地对第三产业的发展带来负面影响，柬埔寨交通运输业在农村地区发展仍然落后，金融业和房地产业的发展也较为缓慢。信息产业潜力虽大，但如何尽快提高硬件水平是亟待柬埔寨政府解决的棘手问题。

整体上，柬埔寨第三产业的布局，从地区范围来看以金边为中心向周边地区扩展，主要集中在金边、暹粒、西哈努克市等重要城市和地区以及一些省会；从产业结构来看，一方面，柬埔寨第三产业的发展是以旅游业为中心，逐步带动酒店和餐饮业的发展，并在国家提升交通运输业整体水平的战略背景下，旅游业促进与旅游目的地相关地区的交通运输业的发展，反过来交通运输业又促进旅游业的进一步发展。同时，柬埔寨与周边国家的公路网逐步建成，承担了柬埔寨在东南亚地区，乃至亚洲公路网的运输重任，这直接激发了柬埔寨不断完善交通运输网的积极性。另一方面，金融业、信息业、房地产业成为柬埔寨第三产业深入发展的积极环节，这些产业不仅扩展了柬埔寨经济发展的地图，而且成为柬埔寨经济发展的新生力量，可以预见，未来这些产业将是柬埔寨以旅游业为核心的第三产业发展的重要支撑。

第二节 交通运输业的发展和布局

柬埔寨的运输方式包括公路、铁路、港口、内陆水路、民用航空。公路运输是主要的方式。在运输总量所占份额一般统计为客运量的65%，货运量的70%。[①] 然而，这些数字似乎被低估，这可以追溯到过去，内河航道和柬埔寨皇家铁路（RRC）在移动客运和货运方面发挥了更大的作用。过去的20多年来，这两种运输方式已经失去其重大作用，客运和货运量不断下降。国内民用航空在发展旅游业方面非常重要，但在整体交通量中所占比重最小。

一、交通运输业的发展概况

（一）陆路运输

柬埔寨全国最主要的公路有4条：1号公路从金边通往越南胡志明市；4号公路从金边通往西哈努克港；5号公路从金边经马德望通向柬泰边境；6号公路从金边经磅同、暹粒通向吴哥窟。

道路构成柬埔寨运输系统的骨架。道路网络总长为39 495千米，包括4 802千米国道，6 692千米省道和2.8万千米乡村道路。[②] 每10平方千米约2千米道路，路网密度按区域标准为平均数。2008年，登记的机动车辆大约有70万辆，估计其中有70%为摩托车。

柬埔寨形成了以首都金边为中心的交通运输网。西北部有铁路、公路与泰国相连，北部、东部也有公路与老挝、越南相通。但柬埔寨主要交通线仍集中在中部平原地区以及洞里萨湖流域，北部和南部的山区交通则较为闭塞。柬埔寨的7条主要国道以金边为中心向外辐射。其中1号、2号国道连接越南；5号、6号国道连接泰国；4号国道直达柬埔寨最大的海港——西哈努克港，4号国道是柬埔寨

---

① 日本国际协力机构：《对日本在柬埔寨运输部门援助的评价研究》，日本：东京，2007年。另见：亚洲开发银行：《大湄公河次区域：柬埔寨公路改善工程》，马尼拉，2002年（贷款号1945）。

② 基础设施和区域一体化技术工作组（IRITWG）：《柬埔寨王国运输业概述》，柬埔寨：金边，2008年。

目前通行条件最好的公路，也是最重要的陆路外贸运输通道；7号国道通向老挝，2006年10月柬埔寨公共交通工程部与上海建工集团签署了柬埔寨国家8号公路和桥梁建设工程项目总承包协议；8号公路是一条连接柬埔寨东部走廊和首都金边的高等级公路，总长117千米，包括两座横跨湄公河和洞里萨湖的公路大桥。8号公路已于2011年6月竣工通车。[①]该项目的建成将有力带动8号公路沿线地区农业、工业、旅游和经贸的发展，促进柬埔寨与相关国家的互利合作。在金边、暹粒、西哈努克等城市，市民的主要交通工具有摩托车、人力三轮车、自行车及出租汽车等。市内现有民营的巴士服务，但数量较少。在柬埔寨，一般外国游客更喜欢坐四轮摩托车，可穿行大街小巷，悠然赏景。

虽然柬埔寨主要公路的大部分已经修复，状态良好，但省道和乡村道路由于多年来投资有限，而且已修复的道路疏于维护，大部分处于失修状态。几乎所有国道都是柏油路面，而约50%的省级道路不是碎石路面就是土路面。乡村公路大部分是土路。大部分道路的重建和修复的一级和二级路网工程在国际竞争性招标的基础上由承建商完成，尤其是当工程资金来自外国援助时。然而，有些道路工程是由公共工程和运输部（MPWT）道路基础设施处下属的指派承包商或工程兵部队（MCE）使用MPWT的资本预算进行的。省道工程是由各省公共工程与运输处（PDPWTs）利用经济和金融部（MEF）分配给各省份的资金，直接进行或由私营承包商完成。MPWT对各省PDPWTs一级和二级路网工程的日常维护负总责，而具体施工则是分配给每个省和直辖市完成。

随着时间的推移，确保公路养护的资金已成为柬埔寨面对的棘手问题。虽然在亚洲开发银行（亚洲开发银行）的帮助下，2000年柬埔寨政府就已建立道路维修基金，但该基金至今仍未完全落实到位。经济与金融部（MEF）一直不愿就其权威性和灵活性做出妥协，以为道路维护预留出正常的经费预算。为解决维修资金长期短缺问题，2002年，柬埔寨政府采取措施，对每公升柴油征收0.02美元，对每公升汽油征收0.04美元的附加费，并承诺将每年的维修预算提高5.5%，此项所得收费全部纳入维修总预算。2005年，又成立由MEF、MPWT和私营部门代表组成的部际委员会，来确定每年的维修拨款。因此，道路维修经

---

① 陈涛、曹旭天：《集团承建的柬埔寨8号公路成功经受洪水考验》，上海建工集团网站，2011年10月26日。http://www.scg.com.cn/News-Detail.aspx? id=1186.

费从2002/2003财政年度的约200万～300万美元增加到2007年的2 600万美元，2008年达到3 300万美元，2009年约为3 200万美元。当然，除了维修资金不足问题以外，车辆超载一直是道路状况不良的一个长期存在问题。MPWT已做出努力，以改善对车辆超载问题的监测和控制。2006年，MPWT设置了8个自动化"动态称重"站点，2008年又设置了7个永久性称重站，此举有效遏制了卡车超载严重的问题。

（二）铁路运输

柬埔寨全国有2条铁路：金边—波贝，可通曼谷；金边—西哈努克市，是交通运输的大动脉，但铁路年久失修，运输能力很低。在柬埔寨公共交通和运输部国务秘书萨莫的办公室里，挂着一张很大的2023年柬埔寨铁路规划图，由红线、蓝线和绿线标示出近期、中期和长期的铁路规划线路，从南到北、从东到西，柬埔寨国内主要城市都连为一体。但是萨莫坦言，自己也不清楚到底有多少千米，因为这些铁路都是规划中的，柬埔寨铁路发展最紧迫的问题就是缺乏资金。[①]

（三）内河与海洋运输

1. 内河运输

柬埔寨内河航运以湄公河、洞里萨湖为主，主要河港有金边、磅湛和磅清扬。雨季4 000吨轮船可沿湄公河上溯至金边，旱季可通航2 000吨货轮。西哈努克港为主要对外海港。湄公河是柬埔寨惟一的国际内河运输线，湄公河也成为柬埔寨境内的主要商业内流河道。金边设有全国最大的内河港，港口可以停靠3 000吨级的货轮，现已开通金边—胡志明市航线。

客运方面，从金边有快船、慢船直通暹粒。金边的码头在市区湄公河大桥以北西岸。快船行程约4～5小时；慢船约12～24小时。因不同季节水位的影响，时间与价格会有不同。

2. 海运

柬埔寨海岸线长约460千米，西哈努克港是柬埔寨唯一的深水国际海港，可以停泊1万吨级的货轮，港口具有10万平方米的装卸场地，货物年均吞吐量约170万吨。

（四）航空运输

柬埔寨国内主要航空公司有金边王家航空公司、总统航空公司、暹粒航空公

---

① 孙广勇：《亟待发展的柬埔寨铁路》，见《人民日报（海外版）》，2011年8月29日。

司和柬埔寨直升机有限公司。首都金边及暹粒市都有飞往曼谷、新加坡、吉隆坡、胡志明市、万象等地的航班。柬埔寨国内各城市每天都有飞机往来。仅从金边到暹粒，每天就有数个飞机航班来回。柬埔寨已先后开通了金边至上海、成都、昆明、武汉等中国城市的航线。外国航空公司在柬埔塞开辟的主要航线有：金边—曼谷、金边—广州、金边—香港、暹粒—曼谷、金边—上海、金边—新加坡、金边—科伦坡、金边—台北、金边—万象、金边—普吉等航线。除金边以外，还有波成东和暹粒2个大型机场。

二、公路运输

（一）公路概况

在柬埔寨，公路承担了全国客运能力的65%和货运能力的70%。在柬埔寨，只有20%的公路和高速公路为沥青铺设的路面；大约有50%的公路为沙石路面，甚至是碎石路或土路；剩下30%的公路为自然状态的泥土路。[1]与东南亚其他国家相比，柬埔寨的公路网的发展是较为落后的。

柬埔寨公路网的组成情况大致如下。其一是国家公路：一级国家公路总长为2 052千米，二级国家公路总长为2 643千米，分别占了柬埔寨公路总长的7%和9%。其二是省级公路：省级公路实际为国家的三级和四级公路，总长为6 615千米，占全国公路总长的22%。其三是乡村公路：柬埔寨的乡村公路总长为18 948千米，占了全国公路总长的62%。

（二）公路网的覆盖范围

公路网覆盖了柬埔寨所有主要的地区，是柬埔寨发展的生命线。然而，柬埔寨还有许多没有铺设的公路和暂时性的道路桥梁。其具体覆盖情况如下：

第一，国家一级公路连接首都金边和主要省份的中心城市，但还是有8个省份没有直接与金边相通，而只具有国家二级公路的条件，其原因是那些地区较为落后。2个国际机场直接与国家一级公路相通，其他8个国内机场与国家一级或二级公路相通。

第二，各地区的中心多位于省级公路网上，但仍然有98.4%的公路为红土或泥土路面。

①   Dr.SUM Map: *Infrastructure Development in Cambodia*, p.3.http://www.eria.org/publications/research_project_reports/images/pdf/PDF%20No.2/No.2-part2-2.Infrastructure%20in%20Cambodia.pdf.

第三，柬埔寨国内的一些合作社和乡村处于乡村公路网中。这些乡村公路的条件是很差的。

第四，在柬埔寨，只有主要河流上才会建设桥梁，即湄公河、洞里萨湖区域和巴萨河区域，其他河流和水域重要的交通方式是渡轮。

第五，柬埔寨的工业区、旅游区、农业区和居民区主要位于一级公路和三级公路（乡村公路）网上。一级公路的条件是较为良好的，而二、三级公路的条件较差。表5-3是2005年柬埔寨与周边国家的陆路运输的对比情况。

表5-3　柬埔寨与周边国家的交通运输网络对比

国家	公路网（千米/每平方千米）	柏油路铺设所占比例（%）
马来西亚	20	76
泰国	12	97
菲律宾	68	22
中国	19	91
印度尼西亚	20	58
越南	29	25
柬埔寨	22	4
老挝	14	15

资源来源：ADB，JBIC，WB，（2005）.*Connecting East Asia：A New Framework for Infrastructure.*

（三）柬埔寨的公路条件

根据日本国际协力机构（JICA）2006年的研究报告，柬埔寨只有7.4%（30 258千米）的公路是人工认真铺设过的，这些公路基本是国家一级公路和部分国家二级公路。约有80.1%的国家二级公路是未经人工认真铺设过的，还有98.4%的省级公路没有人工铺设过。特别是乡村公路，有99.7%没有铺设过。[①]这些没有铺设过的乡村公路主要由红土或泥土覆盖，这导致了在雨季给公路运输带来较大的通行困难，同时也因为道路不通而使偏远地区与外界缺乏沟通，其经济发展严重滞后。例如，一般5千米的路程，在雨季，人们需要骑摩托车花30分钟的时间才

---

① Dr.SUM Map, *Infrastructure Development in Cambodia*, p.7.http：//www.eria.org/publications/research_project_reports/images/pdf/PDF%20No.2/No.2-part2-2.Infrastructure%20in%20Cambodia.pdf.

能走完，这直接影响了一些村民到村外打工的积极性，由此带来的是村民与外界的隔绝或是很少的交流，难以形成有一定规模的市场，开展公共服务工作也受到制约。考虑到这些情况，柬埔寨政府在2006年制定的2006—2010年发展规划中，强调了要对92%（约246千米）的乡村公路进行新建，对44%（约707千米）的公路进行修复，对118条公路约822千米的公路进行维护保养。[①]

虽然柬埔寨政府不断加大修建公路的力度，但柬埔寨公路整体情况仍然较为落后。只有19.3%的11 310千米的国家和省级公路由沥青铺设过，有80.7%的道路是红土路、砾石路和一般的土路。超过60%的国家二级公路和90%的省级公路的条件很差。许多道路非常的窄，例如，柬埔寨一些一级公路的部分路段无法支持大型汽车的通过；19%的二级公路的路宽只有4.5米，62.3%的二级公路难以支持两辆相向行驶的汽车同时通过。而这样的路宽情况在乡村公路中分别占到了33%和85%。这些公路都需要进一步扩宽，以满足双向车道的正常行驶。

（四）柬埔寨国际高速公路的建设

柬埔寨处于亚洲高速公路网（AH）的东南亚地区的中段部分，即处于该地区的南北经济走廊（AH11）上，向南连接了两个大城市，即曼谷和胡志明市；向北连接老挝的西哈努克港。柬埔寨的部分国家一级公路就成为了地区国际公路网的一部分，具体情况见表5-4。

表5-4　柬埔寨国家一级公路情况（单位：千米）

公路编号	公路里程
AH1（NR.1，NR.5）	572.4
AH11（NR.4，NR.6，NR.7）	755
AH123（NR.48，NR.3，NR.33）	163.3
GMS route（NR.66，NR.78）	464.9
总 计	1 955.60

资料来源：SUM Map：*Infrastructure Development in Cambodia*，p.10.http：//www.eria.org/publications/research_project_reports/images/pdf/PDF%20No.2/No.2-part2-2.Infrastructure%20in%20Cambodia.pdf.

[①] Dr.SUM Map：*Infrastructure Development in Cambodia*，p.8.http：//www.eria.org/publications/research_project_reports/images/pdf/PDF%20No.2/No.2-part2-2.Infrastructure%20in%20Cambodia.pdf.

(五)柬埔寨的公路发展政策

交通网和相关基础设施是连接全国各地区的重要动脉，它可以把分散的市场串通成为一个整体的大市场，从而有利于整个地区的经济增长。为此，柬埔寨政府出台了道路总体规划方案(NSDP)。该方案由三个部分组成：第一，恢复和重建主要的国家公路，提高这些道路在全国的运输能力；第二，建设道路网与周边国家互联互通，改善一些偏远地区的交通，以发展国际贸易和旅游业；第三，出台可持续的道路维护和保养计划，确保对道路恢复和重建的资金投入，以产生持续的经济效益。

NSDP对一些优先发展的道路项目的政策有：一是制定一部道路法以解决一些系统性问题，统筹发展计划和财政预算，厘清所提出的规则和政府部门的相关责任，以及负责恢复和保养道路的代理机构的权限与义务；二是尽可能地恢复和重建足够多的公路；三是优先发展偏远地区的乡村公路，扩展乡村公路网以确保所有村社能够方便的和相关地区的中心城市相通，并与国家主要的二级公路网连接；四是把公路的维护作为优先考虑的政策，铭记对道路的改善可以降低交通事故，因此需要更好地、更频繁地维护道路；五是尽可能多地利用劳动密集型产业增进农民的收入，其中乡村公路的重建和维护是重要的途径；六是鼓励私人企业参与到对公路和桥梁的维护和重建的BOT计划中，并以收取过路费的方式收回投资成本。

具体而言，柬埔寨政府计划对一些路况较好的道路进行等级提升。具体包括升级国家1号、5号、4号、6号、7号公路并连接亚洲/东南亚公路网，升级国家48号、3号、33号、66号和78号公路并连接东南亚/GMS公路网。这些项目都与柬埔寨政府首先发展公路网以提高经济和社会发展水平息息相关，当然也包括实现东盟内部的互联互通。为此，无论是国际上的资金援助还是国内的资金支持，柬埔寨政府都最大限度地把预算用于发展国内交通项目。国家6号公路的重建，是为了把暹粒与金边以及柬泰边境地区的波贝相连。这一计划是为了促进柬埔寨旅游的发展。对国家1号和5号公路的省级，将有助于胡志明—金边—曼谷公路网首期工程的建设。对国家7号公路的升级将接通老挝南部和金边以及西哈努克港。同时，48号公路将恢复西哈努克港与曼谷港口的连接，以及在该地区其他重要的国际港口，以改善货物的运输条件，并促进区域内贸易的发展。国家级道路的恢复和修建，将使腊塔纳基里和蒙多基里两省成为柬埔寨货物和人员出入境的重要站点。

三、铁路运输

对于计划新建的铁路，柬埔寨面临的最大困难同样还是资金。柬埔寨东部还没有铁路，政府计划新建一条257千米长的从金边至越南禄宁的东线铁路。柬埔寨参议院主席顾问东启就此表示，新的铁路将把柬埔寨和东盟国家更好地联系起来，对柬埔寨经济和社会非常有利，尤其对铁路沿线经济将起到促进作用。

近年，柬埔寨经济复苏步伐加快，2010年经济增长率达到5.5%，经济形势向好，作为经济支柱的农业、制衣业、进出口、旅游业等稳步增长。银行业务繁忙，市场交易踊跃，工厂全力运转，港口码头一派繁忙。在柬埔寨马德望省的泰柬最大边境口岸——波贝，对面是泰国沙缴府的孔叻口岸。波贝口岸每天出入车辆近200辆，贸易额高达8 000万泰铢，大量的建筑材料、生活用品源源不断地由大货车运入柬埔寨。从泰国沙拉武府运送水泥的十几辆货车正在波贝货场卸货，接货的柬埔寨货车再将货物分送到各个省市。目前，泰国边境的铁路也还差6千米没有通到柬泰边境，如果两国铁路连接起来，从泰国直接发货到柬埔寨城市，运输效率将会有质的飞跃。柬埔寨南北两条铁路修复完工以后，将把柬埔寨铁路、公路和海路运输线连接起来。待经济形势进一步好转之后，柬埔寨还将筹建从金边至越南禄宁的铁路，届时柬埔寨与其他东盟国家的铁路线将实现连接，并为由中国昆明至新加坡的泛亚铁路东线全线贯通打下基础。[①]

（一）铁路运输概况

柬埔寨主要有2条铁路，都是从金边出发，全长650千米（之前为750千米，有100千米的分支铁路）的单线铁路（为一米轨铁路）。20世纪60年代，在法国、西德和中国的援助下，柬埔寨修建了第二条铁路（南线铁路），这条铁路从金边到西哈努克港。

1. 1970年前的铁路情况

北线铁路建设于1929—1942年间。这是由法国在柬埔寨修建的第一条铁路，北线铁路从金边到柬泰边境地区的波贝，途经马德望，全长385千米。铁路沿线上有174座桥梁（钢构桥梁93座，全长2 272米；混凝土桥梁31座，全长1 354米），涵洞和涵箱242个，有49个站点。南线铁路自金边站出去9.4千米处到西哈努克

---

① 孙广勇：《亟待发展的柬埔寨铁路》，见《人民日报（海外版）》，2011年8月29日。

港，全长265千米，途径赳夫和贡布（金边到赳夫75千米，赳夫到贡布92千米，贡布到西哈努克港98千米）。这条铁路线建于1960—1969年，由法国、西德和中国援建。铁路沿线有94座桥梁（钢构桥梁7座，全长461米；87座混凝土桥梁，全长2 672米），涵洞和涵箱474个，有28个站点。[①]

在1969—1970年间，每天有37趟列车，时速为60千米，部分列车装备了高频无线电系统以用作紧急备用的传输设备，而大部分为开放的无线系统，用于长距离的载波传输。

2. 1970—1979年的铁路情况

1970年后，柬埔寨国内政局陷入困境，并发生了内战。特别是在1975—1979年间，柬埔寨全境处于波尔布特政权（红色高棉）的统治下，使柬埔寨的各项工作处于停滞状态。与此同时，柬埔寨的铁路主要用于运输军队和武器。

3. 1979年至今的铁路情况

尽管内乱、地雷和环境的破坏仍然存在，但是在1979—1999年间运输状况有了一定改善。柬埔寨的铁路受到20年战争的影响，其整体情况不容乐观，2条铁路线受到破坏，某些部分被完全损坏。从20世纪80年代铁路运输服务开始，服务有了发展。到2006年，全年有852趟列车运营，时速提高到75～90千米。

柬埔寨铁路运输的主要任务有：石油、水泥、化肥、集装箱、建筑材料、农产品、大米类产品、糖和其他货物，同时还有客运服务等。表5-5是柬埔寨铁路运输的代理机构的情况。

表5-5　柬埔寨交通运输代理机构情况

	代理机构	主要运输项目
1	SOKIMEX	石油
2	CALTEX	石油
3	RTC	水泥
4	Hour Hout	重型货物
5	Lim Hour	水泥
6	Master Railway Transport	集装箱
7	Lim	农产品

资料来源：Royal Railway of Cambodia.http：//cmcrailcam.gov.kh/？ lng=English.

---

① Chap Moly：*Infrastructure Development of Railway in Cambodia：A Long Term Strategy*，IDE Discussion Paper. No.150.2008.4，p.6.http：//hdl.handle.net/2344/746.

柬埔寨铁路运输主要集中在石油和水泥两种商品，虽然每年都会有较大的浮动。一个大的波动表明铁路运输者根据市场的压力做出适时的调整，以及根据铁路和公路不同的运价做出调整。具体情况如表5-6所示。

表5-6　1998—2005年柬埔寨铁路运两种主要的输货物运输情况（单位：吨）

商品＼年份	1998	1999	2000	2001	2002	2003	2004	2005
北线铁路：金边—马德望—诗梳风								
石油	18 785	12 950	11 593	27 227	23 475	18 945	15 160	9 240
水泥	184 065	157 080	26 625	78 525	230 566	43 674	48 140	159 430
其他	5 160	19 238	99 266	95 700	99 613	59 889	22 052	5 335
总计	208 010	189 268	137 484	201 452	353 654	122 508	85 352	174 005
南线铁路：金边—西哈努克市								
石油	20 080	14 000	12 874	35 095	80 815	114 894	117 971	69 880
水泥	40 746	52 360	151 490	156 553	96 975	175 662	87 836	24 915
其他	25 325	12 762	28 308	16 603	25 863	10 136	6 058	—
总计	86 151	79 122	202 672	208 251	203 653	300 692	211 865	94 795
两条铁路线合计								
石油	38 865	26 950	24 467	62 322	104 290	133 839	133 131	79 120
水泥	224 811	209 440	188 115	235 078	327 541	219 336	135 976	184 345
其他	30 485	32 000	127 574	112 303	125 476	70 025	28 110	5 335
总计	294 161	268 390	340 156	409 703	557 307	423 200	297 217	268 800

资料来源：Royal Railway of Cambodia.http：//cmcrailcam.gov.kh/？ lng=English.

1997年，柬埔寨皇家铁路协会的研究表明，北线的铁路条件很差。但北线铁路途经富足的农业地区，那些农业地区没有较好的公路网，但有与泰国铁路系统相连的潜力，可以成为亚洲铁路网（连接东盟和中国）计划的一个部分。南线铁路的条件要好一些，但是其构造条件也较差，70%的铁路轨枕需要替换。机车较老，维护不够，只有13列内燃机车、7列柴油机车和一列有轨机车在服务。铁路的运输情况为，20%用于客运，80%用于货运。2005年，铁路运输了268 800吨货物，与2004年的297 217吨相比下降了9.8%。2005年的旅客运输量为47 000人次，与2004年的81 000人次相比下降了42%。表5-7是1969—2005年柬埔寨铁路运输力情况。

表5-7 1969—2005年柬埔寨铁路运力情况（单位：吨）

年份	北线铁路	南线铁路	总计	年份	北线铁路	南线铁路	总计
1969	273 000	81 000	354 000	1996	50 180	25 807	75 987
1981	21 200	62 600	83 800	1997	102 334	67 419	169 753
1985	95 400	53 400	148 800	1998	208 010	86 441	294 451
1989	74 000	65 600	139 600	1999	189 270	79 122	268 392
1990	64 300	51 000	115 300	2000	137 484	202 672	340 156
1991	38 000	26 400	64 400	2001	201 452	208 251	409 703
1992	90 800	23 700	114 500	2002	353 654	203 653	557 307
1993	114 200	15 600	129 800	2003	122 508	300 192	422 700
1994	48 200	12 600	60 800	2004	85 352	211 865	297 217
1995	33 290	16 500	49 790	2005	174 005	94 795	268 800

资料来源：Royal Railway of Cambodia, http://cmcrailcam.gov.kh/? lng=English.

从表5-8中可以看出，1969年北线铁路运输量为273 000吨，此后大幅下降。1997年起运输能力有了提升。但这种增长势头没有得到保持，是一个波动的情况。从1999年开始一直到2003年，南线铁路保持了运力的持续增，从79 122吨增加到300 192吨。铁路运力的提升和西哈努克港货运量的增长同步。2003年后，南线铁路运力开始下降，主要原因是西哈努克港非集装箱运输量的下降。图5-1为1969—2005年柬埔寨皇家铁路整体货运量的情况。

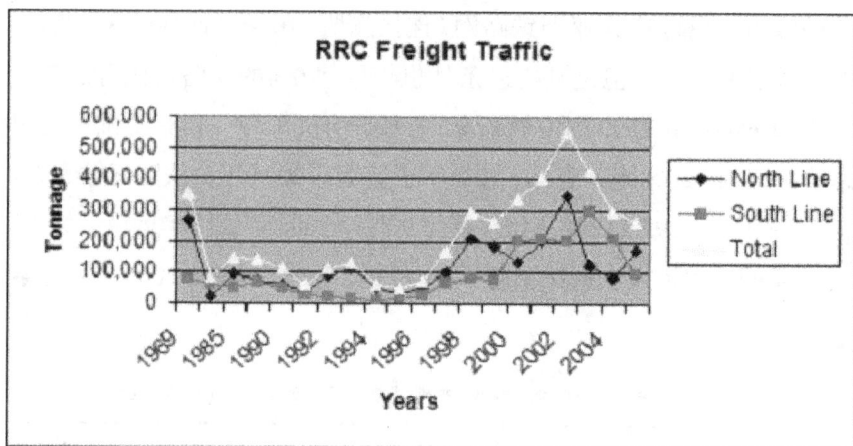

图5-1　1969—2005年柬埔寨铁路运输整体货运量

资料来源：Royal Railway of Cambodia.http：//cmcrailcam.gov.kh/？ lng=English.

（二）柬埔寨铁路网

柬埔寨的铁路曾经是重要的交通运输工具，但长期的战乱导致了铁路设备的陈旧和运输效率的低下。政府的当务之急是提升性能水平和实行监管机制，其目的是借助运输系统促进私人投资的扩展。在金边和西哈努克港之间的南线铁路需要进一步修复以降低过高的运营成本，其目的是为了使该条铁路能够承担更大的货物运输能力，相对于公路运输而言提升铁路的运价竞争能力。

关于铁路发展的RRC战略计划主要由五项政策：一是继续恢复硬件基础设施；二是通过支持铁路运输以提升经济创收能力；三是在市场经济条件下，利用多种运输模式提升竞争能力；四是提升铁路的运输服务能力，增强铁路系统与主要地区的衔接度，例如铁路网延伸到陆路贸易港，这些地区主要是用于运输集装箱和石油；五是修建金边到越南禄宁的铁路，使柬埔寨的铁路系统和该地区的铁路系统融为一体。柬埔寨的铁路网通过与泰国和越南的铁路网联动，有望成为亚洲铁路网的一部分。为此，需要实现柬泰边境和柬越边境地区铁路的互联互通。

根据2007年5月柬埔寨和亚洲开发银行的贷款协议（GMS关于柬埔寨铁路的恢复），正在实施的项目是计划通过提供高效率的铁路运输，以促进柬埔寨的经济发展以及与次区域其他国家的贸易增长。贯穿柬埔寨的铁路网也是GMS"南部经济走廊"发展的一部分，它是GMS经济合作的11个旗舰项目之一。

（三）柬埔寨改善铁路运输的对策

由于多年战乱，柬埔寨仅有的2条铁路损坏严重，几乎处于瘫痪状态。运营中的铁路也因年久失修，火车时速仅能达到15千米。为了提升铁路运输能力，柬埔寨采取了诸多措施：一是加强对铁路运输的管理；二是积极寻求外援；三是在国内多方筹修复和改善铁路运输设备。目前，柬埔寨正在对现有的2条铁路进行修缮。该工程总预算为1.41亿美元，其中，亚洲开发银行分两次给予柬埔寨政府8 400万美元的低息贷款、澳大利亚政府提供2 150万美元的无偿援助，其余部分由石油输出国组织、国际发展基金、马来西亚政府和柬埔寨政府分担。在亚洲开发银行和欧洲、亚洲国家的援助下，柬埔寨于2007年开始实施全国铁路修复计划，计划于2013年全部完成。修复工程结束后，柬埔寨铁路的货运时速将达50千米，客运时速达70千米。

四、海运和内河水运

柬埔寨有2个主要的国际港口（金边港和西哈努克港），2个沿海港口（贡布港和戈公港），以及在磅湛、桔井、上丁、磅清扬和暹粒的洞里萨湖的内河港口。柬埔寨有较长的内河航道，例如，金边港就坐落在湄公河和巴萨河的交汇点，洞里萨湖的磅湛港是唯一在雨季有能力承载约800吨船只和在旱季承载500吨船只的内水港口。

金边港是柬埔寨最重要的内河港口，也是远洋运输港，2010年总共有约1 186艘船舶停靠该港，并且这一数字不断在增加。金边港船只用于国际运输的数量占了总数的77.4%，用于国内运输的船只占了22.6%。柬埔寨约有742 883吨的货物运输是通过金边港来承担的。西哈努克港是柬埔寨最大的海运港口，其坐落在泰国湾，距柬埔寨首都200千米，2010年有1 104艘船舶停靠该港，有约4 318 151吨的货物从这里运出。[①]

除了金边港和西哈努克港以外，柬埔寨其他港口只配备较小的浮桥和简单的码头设备，河岸也常常用作装货和卸货的地方。

内河水运是柬埔寨历史上重要的国内贸易途径，例如湄公河、洞里萨湖的塞班河，以及众多的支流。洞里萨湖的塞班河提供了一条相当长的水运途径，有3 700

---

① Dr.SUM Map：*Infrastructure Development in Cambodia*，2007，p.12.http：//www.eria.org/publications/research_project_reports/images/pdf/PDF%20No.2/No.2-part2-2.Infrastructure%20in%20Cambodia.pdf.

千米水域全年通航。在一些地区，特别是在湄公河的西部和洞里萨湖塞班河的北部，许多村庄完全依靠河运与外界保持交流。2006年柬埔寨每年的发展报告（NSDP 2006—2010年）显示，内水运输只承担了15%的客运量和20%的货物运输量。

几乎所有大批货物的出口和进口都靠西哈努克深海港和金边内水港，它们可以接受一定限制的大型船只停靠。柬埔寨对港口和内水航运的优先投资包括：首先，恢复挖泥船对主要水域的清理；其次，维护和扩展西哈努克深海港——该项目的总体工程已经完成，其中项目的实施得到了日本的ODA支持；再次，升级金边内水港，升级国内河流和湖泊港口，升级现有的渡口。

其他水运发展的计划包括：国家港口总体建设政策和设立内水和港口维护机构。另外，柬埔寨政府的水运目标还有发展和维护港口设施；通过建设一个新的货物码头，以提升西哈努克港的能力；扩展码头的存储能力；建造一个集装箱货场和集装箱起吊场；提升港口区域的道路条件、供电能力和照明系统。

五、航空运输

20世纪60年代曾是柬埔寨航空业发展史上的黄金时期。当时，柬埔寨已经有大小机场26个。但其后由于长期战乱，不但未新修一个机场，就连原有的机场也大多因为战火或人为的破坏以及年久失修而荒废。目前，柬埔寨有10多个机场能够使用，其中，金边国际机场（柬埔寨最大的机场）、暹粒机场（通往吴哥窟的门户），这两个主要的机场主要用于国际航班服务。金边国际机场有3 000米的飞机跑道。然而，捉襟见肘的硬件设施使得该机场无法应付大型客机的着陆。因此，提升金边国际机场的运输能力，以具备起落大型客机的能力被柬埔寨政府列为了BOT计划中的一个重要部分，而这一项目的实施得到了法国和马来西亚的支持。暹粒机场有2 500米的飞机跑道，主要用于柬埔寨国内的航空运输，国际航线主要为暹粒—曼谷航线。由于得到亚洲开发银行的支持，机场的硬件设施也得到一定程度的提升。目前，中国广州和昆明等地也开通了直飞暹粒的国际航班。

2002年，除金边和暹粒以外，马德望机场和西哈努克机场跑道的保养也还算不错，但其他的机场跑道较差。但到2006年，多个国内机场得到了重修和维护，特别是飞机跑道、停机坪等主要设施，同时还提升了机场边界的标示设备的能力，2个新增的国外航线也开始运营。实际上，2006年柬埔寨的国际航班次数相较于2005年增加了13%。

根据柬埔寨开放的航空政策，航线的数量在2006年以后的几年有了稳步的增加。2007年1月，柬埔寨政府在原有的金边和暹粒国际机场的基础上，重新开放停用了20余年的西哈努克国际机场，使柬埔寨的国际机场数量增加到3个。西哈努克国际机场的重新投入使用为外国游客提供了新的选择，将进一步促进柬埔寨的商业和旅游业的发展。

柬埔寨航空运输业对其旅游业有重要的影响，并发挥了重要的经济效益。因此，柬埔寨政府将改扩建机场设施列为重中之重。柬埔寨政府不断开拓资金来源，以帮助实现航空运输的发展，特别注重借助BOT模式以充分利用私人投资、大力提升机场内外的通信网络、提高空管系统的整体水平、建造相关的设施、铺设相关道路、增加航线等。目前，金边国际机场已经成为GMS一个重要的航空中转站。

第三节　旅游业的发展和布局

旅游业是当今许多国家用于经贸发展、提高经济活力、增加财政收入，以及改善人民生活水平和创造就业机会的重要途径之一。随着柬埔寨国内政局日趋稳定，到柬埔寨旅游的外国人逐年增多，外国投资者到柬埔寨投资、发展旅游业的兴趣也不断增长。柬埔寨旅游业发展的特点可归纳为："开放天空"和完善基础设施；以吴哥窟为中心，开拓新景点；挖掘潜力，开发中国的旅游市场；整顿旅游市场，迎接美好明天；加强旅游业管理，为游客提供优质服务。[①]

一、旅游业的布局

1. 柬埔寨旅游市场布局

柬埔寨全国的旅游景点主要有1 300余处，其中包括100余处自然景观，1 161个历史文化景点和约40个休闲胜地。

目前直飞柬埔寨的航空公司中，飞往金边的有11家航空公司，即中国南航、东航、上海航空、老挝、新加坡、越南、港龙航空、马来西亚航空、泰航、曼谷航空、中国台湾长荣和柬埔寨金边总统航空。从国外直飞暹粒的航空公司有曼谷

---

① 邓淑碧：《蓬勃发展的柬埔寨旅游业》，载《东南亚纵横》，2006年第5期，第8～12页。

航空、中国台湾长荣航空、老挝航空、越南航空、新加坡航空、中国南航和中国东航等。

自2005年开始，柬埔寨政府还决定优先在金边及其周围、暹粒省、西哈努克市、白马市、国公省和东北地区的腊塔纳基里省、蒙多基里和上丁省等地建设、开发旅游区。随着政府加大在旅游业的投资，柬埔寨旅游业可望得到进一步的发展。

2. 不断发展的旅游市场

旅游业作为柬埔寨重要经济支柱，其市场发展情况自1993年到2010年期间，一直呈不断上升的趋势，见表5-8所示。

表5-8　1993—2010年柬埔寨入境旅游情况

年份	入境旅游人数 （人）	入境旅游增长 （%）	平均停留天数 （天）	酒店入住率 （%）	国籍旅游收入 （百万美元）
1993	118 183	—	N/A	N/A	N/A
1994	176 617	49.4%	N/A	N/A	N/A
1995	219 680	24.4%	8.0	37.00	100
1996	260 489	18.6%	7.50	40.00	118
1997	218 843	-16.0%	6.40	30.00	103
1998	289 524	32.3%	5.20	40.00	166
1999	367 743	27.0%	5.50	44.00	190
2000	466 365	26.8%	5.50	45.00	228
2001	604 919	29.7%	5.50	48.00	304
2002	786 524	30.0%	5.80	50.00	379
2003	701 014	-10.9%	5.50	50.00	347
2004	1 055 202	50.5%	6.30	52.00	578
2005	1 421 615	34.7%	6.30	52.00	832
2006	1 700 041	19.6%	6.50	54.79	1 049
2007	2 015 128	18.5%	6.50	54.79	1 400
2008	2 125 465	5.5%	6.65	62.68	1 595
2009	2 161 577	1.7%	6.45	63.57	1 561
2010	2 508 289	16.0%	6.45	65.74	1 786

资料来源：柬埔寨旅游部历年统计资料。http://www.tourismcambodia.org/.

从表5-8可以看出，柬埔寨入境旅游人数从1993年至2010年是不断增加的，最高为2010年的250多万人次，中间有1997年和2003年与大趋势不符合，呈现下降趋势，主要原因是1997年金融危机席卷亚洲，2003年1月底柬埔寨首都金边发生骚乱，巴厘岛出现恐怖袭击，柬泰关系紧张，加之"非典"的影响导致当年入境游客数量减少。酒店入住率总体趋势也是逐渐增加，最高入住率为65.74%；国际旅游收入总体趋势也是不断增加，从1995年1亿美元增加到2010年的17.86亿美元，15年时间增加近17倍，增长显著。

柬埔寨旅游市场之所以能保持一个长期的增长，是因为其具有一定的自我市场调节能力。1998年和2004年柬埔寨入境游客数目增长分别是32.3%和50.5%，增长幅度相当大，可见柬埔寨旅游业能够迅速从危机中走出来。1997年金融危机时，柬埔寨入境旅游人数呈现负增长，负增长率为16%，旅游收入也减少了1 500万美元。2008年国际金融危机爆发后，柬埔寨其他产业大多呈现下降趋势，但柬埔寨入境旅游人数不仅没有呈现负增长，反而有所增加，虽然增长率不高，但从两个时间段的对比可见柬埔寨旅游业的抗压能力增加，有一定能力应对金融危机。2008年柬埔寨GDP为92.52亿美元，同年入境旅游收入为15.95亿美元，占GDP的17.24%。[①]由此可见，旅游业在柬埔寨国民经济中已占有举足轻重的作用。

3. 柬埔寨主要旅游客源地

如表5-9所示，从赴柬埔寨旅游游客的国别分布来看，其中亚太地区所占百分数为72.7%，亚太国家仍然是柬埔寨主要旅游客源地。欧洲、美洲、中东和非洲地区所占比例相当少。从柬埔寨前十位客源国来看，大多都是近距离的亚洲国家，包括越南、韩国、中国、日本等，也有经济发达的美国、法国、英国。

表5-9　柬埔寨主要入境客源地区分布情况（单位：人，%）

地区\项目	亚太地区	欧洲	美洲	中东	非洲
游客人数	1363 771	356 277	145 165	5 757	4 015
所占比例	72.7	19.0	7.7	0.3	0.2

资料来源：柬埔寨旅游部统计。http://www.tourismcambodia.org/.

---

① 黄丹：《柬埔寨入境旅游市场分析》，载《旅游管理研究》，2012年第3期，第25页。

4. 赴柬埔寨旅游的旅客年龄构成

根据柬埔寨旅游部门的统计，到柬埔寨旅游的游客年龄主要是22岁到44岁之间，他们的旅游目的地是金边，而年龄在60岁左右及以上的游客主要目的地是暹粒的吴哥窟。具体情况见表5-10。

表5-10　到柬埔寨旅游的游客年龄构成（单位：%）

年龄构成 ＼ 旅游目的地	金边	暹粒
25岁以下	5	2
25～44岁	51	33
45～59岁	29	28
60岁及以上	15	37
总计	100	100

资料来源：柬埔寨旅游部统计。http://www.tourismcambodia.org/.

5. 赴柬埔寨旅游的方式和游客身份

到柬埔寨旅游点旅游的游客中，有31%是去金边，他们是以旅游团的形式参与观光旅游的。而到柬埔寨暹粒旅游的人占到了63%。大部分游客是在假期到柬埔寨旅游的，而且第一次来柬埔寨的游客占了到柬埔寨旅游人数的84%（到金边）和92%（到暹粒）。同时，到柬埔寨旅游的人多数是私人企业的职员和政府部门的员工。具体情况分别见表5-11、5-12。

表5-11　到柬埔寨旅游的游客旅行方式（单位：%）

旅游方式 ＼ 旅游目的地	金边	暹粒
组团	31	63
个人	69	37
总计	100	100
第一次来柬埔寨	84	92
假期来柬埔寨	80	98

资料来源：柬埔寨旅游部统计。http://www.tourismcambodia.org/.

表5-12 到柬埔寨旅游的游客身份（单位：%）

旅游目的地 游客身份	金边	暹粒
私企和政府部门职员	40	34
商人	20	18
个体户	11	17
其他	29	31
总计	100	100

资料来源：柬埔寨旅游部，http://www.tourismcambodia.org/.

还有一个值得注意的是，大部分来柬埔寨旅游的人主要是为了了解柬埔寨悠久的历史，例如位于暹粒的吴哥窟。而由于柬埔寨存在大量的"色情旅游"，有相当一部分外国游客也是为此而来的，这一数字占了来柬埔寨旅游总人数的1/4。除此之外，还有一部分人是为了经济和官方目的来柬埔寨旅游的。

二、旅游业的发展

柬埔寨的旅游业起步于20世纪60年代，但由于1970年之后的国内战乱，几乎没有国外游客到柬埔寨。在进入90年代以来，特别是1991年《巴黎和平协议》签署后，柬埔寨入境旅游业逐渐发展起来。随着国内政局的逐步稳定，以及整体经济的稳步发展，加上成为东盟成员国，柬埔寨的旅游业得到长足发展。

1.柬埔寨旅游业发展历程

柬埔寨政局的稳定为经济发展带来了契机，柬埔寨领导人得以将更多的精力用于思考如何发展国民经济，提高人民生活水平。通过深入的调研和对比，柬埔寨政府意识到旅游产业能在充分利用本国丰富的旅游资源的基础上，通过吸引外国旅游者，让人们更加了解柬埔寨，吸引外国投资者，这样既可以解决本国人民就业问题，还可以提高出口创汇能力，这是柬埔寨旅游业飞速发展的主要原因。为此，柬埔寨政府把旅游业列为国家第三个"五年计划"的六个优先发展的重点领域之一。

柬埔寨政府把旅游业作为优先发展行业来考虑，而旅游业的发展，对国家经济和社会文化的发展、消贫等工作也发挥了重要作用。自20世纪90年代以来，柬埔寨政府先后采取了不少措施，以促进旅游业持续发展。1997年，柬埔寨政府出台"开放天空"政策和简化外来游客入境手续，这些不但简化了游客出入环节，还拓宽了游客出入境渠道。同时，柬埔寨政府重视提升旅游区的管理水平，定期或不定期举办旅游宣传活动，以吸引旅客到柬埔寨观光和延长他们在柬埔寨的逗留时间；制定旅游业的人才培训计划，特别是设立旅游职业培训学校，在大学和国家学院开设旅游专业，提高旅游人才的质量；重视旅游业对国家经济增长、创造就业机会和参与消贫的重要作用；重视旅游环境和文物的保护、重视旅客中妇女和儿童的安全；各省市政府履行对旅游发展工作的责任与义务等。在旅游区的开发方面，近期重点发展金边、暹粒和西哈努克市的旅游景点及相关设施；中、长期将在湄公河沿岸、东部地区建立国家自然公园。[①]

2001年，柬埔寨修订了《旅游业未来五年发展规划》，提出将柬埔寨建设为国际旅游目的地，旅游业为提高人民收入的重要部门；将加大力度利用外国援助修复旅游交通基础设施列为主要发展任务，重点发展海滩游、少数民族游、山地游、古代文化遗址游等4个领域。南部海滩游方面，柬埔寨与泰国旅游局签订协议开发南部海岸区域，以吸引每年不断增长的泰国游客。山地游方面，柬埔寨在东北山区确定重点了开发2个国际旅游项目。自2002年以来，柬埔寨政府不断加大对旅游业的资金投入，加紧修复古迹、开发新景点、改善旅游环境。

2003年，亚洲开发银行提供优惠贷款2 000万美元用来资助湄公河下游地区的发展，该计划包括4个方面内容：改善旅游相关基础设施；扶贫、以社区为基础的旅游业发展；旅游业可持续发展次区域合作；发挥援助作用，加强制度建设。世界旅游组织主持的一个名为"旅游可持续发展与三角区域繁荣"的项目，为特定区域提供减贫、社区发展、政府和自然资源可持续发展服务。特定区域主要包括柬埔寨、老挝、泰国三国七省。其中在柬埔寨境内的3个省份分别是奥多棉吉省、柏威夏省、上丁省。2005年，仅吴哥古迹就吸引国外来柬埔寨游客达140余万人次，创收10.7亿美元。

柬埔寨旅游业稳步上升，2007年旅游业收入达14亿多美元，比2006年增长了35%，是亚太地区除马来西亚外增长幅度第二大的国家。柬埔寨政府为了保证游客安全，加强旅游管理，早在2000年，旅游部就派人到泰国旅游胜地芭堤雅

---

① 李勤：《东南亚经济概论》，昆明：云南民族出版社，1999年版，第301页。

考察取经，学习他们帮助游客解决旅途中遇到的问题，努力为游客提供高质量的服务。[①]

柬埔寨旅游部公布的统计数字显示，2009年柬埔寨共接待外国游客216万人次，比2008年增加1.7%，旅游总收入约为15.6亿美元，比2008年减少1%。据暹粒省旅游部门的统计，2009年吴哥旅游区共接待了98万外国游客，比2008年减少了6.8%。2009年以来，柬埔寨旅游的中国游客只有约12万人次，而近年来东盟国家每年接待中国游客近300万人次。

为了争取更多的中国游客到柬埔寨旅游，2010年2月，柬埔寨旅游大臣童昆表示，柬埔寨只与中国香港、北京、广州、上海、南宁等少数城市开通直飞航班，这不能满足更多中国游客来柬埔寨旅游的需要。柬埔寨将采取各种措施吸引更多中国游客来柬埔寨旅游。柬埔寨首相洪森及时发出促进旅游业发展的指示，要求增加陆地边境口岸的开放数量以吸引外国游客来柬埔寨旅游。同时，柬埔寨加强了在世界知名旅游刊物上对吴哥的宣传，获得"文化王国"美称。柏威夏古寺已成为继吴哥窟之后的又一个旅游胜地。[②]

2011年，柬埔寨共接待外国游客288万人次，同比增长15.2%。前五大外国游客来源国分别是：越南（61.4万人次）、韩国（34.3万人次）、中国（24.7万人次）、日本（16.2万人次）、美国（15.4万人次）。旅游业收入达18亿美元，同比增长5.9%，占GDP的12%，直接或间接创造了约40万个就业岗位。柬埔寨政府预计，2012年将接待外国游客达310万人次。此外，2011年5月，戈公省、西哈努克省、贡布省和白马省四省长达440千米的海滨地区入围世界最美海滩俱乐部，成为柬埔寨进一步推动旅游业发展的优质资源。[③]

2012年1月，洪森主持召开内阁会议，讨论并通过了《柬埔寨海滩地区开发和管理委员会王令》和《柬埔寨王国海滩地区开发规划》等议案。根据上述议案，柬埔寨将成立沿海发展管理国家委员会，旨在加强海滩地区的开发与管理，包括海滩与海岛开发，公路与水路连接等。根据世界最美海滩俱乐部要求，柬埔寨政府将制订相关海滩开发计划，包括自然环境、文化习俗的管理和开发等。旅游业的发展将继续带动金融、交通运输、酒店、餐饮和服务业等相关产业的发展，成

① 李秋月：《柬埔寨旅游业发展现状及分析》，载《中国商贸》，2011年第3期，第148页。
② 雷小华：《柬埔寨产业发展、规划及经验》，载《东南亚纵横》，2010年第8期，第39页。
③ 《柬埔寨概况》，中华人民共和国驻柬埔寨王国大使馆经济商务参赞处网站，2003年3月30日。http://cb.mofcom.gov.cn/article/ddgk/zwjingji/200303/20030300078 802.shtml.

为未来柬埔寨经济的重要支柱和收入来源。

2012年，柬埔寨共接待外国游客358.43万人次，同比增长24.4%。前五大外国游客来源国分别为：越南（76.3万人次）、韩国（41.1万人次）、中国（33.4万人次）、老挝（25.4万人次）和泰国（20.1万人次），占外国游客比例分别为21.3%、11.5%、9.3%、7.1%和5.6%，同比分别增长24.3%、20%、35.1%、97.6%和72.5%。第6至10位分别为日本、美国、法国、澳大利亚和马来西亚。旅游收入达22.1亿美元，同比增长11.1%，约占GDP的14.2%，直接或间接创造了约35万个就业岗位。东盟国家赴柬埔寨旅游人数增势明显，达151.4万人次，占接待外国游客人数的42.2%，同比增长37.5%。2013年柬埔寨接待外国游客421万人次。近两年来，沿海地区逐步成为继吴哥景区之后又一重要的旅游目的地，在柬埔寨旅游业发展中扮演重要角色。2012年，沿海地区接待接待外国游客27.8万人次，同比增长44.1%，尤其是西哈努克省共接待外国游客21.3万人次，同比增长38.3%；接待国内游客65.8万人次，同比增长17.8%。自2011年7月柬埔寨沿海四省被纳入世界最美海滩俱乐部以来，柬埔寨政府高度重视沿海各省旅游业的发展，努力推动国内旅游链条延伸，开展了"清洁、绿色"为主题的清洁旅游城市竞赛和"一名游客一棵树"等活动，制订了2015年实现"无废弃塑料袋海滩"的目标，积极宣传推介旅游项目，加强沿海区域管理法等相关法律法规的执行力度，禁止污染项目进入，改善旅游设施，成立旅游监督队伍，提高旅游质量。目前，柬埔寨政府正在制订"暹粒吴哥和金边至西南沿海地区和东北生态旅游地区"的旅游产品多样化战略，积极筹备2013年12月世界最美海滩俱乐部第九次会议和2013年海洋节，积极开发自身独具优势的旅游资源，促进当地经济发展。[①]

2. 制约柬埔寨旅游业发展的因素

不可否认，由于柬埔寨仍然有一些不稳定因素，加之自身经济发展较为落后，其旅游业的发展也存在一些问题需要解决。

一是旅游目的地较为单一。游客在柬埔寨选择目的地上，50%以上的游客选择暹粒省，其他游客选择金边或者其他目的地。入境游客中一半以上的游客选择同一个目的地，因为暹粒省是吴哥古迹所在地，这对旅游者是一大吸引。但单一的目的地的选择也说明柬埔寨旅游业还处于起步阶段，旅游目的地开发不够全面。

---

① 《柬埔寨2012年宏观经济形势》，中华人民共和国驻柬埔寨王国大使馆经济商务参赞处网站，2013年4月1日。http://cb.mofcom.gov.cn/article/zwrenkou/201304/20130400073 605.shtml.

　　二是旅游基础设施发展滞后。制约柬埔寨发展的最大因素还是因为战乱导致的基础设施建设的落后。柬埔寨在经过10余年的努力，基本修复了国内原有的公路网，7条主要国道基本恢复使用，但还是存在许多农村公路。目前柬埔寨全国只有2条铁路，这2条铁路在战争中受到严重破坏，年久失修。自2007年以来，柬埔寨正在进行铁路的修复工作。同时柬埔寨的供电、供水以及通讯等基础项目的建设也不尽人意，这对旅游业的发展产生巨大的制约作用。

　　三是旅游业的价格性价比较低。导致柬埔寨旅游业价格较高的一个重要因素是柬埔寨机票的价格居高不下，进而增加旅游业的成本。因此，部分游客放弃赴柬埔寨旅游，改游其他周边国家。例如，中国国内到新马泰三国游的报价一般为3 880元人民币，而柬埔寨一地也需要3 800多元人民币，同样的价格，游客更愿意选择多国旅游而不是单一的行程。再则，目前旅游的重心已经由富人向平民、工薪阶层转移，一些高价包装的旅游项目已不能被广大游客所接受。

　　四是性旅游和大量地雷的存在给柬埔寨旅游业带来负面影响。根据世界慈善组织最近发布的一份报告称，柬埔寨的许多高级官员和旅游从业人员都积极参与了性旅游业。柬埔寨国内的许多性工作者都是未成年人，使其享有恋童者"天堂"的名声。柬埔寨的性旅游问题引起了越来越多的关注。此外，遍布于柬埔寨境内的地雷也成为影响柬埔寨旅游开发的一个棘手问题。柬埔寨是世界上的地雷重灾区之一，估计在其乡村仍然埋着400万～500万颗地雷。若稍不小心离开有清晰标记的道路，后果不堪设想。这显然会给柬埔寨旅游业的进一步扩展带来不可避免的麻烦。[①]

---

① 李秋月：《柬埔寨旅游业发展现状及分析》，载《中国商贸》，2011年第9期，第149页。

第六章　对外经济合作的发展和布局

自1993年柬埔寨和平进程完成后，柬埔寨政府把注意力集中在经济发展、采取开放政策和社会转型上，从而推进了经济等方面的发展。而由于其丰富的自然资源和廉价的劳动力等有利因素，对外贸易、投资、官方发展援助发展成为柬埔寨重要的经济发展源泉和支柱。同时，柬埔寨积极参与GMS合作，在南部经济走廊建设、柬埔寨—老挝—越南发展三角建设上表现积极，也从中获益。

第一节　柬埔寨对外贸易概况和发展历程

自20世纪90年代以来，柬埔寨国内市场逐步向国外开放，其直接效果就是贸易自由化水平得到提高。1992年，美国解除了对柬埔寨的贸易禁运，双方签订了双边贸易和投资协议。1999年，柬埔寨加入东盟，其对外贸易自由化进程又向前迈进了一步。作为东盟的最新成员国，柬埔寨进入东盟自由贸易区可以降低柬埔寨从其他东盟国家进口时的关税壁垒。加入WTO有利于引进一些放松市场管制的措施，但一些关税和非关税壁垒仍然存在。

一、柬埔寨贸易发展历程

（一）20世纪末期柬埔寨的贸易情况

柬埔寨历来是一个初级产品出口国和一个成品进口国。该国的正常贸易在战争期间几近解体，出口大幅度下滑。在波尔布特政权时期，柬埔寨对外贸易几乎停滞。根据西方国家的估计，除了与中国的贸易外，柬埔寨在1977年出口额为300万美元，进口额为2 200万美元。在金边政权期间，柬埔寨对外贸易开始有所上升，出口总额从1982年的300万～400万美元增加到1985年的1 000万美元，进口总额到达1 200万美元。该时期，柬埔寨几乎全部贸易都是在苏联及社会主义国家间展开，其中大部分进口还是以赠款的方式发生的。1985年，柬埔寨与苏联贸易情况是，进口总额为1.002亿美元，高于1984年的1880万美元；出口总额为1490万美元，同样高于1984年的3900万美元。其中，主要进口的是食物、汽车、燃料和原料，而进口的谷类产品从1974年的22.3万吨下降到1985年的6万吨。[①]在此期间，尽管柬埔寨和泰国等周边国家存在严重的走私情况，但是柬埔寨私营公司和政府相关机构的外贸都受到法律的严格限制。

20世纪80年代，柬埔寨主要的外贸伙伴国家是越南、苏联、东欧、日本和印度。而随着苏联的解体，柬埔寨失去了一个最大的合作伙伴，这使其不得不寻求新的贸易伙伴。1992年，美国总统老布什解除了对柬埔寨贸易禁运的制裁。自1993年新政府成立以来，柬埔寨实行自由市场经济和对外开放政策，进出口总额不断增长。在此期间，以纺织服装业为主体的出口加工业的迅速发展，其出口额不断扩大，增速也快于进口，使得贸易逆差逐步缩小。2000年，柬埔寨的木材、服装、橡胶、大米等成为出口名单上的主角。主要进口商品有建筑材料、香烟、石油产品、机械和摩托车。表6-1是1998年柬埔寨主要的贸易伙伴国的情况。

表6-1　1998年柬埔寨主要贸易伙伴国的情况（单位：百万美元）

国家和地区	出口	进口	贸易平衡
美国	293	39	254
新加坡	133	96	37
泰国	77	169	-92
德国	72	11	61
中国香港	69	226	-157
越南	42	91	-49
中国台湾	21	126	-105
法国	12	41	-29
日本	8	71	-63
马来西亚	6	47	-41
韩国	1	68	-67

资料来源：国家百科全书网站。http://www.nationsencyclopedia.com/Asia-and-Oceania/Cambodia-FOREIGN-TRADE.html#ixzz2KO02s，p.8.

---

① 王士录：《当代柬埔寨经济》，昆明：云南大学出版社，1999年版，第68~69页。

（二）21世纪以来柬埔寨的贸易情况

自进入21世纪以来，柬埔寨经济发展变得更富有弹性和活力。2000—2008年，柬埔寨经济增长维持在9%左右。特别是在2005—2008年，柬埔寨经济增长达到了11.4%的高速增长，而2005年更是其经济增长的高峰，当年的GDP增长率达到了13.5%，2006年和2007年增速则分别为10.8%和10.2%。尽管柬埔寨受到2008年经济危机的影响，其经济依然保持了6.8%的增速。[①]伴随经济的快速增长，柬埔寨人均收入从2000年的228美元增加到2008年的900美元。

在柬埔寨政治得到保障的情况下，其经济和东南亚地区和全球的经济体系融为一体。1999年，柬埔寨成为东盟成员国，2007年成为世界贸易组织（WTO）成员国。通过加入这些组织可以促进柬埔寨的贸易发展，对其经济发展和消贫工作做出贡献，同时柬埔寨也能为地区经济发展做出贡献。

然而，与其他东盟国家相比，柬埔寨贸易总量仍然较小，其进口大于出口，贸易呈逆差状态。2007年，柬埔寨进口约60亿美元，而出口只有44.8亿美元。2008年，经济的衰退直接影响了贸易额的下降，当年柬埔寨出口为32.5亿美元，进口为57.2亿美元。

外部对柬埔寨产品的需求刺激了柬埔寨的经济发展。2002年，柬埔寨出口增加了6%，但还是低于2001年的8%。主要原因是柬埔寨纺织产品（服装产品）出口减速。2002年，柬埔寨纺织产品出口增速为13%，达13.33亿美元，低于2001年25%的增速。[②]同年柬埔寨纺织业出口的主要市场是美国，其次是欧盟。自1995年和美国重启贸易合作以来，柬埔寨纺织产品出口到美国市场呈逐年稳步增长的势头。但与出口相比，柬埔寨在2002年进口增长了8%，略快于2001年7%的增速。

2002年柬埔寨出口贸易增长放慢，主要原因是农业出口下降，特别是谷物的生产受到洪水和干旱的影响，出口量锐减。而对柬埔寨贸易发展的主要贡献部分，即服务业和旅游业都增长放慢，这种情况与柬埔寨酒店和餐饮业的外汇收入下降紧密相连，到柬埔寨旅游的外国游客在柬埔寨的消费低于往年水平，这直接影响

① Chap Sotharith, *Trade, FDI, and ODA between Cambodia and China/Japan/Korea, Economic Relations of China, Japan, Korea with the Mekong River Basin Countries*, BRC Research Report No.3, IDE Bangkok Research Center, 2010, p.12.

② Kang Chandararot and Chan Sophal: *Cambodia's Annual Economic Review*, Phnom Penh: Cambodia Development Resource Institute, Issue 3, September 2003, p.3.

了第三产业对贸易发展的贡献。2002年，柬埔寨纺织业的对外出口增速下滑。在这一时期，柬埔寨进口增加了，尤其表现在石油、建筑材料和汽车、摩托等领域。据柬埔寨海关统计，2002年进口汽车价值达7 200万美元，比2001年高了42%。在连续4年下降后，到2002年，柬埔寨增加了对摩托车的进口量，达74 925辆，高于2001年的55 018辆。1995—2002年，柬埔寨汽油进口从1995年的149 969吨逐年下降，先下降到1999年的115 106吨，之后又下降到2002年的最低水平，即82 863吨。[①]然而，在这一期间柴油进口量却逐步升高，从1995年的210 070吨升高到2001年的459 692吨和2002年的334 996吨。

　　2003年，柬埔寨出口贸易增长率为16.8%，总价值达20.46亿美元，高于2002年的11.5%。其中，纺织业和制鞋业创收13.55亿美元，达20%的增速，这得益于柬埔寨在美国市场份额的增加。美国保持了对柬埔寨纺织产品的主要进口市场地位，欧盟仍然位居柬埔寨纺织产品出口市场的第二位。2003年，柬埔寨总的进口增长为12.2%，达25.96亿美元，比2002年增速要快。当年主要进口的产品是面料、石油、食物、饮料、香烟和汽车（摩托车）。根据柬埔寨海关的统计，面料进口总计5.914亿美元，增速为19%，高于2002年。与此同时，石油进口也增加，达1.916亿美元，增速为21.6%，同样高于2003年。而食物等的进口却下降到14%，为1.44亿美元。[②]

　　2001—2005年，柬埔寨对外贸易维持在每年16%的增长率。这都得益于柬埔寨实行的较为自由的经济和贸易政策，通过参与各种区域和全球性的贸易安排，例如加入东盟自由贸易区（AFTA）、中国—东盟自由贸易区（CAFTA）、WTO等，在这5年中，柬埔寨对外贸易依存度指数从2001年的97%增加到2005年的110%。[③]如此高的比例表明，柬埔寨对国际市场的依赖是较强的，而国际市场，特别是与东盟、美国、中国等市场贸易的发展对柬埔寨经济发展更是至关重要。2005年，柬埔寨对外贸易总额比GDP超出6.44亿美元，其中商品和服务业贸易额占到了GDP总额的71%。柬埔寨参与了许多区域性贸易谈判并从中取得收益，

①　Kang Chandararot & Chan Sophal: *Cambodia's Annual Economic Review*, Phnom Penh: Cambodia Development Resource Institute, Issue 3, September 2003, pp.3~4.

②　Kang Chandararot, Dannet Liv, Brett Ballard and So Sovannarith: *Cambodia's Annual Economic Review*, Phnom Penh: Cambodia Development Resource Institute, Issue 4, December 2004, p.8.

③　Brett M.Ballard: *Annual Development Review 2006—2007*, Phnom Penh: Cambodia Development Resource Institute, February 2007, p.38.

而许多给予WTO成员国的承诺也一一兑现，对外贸易正朝着東埔寨政府所期望
的方向发展，并且成为促进其国内经济增长的重要一环。具体情况见下表6-2。

表6-2　2001—2005年東埔寨贸易及其平衡情况（单位：百万美元）

	2001	2002	2003	2004	2005
贸易平衡	-523	-563	-531	-665	-1 018
出口	1 571	1 750	2 046	2 375	2 910
港口产品出口	1 462	1 639	1 929	2 240	2 773
再出口	109	111	117	134	137
进口	-2 094	-2 577	-2 577	-3 040	-3 928
留用进口货物	-1 934	-2 168	-2 426	-2 880	-3 822
网络服务	177	230	134	180	471
旅游业收入	380	453	389	472	840
年均所占比例（%）					
贸易赤字	-3	8	-6	25	53
出口	12	11	17	16	23
进口	8	23	0	18	29
占GDP比例（%）					
贸易平衡	14	14	12	14	16
出口	41	43	47	49	47
进口	55	63	59	62	63

资料来源：National Bank of Cambodia.

2005年，東埔寨出口表现强劲，增速为23%，高于2004年的16%。其中，
最重要的出口行业体现在制衣业，占了東埔寨对外出口总额的76%，达21.972亿
美元。[1]根据CDRI的2004—2005年发展报告，2005年，東埔寨参加纺织品和服装
协定（ATC），并对今后纺织和服装业的发展抱有极大的期望。另外，2005年東埔
寨在农业方面的出口情况也较好，例如橡胶、木材、鱼类和大米。其中，橡胶出

---

[1]　Hing, "Cambodia's Garment Industry Post 2005", Chapter 3 of *Annual Development Review 2004—2005*, Phnom Penh: Cambodia Development Resource Institute，2005.

口增长为245%，达3 660万美元；木材和鱼类出口分别达1 030万美元和990万美元。具体情况见表6-3。

表6-3 2001—2005年柬埔寨出口情况（单位：百万美元）

	2001	2002	2003	2004	2005
出口	1 571	1 750	2 046	2 375	2 910
服装	1 156.2	1 290.6	1 580.3	1 969.0	2 197.2
纺织品	46.0	65.2	48.1	57.9	56.0
橡胶	23.5	4.3	2.8	10.6	36..6
林业	22.3	16.0	10.2	11.1	10.3
鱼类	6.0	29.7	35.1	38.3	9.9
年均比例（%）					
出口	12	11	17	16	23
服装	25	12	22	25	12
纺织品	25	42	-26	21	-3
橡胶	-21	-82	-34	272	245
林业	-31	-28	-36	9	-7
鱼类	12	395	18	9	-74
占出口比例（%）					
服装	74	74	77	83	76
纺织品	3	4	2	2	2
橡胶	1	0.2	0.1	0.4	1
林业	1	1	0.5	0.5	0.4
鱼类	0.4	2	2	2	0.3

资料来源：National Bank of Cambodia.

在进口方面，2001—2005年柬埔寨进口保持了年均16%的稳步增长。在2005年，进口总额达39.28亿美元，相较于2004年增长约29%。[①]柬埔寨进口商品的类别主要是食物、饮料、医药用品、建筑材料、纺织品、汽车（摩托车）和能源产品。其中，食物、饮料和医药用品增速为11%，达20.89亿美元，这得益于柬埔寨国

① Brett M.Ballard：*Annual Development Review 2006—2007*，Phnom Penh：Cambodia Development Resource Institute，February 2007，p.39.

内人口增加和人均收入的增加，带动了对相关商品的消费。柬埔寨的建筑材料的进口增加了26%，约9 330万美元，这反映出柬埔寨国内建筑业的良好发展势头，即20%的增速。①柬埔寨纺织品和汽车的进口增速分别为20%和27%，达5 430万美元和1.609亿美元。而能源进口从2004年的1.943亿美元下降到2005年的1.811亿美元，但由于柬埔寨国内部分燃料是从泰国和越南走私进入，没有被纳入官方统计，因此柬埔寨能源的实际进口量应该高于统计数据。表6-4显示了柬埔寨2001—2005年的进口情况。

表6-4　2001—2005年柬埔寨进口情况（单位：百万美元）

	2001	2002	2003	2004	2005
进口	2 094	2 577	2 577	3 040	3 928
食物、饮料、医药品	186.9	176.9	163.5	187.6	208.9
建筑材料	69.2	74.4	68.0	74.0	93.3
纺织品	39.9	44.8	43.7	45.4	54.3
汽车	51.8	73.5	77.4	126.6	160.9
能源	200.3	159.6	197.0	194.3	181.1
年均比例（%）					
进口	8	23	0	18	29
食物、饮料、医药品	12	-5	-8	15	11
建筑材料	13	8	-9	9	26
纺织品	-19	12	-2	4	20
汽车	-13	42	5	64	27
能源	25	-20	23	-1	-7
占进口比例（%）					
食物、饮料、医药品	9	7	6	6	5
建筑材料	3	3	3	2	2
纺织品	2	2	2	1	1
汽车	2	3	3	4	4
能源	10	6	8	6	5

资料来源：National Bank of Cambodia.

---

① Brett M.Ballard：*Annual Development Review 2006—2007*，Phnom Penh：Cambodia Development Resource Institute，February 2007，p.40.

2006—2007年，柬埔寨对外贸易稳步发展。2008年，柬埔寨进出口贸易总额突破100亿美元，其中，出口贸易额为46.16亿美元，主要出口商品有服装、橡胶、大米、鱼类、香烟、腰果、木薯和鞋类，主要出口目的地是美元、欧盟、中国、加拿大、泰国和越南。进口方面，2008年柬埔寨进口总额达64.24亿美元，主要进口商品是石油、建筑材料、机械、汽车（摩托车）和医药用品等，主要进口来源国是泰国、越南、中国内地、中国香港、新加坡和韩国。

2009年，柬埔寨商品出口下降了17%，这主要是由于柬埔寨出口的核心领域制衣业出口到美国市场的数量有所下降，而美国是柬埔寨出口的最重要市场。

到2010年，柬埔寨对外贸易发展在经历了2008年全球金融危机的低迷后有所好转，当然这得益于柬埔寨20多年来政策的转变，即从计划经济向市场经济过渡。柬埔寨在投资、贸易等方面都取得长足进步，积极融入GMS、AFTA、CAFTA、WTO等地区乃至全球经济合作机制，为柬埔寨对外贸易发展带来活力和动力。1994—2010年，柬埔寨GDP保持了年均7.8%的增长速度。其中对外贸易所做的贡献是极大的，主要依靠制衣业、农业、酒店和餐饮业、旅游业的贸易发展。而制衣业和纺织业是柬埔寨对外贸易的核心与重心，这两个行业主导了柬埔寨的对外贸易，在2010年占到对外贸易总额的12%，年均增长率在30%。

在柬埔寨的发展战略中，对外贸易和投资均是重点领域，是柬埔寨经济增长、减少贫困和社会稳定发展的关键。1995—2009年，柬埔寨对外贸易年均增速在17.02%，达100.2亿美元，超过GDP105.7%。其中，出口表现为较高的依存度，达36.4%。纺织品和服装出口额达34.5亿美元，占到出口总额的76%，而鞋类出口额达3.56亿美元，占了出口总额的7.6%。[①]其他出口商品主要是木材、橡胶、大米、腰果和牲畜等。从出口市场来看，柬埔寨出口主要集中在美国、欧盟等市场，这些市场占据了柬埔寨出口市场份额的2/3，主要从柬埔寨进口服装和鞋类商品。柬埔寨主要进口市场是中国内地、中国香港、加拿大和越南。主要从这些国家和地区进口石油、医药用品、建筑材料、食品等商品。

2010年，柬埔寨对外贸易额达110亿美元，与2009年同期相比增长了26.66%。柬埔寨出口总额约35亿美元，进口总额约48亿美元。其中，服装与鞋类出口额占据柬埔寨外贸出口总额的绝大部分，为25.57亿美元，同比增长7.47%。而通过

---

① BTI 2012—Cambodia Country Report, 2012, http://www.bti-project.org, p.17.

商业优惠系统出口的服装等其他产品的总额达37亿美元。同年，柬埔寨出口大米总额达2 700万美元，与2009年同期相比增长170%。在所有贸易伙伴国中，柬埔寨与泰国和越南的贸易额最大，分别为26亿美元和20亿美元。[①]

2011年，柬埔寨进出口总额114.78亿美元，同比增长38%，进口66.224亿美元，同比增长37.8%；出口48.757亿美元，同比增长37.2%；贸易逆差17.3亿美元，与2010年基本持平。主要出口商品为纺织服装、橡胶、水产品、大米。其他产品还包括木薯、乳胶、黄豆、玉米、花生、腰果、黑胡椒等。主要进口商品为成衣、原料、燃油、建材、交通工具、食品和饮料、药品和化学原料等，其中成衣和汽油进口占全国进口总值的60.3%。[②]表6-5是2007—2011年柬埔寨对外贸易占GDP的情况。

表6-5   2007—2011年柬埔寨对外贸易占GDP的情况（单位：%）

经济指标	2007	2008	2009	2010	2011
出口增长	47.3	45.6	40.7	41.4	37.2
进口增长	62.9	63.1	56.6	56.4	37.8
贸易平衡	15.6	17.4	15.9	15.0	13.3

资料来源：根据EIC, government and international organization primary的数据整理。

2012年柬埔寨对外贸易总额达136.26亿美元，比2011年增长19%。其中，出口总额达54.87亿美元，同比增长12.5%；进口总额为81.39亿美元，增长23%；贸易逆差为26.52亿美元，同比增长50%。柬埔寨主要出口市场包括美国、欧盟、加拿大、中国等市场，主要出口产品包括纺织服装、农林水产品等；越南、泰国、马来西亚、中国等邻国是柬埔寨的主要进口市场，油气、建筑材料、日用品等产品是柬埔寨进口的主要产品。[③]

二、柬埔寨相关贸易法规政策及其发展趋势

柬埔寨实行开放贸易和自由市场经济政策。虽然在外贸政策方面未建立起较

① 梁薇：《柬埔寨：2010年回顾与2011年展望》，载《东南亚纵横》，2011年第2期，第11～12页。
② 蒋玉山：《柬埔寨：2011—2012年回顾与展望》，载《东南亚纵横》，2012年第3期，第16～17页。
③ 《2012年柬埔寨对外贸易总额分析》，中国自由贸易区服务网，2013年2月7日。http://fta.mofcom.gov.cn/article/ftazixun/201 302/11 685_1.html.

为完备的体系，也没有形成专门的对外贸易法律，但与其他不发达国家相比，柬埔寨的对外贸易开放程度较高，政府设置的贸易壁垒也较少。柬埔寨的关税水平较低，平均税率在7%～35%，出口的成品100％免交关税。柬埔寨商业领域的法律法规有：1995年由国会通过的《商业管理和商业登记法》，作为管理所有商业行动的法律准则，规定商业部为商业注册机构；2000年，柬埔寨颁布了《商业公司贸易活动条例》，强调除《投资法》管辖的投资公司外，凡在商业部注册的柬埔寨公司和外国公司都允许自由从事贸易活动；另外，根据合同和侵权行为赔偿责任，以及一系列有效消费者保护的补充规定原则，柬埔寨2000年制定了以产品责任为根本的《产品、服务质量与安全管理法》；在对外贸易方面，进出口关税的法律框架始于1989年9月颁布的《进出口税法》，在这之后柬埔寨财经部做了多次补充修订，并于1997年9月发布了第2号关于关税的修改决定；此外，还有部分与其他国家签署的双边《贸易协定》和《投资协定》，以及加入东盟签订了相关贸易协定等，例如《东盟货物贸易协议》、《中国—东盟全面经济合作框架协议》等。[①]

随着国内、国际环境的改变，无疑将促使柬埔寨对其外贸制度及政策进行相应的改变。总体而言，柬埔寨对外经贸制度和政策将具有以下发展趋势：一是随着国内、国际服装市场的饱和，培育具有较强竞争力的新产业成为柬埔寨政府对外经贸制度安排的重点；二是通过积极争取国际间优惠贸易政策，尤其是发达国家给予的关税减免和配额优惠，可以进一步扩大其出口规模，增加外汇收入，带动国内相关产业的发展；三是加快构建符合WTO和东盟要求的法律框架，为进一步融入世界经济、参与国际分工创造良好的法制环境和制度保障；四是对外经贸政策导向将由以美国为主转向以东盟和东亚为主，特别是随着AFTA的建成及CAFTA"早期收获"计划的实施，将使柬埔寨扩大对东盟和东亚的出口。[②]

而由于发展农业是柬埔寨政府"四角战略"中的第一个"角"。为吸引更多外资发展本国农业，柬埔寨《投资法》中对达到一定规模的农业开发项目，如种植1 000公顷以上的稻谷、500公顷以上的经济作物、50公顷以上的蔬菜等均给予支持和优惠待遇。2010年8月，柬埔寨政府颁布《促进稻谷生产和大米出口政策》，旨在将柬埔寨打造成国际市场上主要的大米出口国。此外，由于国际市场上橡胶、木薯价格的不断攀升，柬埔寨政府积极扩大种植面积，欢迎外资投资种植和

① 董治良：《柬埔寨王国经济贸易法律指南》，北京：中国法制出版社，2006年版，第68～69页。
② 张文超：《柬埔寨对外经贸制度和政策研究》，载《东南亚纵横》，2004年第4期，第51页。

加工。[①]

三、柬埔寨主要的贸易伙伴国

20世纪80年代，柬埔寨主要的贸易伙伴国家有中国、越南、欧美国家、苏联（1991年以前）、东欧国家等。同时，柬埔寨也积极发展与日本、韩国、泰国等国的外贸关系。进入21世纪以来，柬埔寨主要的贸易伙伴为美国、欧盟、中国、韩国、泰国、越南、马来西亚和加拿大等。

1. 中国

柬埔寨和中国历来都友好发展双边关系，中国也是柬埔寨重要的贸易伙伴国家之一，而随着中国经济实力的不断攀升，特别是随着中国和东南亚国家经济关系的密切，以及2010年CAFTA的建成，中国和柬埔寨之间的贸易发展总量不断提升。柬中两国历年贸易额见表6-6所示。

表6-6　2000—2007年柬中贸易情况（单位：百万美元）

	2000	2001	2002	2003	2004	2005	2006	2007	2008	2009	2010	2011
出口	59	35	25	26	30	27	35	51	38	37	94	184
进口	164	206	252	295	452	536	698	883	1 096	907	1 348	2 314
贸易平衡	105	171	227	269	422	509	663	832	1 058	870	1 254	2 130

资料来源：中华人民共和国国家统计局编：《中国统计年鉴》，历年版。

中国和柬埔寨有巨大的贸易往来，特别是1999年柬埔寨加入东盟以后。2007年，中国和柬埔寨的贸易额达9.34亿美元，比1992年翻了72倍，两国也承诺继续增加贸易总量。2008年柬中两国的贸易额达9.46亿美元，柬埔寨出口中国商品额仅为0.38亿美元，而进口商品额约为10.96亿美元，贸易逆差巨大。2011年，柬中贸易总额为24.98亿美元，其中柬埔寨自中国进口23.14亿美元，对华出口1.84亿美元，贸易逆差达到历史最高值。虽然中国向柬埔寨提供了418项免关税商品或税目，但由于柬埔寨自身缺乏足够的资源和高质量的商品，以及在市场上无法及时获取有效的信息和途径，柬埔寨还是无法扩大这一贸易优惠所可能给其带来的利益。如表6-6所示，从2000年至2011年，柬埔寨与中国之间的贸易赤字从1.05亿美元增加到21.3亿美元。2013年4月，柬埔寨首相洪森访华期间，与中国总理李克强就加强双边贸易以及减少柬方贸易赤字达成一致，中方承诺将继续积极从柬埔寨进口大米等有竞争力的农产品，推动双边贸易稳步增长，争取实现2017年双边贸易额50亿美元的目标。[①]

除了双边合作以外，多边贸易合作机制的建立也为柬中贸易的发展提供了更为广阔的舞台。2010年，中国—东盟自由贸易区（CAFTA）正式建成，这加强了柬埔寨和中国的贸易往来。柬埔寨商业大臣占巴实就此表示："自2002年中国与东盟10国领导人在金边共同签署了《中国—东盟全面经济合作框架协议》以来，我们对这一自贸区给予了高度关注和期待。柬埔寨议会早已批准建立自贸区相关协议，并相信它的建立不仅对区域内国家的经济增长和各领域合作有极大的推动作用，也将为柬埔寨更好地开展区域经贸合作，尤其是为对华经贸合作开辟更加宽广、畅通的渠道，提供更多的机会"。占巴实说，CAFTA的建立意味着各国市场的延伸与扩大，它将成为世界上拥有消费者最多和覆盖面积最大的自贸区。随着区域内国家间投资限制的放宽和便利程度的提高，以及关税的逐步降低和取消，柬埔寨将努力吸引更多中国和其他东盟国家的企业来柬埔寨投资，进而大大加快柬埔寨与地区和国际经贸关系融合的步伐。CAFTA将促使中国与包括柬埔寨在内的东盟各国之间的贸易额成倍增长，将有力提升相关国家抵御世界经济危机的能力，推动区域经济社会快速发展。柬埔寨政府采取一系列优惠政策鼓励外国公司、企业在柬埔寨农用工业、农业和制造业等领域进行投资。目前，已有许多中国企业在柬埔寨投资，并取得了良好效益。占巴实表示相信，以CAFTA建立为契机，将会有更多的中国企业到柬埔寨投资发展，生产大量优质商品，最终实现互利共赢的目的。[②]

2. 美国

美国一直都是柬埔寨最重要的贸易合作伙伴之一。1992年，美国解除了对柬埔寨的贸易禁运，逐步加强了与柬埔寨的贸易关系，这主要表现在柬埔寨对美国纺织品市场的出口方面。

2005年，美国对柬埔寨出口7 000万美元，增长18%。自柬埔寨2004年加入

① 李忠发：《李克强：中柬是患难与共的真朋友、好伙伴》，新华网，2013年4月8日。http://news.xinhuanet.com/politics/2 013-04/08/c_115311 487.htm.

② 雷柏松、张瑞玲：《中国—东盟自贸将成为地区和国际经贸加速器——访柬埔寨商业大臣占巴实》，新华网，2009年12月29日。http://news.xinhuanet.com/fortune/2 009-12/29/content_12720 939.htm.

WTO后，两国之间的贸易额一直稳定增长。美国出口柬埔寨的商品以汽车、机械、纺织品、肉类产品和石油为主。2005年，美国从柬埔寨进口17亿美元，主要是针织服装、肉制品和鱼类。

2006年，美国与柬埔寨签署了《美国—柬埔寨贸易与投资框架协议》。该协议将促进两国之间的贸易与投资，为解决双边贸易问题提供一个新的平台。美方官员表示，"欢迎柬埔寨加入美国在东南亚的贸易与投资协议伙伴家庭。希望在该协议下，建设两国之间的贸易与投资关系，就地区和WTO问题进行密切合作，帮助柬埔寨完全履行WTO承诺"。在《美国—柬埔寨贸易与投资框架协议》下，两国将就扩大双边贸易与投资的方式进行讨论。此外，双方还就知识产权、贸易便利化和海关问题，以及柬埔寨履行WTO承诺情况进行讨论。①

2007年11月，美国贸易代表施瓦布与柬埔寨商业部大臣占蒲拉西就扩大和深化双边贸易和投资关系进行了会谈。这是美国贸易代表首次访问柬埔寨，也是双方首次在《美国—柬埔寨贸易与投资框架协议》下举行会谈。双方就目前柬埔寨的经济增长趋势、国内改革议程、柬埔寨在2004年加入WTO执行法规和贸易改革的情况进行了讨论。仅2007年1~9月，美国与柬埔寨的贸易额达19.5亿美元，而2006年全年为22亿美元。美国在柬埔寨的直接投资约为100万美元，对柬埔寨出口的产品主要为车辆和机械；美国是柬埔寨的最大出口市场，2007年1~9月，柬埔寨对美出口18.5亿美元，出口产品主要为编织和针织服装。②

据柬埔寨商业部的统计显示，2012年前11个月，柬埔寨对美国的出口额为24.9亿美元，同比下跌了1%。而柬埔寨进口美国产品为2.13亿美元，同比增长26%。柬埔寨出口美国的产品主要是服装和鞋品，柬埔寨进口美国的产品主要为机动车、机械和医疗设备等。在双边投资方面，2011年前7个月，柬埔寨吸引了美国投资额为530万美元；到柬埔寨旅游的美国游客为15.4万人次，同比增长12%。③

3. 越南

20世纪80年代末，由于越南入侵柬埔寨，两国关系恶化，贸易关系停滞。之后，随着越南从柬埔寨撤兵，柬埔寨国内政局趋稳，以及东盟国家的从中协调，

① 《美国与柬埔寨签署〈贸易与投资框架协议〉》，中国贸易救济信息网，2006年7月。http://www.cacs.gov.cn/cacs/newfw/webzinedetails.aspx? webzineid=1169.
② 《美国与柬埔寨在〈贸易与投资框架协议〉下举行首次部长级会议》，WTO/FTA咨询网，2007年11月26日。http://chinawto.mofcom.gov.cn/aarticle/g/x/200 711/20071105247 450.html.
③ 《2012年柬埔寨出口美国24.9亿美元》，中国—东盟博览会官方网站，2013年1月16日。http://www.caexpo.com/news/info/export/2013/01/16/3585012.html.

柬埔寨和越南的双边贸易关系才逐步恢复和发展，并在柬埔寨经济改革的背景下不断升温。20世纪90年代中后期，柬埔寨和越南贸易关系稳步发展，而随着越南和柬埔寨先后加入东盟，两国贸易水平有了长足进步。2010年，柬埔寨和越南签订了一项协议，主要内容就是降低与越南双边贸易当中的一些重要商品关税。越南承诺从柬埔寨进口的商品中有60项是零关税，出口到柬埔寨的有13项是零关税。越南2004年出口到柬埔寨的商品包括用于农业的各种机械、化肥、海鲜、石油等。从柬埔寨进口的商品主要是纺织品和制衣材料、农业产品、木材、橡胶、腰果、大米和坚果等。

2001年，柬埔寨和越南双边贸易额仅为1.84亿美元。2006年，柬越两国贸易额增长到9.4亿美元。其中，柬埔寨进口贸易额约7.8亿美元，比2005年提高了2.44亿美元，进口商品主要集中在服装、电缆、建筑材料、食物、电气零件等；柬埔寨出口贸易额约1.7亿美元，同比增加了1 300万美元，主要集中在橡胶、木材、原材料、烟叶、木制品等。[1]2002—2007年，柬埔寨和越南的边境贸易也在迅速发展，双边边境贸易额年均增长30%。[2]2010年，柬埔寨和越南的双边贸易额约23亿美元。目前，越南是柬埔寨在东盟内的第三大贸易伙伴，这之后是泰国和新加坡。[3]预计到2015年，柬越双边贸易额将达70亿美元。

与此同时，基于柬埔寨、越南和老挝的"发展三角"，三国共有十个省区参与其中，这为柬埔寨的外贸发展起到了积极的促进作用，使柬埔寨国内市场更加深入和广泛的融入次区域的经济一体化进程之中。柬埔寨、越南、老挝三国领导在一份联合声明中表示："没有一方会落后，以共同的目标促进更高和可持续的经济增长。"[4]

根据柬埔寨政府的评价，柬埔寨与越南的经贸合作是非常成功的。商品交流在"姐妹省份"和城市间得到了良好运转，满足了两国人民各自的需求。柬埔寨首相洪森也曾表示："柬埔寨和越南的双边关系可以创造一个有利于贸易和就业

① Chheang Vannarith: "Cambodia's Economic Relations with Thailand and Vietnam", in *CICP Working Paper No.25*, Cambodian Institute for Cooperation and Peace, 2008, p.11.
② VietNam Net Bridge: *Vietnam-Cambodia trade to reach US$7 billion by 2015*, June 1, 2008.http: //english.vietnamnet.vn/biz/2007/05/691769/.
③ *Based on the news sources from the ministry of foreign affairs of Vietnam*.http: //www.mofa.gov.vn; People's Daily Online. http: //english.people.com.cn/.
④ *Ministry of Foreign Affairs of Vietnam*, *Viet Nam*, *Laos*, *Cambodia meet on development triangle*, June 1, 2008, http: //www.mofa.gov.vn/en/nr040807104 143/nr040807105 001/ns080218162445.

的良好环境。"并且强调,"两国现在的努力将发展出许多机会以利于今后的经济交流"。①

4. 泰国

柬埔寨和泰国的贸易关系从20世纪90年代初开始有了发展。2002年,柬埔寨和泰国的双边贸易额达4.45亿美元,到2006年达10亿美元。双方努力使贸易额在三年内翻一番。2010年,柬泰两国贸易额约30.81亿美元。柬埔寨在泰国的全球贸易伙伴中排名第28位,在泰国的东盟贸易伙伴中排名第8位。泰国对柬埔寨的主要出口商品有:成品油、砂糖、发电机、饮料及化妆品。泰国从柬埔寨进口的主要商品有:蔬菜、生铁、钢材、其他金属矿产品及成衣。

柬埔寨和泰国边境贸易不断得到提升。为了促进贸易和投资,两国在边境建立了一个工业区。这一项目有助于泰国更好地利用柬埔寨廉价的劳动力和资源,两国同意在边境口岸要加快一站式服务,改进审查规则和条例,以促进跨境贸易。从泰国来看,边境是一个很好的途径,可把国内的手工业商品出口到柬埔寨,并从柬埔寨进口自然资源,特别是那些短期供应性的商品,如木材、宝石和柬埔寨古文物。泰国出口到柬埔寨的商品主要依靠两国边境贸易,集中在农工产品、摩托车、汽车和部件、饮料、日用品、电子产品等。柬埔寨出口到泰国的主要商品包括皮革产品、钢和相关产品、木材产品、非电动机械和部件、鱼类产品和牲畜等。

自2008年7月柬埔寨申报柏威夏寺列入世界文化遗产成功后,柬泰两国之间对柏威夏寺及其周围地区主权的争端严重升级,双方的军事对峙一度剑拔弩张甚至多次发生小规模造成人员伤亡的武装冲突,严重影响了两国关系的健康发展。2011年5月,柬泰边境再次出现短暂交火。尽管两国政治关系跌宕起伏,但两国经贸关系并没有为此止步不前。2011年,柬泰双边贸易额增至30.8亿美元,较2010年增幅达到21%。其中泰国向柬埔寨出口达29亿美元,比前一年增长24%;而柬埔寨去年对泰国的出口额为1.76亿美元,比2010年下降了18%。②

但如果泰国和柬埔寨的外交关系仍处于不稳定状况的话,从长期来看,泰国产品在柬埔寨的市场份额将被其他国家产品夺走,这从泰国和柬埔寨边境2008

---

① Xinhua News: *Roundup: Cambodia, Vietnam highlight trade, economic cooperation*, June 1, 2008.http: //english.people. com.cn/200703/01/eng20070 301_353355.html.

② 《2011年泰国主要出口市场》,中华人民共和国驻泰王国大使馆经济商务参赞处网站,2012年1月30日。http: //th.mofcom. gov.cn/aarticle/d/201 201/20120107942 869.html.

年开始发生冲突后泰国产品在柬埔寨的市场份额开始下降和越南产品的市场份额呈上升态势中可见一斑。同期，泰国在柬埔寨的投资也在下降，但其他东盟国家在柬埔寨的投资反而增加，其中越南和正在东盟大举投资的中国已成为柬埔寨的投资大国。这意味着在柬埔寨投资的泰国企业将面临更加激烈的竞争，诸多竞争对手正在抢夺柬埔寨市场份额，而柬泰边境冲突也有可能会削弱双边贸易投资的气氛，进而影响泰国在柬埔寨的投资。

第二节　柬埔寨的外国直接投资

在冷战时期，由于地区和国内局势紧张，柬埔寨国内投资环境不佳，很少能够吸引外国直接投资（FDI）。随着冷战的结束、柬埔寨国内政局稳定、战乱平息、国家把精力放到经济发展上，柬埔寨投资环境逐步改善，外国直接投资与日俱增。而这些投资对于自身缺乏足够经济发展能力的柬埔寨来说，起到了重要的引导和支撑作用，对柬埔寨经济发展意义重大。

一、在柬埔寨的FDI概况、优势及主要投资国

（一）在柬埔寨的FDI概况

1989年，柬埔寨经济体制从计划经济转向市场经济，并欢迎外国直接投资的到来。1993年，柬埔寨政府通过了一项新的投资法案，以适应国内的投资环境，该法案于2003年修改，以促进投资和保证国内经济利益。柬埔寨政府鼓励外国投资的领域有：农业和农业工业领域、交通运输和通信基础设施、能源和电子领域、劳动密集型产业、对外输出产业和手工业、旅游业、人力资源发展、矿场和石油勘探、其他鼓励投资的领域等。

1993年以后，随着柬埔寨国内和解进程的推进，加之在联合国的帮助下，柬埔寨FDI有了较大增加。但由于1998年亚洲金融危机，FDI出现下降。柬埔寨FDI的高峰出现在2008年，当年柬埔寨吸引了大量的投资项目，包括韩国国际金融综合发展项目、中国水电发展项目和中国香港的海岸发展项目等。从1994年到2009年4月，柬埔寨获得的FDI大约为250亿美元，有1 447个项目。具体情况见表6-7。

表6-7 1994—2009年4月在柬埔寨的FDI情况（单位：美元）

年份	投资项目	投资额
1994	86	505 698 494
1995	125	2 243 450 373
1996	184	763 062 160
1997	205	744 510 560
1998	144	853 924 698
1999	91	447 921 269
2000	61	218 037 881
2001	39	204 683 613
2002	31	234 552 572
2003	41	224 739 116
2004	52	210 440 247
2005	91	962 378 619
2006	86	3 467 851 383
2007	90	1 925 728 571
2008	121	11 363 211 932
2009	N/A	928 000 000
总计	1 447	25 298 191 538

资料来源：柬埔寨发展理事会，CDC database。http//: www.cambodiainvestment.gov.kh.

从表6-7可以看到，对柬埔寨的投资数量有所下降，但单项的投资金额却在加大，特别是2008年对柬埔寨投资额急剧增加。据研究显示，一项投资者在柬埔寨的投资是"短平快"，他们追求的是短期的投资利益。而那些"诚实"的投资者也面临柬埔寨国内一些不确定因素，这使得他们在投资时犹豫不决。另一项研究表明，一方面，在柬埔寨投资的多半是中间人或中介机构，并非直接投资人，他们获得政府的执照和投资优惠（特别是在自然资源开发方面得到优惠），但是获得投资资格的人会把执照卖给其他投资者，以便能够快速产生经济效益；另一方面，这些中介机构在还没有获得足够的利益的时候，其执照可能就被政府取消，一些投资者抱怨这种转让或买卖行为使得政府对想申请投资资格的人失去了政府的信任，并且无法获得非官方的支持和对更多利益的追求。[①]

（二）柬埔寨吸引 FDI 的优势

1. 大市场、低工资

各国或地区在柬埔寨投资主要考虑了柬埔寨自身的一些优势，即市场容量大、工资水平较低以及拥有世界上最知名旅游资源之一。市场巨大是地理位置的关系，是指的整个东盟市场，而非是柬埔寨本身的国内市场。东盟10个成员国有大约5.5亿人口，并建成了 AFTA，区内的关税税率将减至5%以下。东盟还在与中国成立了 CAFTA，并将与印度建设自贸区。另外，值得一提的是欧美发达国家市场，柬埔寨作为一个最不发达国家，可以在进入上述市场时，享受非常优惠的政策。柬埔寨的低工资、丰富的劳动力，在竞争日益激烈的世界经济中，当然也是一个宝贵的资产。而在旅游业方面，位于暹粒的吴哥窟则能确保外国游客以每年30%的速度增加。

2. 政治稳定，投资体制逐步完善

在联合国和国际社会的支持下，柬埔寨自1993年举行大选以来，已走出动荡的政权更替及内战时期。第4次大选刚于2008年举行，柬埔寨人民党执政基础日渐强大，政治格局呈现出明显由人民党独立执政的趋势，政治稳定得以巩固。过去十多年间，柬埔寨先后通过了《投资法》以及《税法》修订版，重申对 FDI 持开放政策，对于大多数企业经营仅征收20%公司税，这使得柬埔寨成为一个在财务上具有吸引力的国家。[②]柬埔寨发展理事会（CDG）整合了政府多个部和局，下设"柬埔寨投资委员会"（CIB）和"柬埔寨重建与发展委员会"（CRDB）两个委员会，分别主管私人投资（包括外资）与公共投资（政府发展项目、接受外援等）业务。[③]作为柬埔寨政府唯一负责管理投资和重建发展综合事务的政府机构，CDG 也正在不断地改善其对投资者的便利服务。

---

① Chap Sotharith: *Trade, FDI, and ODA between Cambodia and China/Japan/Korea, Economic Relations of China, Japan, Korea with the Mekong River Basin Countries*, BRC Research Report No.3, IDE-JETRO Bangkok Research Center, 2010, p.16.

② 覃主元等:《战后东南亚经济史（1945—2005年）》，北京：民族出版社，2007年版，第527页。

③ 关于 CDG 的具体职能，参见其官方网站。www.cambodiainvestment.gov.kh.

3. 各产业蓬勃发展

旅游业是柬埔寨对外国直接投资者最具有吸引力的领域。虽然大多数旅游业集中在暹粒周边地区，但这个国家同时也有其他的旅游资源，如西哈努克港海滩以及金边市等。通过吸引外国旅游者，让人们更加了解柬埔寨，从而吸引更多的外国投资者，这样既可以解决本国人民的就业问题，还可以提高出口创汇能力，这是柬埔寨旅游业飞速发展的主要原因。旅游业的发展推动了基础设施建设、星级酒店、旅行社、交通运输业等的发展。柬埔寨的低成本劳工已在成衣业方面吸引了大量投资。虽然最初的推动力来自于多国纤维贸易协议（MFA）下未使用的配额，但即使在2004年底MFA期满后，柬埔寨制衣业将仍旧保有竞争力。农业是另一个充满投资机会的领域，特别是农业加工业。虽然外国投资者不能拥有土地，但可以通过99年的租借得以长期使用，也可以与一位拥有51%权益的本地合伙人合作，从而得到部分土地所有权。此外，柬埔寨政府也鼓励对渔业、养蚕业、棕榈油精炼、食品加工、橡胶加工、黄麻和食糖加工以及水力发电等行业的投资。

4. 市场开放程度高、自然资源丰富

在将柬埔寨投资气候与其邻国相比较时，要考虑的最重要因素之一即是柬埔寨的自由市场经济取向。柬埔寨号称亚洲最开放的经济体之一，排名与日本齐名，在全球49个最不发达国家中，柬埔寨的经济是最开放的。在湄公河地区的东盟成员国中，除了泰国以外，柬埔寨是该地区内首个真正采用和实现自由经济的国家。柬埔寨几乎对任何国家的外国投资者开放，几乎每个行业和种类的企业都允许外资全资投资（主要的例外是土地所有权）。此外，柬埔寨位于世界上发展最快的经济区域，有着得天独厚的农业、森林和海上资源，其矿场资源也较为丰富，例如金矿、宝石等都吸引了大量投资者的目光。因此，这为以自然资源为基础的工业活动奠定了良好的基础。此外，近年来，柬埔寨基础设施的不断完善，经济特区的逐步建设，以及灵活有效的税收体制都是柬埔寨吸引外资的有利条件。

（三）在柬埔寨投资的主要国家

柬埔寨主要的投资来源有中国内地、日本、韩国、美国、欧盟、新加坡、中国香港等，这些国家在柬埔寨的FDI主要集中在制衣业、矿场、能源等领域。并在柬埔寨金边及周边地区建设了大批工厂，雇佣大量劳动力进行劳动密集型产业的生产。

1.中国

中柬两国在自然资源、产业结构上的差异，使双方各具比较优势，在产业内和产业间都形成了互补特征。近年来，中柬经贸合作持续、健康发展，特别是自2006年两国建立全面合作伙伴关系以来，双边经贸合作空前活跃，成果丰硕。柬埔寨是中国开展对外投资的重要地区之一，近年来，无论是投资项目数量还是投资金额都呈增长趋势。据统计，目前中国是柬埔寨最大的外资来源地，特别是在金融危机影响下，柬埔寨外来投资锐减，中国对柬埔寨投资不降反升，这对柬埔寨国内经济发展的许多方面都起到了积极作用，包括制衣业、纺织业、服装、酒店、工业、电力、石油、水泥领域等。在柬埔寨投资的大多是中国的国有企业。中国开始对柬埔寨投资始于1994年。FDI的大部分主要集中在柬埔寨经济发展和减少贫困方面，特别是2005年以来，投资比例大大提高。从1994年到2009年，中国对柬埔寨的直接投资总额约55.6亿美元。主要投资领域集中在基础设施建设、能源开发、纺织业、手工业、农业发展和食物生产。具体情况见表6-8。

近年来，中国国内产业正由劳动密集型向资金和技术密集型方向发展，而柬埔寨迫切需要发展其工业体系。中国农机、家电、机电等领域的企业可抓住自由贸易区建成的机遇"走出去"，将柬埔寨劳动力、土地优势以及出口欧美市场享受的优惠政策与中国资金、技术、设备优势相结合，既帮助柬埔寨建立工业基础、提供就业和税收，又有利于我国调整产业结构，帮助企业开拓国际市场。目前在柬埔寨开展经贸活动的中国企业超过1 000家。随着CAFTA的建成，中国和东盟之间基本实现自由贸易，资金、资源、技术和人才等生产要素的流动效率将显著提高，双方经济一体化程度将达到前所未有的水平，中柬经贸合作也将面临新的发展机遇。[1]

表6-8 1994—2009年6月中国对在柬埔寨的FDI情况（单位：美元）

年份	投资项目	投资额
1994	1	7 000 000.00
1995	9	2 937 531.00
1996	29	38 156 703.14
1997	29	36 157 049.09

---

[1] 高怡松：《柬埔寨经济特点与中柬合作的机遇》，载《东南亚纵横》，2011年第11期，第88页。

续表

年份	投资项目	投资额
1998	39	104 729 154.73
1999	26	46 034 912.00
2000	7	28 405 061.70
2001	5	5 034 745.00
2002	8	23 030 130.50
2003	10	31 006 918.00
2004	21	77 065 242.13
2005	41	444 122 349.51
2006	32	274 339 894.70
2007	31	116 131 944.35
2008	24	4 369 202 447.00
2009	14	247 586 097.00
总计	137	5 850 940 179.85

资料来源：柬埔寨发展理事会，CDC database。http//: www.cambodiainvestment.gov.kh.

从表6-8可以看出，中国对柬埔寨的投资在2005—2009年最为突出，这主要是因为该时期中国经济发展迅速，柬埔寨国内投资环境良好，而2009年经济危机也影响到了中国对柬埔寨的投资。但中国对柬埔寨的FDI总体情况是呈上升趋势。在柬埔寨各地的大街小巷，各种各样的中文招牌令人目不暇接，中国商人开着越野汽车，大量地涌现在金边以往清闲的交通干道上，中餐馆里挤满了来自中国大陆的企业管理人员。即使是柬埔寨条件最艰苦的地区，也总能看到中国的建筑队伍挥汗如雨。目前，到柬埔寨经商的中国商人人数早已突破了3万人。

据柬埔寨发展理事会（CDC）公布的数据显示，1994—2011年中国对柬埔寨投资总额已超过88亿美元，成为柬埔寨最大投资来源国。中国对柬埔寨投资领域广泛，不仅涉及房地产、旅游、电力、贸易、制衣等行业，近年来还有越来越多的中国企业投资其采矿业。[①]2011年12月，中国目前最大的一个BOT方式进行投

---

① 《1994年以来累计投资达88.49亿美元，中国投资柬埔寨不断升温》，见《金边晚报》，2011年11月28日。

资开发的境外水电投资项目——贡布省甘再水电站项目竣工启用，这有效缓解了柬埔寨电力供求矛盾。作为柬中经贸合作的标志性项目，柬埔寨西哈努克港经济特区，目前建设进展顺利，已吸引来自中国、美国、日本、爱尔兰等国的近20家企业进驻。[①]

2. 日本

日本是向柬提供援助最多的国家之一，但日本企业在柬埔寨投资并不多，战后60多年来，日本对柬埔寨的FDI基本裹足不前。虽然日柬双方已在2007年签署了自由贸易协议，以鼓励日本投资商到柬埔寨投资。但据柬埔寨发展理事会数据显示，1994—2010年，日本在柬埔寨的FDI总额为1.48亿美元，仅占柬埔寨的外国直接投资总额342亿美元的0.43%，排名第11位。2007年是日本对柬埔寨投资的峰值年，达1.13亿美元。为改变在柬埔寨投资落后现状，近年来日本利用柬埔寨现有政局稳定、投资政策宽松及潜在巨大的劳动力市场等优势，力图加大对柬埔寨投资力度。2009年以来，为压缩人工成本、充实供应链，日本一些从事缝纫加工、皮革制造、制鞋等劳动密集型产业的中小企业及大型制造厂商开始到柬埔寨投资设厂。目前，已经在柬开展业务的日本企业有雅马哈、矢崎、NTT和松下等知名企业。[②]日本对柬埔寨FDI的具体情况见表6-9。

表6-9　1994—2009年6月日本在柬埔寨的FDI情况（单位：美元）

年份	投资项目	投资额
1994	0	0
1995	1	562 500
1996	4	11 018 950
1997	1	294 000
1998	1	1 371 800
1999	0	0
2000	1	224 997

① 刘稚：《大湄公河次区域合作发展报告（2011—2012年）》，北京：社会科学文献出版社，2012年版，第185页。

② 李涛：《日柬关系发展的演变、动因及发展趋势》，载《国际展望》，2012年第4期，第89～90页。

续表

年份	投资项目	投资额
2001	0	0
2002	1	2 190 000
2003	0	0
2004	1	2 156 814
2005	0	0
2006	3	10 689 450
2007	5	113 077 649
2008	2	7 829 110
2009	2	4 763 444
总计	22	154 178 714

资料来源：柬埔寨发展理事会，CDC database。http//：www.Cambodiainvestment.Gov.Kh.

3. 韩国

1970年，韩国和柬埔寨建交，之后由于政治和安全问题，影响了两国的关系。1996年，韩国和柬埔寨重新恢复外交关系，1997年关系正常化，两国关系有了长足进步，并在经济领域展开了诸多合作。韩国和柬埔寨的合作集中在8个方面，即FDI、信息技术合作（ICT）、旅游、文化交流、金融服务、航空服务和人力资源开发，而其中排在首位的就是FDI。

1995—2009年，韩国在柬埔寨的FDI累计约27.7亿美元，共计106个项目。其中，投资领域主要集中在房地产发展、银行系统建设、建筑业、旅游业和手工业。例如，在金边，韩国开展了一项针对新城镇建设的项目，价值达9.88亿美元，其中将要建设一个国际金融中心和许多商铺，共计9.67亿美元。仅2008年一年，韩国在柬埔寨投资总额就高达12.3亿美元。韩国对柬埔寨FDI的具体情况见表6-10。总体而言，韩国在柬埔寨的投资可以说是非常积极的，主要原因就是两国关系稳定，柬埔寨国内政局稳定，且韩国企业对于到东南亚地区投资的热情逐年高涨。

表6-10 1994—2009年6月韩国在柬埔寨的FDI情况（单位：美元）

年份	投资项目	投资额
1994	0	0
1995	3	506 130
1996	5	4 550 100
1997	12	177 600 194
1998	6	4 592 329
1999	0	0
2000	5	19 371 181
2001	2	2 088 690
2002	5	78 970 351
2003	2	2 418 915
2004	4	3 640 451
2005	17	40 348 109
2006	8	1 009 824 670
2007	14	85 185 156
2008	15	1 237 976 929
2009	8	107 253 004
总计	106	2 774 326 208

资料来源：柬埔寨发展理事会，CDC database。http//：www.Cambodiainvestment.Gov.Kh.

4. 东盟国家

随着柬埔寨加入东盟，东盟国家对柬埔寨的直接投资也有所提升，对柬埔寨国内经济发展起到积极作用，其中新加坡对柬埔寨投资最多，之后是越南和泰国，这主要是因为新加坡有较强的经济实力，而泰国和越南与柬埔寨是邻国。东盟国家对柬埔寨FDI的具体情况见表6-11。

表6-11　1999—2009年东盟国家对柬埔寨的FDI占柬埔寨GDP的情况（单位：%）

年份	印度尼西亚	老挝	缅甸	马来西亚	菲律宾	新加坡	泰国	越南
1999	-1.3	3.5	—	4.9	1.6	20.1	5.0	4.9
2000	-2.8	2.0	—	4.0	3.0	17.8	2.7	4.2
2001	-1.9	1.4	—	0.6	0.3	17.6	4.4	4.0
2002	0.1	0.2	—	3.2	2.0	7.2	2.6	4.0
2003	-0.3	0.9	—	2.2	0.6	12.8	3.7	3.7
2004	0.7	0.7	—	3.7	0.8	19.2	3.6	3.5
2005	2.9	1.0	—	2.9	1.9	12.3	4.6	3.7
2006	1.3	5.3	—	3.9	2.5	20.0	4.6	4.0
2007	1.6	7.5	—	4.5	2.0	20.2	4.6	9.8
2008	1.8	4.2	—	3.3	0.9	5.6	3.1	11.8
2009	0.9	5.4	—	0.7	1.2	9.2	1.9	8.4
平均值	**0.3**	**2.9**		**3.1**	**1.5**	**14.7**	**3.7**	**5.6**

资料来源：World Bank，WDI 2011.

二、1993—2012年柬埔寨吸收FDI概况

（一）1993—2002年的FDI

在经历了多年的战乱和对外隔绝后，柬埔寨需要恢复和重建国家。为了能够快速发展国力，柬埔寨需要来自任何国家的援助和投资，并要向世界敞开国门发展经济。1999年，柬埔寨成功加入了东盟。为了成功融入全球经济一体化进程，柬埔寨希望在2005年前成为WTO的一员。然而，这也意味着柬埔寨必须减少其对外贸易壁垒，同时也要不断提高自身的经济竞争力和保持稳定的经济发展环境。

为了使柬埔寨向民主化方向发展，建设一个繁荣的柬埔寨，柬埔寨政府自1993年开始进行了一系列经济改革，包括改革政府相关机构、社会服务体系、司法体系、军队等。柬埔寨政府以市场为导向，持续和坚定地发展市场经济，重新建立和世界金融的密切联系。同时，在经济发展的大背景下，创造一个良好的国

内投资和贸易环境也成为了柬埔寨政府需要重视的一个关键环节。为此，柬埔寨加强了国内的治安；保持了相对稳定的国内政局，实现了选举的有序进行，政府能够和平过渡；努力建立市场经济体系等。同时，通过建立定期的协商机制，柬埔寨不断加强政府与投资者、市民的沟通。

私人投资是柬埔寨经济发展重要组成部分，也是柬埔寨长期稳定发展的基石。自1995年开始，柬埔寨逐步吸引了来自亚洲国家的FDI。据IMF统计，1996年流入柬埔寨的FDI金额接近3亿美元，占了柬埔寨GDP的10%。然而，柬埔寨国内政治的不稳定和1997年亚洲金融危机的发生，使这些投资对柬埔寨经济发展的贡献大打折扣。幸运的是，这一时期柬埔寨制衣业依然保持了活力，1998年一些新投资的工厂也陆续开始生产。但与此同时，1999年和2000年，柬埔寨批准的项目的数量，以及潜在的固定资产的金额出现了严重的下滑。平衡收支情况反映了实际的投资执行境况，显示国际社会对柬埔寨的FDI从1998年的2.46亿美元下降到1999年的1.93亿美元，2000年更是只有1.1亿美元。2001年，柬埔寨吸收的FDI回升至1.52亿美元，2002年又下降至1.46亿美元。[①]同期，在柬埔寨的FDI集中在制衣业、通信业和旅游业等行业，并带来了大量的就业岗位，但2000年投资额下降到了5 000万美元。[②]虽然国际社会对柬埔寨的实际投资远未达到每年5亿美元的承诺，但这些投资对柬埔寨提高经济水平，扩大劳动力市场却至关重要。

受益于FDI的增加，柬埔寨制衣业发展迅速。柬埔寨成衣厂数量从1996年的35家增加到1999年的201家，到2002年有220家，大部分成衣厂分布在金边和主要省份的城市。在1996—1998年，柬埔寨平均一周就开设一家成衣厂，但这一速度在1999—2000年间逐步减慢。在2001年，服装行业的产值占到整个制造业的80%。除了几个本地的工厂外，柬埔寨大部分成衣厂都是外国投资者开设的，其主要来自中国香港、中国台湾、中国内地、新加坡、韩国和美国等。对于柬埔寨而言，制衣业和纺织业是重要的产行业，由于其技术要求不高、但需要大量劳动力的特点，解决了柬埔寨大量的就业问题，在柬埔寨制衣业就业的劳动力占了整个轻工业的64%。

---

① Kang Chandararot and Chan Sophal：*Cambodia's Annual Economic Review*，Cambodia Development Resource Institute Phnom Penh，Issue 3，September 2003，p.15.

② Sok Hach，Chea Huot and Sik Boreak：*Cambodia's Annual Economic Review–2001*，Cambodia Development Resource Institute，August 2001，p.12.

　　这一时期，对柬埔寨FDI下降的原因有三方面。第一，由于对柬埔寨投资的主要都是亚洲国家，1997年亚洲金融危机对这些国家造成了巨大影响，使它们没有足够的经济余力投资到别国。第二，柬埔寨仍然缺乏一个良好的投资环境，其市场经济还是很脆弱，国内经济转型和政府执政能力的提升仍较为缓慢。柬埔寨商人和部分官员的腐败以及缺乏信誉也影响了外国投资者对柬埔寨的信心。第三，柬埔寨并非该地区重要的投资目标，对于国际投资者而言，中国和越南的投资环境远优于柬埔寨，导致柬埔寨无法与这些国家竞争有限的投资空间。中国和越南有比柬埔寨更好的基础设施、硬件设施和安全的金融体系。中国2001年成为WTO成员，越南和美国关系正常化都对柬埔寨吸收FDI造成严重冲击。同时，越南加快了国内交通运输网、电力运输网、农业灌溉系统的建设速度。加之柬埔寨工业化进程仍然缓慢，这也使得外国投资裹足不前。

（二）2003—2012年的FDI

　　2003年9月，柬埔寨加入WTO，正式成为WTO的第148个成员国。这有利于柬埔寨进一步吸收FDI，但这需要柬埔寨做出较大的经济和法律方面的改革，而这很难在短期内完全见效。

　　如果说2002年柬埔寨的投资还算是处于增长的情况，那么2003年柬埔寨的投资就有所回落了，主要是由于私人和公共投资下滑所致。2003年柬埔寨公共投资占了GDP的7.8%，低于2002年的9.8%。政府投资的锐减并非柬埔寨经济政策的一部分，但却是柬埔寨财政执行情况的表现。主要原因是对外投资项目的减少，这又与柬埔寨新一届政府诞生的延迟有关。同年，柬埔寨私人投资下降了3%，大约是7.83亿美元。尽管柬埔寨国内私人投资增长了1.5%，达到4.14亿美元，但是FDI却有一个大幅下降，约7 700万美元。总体上，对柬埔寨的FDI每年缩减都处于一个震荡起伏的情况。2003年，对柬埔寨农业和服务业的FDI经历了大幅缩减，而FDI在柬埔寨纺织业、服装和制鞋业方面也出现了3.7%的下降。[①]

　　2005年，柬埔寨批准了一些新的商业投资项目，这对于其投资增速有积极影响。据统计，2005年柬埔寨新批准的投资项目总额达11.62亿美元，这明显高于2004年的3.4亿美元。这些投资也会帮助柬埔寨创造107 700个就业岗位。在柬埔

---

① Kang Chandararot, Dannet Liv, Brett Ballard and So Sovannarith: *Cambodia's Annual Economic Review*, Phnom Penh: Cambodia Development Resource Institute, Issue 4, December 2004, p.7.

寨国内投资和FDI两个方面的增长分别为3.84亿美元和7.77亿美元，都高于2004年这两个方面的1.4亿美元和2亿美元。2005年，随着中国经济的快速增长，对柬埔寨的投资也在增长，达到4.48亿美元，排在其后的是韩国6 100万美元、澳大利亚5 100万美元、泰国5 000万美元和中国台湾4 700万美元。从行业分布来看，对柬埔寨能源、制衣业和水泥、采矿业、酒店业的投资最突出。其中，工业相关产业的投资仍然占了大头，约9.31亿美元，占了总投资的近80%。能源方面的投资约2.89亿美元，之后是制衣业的2亿美元、水泥的1.81亿美元、采矿业的1.81亿美元。服务业成为投资的第二大领域，总数约2.21亿美元，高于2004年，占到了38%。其中，占柬埔寨服务资本一半左右的酒店业在2004年的下滑后出现了反弹，从2004年对酒店业3 800万美元的投资额增加到了2005年的1.07亿美元的投资额，成为柬埔寨继能源、制衣业、水泥、采矿业四大投资领域之后的又一大投资领域。[1]与第二、三产业相比，柬埔寨农业只吸引了不多的投资，约2 000万美元，成为投资最小的产业。尽管柬埔寨是一个以农业为基础的国家，其大部分人民都生活在农村，依靠种植水稻生活，也存在大量的贫困家庭，但这却是柬埔寨劳动力富集的产业。如能积极投资柬埔寨农业领域，将会对柬埔寨整体的经济发展、食品安全以及减少贫困带来良好的效果。表6-12是2000—2005年各国对柬埔寨投资情况以及各领域投资情况。

表6-12　2000—2005年主要国家对柬埔寨投资情况（单位：百万美元）

		2000	2001	2002	2003	2004	2005
总计		270	235	255	318	340	1 162
国家							
	柬埔寨	61	62	94	201	140	384
	中国	35	8	24	45	89	448
	韩国	21	3	82	3	8	61
	澳大利亚	3	0	5	1	0	51
	泰国	26	15	0	12	1	50
	中国台湾	38	67	10	23	12	47
	其他	85	80	41	35	90	120

----

[1] *Annual Development Review 2006—2007*, Phnom Penh: Cambodia Development Resource Institute, February 2007, p.34.

续表

		2000	2001	2002	2003	2004	2005
投资部分							
农业		0	5	12	0	9	20
工业		155	105	62	133	176	931
	建筑材料	7	0	0	0	0	0
	水泥	0	0	0	0	0	181
	能源	33	50	5	3	26	289
	食物生产	6	3	0	41	1	19
	制衣业	87	32	44	65	135	200
	采矿	0	0	0	0	0	181
	造纸	1	1	1	1	3	2
	石油	1	0	4	0	1	0
	医药业	1	0	1	7	0	7
	塑料	1	2	1	0	1	10
	制鞋	6	7	0	1	1	2
	烟草	1	4	0	3	5	8
	木材生产	0	1	3	2	1	1
	其他	10	5	3	11	4	31
服务业		114	125	181	185	153	211
	建筑业	0	8	0	12	0	30
	教育	0	0	0	0	0	0
	基础设施	31	22	68	15	40	58
	通信	0	0	64	10	0	13
	交通运输	0	0	0	0	0	0
	其他	4	15	2	0	0	3
旅游业							
	酒店	70	69	47	135	38	107
	旅游中心	9	11	0	13	75	0
	其他	0	0	0	0	0	0

资料来源：Council for the Development of Cambodia.

　　总体上，2005年柬埔寨投资到达新高，超过了10亿美元，国内投资占了33%，FDI占了67%。在制衣业的投资保持强劲增长，显示了柬埔寨在工业领域的发展信心，也使其成为柬埔寨在国际社会吸引投资和对外发展的一个相对优势产业。而对柬埔寨其他领域，例如能源、酒店等的投资都有不俗表现。表6-13是1995—2005年柬埔寨各领域投资情况。

表6-13　1995—2005年柬埔寨各领域投资情况（单位：百万美元）

	1995	1996	1997	1998	1999	2000	2001	2002	2003	2004	2005
总计	2 240	762	744	853	456	270	235	255	318	340	1 162
农业	5	92	61	50	10	0	5	12	0	9	20
工业	301	438	516	652	226	155	105	62	133	176	931
水泥	136	7	205	54	6	0	0	0	0	0	181
能源	40	1	80	17	0	33	50	5	3	26	289
食物生产	38	30	6	9	12	6	3	0	41	1	19
制衣业	30	46	97	127	75	87	32	44	65	135	200
石油	25	22	32	1	1	1	0	4	0	1	0
烟草	4	22	2	7	0	1	4	0	3	5	8
木材生产	5	207	47	179	14	0	1	3	2	1	1
服务业	1 934	232	167	151	220	115	125	181	185	155	211
旅游和酒店	1 510	119	42	112	25	79	80	47	148	113	107
建筑业	197	28	1	3	18	0	8	0	12	0	30
基础设施	117	0	21	10	0	31	22	68	15	40	58
通信	6	33	53	0	19	0	0	64	10	0	13

　　资料来源：International Monetary Fund.

　　2009年对柬埔寨的FDI主要集中在农产品加工、交通运输和信息基础设施建设、能源和电力系统发展、劳动密集型产业和出口导向型加工和制造业、旅游相关产业（酒店和餐饮）等。到2010年，对柬埔寨的FDI有较大提升。从2010年以来，柬埔寨的外来投资规模急剧增加，而外国企业的大批涌入，正在极大地改变着这个只有1 500万人口的小国的经济状况。据亚洲开发银行估计，由于制造业、农业和金融业的投资增加，柬埔寨吸收FDI总额从2011年的8.5亿美元跃升至2012年的15亿美元。①

回顾过去，从20世纪80年代柬埔寨还没有FDI，到1993—2004年平均每年能够吸引1.63亿美元的FDI，特别到2010年，柬埔寨接纳的FDI更高达55.8亿美元，私人投资达34%的增长率，占当年GDP的5.4%，可谓翻天覆地的变化。但相较于其他东盟国家而言，柬埔寨所吸收的FDI还处于一个较低水平，一些投资障碍仍然存在，这不利于FDI的进一步发展。2010年世界银行（WB）的一份报告就此指出，影响柬埔寨FDI发展的主要障碍是政府管理水平低下和腐败问题的长期存在，这直接导致私人投资对柬埔寨顾虑重重。而柬埔寨国内政策的不确定性、基础设施落后、社会混乱都可能影响柬埔寨的投资环境。同时，急剧扩张的外资和工业化速度的加快，给这个新生国家带来的决不仅是水涨船高的工资水平和经济发展的大好机会。为了给大型工厂和种植园腾出足够的土地空间，乱占土地带来了大量土地纠纷，这成为新的"副作用"之一。为此，世界银行在2011年停止向柬埔寨提供任何贷款。②

受上述因素的影响，2012年，柬埔寨政府共批准了157个投资项目，总值22.8亿美元，同比下降67%。其中，FDI有13.8亿美元。前三大外资来源国分别是韩国（2.87亿美元）、中国（2.63亿美元）、日本（2.12亿美元）。韩国投资领域为制衣、玩具、电子装配、木薯加工、生物乙醇等；中国投资制衣、家具、大米加工等；日本投资大型商场、制衣、电子装配等。全年新增3 385家公司，同比增长9%，主要来自中国、韩国、日本、马来西亚、泰国、越南、新加坡和柬埔寨当地企业。外资公司经营领域从原先的制衣、制鞋、房地产、电信等逐步扩大至农业种植、农产品加工、旅游、运输、矿业、流通等。③

总体而言，由于经历了较长时期的战乱，柬埔寨民主政治尚处初级阶段，发展时间较短，国内党派矛盾由来已久，其民主政治制度还比较脆弱。但经过数年的努力，柬埔寨正处于自20世纪70年代以来政治局势最为稳定的时期。2008年国民议会选举顺利进行，这成为柬埔寨国内政局稳定的又一标志，民主政治得以

---

① 高珮莙：《廉价劳动力：柬埔寨追着中国跑》，载《青年参考》，2013年1月16日。
② 高珮莙：《廉价劳动力：柬埔寨追着中国跑》，载《青年参考》，2013年1月16日。
③ 《柬埔寨2012年宏观经济形势》，中华人民共和国驻柬埔寨王国大使馆经济商务参赞处网站，2013年4月1日。http://cb.mofcom.gov.cn/article/zwrenkou/201304/20130400073 605.shtml.

推进，人民党执政地位的巩固加强则为柬埔寨国内政局保持这一良好态势提供了保障。稳定的政局对柬埔寨获得FDI是至关重要的内在因素。但同时，国际社会经济环境的改变，包括中国经济的崛起、美国经济的疲软、日本经济的艰难、东盟经济的不确定因素等都会直接影响柬埔寨获得外国投资的数量和质量。在今后一段时间内，柬埔寨经济发展还必须依靠国际援助的推动，尤其是西方发达国家以及世界银行（世行）、国际货币基金组织（IMF）等国际金融机构提供持续不断的援助。[①]

第三节 柬埔寨吸收的官方发展援助

官方发展援助（ODA）一直都是柬埔寨对外经济合作的主要内容，对当前柬埔寨的经济发展有非常重要的作用。

一、在柬埔寨ODA的概况

柬埔寨对ODA一直都有较大的依赖性，并主要用于国内财政预算、经济发展、应对疾病、减少贫困等方面。ODA在柬埔寨的主要来源为中国、日本、世界银行、IMF、欧盟等国家和国际组织。为了解决柬埔寨国内严重的腐败情况，发达国家和国际组织在对柬埔寨实施援助时都会提出一些限制性条件，以监督援助的有效利用。柬埔寨政府也为建立一个良好诚信的援助环境而不断努力，包括实施法制改革，反腐倡廉等。

在1993—2000年间，为了刺激柬埔寨经济复苏，国际援助伙伴在每次的咨询小组会议上都承诺每年向柬埔寨提供平均5亿美元的ODA。这些ODA占了柬埔寨GDP的约17%，相当于柬埔寨国内财政预算收入的2倍。2001年在日本东京举行的咨询小组会议上，国际社会更承诺将对柬埔寨的ODA提高至6亿美元。IMF关于1994—1999年的国际收支的统计表明，国际社会对柬埔寨的ODA实际到位率为60%，其中，来自世行和亚洲开发银行的贷款占到了20%。在所有经济援助中，约53%流向了柬埔寨经济发展领域，如修建公路，恢复电力和水利系统等；社会发展领域的ODA占了41%；剩余6%的ODA则流向了柬埔寨一般管理项

---

① 《柬埔寨投资与经贸风险分析报告》，载《国际融资》，2009年第2期，第68页。

目。由于ODA涉及诸多领域，对于帮助柬埔寨维持社会稳定、加快经济发展和完善基础设施建设具有重要意义，同时也利于柬埔寨政府相关机构的转型。柬埔寨发展资源研究所（CDRI）的一项研究表明，1998年，大部分ODA属于技术援助，其比例为57%，高于1994年的34%。这对柬埔寨加快经济发展速度、提升管理水平发挥了积极的作用。[①]

近年来，柬埔寨逐步建立了诚信体系，获得了援助伙伴的基本信任。特别是柬埔寨国内政局稳定，使得一些援助国和国际组织也加大了对柬埔寨的援助力度。特别是柬埔寨经济持续增长，发展前景较为乐观，就是在2009年金融危机期间也表现良好，使柬埔寨值得信任的国家形象进一步提升。2009—2011年，外国对柬埔寨ODA的增幅基本维持在年均50%的速度。

由于经济和社会发展相对滞后，柬埔寨依然是一个"援助依赖"型国家，从1992年到2010年，柬埔寨获得的各种经济援助，包括官方和非官方的总额达108.73亿美元。1992年，柬埔寨获得的援助只有2.502亿美元，主要援助领域是应对自然灾害和促进当时柬埔寨的和平进程。但到2010年，柬埔寨获得的援助已高达10.85亿美元，覆盖了柬埔寨大部分领域，如各级政府的管理和运行、农业发展、环境保护、教育发展、医疗事业完善（应对HIV、禽流感、疟疾）、能源开发和交通运输等基础设施建设等。援助使柬埔寨国内财政收入占GDP比重从2000年的10.1%提高到2010年的12.6%，到2015年将可能达15.2%。与此同时，援助支持占总预算的比例有所下降，从1999年的87.5%下降到2010年的47.9%。出于国家长期可持续发展的考虑，柬埔寨政府希望逐步减少对经济援助的依赖，而更欢迎外国以直接投资的方式来帮助柬埔寨发展经济和社会各项事业。

二、中国对柬埔寨的援助

中柬关系源远流长，中国历来重视发展对柬关系。中国对柬埔寨的援助有自身政治的考量，也有经济发展的需要。中国对柬埔寨的援助可以分为第一阶段（1953—1989年）与第二阶段（1990—2009年）。第一阶段的援助基于国际主义与大国责任，对柬埔寨援助不考虑经济回报，军事援助占的比重较大，在执行上以总交货人部制为典型；第二阶段中国对柬埔寨援助则强调在尽国际主义义务的同

---

① Kang Chandararot & Chan Sophal: *Cambodia's Annual Economic Review*, Phnom Penh: Cambodia Development Resource Institute, Issue 3, September 2003, p.5.

时，要量力而行，讲究平等互利，军事援助大幅度减少，执行上以企业总承包责任制为典型。中国对柬埔寨的援助符合双方的利益，大大促进了双边关系。

1. 第一阶段（1953—1989年）

1956年2月，柬埔寨王国西哈努克首次访问中国，期间中国红十字会就金边水灾捐赠人民币8万元。同年6月，双方签订协定，规定中国于1956—1957年期间给予柬埔寨价值800万英镑的无偿援助，用于物资提供和建设一些大型项目。这是中国同亚非拉民族主义国家签订的第一个经济援助协定。在中国的援助下，1963年，柬埔寨建成了磅湛纺织厂（磅湛市）、黛埃胶合板厂（干丹省见榄县）与川龙造纸厂（桔井省川龙县），上述工厂的产值占当时柬埔寨工业总产值的50%。同期，由中国援建的柬埔寨皇家电台也于1960年正式交付使用。窄格亭水泥厂（贡布市）的年产量为5万吨。[1]在1964—1970年期间，中国又援助柬埔寨建成了马德望纺织厂、玻璃器皿厂、柬埔寨水泥厂、体育馆与国际村。[2]这一时期中国给予柬埔寨的援助包括军事援助与经济援助，以军事援助为主。当时的中国出于国际主义义务，从政治上与物资上大力支援柬埔寨。[3]

2. 第二阶段（1990—2009年）

这一时期，随着柬埔寨政局的主见稳定，中国对柬埔寨的援助也不断增加，援助的主要动机是人道主义和经济利益等多方面的考虑。

中国1995年开始大力推行优惠贷款援助的主要原因之一，就是意识到中国经济外向性越来越强，有必要推行"以外援带动投资与贸易"的政策。这在对柬埔寨的援助中取得了明显的成果。2008年，全国政协主席贾庆林访问柬埔寨期间，中国与柬埔寨签署协议，给予柬埔寨2亿美元援助用于修路，并给予其他援助1400万美元。[4]2009年，中国国家副主席习近平访问柬埔寨期间双方签署协议，中国给予柬埔寨12亿美元的赠款与贷款。这样，1992年以来中国给予柬埔寨的援助累计达到22.3亿美元。[5]具体情况见表6-14。

---

[1]　周中坚:《中柬友好关系史上的新开端——五十年代中柬关系的恢复和发展》，载《东南亚纵横》，1986年第3期，第52、55页。

[2]　石林:《当代中国的对外经济合作》，北京:中国社会科学出版社，1989年版，第54、57、61、61页。

[3]　薛谋洪:《当代中国外交》，北京:中国社会科学出版社，1990年版，第172页。

[4]　Kong Sothanarith, *Chinese Arrives with Millions in Aid*, 2013.http://www.voanews.com/khmer-english/news/a-40-2008-12-03-voa4-90164 852.html.

[5]　Ek Madra: *China pledges another\$1.2 billion US for Cambodia-minister*, *DAP News*, 2009.转引自吴美丽:《1993年以来的柬埔寨与中国关系研究》，吉林大学硕士学位论文，2010年，第12、42页。

表6-14 1992—2009年中国对柬埔寨的援助（单位：千美元）

	柬埔寨所得外援总额	中国对柬埔寨援助
1992	250 183	912
1993	321 891	871
1994	358 045	7 089
1995	513 320	3 129
1996	518 082	10 850
1997	383 188	9 496
1998	433 280	14 345
1999	399 710	2 994
2000	466 813	2 610
2001	471 842	16 325
2002	530 923	5 723
2003	539 507	5 573
2004	555 392	32 470
2005	609 953	46 638
2006	713 241	53 237
2007	790 377	92 446
2008	887 941	127 912
2009	951 000	257 000

资料来源：柬埔寨发展理事会，CDC database。http//：www.Cambodiainvestment.Gov.Kh.

　　中国政府在力所能及的范围内，通过提供无偿援助和优惠性质贷款，在柬埔寨修建了最长的公路、最多的桥梁、最先进的水利设施，极大地改善了当地基础设施条件和人民生产生活水平。在人力资源方面，2004—2011年，中国向柬埔寨提供了238份奖学金，同时还为666人提供了短期培训班。2013年7月，由中国政府提供优惠贷款援助的59号公路竣工通车，这一公路的修筑与2012年3月通车的57号公路及2014年3月通车的57B号公路，构成了马德望省、拜灵市和班迭棉吉省的西北路网，将对当地经济社会发展和人民生活改善发挥重要作用。在柬埔寨遭遇特大洪水侵袭时，中国第一时间向柬埔寨政府提供了价值5 000万元人民币（约800万美元）的救灾物资和150万美元现汇。2011年10月，中国总理温家宝在南宁会见柬埔寨首相洪森时，同意对柬埔寨再提供5亿美元的无偿援助，主要用于柬埔寨未来4年的灾后重建。同11月，中国提供总值4 946万元人民币的援助帮助柬埔寨参议院建设三栋办公大楼，由中国政府援建的第五座"柬中友谊大桥"——水净华新桥也正式动工建造。[①]除了国内行为体外，中国对柬埔寨的援助也与国际组织合作，如在泛亚铁路（昆明—新加坡）东线项目中，2006年亚洲开发银行同意出资4 000万美元用于柬埔寨境内段的建设。中国在2008年表示愿意出资2 000万元人民币对泛亚铁路东线缺失段（柬埔寨境内巴登至禄宁）进行工程可行性研究。[②]

中国对柬埔寨的援助，一是时间跨度长，从20世纪50年代至今，基本没有中断；二是冷战时期出于意识形态和冷战后出于双边合作、互利共赢的考虑；三是以无偿援助为主向优惠贷款转变；四是援助推动了中国和柬埔寨双边经济的快速发展；五是中国对柬埔寨的援助向多层次、多行为体方面发展。虽然中国逐步成为柬埔寨最大的援助国。但值得注意的是，对于柬埔寨的民主化、柬埔寨政府的改革等，中国的援助并没有提出太多的条件去限制和监督对柬埔寨的援助的实施情况，这虽然博得了柬埔寨政府官员的好感，但可能会影响到中国对柬埔寨援助的效果。[③]

三、日本对柬埔寨的援助

日本自二战后就借"赔偿外交"积极开展和东南亚国家的经济合作，而在维护和发展日柬两国的外交关系中，也正是大规模的经济援助起着重要的基础性作用，援助外交成为日本参与柬埔寨事务最强有力的手段。对于援助柬埔寨，日本主要是出于以下考虑：一是欲通过推动柬埔寨和平进程加强对亚洲，尤其是对东南亚的政治影响；二是通过参与联合国柬埔寨维和行动实现首次向海外派遣自卫队员；三是使柬埔寨成为日本在解决地区热点问题上发挥政治大国作用的实验场。[④]日本是柬埔寨最大的ODA援助国。每年日本都会向柬埔寨提供约1亿多美元的援助以帮助柬埔寨发展，主要集中在基础设施建设、审判红色高棉法庭、医

① 刘稚：《大湄公河次区域合作发展报告（2011—2012年）》，北京：社会科学文献出版社，2012年版，第185～186页。
② 《温家宝提议加强泛亚铁路合作》，见《楚天都市报》，2008年4月1日。
③ 薛力、肖欢容：《中国对外援助在柬埔寨》，载《东南亚纵横》，2011年第12期，第27页。
④ 钟楠：《浅析日本对柬埔寨的援助外交》，载《东南亚纵横》，2003年第12期，第79页。

疗事业发展、教育系统和人力资源发展等领域。如表6-15所示，截至2010年，日本向柬埔寨提供的ODA金额累计18.33亿美元，年均超过1亿美元。

表6-15   日本对柬埔寨ODA历年统计（支出额）（单位：百万美元）

年	优惠贷款	无偿资金援助	技术合作	合计
2002	7.47	48.46	42.65	98.58
2003	7.96	76.68	41.24	125.88
2004	7.35	38.27	40.75	86.37
2005	4.07	53.10	43.45	100.62
2006	9.50	56.93	39.83	106.25
2007	11.36	62.35	39.84	113.56
2008	4.82	70.21	39.73	114.77
2009	19.94	59.40	48.14	127.49
2010	13.54	80.83	53.10	147.46
累计	87.41	1 143.36	602.70	1 833.49

资料来源：The Ministry of Foreign Affairs of Japan, *ODA Date Book*, 2007—2010.

日本对柬埔寨的ODA有如下两个特征：第一，援助领域广泛。援助领域包括基础设施、农业、健康、医疗和人力资源等。柬埔寨许多具有重大国计民生意义的大型标志性的基础设施建设都在日本援助下建成。除了对柬埔寨基础设施方面的援助，日本也非常关注对柬埔寨农业发展的援助。第二，以经济技术合作和无偿援助为主，人道主义色彩比较浓厚。这树立起了日本在柬埔寨的良好形象，使日本对柬埔寨的影响力与日俱增。柬埔寨首相洪森就不止一次表示，如果捍卫柬埔寨的主权和尊严需要这样的话，饱尝了长期被围困和经济制裁的柬埔寨人民，不害怕别人再一次把困难强加在自己身上。对于长期处于贫困状态的柬埔寨来说，日本源源不断的援助在一定程度上大大减轻了柬埔寨的外债负担，取得了柬埔寨政府和人民的好感和信赖。为表示对日本援助的感谢，柬埔寨政府在本国的纸币和邮票上，均印有由日本援助建设的一些具有代表性的大型项目的图像。[1]

---

① 毕世鸿：《试析冷战后日本的大湄公河次区域政策及其影响》，载《外交评论》，2009年第6期，第120页。

第四节 柬埔寨经济特区的发展

为了进一步发展国内经济，柬埔寨建立了经济特区以促进经济开发程度和发展水平，并制定了一些政策法规以适应经济特区的建设和发展，这使得柬埔寨又多了一些吸引FDI的优质平台，也为发展柬埔寨经济和创造就业机会做出了贡献。

一、经济特区的相关政策法规

为吸引外资，柬埔寨政府在10年前即制定了开发经济特区计划，但由于政治、资金等条件限制，一直未能付诸实施。2005年12月，柬埔寨政府出台了《关于特别经济区设立和管理的147号次法令》，开始在境内实施经济特区[1]体制。柬埔寨政府出台上述法令的宗旨在于，建立和管理经济特区，有利于改善投资环境，提高产品生产能力、促进出口和经济增长、增加人民就业机会，以削减贫穷。关于柬埔寨经济特区（Special Economic Zone, SEZ）的基本概念，根据上述147号次法令的规定，经济特区是吸纳所有产业及其相关活动的、以经济发展为目的的特别区域，可细分为一般工业区（General Industrial Zones）和出口加工区（Export Processing Zone）。在各经济特区内，一般可设置生产区、自由贸易区、服务区、居住区和旅游观光区等独立的小区域。通常情况下，经济特区拥有明确的地理位置和界线，其面积一般超过50公顷以上；特区内的出口加工区、自由贸易区以及各工厂，均用栅栏或围墙圈围；特区均设立专门的管理机构，提供特区所需的所有基础设施；特区还需具备污水处理、排水处理、固体废弃物储存和管理、环保以及其他相关的设施。

根据法律规定，柬埔寨发展理事会（Cambodia Development Council, CDC）下属的柬埔寨经济特区委员会（Cambodian Special Economic Zone Board, CSEZB）是负责经济特区开发、管理和监督的一站式服务机构，经济特区管委会是在经济特区现场执行一站式服务机制的国家行政管理机构，由柬埔寨经济特区委员会设立，并在各经济特区常驻。

柬埔寨经济特区委员会负责对柬埔寨全国的所有经济特区进行审查。其一，

---

[1] Council for the Development of Cambodia: *Basic Concept and Conditions for the SEZ*.http：//www.cambodiainvestment.gov.kh/investment-scheme/the-special-economic-zones.html.

特区开发商申请免税材料设备，必须向柬埔寨经济特区委员会申报以便审批。其二，给区内投资者提供有关进口生产材料设备、建材、生产输入原料的优惠，必须按法律的要求与原则作决定，该区投资当事人应整理申请进口的生产设备物资、建材和生产输入原料的清单呈报经济特区行政审查，并在现场做出批准决定。然后经济特区行政只向柬埔寨经济特区委员会和管理机构汇报知悉即可。其三，特区投资者应获得的税务优惠权，将按现行的柬埔寨法律及《投资法》修改法实施法令，在给特区投资者出具的最终注册证书中批核提供。

经济特区次法令规定，经济特区委员会应向全部经济特区提供优惠政策；《投资法修正法》规定，位于经济特区的合格投资项目有权享受与其他合格投资项目相同的法定优惠政策和待遇。经济特区开发商和区内投资企业可享受的优惠投资政策见表6-16。

表6-16　经济特区享受的整体优惠政策

受益人	优惠政策
经济特区开发商	1. 利润税免税期最长可达9年； 2. 特区内基础设施建设使用设备和建材进口免征进口税和其他赋税； 3. 特区开发商可根据《土地法》取得国家土地特许，在边境地区或独立区域设立经济特区，并将土地租赁给投资企业。
区内投资企业	1. 与其他合格投资项目享受同等关税和税收优惠； 2. 产品出口国外市场的，免征增值税。产品进入国内市场的，应根据数量缴纳相应的增值税。
全体	1. 特区开发商、投资人或外籍雇员有权将税后投资收入和工资转账至境外银行； 2. 外国人非歧视性待遇、不实行国有化政策、不设定价格。

资料来源：Council for the Development of Cambodia：*Incentives*.http：//www.cambodiainvestment.gov.kh/incentives.html.

二、柬埔寨经济特区的优势

柬埔寨建立经济特区主要基于自身的一些政治、经济、劳动力等相对优势。进驻经济特区的企业，可享受税收、设备和原材料进口、产品出口等方面的优惠政策。柬埔寨政府开发经济区的主导思想仍然是私人投资而非政府投资，由私营企业负责园区基础设施建设、经营、对外招商等业务，将园区建设纳入市场化范畴。

1. 安全的投资环境

自洪森首相执政以来，关注民生，大力发展经济，使国内政局持续保持稳定，社会治安状况良好。奉行永久中立和不结盟政策，与世界上大多数国家保持友好关系。柬埔寨是中国的友好近邻，中柬两国有着传统的友谊，历史上没有发生过主权争端和民族矛盾；长期以来，中国几代领导人与西哈努克亲王的友好交往不断增进了两国人民的深厚友谊。入柬签证便利。

2. 独特的地理优势和较低的用工成本

柬埔寨地处东南亚交通枢纽位置。东临越南，北接老挝，西北靠近泰国，湄公河自北向南贯穿全境。位于柬埔寨南部的西哈努克市是柬埔寨第二大城市，唯一的国际港口城市。西港特区地处西哈努克市郊，离西港国际机场3千米，离西哈努克深水港12千米，离柬首都金边仅210千米，紧靠4号国道，地理位置优越，交通便利。

柬埔寨拥有1 400多万人口，人口年龄结构趋于年轻化。与其他东盟国家相比，柬埔寨劳工成本低，最低工资标准为每月61美元。

3. 宽松的贸易环境

柬埔寨尚未遭遇发达国家"双反"等贸易壁垒阻碍，且可享受欧美等发达国家给予的特殊贸易优惠政策及额外的关税减免优惠。

2011年1月1日，欧盟宣布启动新普惠制，继续对柬埔寨等49个最不发达国家产品给予最优惠待遇。且欧盟新的普惠制向柬埔寨再度放宽了条例，其中最主要的条件为欧盟不再限制布料的来源，允许在柬埔寨等国家生产的成衣产品可使用任何国家产制之布料，即可享受免关税优惠进入欧盟市场。

4. 完善的基础配套

目前，西港特区3平方千米区域内已实现通路、通电、通水、通讯、排污（五通）和平地（一平），1平方千米启动区基本建成，20栋厂房建设完毕，相应的生产、生活配套设施同步跟进，包括：启动生活区建设；建设柬籍员工宿舍及集贸市场；集办公、居住、餐饮和文化娱乐等多种服务功能于一体的综合服务中心大楼全面竣工并投入使用，并引入由柬埔寨发展理事会、海关、商业部、商检局、劳工局、西哈努克省政府代表组成的"一站式"行政服务窗口，为入区企业提供高效、便捷的服务。

5.优惠的税收政策

柬埔寨经济特区的优惠税收政策主要体现在表6-17。

表6-17   柬埔寨经济特区的具体优惠税收政策

税种	具体内容
出口税	免税。
进口税	免税：用于生产的机械设备、建筑材料、零配件、原材料等。
企业所得税	可获6～9年的免税期，免税期过后所得税税率为20%。
增值税	生产设备、建筑材料等增值税率为0%。
	原材料：服务于出口市场的产业，增值税率为0%，服务于内销市场的产业，增值税率为10%。

资料来源：Council for the Development of Cambodia：*Incentives*，website：http：//www.cambodiainvestment.gov.kh/incentives.html.

6.优质的配套服务

柬埔寨经济特区具备优质的配套服务：以优惠的价格租赁或出售土地及标准厂房；"一站式"行政服务窗口正式入驻，为入区企业提供投资申请、登记注册、报关、商检、核发原产地证明等服务；协助企业招工，推荐具有语言特长的管理人才及员工；建有酒店，为入区企业提供餐饮及客房服务；开办西港特区培训中心，为入区企业员工提供语言及技能培训；提供物流、清关、安保及物业管理服务；提供经贸信息、推荐合作伙伴。

三、柬埔寨主要的经济特区

迄今，柬埔寨政府以次法令形式正式批准14个经济特区，另外还有8个特区获得柬埔寨经济特区局证书（表6-18）。获批的经济特区主要分布在戈公省、西哈努克市、柴帧省、班迭棉吉省、茶胶省、干丹省、贡布省、磅湛省和金边市。其中，西哈努克市经济特区数量最多，其中就包括中国江苏红豆集团与柬埔寨国际投资开发集团合作建立的西哈努克港经济特区。

1.曼哈顿—柴帧出口加工区

2005年8月，柬埔寨第一个经济特区——曼哈顿—柴帧出口加工区在柬越边境的柴桢省境内正式破土兴建。该经济特区位于金边以东约160千米的巴韦口岸附近，离柬越边界仅6千米，距离越南胡志明市大约60千米。特区规划面积为240公顷，分3期开发建设。开建经济特区表明，柬埔寨希望通过借此吸引急需的FDI，创造所需的工作岗位，吸收每年约30万进入劳动大军的年轻柬埔寨人。[①]

曼哈顿—柴桢特区由曼哈顿国际股份有限公司（台资企业）投资修建，投资约3 000万美元。一期开发面积约80公顷，建设厂房面积40万平方米，预计容纳职工15 000名，年出口贸易额可达3亿美元以上。区内实行一站式服务，企业享受5年所得税和设备配件进口免税等优惠政策。

2. 西哈努克港经济特区

西哈努克港经济特区是中国商务部首批境外经贸合作区之一，也是首批通过中国商务部和财政部考核确认的6个境外经贸合作区之一。2006年10月底，中国江苏太湖柬埔寨国际经济合作区投资有限公司和柬埔寨国际投资开发集团有限公司、汇裕集团国际有限公司签署协议，共同投资1亿美元开发柬埔寨西哈努克港经济特区。该特区距离柬埔寨最大的海港——西哈努克港仅14千米。西港特区总体规划面积11.13平方千米，首期开发面积5.28平方千米，以纺织服装、五金机械、轻工家电等为主导产业，同时集出口加工区、商贸区、生活区于一体。全部建成后可容纳企业300家，就业人口达8万~10万人。西港特区地处柬埔寨王国唯一的国际港口城市——西哈努克市，离西港国际机场3千米，离西哈努克深水港12千米，连接柬埔寨国内最好的公路——4号国道，离柬首都金边仅210千米，地理位置优越，交通便利。经济特区以纺织服装、轻工业为主要产业，同时发展适合柬埔寨及东盟市场需求的机械、电子等产业。特区力争发展为以外向型制造加工业为主，集进出口贸易、保税仓库、物流运输、仓储、商品展示等功能于一体的工商贸综合经济区。[②]

作为中柬两国间的重要合作项目，西港特区受到了两国领导人及各级政府部门的高度关注。柬埔寨政府特别成立了由首相洪森担任主席的特区工作委员会，为特区设立专门窗口，提供一条龙服务，力图将其建成该国的一个"样板"。2010年12月13日，在中柬两国总理的见证下，两国政府部门正式签订《关于西哈努克港经济特区的协定》。2012年2月28日，中柬两国政府关于西港特区协调

---

① 《柬埔寨：经济特区里的中国身影》，见《青年参考》，2007年4月7日。http://www.sina.com.cn.

② 《柬埔寨：经济特区里的中国身影》，见《青年参考》，2013年3月15日。http://www.sina.com.cn.

委员会工作组第一次会议在金边召开，并达成共识，"要紧密合作，把西港特区建成中国境外经贸合作区的成功典范"。6月13日，洪森与在中共中央政治局常委、中央纪委书记贺国强又共同为西港特区揭牌。这为西港特区实现更好、更快发展提供了强大的政治保障。[①]

　　在两国政府的大力支持下，西港特区发展迅速。目前，西港特区3平方千米区域内已基本实现通路、通电、通水、通讯、排污（五通）和平地（一平），20栋厂房建设完毕；相应地生产、生活配套设施同步跟进，并引入柬埔寨相关行政部门"一站式"服务窗口，为入区企业提供高效、便捷的服务。区内企业有涉及服装、鞋类、箱包、钢结构、电子器材等行业的企业20家，其中中资企业14家、第三国企业5家、中柬合资企业1家。现已开工投产15家，区内从业人数达6 000人。[②]

表6-18　柬埔寨现有经济特区一览表

经济特区名	地址	面积（公顷）	开发进展
Neang Kok Koh Kong SEZ	戈公省	335	基础设施开发建设：筑围墙
Suoy Chheng SEZ	戈公省	100	基础设施开发建设
S.N.C SEZ	西哈努克市	150	基础设施开发建设
Stung Hav SEZ	西哈努克市	196	基础设施开发建设
N.L.C SEZ	柴桢省	105	基础设施开发建设
Manhattan（Svay Reing）SEZ	柴桢省	157	一期已开发70公顷，建立基础设施，并从越南接通电力
Poi Pet O' Neang SEZ	班迭棉吉省	467	基础设施开发建设：筑围墙、大门、电线杆等
Doung Chhiv Phnom Den SEZ	茶胶省	79	基础设施开发建设：筑围墙、填土方
Phnom Penh SEZ	干丹省	350	基础设施开发建设：筑围墙、道路、行政楼、大门、水电、通信系统
Kampot SEZ	贡布省	145	基础设施开发建设：填土方和建设贡布码头

① 西哈努克经济特区网站，2013年3月15日。http：//www.ssez.com/news.asp？nlt=105&none=3&ntwo=14.
② 《特区简介》，柬埔寨西哈努克港经济特区网站，2013年2月。http：//www.ssez.com/company.asp？Ilt=9&Ione=3.

续表

经济特区名	地址	面积（公顷）	开发进展
Sihanoukville SEZ 1	西哈努克市	178	基础设施开发建设
Tai Seng Bavet SEZ	柴桢省	99	基础设施开发建设：筑围墙、填土方、接入电力
Oknha Mong SEZ	戈公省	100	基础设施开发建设
Goldfame Pak Shun SEZ	干丹省	80	基础设施开发建设：筑围墙
Thary Kampong Cham SEZ	磅湛省	142	基础设施开发建设
Sihanoukville SEZ 2	西哈努克市	1 688	基础设施开发建设
D&M Bavet SEZ	柴桢省	118	基础设施开发建设
Kiri Sakor Koh Kong SEZ	戈公省	1 750	基础设施开发建设
Sihanoukville Port SEZ	西哈努克市	70	基础设施开发建设：填土方
Kampong Saom SEZ	西哈努克市	255	基础设施开发建设
Pacific SEZ	柴桢省	108	基础设施开发建设
MDS THMORDA SEZ	菩萨省	2 265	基础设施开发建设

资料来源：Council for the Development of Cambodia：*Special Economic Zone in Cambodia*，website：http://www.cambodiainvestment.gov.kh/list-of-sez.html.

据柬埔寨发展理事会统计，2011年，柬埔寨各类经济特区共吸引外资项目39个，吸纳就业3.2万人，吸引投资7.15亿美元，占柬埔寨全年新批投资额的10%。在柬埔寨经济特区投资，可享受前述税收、设备和原材料进口、产品出口等方面的优惠政策。近年来，柬埔寨经济特区吸引外资呈增长趋势。在柬埔寨经济特区投资的外商主要来自日本、中国大陆、中国台湾、马来西亚和新加坡等国家和地区，行业涉及服装、制鞋、电子、农产品加工等领域。[1]

---

[1] 商务部国际贸易经济合作研究院、商务部投资促进事务局、中国驻柬埔寨大使馆经济商务参赞处：《对外投资合作国别（地区）指南——柬埔寨（2012年版）》，2012年，第35页。

第五节　柬埔寨的"经济走廊"建设

"经济走廊"（Economic Corridor）是1998年东南亚金融危机后，东盟国家在第七届GMS部长会议上，湄公河流域国家提出的旨在加快次区域经济发展与合作，应对经济危机的发展合作模式。在湄公河地区内现建有的经济走廊有三个："东西经济走廊"（EWEC）、"南北经济走廊"（NSEC）和"南部经济走廊"（SEC）。2000年，在第八届东盟部长会议上，三个经济走廊正式发起建设。

随着经济发展不断提速，柬埔寨政府意识到，柬埔寨要想成功地融入东盟经济一体化进程，关键在于不断扩大柬埔寨经济的发展规模、吸引更多的投资、创造更多的就业机会、获得更多的贸易收入，以及进一步减少贫困。为此，经济走廊建设成为柬埔寨实现上述目标的重要途径之一。

一、"南部经济走廊"建设概况

南部经济走廊覆盖柬埔寨、泰国、越南以及老挝南部的一些地区。由于柬埔寨有90%的人口都处在南部经济走廊区域内，所以该经济走廊对柬埔寨的发展影响重大。南部经济走廊由1998年的交通运输走廊转型而来[1]，该走廊是柬埔寨与泰国曼谷和越南胡志明市公路运输的主要通道。建设该经济走廊的目的在于，激活相关区域的经济活力，借助边境运输通道提升经济合作，例如在边境地区建设工厂，通信互通网络、电力输送系统、天然气管道和旅游业发展等。组成南部经济走廊的有4个亚经济走廊，即中部亚经济走廊、北部亚经济走廊、南部沿海亚经济走廊和中间亚经济走廊，它们连接了湄公河地区国家南部的主要城市，即：（1）中部亚经济走廊：泰国曼谷—柬埔寨金边—越南胡志明市—头顿；（2）北部亚经济走廊：泰国曼谷—柬埔寨暹粒—上丁—腊塔纳基里—越南归仁；（3）南部沿海亚经济走廊：泰国曼谷—柬埔寨达勒—戈公—贡布—越南河静—金瓯市—南根；（4）中间亚经济走廊：柬埔寨西哈努克—金边—桔井—上丁—巴色—沙湾拿吉。

---

[1]　Sau Sisovanna: *A Study on Cross-Border Trade Facilitation and Regional Development along Economic Corridors in Cambodia*, in *Emerging Corridors in the Mekong Region*, edited by Masami Ishida, *BRC Research Report*, No.8, IDE-JETRO Bangkok Research Center, 2012, p.115.

在柬埔寨境内，"南部经济走廊"覆盖了柬埔寨的21个省市，涉及人口达12 294 471人，占柬埔寨全国人口总数的91.78%。主要包括金边地区、洞里萨湖地区、上丁和腊塔纳基里等山地地区，以及戈公、贡布等海岸地区。[①]

这些"亚经济走廊"连接了柬埔寨许多省份和地区，特别是"中部亚经济走廊"连接了柬埔寨、泰国和越南的重要城市，即曼谷、金边和胡志明市。"南部经济走廊"有利于实现该地区的社会、商业和经济资源的一体化发展，形成一个次区域经济圈。"南部沿海亚经济走廊"把柬埔寨和泰国东部海岸的商业、工业和旅游业重要区域连接起来，而柬埔寨境内则以西哈努克港为中心，具备较好的工商业发展条件，主要产业有渔业、能源、轻工业和贸易。"北部亚经济走廊"连接了柬埔寨主要的旅游业发展区域，可以把柬埔寨的暹粒吴哥窟和泰国曼谷的旅游串联起来，包括柬埔寨柏威夏省的相关旅游、上丁地区的湄公河流域旅游到老挝南部，以及腊塔纳基里自然公园和野生动物旅游区等。

二、"南部经济走廊"发展现状

"南部经济走廊"在柬埔寨境内的部分，正好是柬埔寨资源的富集区，有湄公河、洞里萨湖。常年的雨水冲刷，使该区域有肥沃的土地等较好的农业发展条件，特别适合稻米的种植。同时，洞里萨湖是世界最丰富的鱼类资源湖泊之一，为柬埔寨渔业发展奠定了基础。加之，柬埔寨在该地区丰富的森林资源、石油、天然气资源和水资源都对南部经济走廊的发展奠定了坚实的基础。

1."中部亚经济走廊"

"中部亚经济走廊"穿过柬埔寨的诗梳风至金边。该地区是柬埔寨境内4个"亚经济走廊"中最大的，有大量的受过一定程度教育和技术培训的劳动力，受教育率在78.73%，与其他"经济走廊"相比具有人力资源的优势。该地区覆盖柬埔寨国土面积的45.37%，总人口9 803 447人，占柬埔寨全国人口总数的73%，其中贫困人口占35.15%。[②]"中部亚经济走廊"经济发展迅速，金边和暹粒2个国

① Sau Sisovanna: *A Study on Cross-Border Trade Facilitation and Regional Development along Economic Corridors in Cambodia*, in *Emerging Corridors in the Mekong Region*, edited by Masami Ishida, *BRC Research Report*, No.8, IDE-JETRO Bangkok Research Center, 2012, pp.119~120.

② Sau Sisovanna: *A Study on Cross-Border Trade Facilitation and Regional Development along Economic Corridors in Cambodia*, in *Emerging Corridors in the Mekong Region*, edited by Masami Ishida, *BRC Research Report*, No.8, IDE-JETRO Bangkok Research Center, 2012, p.121.

际机场也位于该经济走廊上，有极具吸引力的旅游资源。区域内各省份有丰富的农业资源，特别是木薯、稻米、橡胶和大豆等。许多成衣厂随着经济走廊的建设而发展起来，特别是在金边和干丹地区。

2. "北部亚经济走廊"

"北部亚经济走廊"的发展情况和"中部亚经济走廊"相似，它穿过上丁、蒙多基里、腊塔纳基里等省。该区占国土面积的33.28%，人口1 390 826人，占总人口的10.37%，人口密度较低。大多数人口主要居住在农村，受教育比例为60.25%，贫困率在47.26%。[1]该地区有丰富的水资源、森林资源和矿场，特别是蒙多基里和腊塔纳基里地区具有丰富的水电资源。"北部亚经济走廊"沿线聚集着较大的非工业产业和林产业，这些情况有利于经济林木的种植和商业农作物的种植，如咖啡豆、橡胶、甘蔗等。

3. "南部沿海亚经济走廊"

"南部沿海亚经济走廊"穿过柬埔寨的戈公和贡布地区，经过了国家48号、4号、3号公路。该地区占国土面积的8.45%，人口739 084人，占总人口数的5.52%。有82.69%的人居住在农村，受教育率在76.70%，贫困率在25.44%。[2]"南部沿海亚经济走廊"水电资源丰富，戈公省的海岸旅游发展较快。基于此，柬埔寨政府积极促进该区的农产品生产和海洋渔业的发展。

4. "中间亚经济走廊"

"中间亚经济走廊"呈南北走向，连接柬埔寨的西哈努克，穿过金边、干丹、磅湛、桔井、蒙多基里和上丁，并连接老挝南部，与"东西经济走廊"相通。该地区占柬埔寨国土面积的32.64%，人口5 703 222人，占总人口数的52.57%。有75.31%的人居住在农村，受教育比例在75.66%，贫困率在35.33%。[3]"中间亚经济走廊"包括西哈努克市，故有西哈努克港作为重要的贸易支撑，对该区的经济

① Sau Sisovanna: *A Study on Cross-Border Trade Facilitation and Regional Development along Economic Corridors in Cambodia*, in *Emerging Corridors in the Mekong Region*, edited by Masami Ishida, *BRC Research Report*, No.8, IDE-JETRO Bangkok Research Center, 2012, p.122.

② Sau Sisovanna: *A Study on Cross-Border Trade Facilitation and Regional Development along Economic Corridors in Cambodia*, in *Emerging Corridors in the Mekong Region*, edited by Masami Ishida, *BRC Research Report*, No.8, IDE-JETRO Bangkok Research Center, 2012, p.123.

③ Sau Sisovanna: *A Study on Cross-Border Trade Facilitation and Regional Development along Economic Corridors in Cambodia*, in *Emerging Corridors in the Mekong Region*, edited by Masami Ishida, *BRC Research Report*, No.8, IDE-JETRO Bangkok Research Center, 2012, p.124.

发展起到了较大的推动作用。同时，丰富的水源也有利于水电的发展。

三、"南部经济走廊"发展的优势和问题

与柬埔寨其他地区相比，由上述4个"亚经济走廊"组成的"南部经济走廊"具有较大的发展优势。一是这些地区有丰富的自然资源，如森林资源、水力资源、矿产，而肥沃的土地对农业的发展有重要的作用；二是有素质相对较高的劳动力资源，他们受教育程度较好，接受了一定的技能培训，可以参与以制农业为主的工业生产，特别是一些轻工业的发展；三是由于处于柬埔寨最重要的旅游区，如暹粒的吴哥窟、金边等，而旅游业是柬埔寨重要的经济发展支柱，这对柬埔寨经济发展意义重大；四是柬埔寨积极参与地区经济合作，如加入东盟经济共同体，参与GMS经济合作，也对"南部经济走廊"建设起到积极作用，对柬埔寨在"南部经济走廊"建设中获取更多的投资、更多的贸易市场和援助带来了比以往更大的机会和吸引力。泰国、新加坡等相对发达的东盟国家增加了对柬埔寨"南部经济走廊"基础设施等方面的投资和援助，而基础设施的提升，又进一步促进了柬埔寨在"南部经济走廊"建设中的角色转换，即从一个被动参与GMS经济合作转变为发挥建设性作用的成员。此外，中国、日本等区外大国也积极支持"南部经济走廊"建设，给予较多的投资和援助，希望借"经济走廊"建设来带动GMS经济一体化。

不可否认，由于柬埔寨自身经济发展相对滞后，政府管理能力低下，腐败现象较多，特别是基础设施落后、交通运输条件有待改善、劳动力素质普遍较低、大部分发展还是以农业为主的粗加工，且几个国家中只有泰国经济条件较好，柬埔寨和老挝都属最不发达国家，而其他两个"经济走廊"建设也会对"南部经济走廊"建设带来不小的竞争。所以，"南部经济走廊"的完全建成还需要一段时间。

总体上，南部"经济走廊"是柬埔寨经济发展的重要引擎，特别是对建立一个更大的市场、农业和工业发展基地，以及世界级旅游胜地，都有其不可替代的作用。跨国贸易和地区发展也都需要"经济走廊"建设的支持，"经济走廊"将成为争取投资和援助、加强地区经济一体化、提高柬埔寨人民生活水平、减少贫困的有效途径。

第六节　柬埔寨的"发展三角"建设

冷战后，随着世界经济的全球化，集团化趋势的发展，东南亚许多国家先后提出一些经济合作的构想，其中"发展三角"[①]计划颇具影响。它的出现和发展，使东盟各国合作伙伴之间互补互惠，在经济共存形态中，进行经济合作，共同发展，进而带动整个经济发展的势头。其中，"柬埔寨—老挝—越南发展三角"（简称柬—老—越发展三角）指的是有柬埔寨、老挝、越南三国共同倡议建设的旨在加强三国经济合作和团结，促进三国经济发展的合作机制。该机制对三国有积极意义，成为了柬埔寨参与次区域经济合作的一个新的有效途径。

一、"发展三角"的缘起

1999年10月，越南总理潘文凯、老挝总理西沙瓦·乔本潘和柬埔寨政府总理洪森在老挝首都万象举行了非正式会谈。三国总理在会谈中，主要强调利用三国联盟的优势，加速三国社会经济发展的重要性。并认为这样的合作对三国来说是一个重要的战略选择。[②]在该次会谈中，三国领导人就电力共享、共同投资交通运输、共享劳动力资源，以及对三国相连的地区的自然资源开发和管理，包括相关口岸及贸易中心的建设发展等问题进行了磋商。三国领导人决心要在东盟内部加强三国的合作与团结。这便是"发展三角"的缘起。

柬老越"发展三角"最初是于1999年提出的，当时主要集中在7个省份，其中包括柬埔寨的腊塔纳基里和上丁2省。由于这些省份都处于三国边境交界地区，共同的边境、气候和社会经济背景，具备发展农业、林业、矿业、旅游、贸易和相关产业的潜力。2004年，柬埔寨、越南和老挝三国政府决定开始建设"柬—老—越发展三角"。当时该区域由三国的共计10个省份组成，其中柬埔寨的腊塔纳基里、上丁和蒙多基里3个省份名列其中，然后是老挝的3个省（阿速坡、赛公和沙拉湾）和越南的4个省（昆嵩、多乐、嘉莱和多农）。2006年，"柬—老—越发展

[①]　东南亚地区最早的发展三角，是"新加坡—马来西亚—印度尼西亚发展三角"，亦称"南三角"，是在东南亚各"发展三角"中规模最大的。该构想是由新加坡总理吴作栋（时任第一副总理）在1989年10月根据新加坡的政治经济形势首次提出。他倡导由新加坡、马来西亚的柔佛州和印尼的廖内群岛（包括巴淡岛）组成"发展三角"经济合作开发区，以利用各自的自然资源、资金、技术、劳动力的优势，推行区域经济合作的发展。1990年10月召开的东盟经济部长第22届年会，即将该"发展三角"计划列为东盟区域经济合作的重要内容。

[②]　晓珠：《东盟中形成越老柬发展三角》，载《东南亚纵横》，2000年第1期，第18页。

三角"第四次峰会在越南举办。三国总理重申了之前的倡议并一致支持先前会议达成的共识，即"发展三角"的建设是为了促进经济增长，减少贫困、密切文化交流和该地区的社会发展，特别是基础设施建设和各国经济潜力的挖掘，并为地区和平、稳定、团结、一体化和发展做出贡献。

　　2009年12月，"柬—老—越发展三角"会议在越南嘉莱举办，与会的三国代表都同意增加参与的省份数量，即柬埔寨的桔井、老挝的占巴塞、越南的平福将加入"发展三角"。由此，柬埔寨参与省份达到4个。由于柬埔寨的这些边境省份经济落后，因而希望借助"发展三角"这一经济一体化的模式，来吸引外国投资、提升经济发展水平。

二、"发展三角"建设情况

（一）柬埔寨4个参与省份的基本情况

　　目前，柬埔寨有腊塔纳基里、上丁、蒙多基里和桔井4省参与"柬老越发展三角"计划，成为重要的参与部分。4省的面积达46 256平方千米，相当于柬埔寨国土面积的26.12%，有居民642 461人，占了柬埔寨总人口数量的4.8%。这4个省主要是农业省份，多数人口居住在农村，贫穷程度为46.11%。[1]这一比例高于柬埔寨全国35%的平均水平。具体情况见表6-19。

表6-19　"发展三角"区柬埔寨参与省份的总体情况

省	地区面积（平方千米）	人口（人）	占全国人口比例（%）	占农村人口比例（%）	受教育比例（%）
桔井	10 094	319 217	2.38	88.73	73.74
蒙多基里	14 288	61 107	0.45	92.05	60.91
腊塔纳基里	10 782	150 466	1.12	87.00	45.90
上丁	11 092	111 671	0.83	85.75	61.45

资料来源：根据2008年柬埔寨人口调查数据整理。

　　如表6-19所示，这4个省的居民受教育程度普遍较低，教育基础设施发展落

---

[1] Sau Sisovanna: "A Study on Cross-Border Trade Facilitation and Regional Development along Economic Corridors in Cambodia, in Emerging Corridors in the Mekong Region", Masami Ishida ed., *BRC Research Report*, No.8, IDE-JETRO Bangkok Research Center, 2012, p.61.

后，相关的教学楼、设备的建设缓慢且不足，总体条件较差。有50%的教学楼缺乏地板、围墙和屋顶，这直接导致了该地区孩子失学率较高。同时，该地区医疗卫生情况也较差，基本的医疗设施不齐备，医药用品严重不足和短缺，人们基本无法得到有效的医疗服务。总体上，这4个省发展落后，与外界的交流主要依靠几条国家公路。因此，借助"发展三角"等国际合作机制来促进当地的经济和社会发展，成为柬埔寨的紧迫任务。

（二）"发展三角"区内的合作

1. 电力合作

电力是促进经济和社会发展的最基本保障，对农业和工业的发展至关重要。为了解决该地区的落后情况，以配合"发展三角"计划，柬埔寨政府鼓励通过借助该地区丰富的水能、天然气和煤炭等能源资源建设低成本的电力系统，建设小型水力发电站、微型火力发电站等，并力争实现与GMS和东盟区域输电网的连接，如输入越南和老挝电力进入柬埔寨。2010年，柬埔寨的上丁省开始从老挝进口电力，并同时从越南引入了输电线。

2. 饮用水源合作

"发展三角"的合作省份都面临着由于基础设施落后，仍然缺乏足够的清洁饮用水的问题。为此，三国合作省份通过双边和多边机制协调，以通过合作解决这一问题，并以共同合作的省份向日本等发达国家争取资金和技术的支持，来提高饮用水质量，建立清洁的饮用水源系统。

3. 灌溉系统

根据柬埔寨社会经济调查机构的数据显示，柬埔寨约有25%的农田需要灌溉。在发展三角有大量的水资源可用于农业灌溉，但由于尚无高效的灌溉系统，影响了该地区的农业发展，也直接阻碍了经济的发展。例如，柬埔寨桔井省有限的灌溉系统，只能保证2/3的农田得到灌溉。三国借助"柬—老—越发展三角区"计划，力图发展该地区的农业灌溉系统，以利于在雨季和旱季都能保证对农作物的正常灌溉。

4. 邮政和通信体系的建设

在"发展三角"的计划推动下，该地区邮政和通信网络得到了较快速的发展。柬埔寨政府鼓励使用移动电话和因特网，并发展相关服务产业。在"发展三角"区内，通信系统不断得到提升，移动电话使用者逐年增加，服务费用也在逐步调低。其中，桔井省建立了7家移动电话服务公司、1个固定电话服务机构和3个因特网服务公司；蒙多基里省有3家移动电话服务公司和1个因特网服务公司；腊塔纳基里省则成立了5家移动电话服务机构，1个固定电话服务机构和2家因特网服务公司；上丁省建立了7家移动电话服务公司、2家固定电话服务机构和1个因特网服务商。[①]

5.跨境运输

在"发展三角"区内，有三条国际通道：德罗斯雷、德罗科尔和雅达威。蒙多基里省和其邻近的越南省份有3～4个边境通道待提升为国际级交流口岸（相当于中国的一级口岸）。柬埔寨在该地区的一些出口货物，如农产品、原材料、木材、橡胶等，以及进口产品，如食物、化肥、建筑材料、石油、机械、汽车等都可借助于越南和老挝的边境口岸实现进出口或向第三国进出口。但是，柬埔寨的蒙多基里、桔井等省的对外贸易是不平衡的，其出口到越南的商品没有进口的多，有的贸易逆差甚至达4倍、8倍。柬埔寨在发展三角中仍然面临贸易逆差过大的问题，需要通过和老挝、越南协调，以及提升自身贸易竞争能力和商品优势，以改善在发展三角中所处的不利位置。具体情况见表6-20。

表6-20　"发展三角"中柬埔寨相关省份的跨境运输情况

		腊塔纳基里	上丁	蒙多基里	桔井
进口产品		机械、食品、橡胶、护理用品、化肥、家具（1 011吨/月）	咖啡、茶叶、食品（3 201吨/月）	N/A	食品（21 725吨/月）
出口产品		农产品、生橡胶（9 510吨/月）	大米、鱼类、猪仔（4 118吨/月）	N/A	农产品
汽车流动	入境	568辆/月	251辆/月	N/A	20～40辆/月
	出境		328辆/月	N/A	20～40辆/月
每年的人员流动	入境	22 118人/月	25 450人/月	N/A	53 810人/月
	出境	21 868人/月	19 600人/月	N/A	3 226人/月

资料来源：Sau Sisovanna：*A Study on Cross-Border Trade Facilitation and Regional Development along Economic Corridors in Cambodia*，in *Emerging Corridors in the Mekong Region*，Masami Ishida ed.，*BRC Research Report*，No.8，IDE-JETRO Bangkok Research Center，2012，p.71.

---

① Sau Sisovanna："A Study on Cross-Border Trade Facilitation and Regional Development along Economic Corridors in Cambodia, in Emerging Corridors in the Mekong Region", edited by Masami Ishida, *BRC Research Report*, No.8, IDE-JETRO Bangkok Research Center, 2012, p.71.

此外，发展三角对柬、老、越三国的农业和工业的合作也有积极作用。三国在大米、鱼类、牲畜等农产品贸易方面，以及在柬埔寨矿业等工业方面的交流有了更广阔的平台，这有力地促进柬埔寨农业和工业的整体发展。

（三）"发展三角"带来的投资和ODA

1. 投资的增加

随着"柬—老—越发展三角"计划的推进，柬埔寨获得的FDI也增加了，越南企业增加了在柬埔寨发展三角内省份的投资。

2009—2012年，在"发展三角"内的柬埔寨省份获得的FDI达到115个项目。包括桔井的57个、蒙多基里的17个、腊塔纳基里的29个和上丁的12个。[①]其中，95%的投资项目集中在非工业领域，例如对橡胶种植投资比例较大。同时，对旅游业、矿业的投资也在增加。具体情况见图6-1。

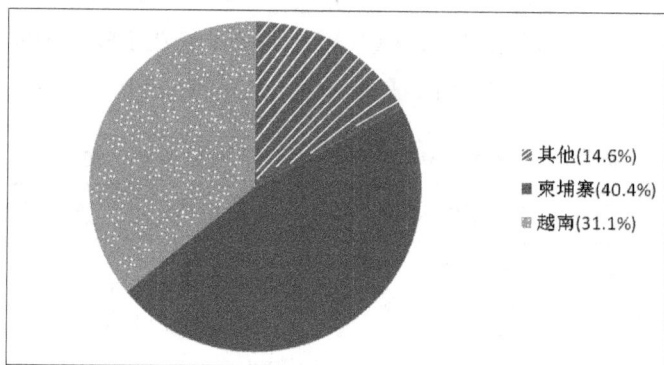

其他(14.6%)
柬埔寨(40.4%)
越南(31.1%)

图6-1　2012年柬埔寨参与"发展三角"省份获得的非工业投资情况

资料来源：Data base of Cambodia Investment Board（CIB）; and *CDC-Provincial Information Report.*

2. ODA

随着"柬—老—越发展三角"计划的推进，援助国和国际组织对该地区的ODA也在增加。截至2012年底，柬埔寨的"发展三角"相关省份累计获得302个援助项目。其中，桔井87个、蒙多基里62个、腊塔纳基里83个、上丁70个。[②]这

① Sau Sisovanna: "A Study on Cross-Border Trade Facilitation and Regional Development along Economic Corridors in Cambodia, in Emerging Corridors in the Mekong Region", by Masami Ishida, *BRC Research Report ed.*, No.8, IDE-JETRO Bangkok Research Center, Thailand, 2012, p.90.

② Sau Sisovanna: "A Study on Cross-Border Trade Facilitation and Regional Development along Economic Corridors in Cambodia, in Emerging Corridors in the Mekong Region", edited by Masami Ishida, *BRC Research Report*, No.8, IDE-JETRO Bangkok Research Center, 2012, p.92.

些项目中有148个在进行中，有154个已经完成，主要集中在社会基础设施建设、经济发展、服务业发展和边境通道建设等方面。主要援助主体有联合国、亚洲开发银行、世行等。具体情况见图6-2。

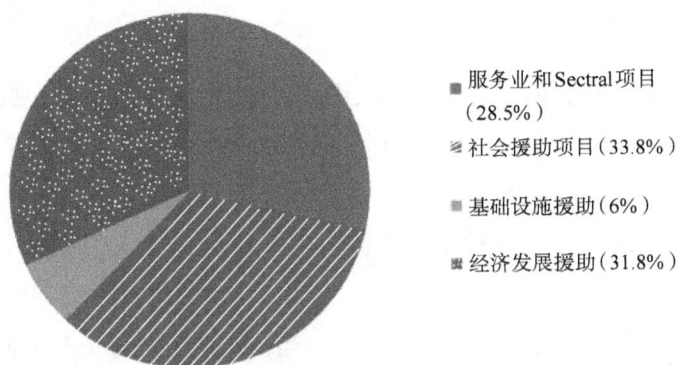

服务业和Sectral项目（28.5%）

社会援助项目（33.8%）

基础设施援助（6%）

经济发展援助（31.8%）

图6-2　2012年柬埔寨参与"发展三角"获得的ODA情况

资料来源：根据Cambodian Rehabilitation Development Board（CRDB）的数据整理。

三、"发展三角"面临的机会和挑战

总体而言，"发展三角"对柬埔寨相关省份的经济和社会发展是有积极意义的。首先，由于该地区具备丰富的自然资源和较大的发展潜力，得到了三国政府的重视以及主要投资方的关注，包括相关国家和国际组织提供的援助。其次，由于柬埔寨、老挝、越南三国对"发展三角"计划的有力支持，以及可预期的长期发展态势，"发展三角"会获得越来越多的发展机会。特别是随着跨境通道的逐步完善，贸易往来增加，物流效率提高，都会有助于该地区的发展。

但也需要看到，毕竟柬埔寨自身经济发展能力有限，而该地区的相关省份又是柬埔寨相对落后的省份，基础设施落后、发展滞后、人力资源有待开发、环境闭塞，这些都会阻碍"发展三角"的发展，给合作计划的实施带来一些困难。"发展三角"的大发展，任重道远。

参考文献

一、中文文献

[1]D.J·斯坦伯格.柬埔寨的民族集团[J].朱晓慧，译.世界民族，1989（2）.

[2][柬]易通.论佛教寺院在柬埔寨自然保护中的作用[J].莽萍，译.中央社会主义学院学报，2005（6）.

[3]毕世鸿.试析冷战后日本的大湄公河次区域政策及其影响[J].外交评论，2009（6）.

[4]陈衍德.多民族共存与民族歧视——当代东南亚族际关系的两个侧面[J].南洋问题研究，2004（1）.

[5]程映虹：以革命的名义——红色高棉大屠杀研究[J].（中国香港）二十一世纪，1999（53）.

[6]邓明翔、刘春学.GMS经济合作机制下的柬埔寨矿业投资环境分析[J].东南亚纵横，2011（12）.

[7]邓淑碧.蓬勃发展的柬埔寨旅游业[J].东南亚纵横，2006（5）.

[8]董治良.柬埔寨王国经济贸易法律指南[M].北京：中国法制出版社，2006.

[9]董治良，赵佩丽.柬埔寨王国经济贸易法律选编[M].北京：中国法制出版社，2006.

[10]冯璐，吴春梅，李立池.柬埔寨农业研究体系概况[J].东南亚纵横，2010（1）.

[11]高怡松.柬埔寨经济特点与中柬合作的机遇[J].东南亚纵横，2011（11）.

[12]古小松.2003—2004年东南亚发展报告[M].南宁：广西人民出版社，2004.

[13]关涛.柬埔寨矿业[J].世界有色金属，2006（8）.

[14]郭又新.简析柬埔寨天然橡胶业的发展[J].东南亚研究，2012（3）.

[15]贺圣达.大湄公河次区域合作：复杂的合作机制和中国的参与[J].南洋问题研究，2005（1）.

[16]黄丹.柬埔寨入境旅游市场分析[J].旅游管理研究，2012（3）.

［17］蒋玉山.柬埔寨：2011—2012年回顾与展望［J］.东南亚纵横，2012（3）.

［18］雷小华.柬埔寨产业发展、规划及经验［J］.东南亚纵横，2010（8）.

［19］李晨阳.佛教在当代柬埔寨政治中的作用［J］.东南亚纵横，1995（4）.

［20］李晨阳.柬埔寨的伊斯兰教［J］.世界宗教文化，2003（1）.

［21］李晨阳.GMS研究2009［M］.昆明：云南大学出版社，2009.

［22］李晨阳，瞿建文，卢光盛.列国志·柬埔寨［M］.北京：社会科学文献出版社，
　　　2005.

［23］李勤.东南亚经济概论［M］.昆明：云南民族出版社，1999.

［24］李秋月.柬埔寨旅游业发展现状及分析［J］.中国商贸，2011（3）.

［25］李涛.日柬关系发展的演变、动因及发展趋势［J］.国际展望，2012（4）.

［26］梁薇.柬埔寨：2010年回顾与2011年展望［J］.东南亚纵横，2011（2）.

［27］刘开强，等.柬埔寨水稻生产概况与发展战略［J］.广西农业科学，2010（6）.

［28］刘仁伍.东南亚经济运行报告：2007［M］.北京：社会科学文献出版社，
　　　2007.

［29］刘文，齐欢.大湄公河次区域天然橡胶产业发展现状及趋势分析［J］.东南
　　　亚纵横，2004（11）.

［30］刘晓民.进入21世纪后的柬埔寨经济［J］.东南亚，2005（2）.

［31］刘稚.走进柬埔寨［M］.昆明：云南美术出版社，2004.

［32］刘稚.大湄公河次区域合作发展报告（2011—2012）［M］.北京：社会科学文
　　　献出版社，2012.

［33］卢肖平.中国——东盟农业合作［M］.北京：中国农业科学技术出版社，
　　　2006.

［34］孟瑞，冯希.柬埔寨地质矿产资源概况及矿业政策［J］.国土资源情报，2011
　　　（7）.

［35］沙永恒.柬埔寨林业面面观［J］.中国林业，2009（5）.

［36］商务部国际贸易经济合作研究院、商务部投资促进事务局、中国驻柬埔寨
　　　大使馆经济商务参赞处.对外投资合作国别（地区）指南——柬埔寨（2012
　　　年版），2012（11）.

［37］施俊法等.世界矿情——亚洲卷［M］.北京：地质出版社.2006.

［38］石林.当代中国的对外经济合作［M］.北京：中国社会科学出版社，1989.

［39］孙维仁.柬埔寨工业发展状况［J］.中国经贸，2007（2）.

［40］覃主元，等.战后东南亚经济史（1945—2005年)［M］.北京：民族出版社，
　　　2007.

［41］王洁，杨武.新编中国经济地理［M］.北京：中央民族大学出版社，2010.

［42］王士录.当代柬埔寨经济［M］.昆明：云南大学出版社，1999.

［43］王志刚.柬埔寨王国的矿产资源与投资政策［J］.西部资源，2006（1）.

［44］王忠田.印度公司在柬埔寨桔井省兴建白糖厂［J］.世界热带农业信息，2011
　　　（2）.

［45］吴良士.民主柬埔寨矿产资源及其地质特征［J］.周边国家矿产资源简介，
　　　2009（4）.

［46］吴美丽.1993年以来的柬埔寨与中国关系研究［D］.吉林大学硕士学位论
　　　文，2010.

［47］晓珠.东盟中形成越老柬发展三角［J］.东南亚纵横，2000（1）.

［48］邢和平.柬埔寨海上石油引发国际投资热潮［J］.东南亚纵横，2007（11）.

［49］徐国端、石菲菲、杨自安等.柬埔寨矿产资源分布规律及遥感找矿预测初步
　　　研究［J］.矿产与地质，2008（6）.

［50］许肇琳、张天枢.柬埔寨［M］.南宁：广西人民出版社，1995.

［51］薛力、肖欢容.中国对外援助在柬埔寨［J］.东南亚纵横，2011（12）.

［52］薛谋洪.当代中国外交［M］.北京：中国社会科学出版社，1990.

［53］杨宁.对中国制衣企业投资柬埔寨的思考［J］.东南亚纵横，2006（4）.

［54］杨宁.柬埔寨IT业现状［J］.东南亚纵横，2005（3）.

［55］杨武.当代东盟经济与政治［M］.北京：世界知识出版社，2006.

［56］姚锋.柬埔寨电力市场概况［J］.国际电力，2003（6）.

［57］怡人.柬埔寨橡胶业待扶持［J］.东南亚南亚信息，1995（18）.

［58］翟崑.柬埔寨组阁僵局及其政策走向［J］.现代国际关系，2003（10）.

［59］张文超.柬埔寨对外经贸制度和政策研究［J］.东南亚纵横，2004（4）.

［60］张新元.柬埔寨矿政构架、投资潜力及填图现状［J］.国土资源情况，2012
　　　（1）.

［61］钟楠.浅析日本对柬埔寨的援助外交［J］.东南亚纵横，2003（12）.

［62］周中坚. 战后五十年柬埔寨华人的曲折历程［J］. 南洋问题研究，1996（1）.

二、英文文献

［1］Asian Development Bank：*Agriculture and Rural Development Sector in Cambodia*, Manila：September, 2009.

［2］Bingxin Yu, Xinshen Diao：*Cambodia's Agricultural Strategy: Future Development Options for the Rice Sector*, Washington, D. C. , International Food Policy Research Institute, Mar 2011.

［3］Brett M. Ballard, *Annual Development Review 2006—07,* Phnom Penh: Cambodia Development Resource Institute, February 2007.

［4］Cambodia's ministry of industry, Mines and Energy, General Department of Mineral Resources; U. S. Geological Survey：*Minerals Questionnaires for Cambodia 2006—10.*

［5］Chap Moly："Infrastructure Development of Railway in Cambodia: A Long Term Strategy" , *IDE Discussion Paper.* No. 150, 2008. 4.

［6］Chap Sotharith：*Trade, FDI, and ODA between Cambodia and China/Japan/ Korea, Economic Relations of China, Japan, Korea with the Mekong River Basin Countries,* BRC Reseach Report No. 3, IDE-JETRO Bangkok Reseach Center,2010.

［7］Chen Chen Lee：*Female Labor Migration in Cambodia*, Action Aid International, Phnom, Cambodia, 2007.

［8］Chheang Vannarith：*Cambodia's Economic Relations with Thailand and Vietnam, CICP Working Paper No. 25*, Cambodian Institute for Cooperation and Peace, 2008.

［9］Christopher R. Duncan：*Civilizing the Margins: Southeast Asia Government Policies for the Development of Minorities*, Cornell University Press, 2004.

［10］Environment and Social Safeguard Division Regional and Sustainable Development Department Asian Development Bank：*Indigenous Peoples/Ethnic, Minorities, and Poverty Reduction Cambodia*, Manila, June, 2002.

［11］Grant Curtis: *Cambodia: A Country Profile*, Stockholm. Swedish International Development Authority, 1990.

［12］Hing: *Cambodia's Garment Industry Post 2005, Chapter 3 of Annual Development Review 2004–05,* Phnom Penh: Cambodia Development Resource Institute, 2005.

［13］Jan Ovesen, Ing-Britt Trankell: "Foreigners and Honorary Khmers, Ethnic Minorities in Cambodia", in Christopher R. Duncan, *Civilizing the Margins: Southeast Asia Government Policies for the Development of Minorities*, Cornell University Press, 2004.

［14］Jennar Raoul: *The Cambodia Constitution（1953—1993）*, Bangkok: White Lotus, 1995.

［15］Kang Chandararot & Chan Sophal: *Cambodia's Annual Economic Review*, Cambodia Development Resource Institute Phnom Penh, September 2003.

［16］Kang Chandararot, Dannet Liv, Brett Ballard and So Sovannarith: *Cambodia's Annual Economic Review 2004*, Phnom Penh: Cambodia Development Resource Institute, December 2004.

［17］Kisan Gunjal, Michael Sheinkman, Kurt Burja, John Jeong and Yav Long: *FAO/WFP Crop and Food Security Update Mission to Cambodia Report*, 17 April 2012.

［18］Masami Ishida: *Five Triangle Ateas in the Greater Mekong Subregion*, IDE-JETRO Bangkok Research Center, 2013.

［19］Ministry of Environment Cambodia and UNDP Cambodia: *Cambodia Human Development Report 2011*, 2011.

［20］Ministry of Tourism: *Tourism Statistical Report-Year Book 2002*, 2002.

［21］National Committee for Population and Development: *Background Paper on Gender and a Right-based Approach to Labor Migration in Cambodia*, Cambodia, 2008.

［22］National Institute of Statistics, Ministry of Planning of Cambodia: *General Population Census of Cambodia 2008 - Provisional Population Totals*, Phnom

Penh, August, 2008.

[23] National Institute of Statistics, Ministry of Planning, Kingdom of Cambodia: *Labor and Social Trends in Cambodia 2010*, September, 2010.

[24] Nico Janssen eds.: *Cambodia Supporting the Vegetable Value Chain: Approaches, lessons and Innovation in Svay Rieng*, SNV Netherlands Development Organization, 2012.

[25] Robyn Johnston, Chu Thai Hoanh, Guillaume Lacombe, Andrew Noble, Vladimir Smakhtin, Diana Suhardiman, Kam Suan Pheng, Choo Poh SzInternational: *Rethinking Agriculture in the Greater Mekong Subregion: How to Sustainably Meet Food Needs, Enhance Ecosystem Services and Cope with Climate Change*, Water Management Institute & World Fish Center, 2010.

[26] Russell R·Ross: *Cambodia: A Country Study*, The US Government Published Press, 1990.

[27] Sau Sisovanna: "A Study on Cross-Border Trade Facilitation and Regional Development along Economic Corridors in Cambodia", in *Emerging Corridors in the Mekong Region*, edited by Masami Ishida, *BRC Research Report*, No. 8, IDE-JETRO Bangkok Research Center, 2012

[28] Sok Hach, Chea Huot and Sik Boreak: *Cambodia's Annual Economic Review – 2001*, Phnom Penh: Cambodia Development Resource Institute, August 2001.

[29] Tep Navuth: *National AIDS Authority Cambodia at the First Inter-Ministerial Political Workshop on Migration organized by the International Organization for Migration*, Phnom Penh, 10 March 2006.

[30] The Asian Foundation: *Cambodia's Labor Migration*, April 2011.

[31] The Ministry of Foreign Affairs of Japan: *ODA Date Book*, 2007—2010.

三、网站

[1] 中华人民共和国商务部网站: http://www. mofcom. gov. cn/

[2] 中华人民共和国驻柬埔寨王国大使馆: http://kh. china-embassy. org/chn/

[3] 中华人民共和国驻柬埔寨王国大使馆经济商务参赞处: http://cb. mofcom. gov. cn/

［4］中国林业网：http://www. forestry. gov. cn/

［5］中国民族宗教网：http://www. mzb. com. cn/

［6］中国网：http://news. china. com. cn/

［7］人民网：http:// people. com. cn/

［8］中国—东盟科技合作与成果转化网：http://www. cn-asean. cn/

［9］中国—东盟博览会官方网站：http://www. caexpo. org/

［10］中国贸易救济信息网：http://www. cacs. gov. cn/

［11］新华网：http://news. xinhuanet. com/

［12］中国新闻网：http://www. chinanews. com/

［13］东盟百科信息网：http://asean. zwbk. org/

［14］世界银行：http://worldbank. org. cn/

［15］亚洲开发银行：http://www. adb. org/

［16］Development Policy Research Institute of Cambodia: http://www. cdri. org. kh/

［17］Cambodian Reinsurance: http://www. cambodiare. com. kh/

［18］Council for the Development of Cambodia: http://www. cambodiainvestment. gov. kh/

［19］Ministry of Tourism of Cambodia: http://www. tourismcambodia. org/

［20］National Institute of Statistics of Cambodia:http://www. nis. gov. kh/

［21］ECLAC - United Nations: http://celade. cepal.org/

［22］Economic Institute of Cambodia: http://www. eicambodia.org/

［23］Royal Railway of Cambodia: http://cmcrailcam.gov.kh/

后 记

柬埔寨是中国在东南亚的重要近邻国家之一，柬埔寨与中国关系源远流长，周恩来总理和柬埔寨国家元首西哈努克亲王于1955年4月在万隆亚非会议上结识，可视为新中国与柬埔寨王国正式友好关系的开端。1958年7月19日，中柬正式建立外交关系。7月24日，中柬两国发表建交公报并决定互派大使。1960年12月19日，中柬两国在北京签署了《中柬友好和互不侵犯条约》，标志着两国关系进入了一个新的发展阶段。1993年柬埔寨举行大选并成立新政府以来，中柬关系进入了健康稳定、全面发展时期，两国传统的睦邻友好关系得到了进一步发展，在政治、经贸、文化、教育、军事等领域的友好合作不断加强，在国际和地区问题上保持着良好的协调和合作。进入21世纪，中柬关系更表现出全方位、深层次的良好发展势头，两国在各自高度关注的领域里也相互支持和帮助。

鉴于此，本课题组在多年来国内外学界对柬埔寨研究的基础上，根据时代发展要求撰写出《柬埔寨经济社会地理》。本书在撰写过程中，注重事实的描述与分析评论相结合，历史与时效相结合，力求做到内容系统、论述完整、资料新颖。本书共分为六章，系统论述了柬埔寨的自然地理、经济区划、人口地理、农林畜牧业的发展和布局、工业的发展和布局、交通运输业、旅游业、对外贸易、外国直接投资、经济特区、"南部经济走廊"和"柬埔寨—老挝—越南发展三角"建设等问题。我们希望本书能使读者了解有关柬埔寨经济社会地理的基本情况和最新信息，为中柬两国人民的友好交往打下良好的知识基础。

本书由云南大学国际关系研究院东南亚研究所的毕世鸿主持撰写。毕世鸿负责全书写作框架的拟定，指导了全书的撰写、统稿和审稿工作，并对各章内容进行了修改、加工和完善。云南大学国际关系研究院的冯杏伟协助撰写了第一章；温雅洁协助撰写了第二章；王韶宇协助撰写了第三章；李婷协助撰写了第四章。云南大学出版社的张松撰写了第五、六章。作为柬埔寨经济和社会等国情普及读物，本书适合大学本科生和硕士研究生参考使用，也可供普通读者学习柬埔寨经济与社会文化知识时使用。

　　本书从课题规划、提纲设计、内容撰写到出版编辑的全过程，得到了中国出版集团世界图书出版广东有限公司的大力支持。在本书的写作过程中，课题组广泛参考并吸收了国内外柬埔寨研究学者的主要研究成果及其观点，并得到了国内外诸多同行的倾力相助，在此一并表示感谢。由于作者水平有限，对于书中错误和不足之处，恳请各位专家批评指正。

作　者

2014 年 9 月

于云南大学